SAMMLUNG KURZER GRAMMATIKEN GERMANISCHER DIALEKTE

BEGRÜNDET VON WILHELM BRAUNE

FORTGEFÜHRT VON KARL HELM

HERAUSGEGEBEN VON

HELMUT DE BOOR

B. ERGÄNZUNGSREIHE NR. 5

WALTER HENZEN

DEUTSCHE WORTBILDUNG

MAX NIEMEYER VERLAG TÜBINGEN 1965

DEUTSCHE WORTBILDUNG

VON

WALTER HENZEN

DRITTE, DURCHGESEHENE UND ERGÄNZTE AUFLAGE

MAX NIEMEYER VERLAG TÜBINGEN 1965

1. Auflage 1947

2. Auflage 1957

© Max Niemeyer Verlag Tübingen 1965
Alle Rechte vorbehalten · Printed in Germany
Satz von H.Laupp jr Tübingen · Druck Fotokop GmbH Darmstadt
Einband Heinr.Koch Tübingen

Aus dem Vorwort zur zweiten Auflage

Die neue Auflage weist neben zahlreichen Berichtigungen und Ergänzungen im einzelnen auch einige eingreifende Verbesserungen auf. Vorab sind nun, mit Unterordnung des historischen Standpunkts unter einen funktionellen, die Präfixbildungen von der Komposition abgelöst und in einem besonderen Hauptabschnitt vereinigt, dem zwischen der Zusammensetzung und der Ableitung i. e. S. der ihrer Mittelstellung wohl bekömmlichste Ort angewiesen ist (vgl. §§ 12. 57). Darüber hinaus wurde namentlich zwei Anliegen etwas stärker nachgegeben: Einmal habe ich mich darum bemüht, nicht nur, wie bisher, auch die Verhältnisse in den verwandten Sprachen durch einige Beispiele gelegentlich mit einzubeziehen, um gemeinsame Tendenzen wenigstens anzudeuten, sondern auch dem außerdeutschen germanistischen Anteil an der Wortforschung in geziemender und im Rahmen des verfügbaren Raumes tunlicher Weise Rechnung zu tragen. Sodann war ich darauf bedacht, Bedeutungen, die die Wortbildungsgruppen zusammenhalten, nach Möglichkeit noch mehr hervorzuheben. Damit möchte der Sprachhistoriker nochmals in eine vermehrte Beachtung der von der inhaltlichen Seite her jeweils erfaßbaren Wortbildungsstränge einlenken. Auf die praktischen Schwierigkeiten, die sich freilich gegen eine Forderung, die gesamte Wortbildung auf dem semantischen Prinzip aufzubauen – und besonders darzustellen! –, erheben, soll demnächst in Herr. Arch. aufmerksam gemacht werden (vgl. nun S. 270).

Ich hoffe, mit diesen Mitteilungen im Leser neuerdings keine ungerechtfertigten Erwartungen erweckt zu haben, wenngleich einige unerfüllte. Ich weiß nach wie vor, was mein Buch nicht ist: keine irgendwo durchgängig synchronische Darstellung der deutschen Wortbildung, noch weniger eine strukturale, sondern eine

die Wortbildungsgruppen vom Germanischen her begleitende
Überschau, wofür man bei unumwundenem Bekenntnis zu
neuen fruchtbaren Aspekten einen Grundlagenwert weiterhin
wird beanspruchen dürfen. Was sie dabei Kluge, Paul und Wilmanns verdankt, ist im Vorwort zur ersten Auflage gesagt, auf
das übrigens verwiesen sei.

Zur dritten Auflage

Die dritte Auflage bringt, obwohl auf fotomechanischem Wege
neugedruckt, eine Reihe von weiteren Einzelverbesserungen.
Außerdem konnte ihr dank dem Entgegenkommen des Verlags ein
Ergänzungsteil beigegeben werden, der besonders das Schrifttum
der letzten Jahre einbezieht und gegebenenfalls neuere Einstellun-
gen oder Ergebnisse der Forschung kurz andeutet. Berücksichtigt
wurde vor allem, was sich direkter mit meinen Ausführungen berührt; eine lückenlose Bibliographie war nicht beabsichtigt. Ferner
war ich bestrebt, bei Literaturangaben auf Neuauflagen umzuver-
weisen, wo sich dies aufdrängte, so namentlich bei der für unseren
Gegenstand wichtigen, in zweiter Auflage ja gründlich umgestalte-
ten Maurer-Stroh'schen Deutschen Wortgeschichte. Nicht im selben
Maß unumgänglich erschien dies bei Kluges ebenfalls sehr häufig
herangezogenem Etymologischen Wörterbuch, da hier von einer
Auflage zur anderen die Stichwörter zugleich Stellenweiser bilden.
Daher hielt ich es für angezeigt, Kluge-Götze ([16]1953) in Kluge-
Mitzka ([19]1963) abzuändern, wenn der Wortlaut eines Artikels im
betreffenden Zusammenhang abweicht, so daß hier sachlich jedenfalls nichts verpaßt ist.

Die neu hinzugekommene Literatur ist ins Autorenregister aufgenommen (das nach wie vor gewiß nicht mit einer Fülle von Namen etwelchen Staat machen, sondern der Orientierung über die
bei der Wortbildung naturgemäß sehr verstreut liegenden Abhandlungen dienen will). Für Nachträge im Wort- und Sachverzeichnis
mußte ich mich dagegen auf Dringliches beschränken.

Bern, Mai 1965   W. Henzen

Inhalt

Allgemeines

1. Die Wortbildungslehre hat zunächst die Aufgabe, die verschiedenen Bahnen zu verfolgen, in denen sich die Ausbildung unseres Worschatzes vollzieht. Sie hat sich insbesondere mit der gruppenhaften Entstehung von Wörtern durch gleiche Bildungsmittel zu befassen – im Vergleich etwa zur Etymologie, ihrer nächsten Verwandten, welche die einzelnen Wörter, soweit dies möglich ist, auf ihren Ursprung zurückführt. Dabei tritt auch eine andere Seite ihrer Aufgabe stärker hervor: die Wortbildungslehre soll diejenigen Wortgruppen herausarbeiten, die bei der Entwicklung des Wortschatzes besonders fruchtbar sind oder einmal waren.

Angenommen, ein got. *guþ* Gott sei mit dem Substantiv *haidus* ῾Art und Weise᾽ zu einem Wort *gudahaidus* zusammengetreten wie bei Wulfila *gudaskaunei* Gottesgestalt, *gudalaus* gottlos, *gudafaurhts* gottesfürchtig (oder zu *gudhaidus* wie *gudblostreis* Gottesverehrer, *gudhus* Gotteshaus). Dann war dieses got. **gud(a)-haidus*, das im Ahd. tatsächlich als *got(e)heit* geläufig wird, vorderhand noch eine vereinzelte, wenn auch leicht erklärliche Zufallszusammensetzung wie *gudaskaunei, gudblostreis* auch. Erscheinen nun aber weitere Personalbezeichnungen mit demselben, dank seiner Bedeutung ῾Beschaffenheit, Natur, Würde᾽ hierzu sehr geeigneten zweiten Glied zusammengesetzt – und dies ist in den westgerm. Dialekten der Fall – so kann es geschehen, daß es bald zu einem stereotypen Mittel der Neubildung von Komposita für die Benennung **personaler Wesensbegriffe** wird: ahd. *biscofheit* (ae. *bisc[e]ophād*) Bischof-, Priestertum, *magadheit* (as. *magaðhēd*) Jungfrauschaft, -würde, *deganheit* Mannhaftigkeit, *scalcheit* Knechtschaft, *diubheit* Dieberei, *gomaheit* menschliche Natur. Nach solchen leicht entstehenden Zusammensetzungen mit Personalsubstantiven tritt *heit* dann aber 1. auch an **nicht persönliche** Substantiva an (noch ahd., z. B. *zwīfalheit* Zustand der Unsicherheit, mhd. *vuocheit* Schicklichkeit, *schameheit* Schamgefühl), 2. sogar an Adjektiva (ahd. *bôsheit, fruotheit* Klugheit, *sâligheit,* as. *lêfhêd* Schwäche). Diese Adjektivbildungen vermehren sich denn auch sehr bei theologisch-philosophischen Schriftstellern des späteren Mittelalters, denen sie willkommene Eigenschaftsbezeichnungen liefern. Besonders fruchtbar wird der Adjektivtypus mit *-heit* jedoch im Nhd. Heute ist *-heit* das Suffix für Adjektivabstrakta schlechthin. Es ersetzt nicht nur ältere feste Bildungen wie in *Schönheit, Leerheit* für *Schöne, Leere,* sondern es verschmilzt zusehends mit andern Adjektivsuffixen und tritt immer leichter auch an Partizipien an: *Müdigkeit, Duldsamkeit, Gediegenheit, Verschrobenheit, Verstocktheit,* sogar *Gerissenheit;* s. § 121.

Mit solchen Erwägungen befinden wir uns schon mitten im vollen Strom des Wortbildungsprozesses. Ein wichtiges Kapitel sprachlichen Lebens ist aufgeschlagen, das, sobald wir verallgemeinern, geeignet sein dürfte, uns einzugeben, daß die Wortbildungslehre nicht nur einen der umfänglichsten und umständlichsten, sondern auch einen wesentlichen Teil der Grammatik darstellt. In der Tat: nimmt man das, was unsere ersten Grammatiker mit dem anschaulichen, wenn auch nicht ganz zutreffenden Ausdruck „Wurzeln" bezeichnet haben, als die nicht weiter zerlegbaren, einer Wortfamilie gemeinsamen Bedeutungselemente, als gegebene Keimpunkte (Kluge) des Wortes voraus, so ist eigentlich alles weitere an ihm Wortbildung[1], ursprünglich selbst die Flexion, die sich in der darstellenden Grammatik mehr und mehr einen eigenen Platz erobert hat (§ 11). Gerade deshalb aber, weil die Flexion ihren eigenen Platz hat, fordert die Wortbildung, wenigstens die deutsche, auch einen. Die Schulgrammatiken der germanisch-deutschen Dialekte übergehen sie zwar: sie eilen von der Lautlehre über die Formen-, d. h. Flexionslehre zur Syntax (oder wenigstens bis an diese heran), und den Leitfäden schließen sich meistens die akademischen Vorlesungen an. Das ist einerseits durchaus begreiflich; denn diese Grammatiken dienen

---

[1] Bisweilen bleibt von der „Wurzel" an einem Wort nur ein verschwindend kleiner Teil, so vielleicht *h-* in got. *himins*/dt. *Himmel* (wenn < idg. *k-e-men-o-s*; SPECHT S. 271 f.), *r-* in ahd. *rî(p)fi* reif nach SPECHT S. 115. Zum Wurzelbegriff vgl. außer diesem S. 7. 332 mit Lit. und passim etwa M. H. JELLINEK, Gesch. d. nhd. Gramm. II, S. 132 ff. oder die Hinweise bei H. WÜEST, Morphologie d. homer. Infinitivs. Diss. Freib. i. d. Schw. 1943, S. 12 ff.

vor allem dem praktischen Zweck, eine rasche Fühlungnahme
mit dem betreffenden Dialekt zu vermitteln und in das Verständnis von Texten einzuführen, wobei das fertige Wort dem Wörterbuch überlassen werden kann. Die Wortbildung ist zunächst eine
Angelegenheit der systematischen, nicht der praktischen Grammatik. Daher haben der Wichtigkeit der Wortbildungslehre gerade die Begründer jener: die Bopp, Diez, Brugmann, bis herab
auf Wilmanns und Paul, voran J. Grimm – die erst die gewaltige
Stoffmasse in eine ihre Berücksichtigung innerhalb der Gesamt-
grammatik ermöglichende Lehre bannten – Rechnung getragen;
nicht selten ist ihr der größte Raum vorbehalten.

Eine erste Vorfrage erhebt sich hier: Was weisen wir der Wortbildungslehre in der Grammatik für einen Platz an? Während der Begriff
Wortbildung sowie das Gebiet, das sie umspannt, verhältnismäßig
klar darliegen – klarer als etwa bei der Syntax – hat sich für ihre Stellung innerhalb des grammatischen Gebäudes noch keine feste Gewohn-
heit herausgebildet. Die Reihenfolge der grammatischen Hauptteile
ist in den drei grundlegenden deutschen Grammatiken die folgende
(für deren Vorgänger vgl. Jellinek a. a. O. S. 127 f.):
Grimm: Lautlehre – Flexion – Wortbildungslehre – Syntax,
Wilmanns: Lautlehre – Wortbildungslehre – Flexion,
Paul: Lautlehre – Flexion – Syntax – Wortbildungslehre.
Jede dieser Anordnungen hat Gründe für und gegen sich. In den An-
fangszeiten der Sprachwissenschaft, wo man in synthetischem Verfahren von den kleinern zu den größern Gebilden fortschritt, schien
die Anordnung von Grimm und die von Wilmanns (der Schleicher,
Miklosich und Brugmann folgt) die gegebene. Letztere erlaubt übrigens nicht nur die Hervorhebung einer näheren Zusammengehörigkeit
von Wortbildungslehre und Flexion einerseits, Flexion und Syntax
anderseits, sondern unterstreicht auch, daß die Flexion sich an den
Wortstämmen vollzieht, d. h. auf die Wortbildung stützt. Es muß aber
auch gesagt werden, daß die Zusammensetzungen grundsätzlich als
aus syntaktischen Verbindungen entstanden zu betrachten sind. In
Erwägung dieses Umstandes vor allem mag Paul es vorgezogen haben,
die Wortbildung zuletzt, nach der Syntax, zu behandeln. In Wirklichkeit ließen sich jedoch die meisten der hier vorgebrachten Argumente
umkehren, wie sich auch die ganze übliche Anordnung der andern Teile
der Grammatik nicht konsequent durchführen läßt; denn „in Wirklichkeit stehen ja alle Verhältnisse der Sprache und ihre geschichtliche
Entwicklung untereinander in Zusammenhang"[2]. Es gibt nicht zuerst
Laute, dann Formen, dann Sätze usw. Viele sprachliche Erscheinungen
müssen in mehreren Kapiteln erörtert werden.

---

[2] PAUL, S. 3 f.; vgl. hierzu DENS., MSB 1896, 692 f.

2. Wichtiger als die Frage der Stelle, die man der Wortbildungslehre im Rahmen der Grammatik einräumt, ist für eine ersprießliche Behandlung des Stoffes die, wie man ihr Gebiet abstecke und den Stoff in sich gliedere. Die Ausbildung des Wortschatzes geschieht – wenn man von direkter Entlehnung oder Übertragung (z. B. *Ente* = *canard* für Falschmeldung, *Halbwelt* = *demi-monde*, *Wahrspruch* = *verdictum*, *Mitleid* = *compassio*, welches schon = συμπάθεια, *herzlich* = *cordialis*, *entdecken* = *découvrir*)[3] fremden Wortgutes sowie von bloßem Übertritt in andere Wortklassen (§ 165 ff.) absieht – auf zweifache Weise: durch Wortschöpfung

---

[3] Die Wortbildungslehre beschlägt solche wörtliche oder freiere Übertragung dennoch, da sie auf eigensprachlichen Bildungsmöglichkeiten und -gepflogenheiten beruht und diese auch beleuchtet (Vorliebe für gewisse Ableitungen: *Hinterwäldler* für *backwoodsman* oder für Komposita: *Fegefeuer* für *purgatorium*). Vgl. noch got. *miƕwissei* ahd. *giwizzani* (neben *giwizzida*, *giwiznessi*, *gawizscaf* u. a.), Notkers *gewizzeni* 'Gewissen', mhd. *gewizzen(e)* für συνείδησις – *conscienta*, ahd. *(ge)michellichōn* und *michilosōn* für *magnificare*, *Umstand* f. *circumstantia* und *Gegenstand* f. *objectum* (woneben in der Mystik *understōz* f. *subjectum*), *Rücksicht* f. *respectus*, *Wälzer* f. *volumen*, *Durchlaucht* f. *illustris*, *Statthalter* f. *locum tenens*, Herders *Volkslied* f. *popular song*, Henckels *Lockspitzel* f. *agent provocateur*, *Eigenliebe* f. *amour propre*, *Hasenscharte* f. *labium leporinum*, *Jungfernrede* f. *maiden speech*, *Morgenland* f. *oriens*, *Zeitraum* f. *spatium*, *Leitartikel*, *Leiter* f. *leader*, *Lebemann* f. *viveur* oder noch mhd. *sich undergrüezen*, *-minnen*, *-kennen*, *-slahen* u. a. = afrz. *s'entresaluer*, *-amer*, *-conoistre*, *-batre*, mhd. *hasteliche* f. afrz. *hastement* (s. § 8) usw. S. SINGER spricht hier von „Bildungslehnwörtern" im Gegensatz zu „Bedeutungslehnwörtern" (franz. calques), die sich nur auf semantischer Ebene bewegen (wie *Ente* oder *einfalt, -fältig* = *simplex, simple* im Sinne von naiv, *Neuheit* = *nouveauté* für etwas neu auf den Markt Kommendes, mhd. *genuoc* = afrz. *assez* viel, sehr). Vgl. A. GÖTZE, ZfWf. 2, 248 f.; S. SINGER, ebenda 3, 220 ff.; 4, 125 ff.; DENS., Mitt. d. Ges. f. dt. Sprache in Zürich, Heft VII (1903), mit S. 3 Fußn.; FR. SEILER, Zs. f. d. dt. Unterr. 31, 241 ff. (zieht vor „Lehnübersetzungen" statt „Bildungslehnwörter"); W. BETZ, Der Einfluß des Lat. a. d. ahd. Sprachschatz I (1936), S. 2 f.; DENS., Deutsch u. Lateinisch, 1949, S. 12 ff. (Sichtung der bish. Lit. und neue Differenzierung von Lehnbedeutung *[Ente]* gegen Lehnbildungen = Lehnübersetzung *[Halbwelt]*, freiere (Teil-)Übertragung *[Vaterland]*, Lehnschöpfung *[Umwelt]*); ferner ÖHMANN, AASF 68, 3 (1951), bes. S. 38 ff.; BACH, Gesch., §§ 74. 98. 157 f. u. ö. mit Lit.; CH. BALLY, Traité de Stylistique française I, 49 ff.; II, 38 ff.; L. REINERS, Stilkunst, ²1949, S. 480 ff.; K. RUH a. Fußn. ⁵⁴ a. O., S. 81 ff.

und durch Wortbildung im engern Sinne (insbesondere Zusammensetzung und Ableitung). Wort- oder Urschöpfung nennen
wir die Entstehung eines Wortes aus einer Lautgruppe, ohne daß
die mit ihr zu verbindende Vorstellung durch eine verwandte,
schon an sie geknüpfte Vorstellung vermittelt ist (z. B. *Töff* für
Motorrad). Bei der Wortbildung entwickelt sich das Neue aus
einem schon durch eine Bedeutung zusammengehaltenen Laut-
gebilde, dessen Bedeutung es in sich aufsaugt. Etymologisch gesprochen geht die Wortschöpfung der Wortbildung durch Zusammensetzung und Ableitung voran, da sie nicht wie diese bereits
apperzipierte Lautgruppen voraussetzt. Das ist freilich nicht so
zu verstehen, als seien sich in der Geschichte der Sprache jeweils
zwei getrennte Perioden: eine der Urschöpfung und eine der
Wortbildung gefolgt. Alle Bedingungen zur Urschöpfung sind
auch heute noch da; sie existieren jetzt in nicht weniger voll-
kommener Weise als in den Zeiten primitiver Sprachzustände,
bloß daß der Bedarf an Neuschöpfungen jetzt geringer ist, sofern
man wenigstens die heute geradezu wuchernde Wortschöpfung
durch Zusammenlegen der Anfangsbuschstaben längerer Wendungen nach dem Muster von *Hapag, Agfa, Gestapo* (§ 177) als
Sonderfall ausnimmt. Trotzdem schwebt, wie Paul[4] meint, über
der Urschöpfung nach wie vor ein gewisses mystisches Dunkel.
Mögen auch von Zeit zu Zeit immer noch direkte Wortschöpfungen an der sprachlichen Bildfläche erscheinen, so besteht doch
keine oder sozusagen keine Gelegenheit zu fortlaufender Beobachtung solcher Erscheinungen. Heutzutage kann kaum eine seeli-
sche Vorstellung in uns auftreten, zu der nicht von überliefertem
Sprachstoff eine Assoziation hinüberführte. Es steht uns ein so
massenhaftes Sprachmaterial zur Verfügung, daß daneben nicht
leicht etwas völlig Neues aufzukommen vermag. Und wenn einmal so eine willkürliche Schöpfung auftritt, so wirft sie nicht gerade viel Licht auf die Hintergründe, an denen sich ihre Entstehung vollzog. Die Urschöpfung hat sich denn auch noch nirgends zu einem besonderen Teil der Grammatik emporzuschwin-
gen vermocht[5].

---

[4] Prinz., S. 174. Vgl. noch etwa NYROP, § 13 ff.
[5] Nicht in diesem engern Sinne faßt Wortschöpfung etwa BEHAGHEL
in Wiss. Beih. z. Zs. d. Dt. Sprachver., 7. Reihe, H. 45, S. 1 ff. Zum
Wortbildungsprozeß an Schallbezeichnungen vgl. H. HILMER, Schall-

Da es bei der Urschöpfung ein eben angedeutetes sprachliches Zwischenglied zwischen der neuen Lautgruppe und ihrer Bedeutung, zwischen Objekt und Benennung nicht gibt, muß man einen direkten Zusammenhang erwarten, entweder eine innere Beziehung zwischen Laut und Bedeutung – die auf nichts anderem beruhen kann als auf dem sinnlichen Eindruck, also auf Lautsymbolik – oder dann eine gewisse Befriedigung, welche die zur Erzeugung der Laute erforderliche Tätigkeit der motorischen Nerven dem Sprechenden gewährt (Paul, Wundt). In dieses Gebiet gehören die Interjektionen u. ä. Schöpfungen, die primär nichts anderes als eine physiologische Entladung, die Lösung einer psychischen Spannung darstellen. Womit man auf die alte Streitfrage zurückgeworfen wäre, ob die Entstehung der Sprache mit den Epikureern und Rousseau aus Naturlauten oder mit den Stoikern und Herder aus Lautnachahmung zu erklären sei. Die Sprachwissenschaft muß sich jedoch von vornherein auf den höheren Standpunkt stellen, welcher Sprache auffaßt als Ausdruck mit der Absicht etwas mitzuteilen, also auf einen teleologischen Standpunkt. Ein *au* als reiner Reflex einer plötzlichen Schmerzempfindung wäre für uns noch nicht Sprache, als Reflex, d. h. solange es bloß einen inneren Gefühls- und Erregungszustand begleiten würde, ohne daß es zugleich ein Motiv des Willens bildete, das in ein Geschehen eingreift, ebensowenig wie uns die Papageiensprache Sprache ist. ERNST CASSIRER [6] meint dies auch, wenn er betont, damit ein Lautkomplex zur Sprache werde, müsse er „hervorgerufen" sein. Erst „indem der Laut ... als Organ des Willens wirkt, ist er aus dem Stadium der bloßen ‚Nachahmung' ein für allemal herausgetreten". Die sich an die Wundt'sche Psychologie von den Triebhandlungen und Lautgebärden anlehnenden Definitionen, denen die Sprache eine Art Ausdrucksbewegungen ist, die Laute erzeugt [7], müßten ihren Begriff der Laute wenigstens ergänzen auf sinnerfüllte Lautverbindungen.

Wortschöpfung und Wortbildung treffen sich in noch einem deutlichen Fall: dort, wo an gewisse Gruppen von Neuschöpfungen aus Schall- oder Bildnachahmung gewisse Suffixe antreten, im Deutschen namentlich verbale *r*- und *l*-Suffixe mit iterativer bzw. diminutiver Bedeutungsabschattung, z. B. *plappern, plätschern, blodern, flinkern, flunkern, gackern, klimpern, knistern, stottern, meckern, bimmeln, humpeln, krabbeln, kribbeln, rasseln, rascheln, rumpeln, tätscheln, hätscheln, zischeln, watscheln.* Auch Schall- und Bildwörter sind demnach Wörter (Symbole), die ihre

---

nachahmung, Wortschöpfung u. Bedeutungswandel, 1914, bes. S. 13. 58 ff. 116 ff.

[6] Philosophie d. symbol. Formen I, S. 253 (²258).

[7] Siehe etwa L. SÜTTERLIN, Werden u. Wesen d. Sprache, S. 15.

Geschichte haben; sie können Bedeutungsveränderungen, Ableitung und Zusammensetzung erfahren und fallen in dieser Hinsicht auch in den Bereich der Wortbildungslehre[8]. Sonst ist aber die Wortschöpfung von der Wortbildung zu sondern. Wir wissen ja so gut wie nichts über die ersten Wörter. Waren sie kurz wie die meisten Interjektionen noch heute oder sehr lang, wie O.Jespersen[9] annehmen zu dürfen glaubt? Waren sie Dingwörter[10] oder Demonstrativa, denen nach der Theorie Regnauds die Adjektiva am nächsten kämen, oder waren sie Tätigkeitswörter, wie etwa R. de la Grasserie[11] wieder meint? Die fortschreitende Bedeutungswissenschaft und ein sprachphilosophischer Relativismus haben die Eigenexistenz des Wortes schwer erschüttert und jedenfalls die Urteile begünstigt, die das Wort außerhalb seiner Rolle im Satze als eine künstliche Bildung[12] oder eine reine Abstraktion betrachten, die nicht einmal auf alle idg. Sprachen passe[13].

3. Die Wortbildungslehre kann sich mit solchen ablehnend eingestellten Ansichten über das Wesen des Wortes nicht abfinden. Sie dürfte es nicht, weil sie das Wort, um das sie sich dreht, jedenfalls als ein sprachliches Reale betrachten muß, geschehe dies im Einklang mit der Sprachphilosophie oder nicht. Sie muß sich etwa darüber klar werden, ob und warum *dreizehn* ein Wort ist neben *drei und zehn*, oder inwiefern *Bücherwurm* zu einem neuen Wort verschmilzt neben den Wörtern *Bücher* und *Wurm*. Kurz: die Frage: Was ist ein Wort?, die sonst vor das Forum der prinzipiellen Sprachwissenschaft gehört, hat auch die Wortbildungslehre zu beantworten, und zwar vor allen andern.

Es wird niemand mehr einfallen, das Wesen des Wortes in der Verbindung einer bestimmten Anzahl selbständiger Laute zu sehen,

---

[8] Vgl. neben PAUL, Prinz. § 122 ff. KOZIOL, S. 20 ff., wo Ausführliches über Wesen und Arten der Urschöpfung; DEBRUNNER, GRM 14, 321 ff. mit Lit.; HILMER, passim; sodann unten § 147 f.

[9] Die Sprache, S. 418. 423.

[10] Vgl. E. BENVENISTE, Origines de la formation des noms en indoeuropéen. Thèse de Paris 1935, S. 2.

[11] Du Verbe comme générateur des autres parties du discours, 1914, S. 7 u. passim. G. RÉVÉSZ, Ursprung u. Vorgesch. d. Sprache, 1946, bes. S. 215 ff., betont demgegenüber die Priorität der Imperativfunktion.

[12] z. B. J. RIES, Was ist ein Satz? Prag 1931, S. 60.

[13] H. V. VELTEN, IF 53, 21. Zur positiven Einstellung der Sprachphilosophie vgl. § 3 am Ende.

von denen jeder durch ein Zeichen des Alphabets wiedergegeben werden könne. Abgesehen davon, daß *Maul* nicht einfach gleich $M + a$
$+ u + l$ ist – das beweisen jetzt ja phonetische Aufnahmen durch das
elektrische Mikrophon – müßten sonst *Schloß* und *schloß* als dasselbe
Wort gelten. Sodann sind Wörter nicht durch Pausen fixiert, sowenig
wie man sie, was auch öfters gefordert worden ist, mit Sprechtakten
gleichstellen darf. *zufrieden* und *zu fliegen* weisen die gleiche Kontinui-
tät des Sprechens und gleiche Betonung auf.

Nicht anders als mit der lautlichen verhält es sich, genau genommen,
mit der historisch-grammatischen Gestalt des Wortes. Gewiß
zerlegen wir das Wort üblicherweise in Stamm und Flexionssuffix, den
Stamm wiederum in Wurzel und Ableitungs- oder Bildungssuffixe.
Man darf sich aber nicht einbilden, damit die Teile zu haben, aus denen
ein Wort wirklich gebildet ist. Eine idg. 2. Sg. Opt. Präs. **bherois* 'du
tragest' ist wiederum nicht gleich *bher* $+ o + i + s$ (d. h. Wurzel $+$
Thema- oder Stammbildungsvokal $+$ Moduszeichen $+$ Personal-
endung). Auch wenn die Form im Idg. einmal so bestanden hat – denn
sonst hätte es keinen Zweck sie anzusetzen (ganz nahe kommt ihr übrigens griech. φέροις) – ist sie sicher nicht so gebildet worden. Sie geht
auf frühere Stadien zurück, wo einzelne Formantien schon näher anein-
andergeschmolzen waren. So gut wie entsprechendes got. *bairais* ja
nicht erst so gebildet ist: es „geht zurück" auf **bherois*!

Selbst mit dem Stamm eines Wortes sind wir nicht besser dran. Wir
meinen mit „Stamm" einen zur Flexion präparierten Grundstock des
Wortes, eine Grundform, die gewöhnlich durch eine Reihe von Kasus,
Modi und selbst Tempora gleichmäßig hindurchgeht. Dieser Stamm
bleibt aber nicht unverändert; er hat schon, besonders unter dem Einfluß des wechselnden Akzentes oder der Endungsvokale, lautliche Veränderungen erfahren und darüber hinaus in manchen Fällen sich mit
der Flexionsendung fest verbunden (z. B. im Dat. Sing. griech. λύκῳ,
lat. *lupō*, ahd. *wolfe*). Somit ist auch die Zerlegung des Wortes in Stamm
($=$ Wurzel $+$ Thema) usw. eine rein logisch-grammatische, keine der
Wirklichkeit entsprechende, ganz abgesehen davon, daß die Flexionsendungen vormals zum Teil vielleicht selbst Wörter gewesen sind (s. § 11),
die Wortformen also verkappte uralte Zusammensetzungen darstellten.

Dem Wort als einem einheitlichen Ganzen ist nur hintenherum
und von seiner inhaltlichen Seite her beizukommen. Eine
landläufige Definition sieht in ihm denn auch den einfachsten
sprachlichen Bedeutungsträger (Brockhaus). Ein Pedant würde
zwar schon hier stutzig; denn es unterliegt wohl keinem Zweifel,
daß auch Suffixe als Bedeutungsträger empfunden und verwertet
werden, z. B. das Diminutivsuffix -*chen* oder mundartliches -*et(e)*
in Wörtern wie *Weinleset, Keglet, Sackgumpet* (Namen für Veran-
staltungen aus Verben; s. § 113) oder das alte Abstraktsuffix -*ī(n)*

in *Täubi, Finsteri, Hübschi* (für einen Zustand: das Zornig-, Finster-, Hübschsein). Freilich können Suffixe als solche ihre Bedeutung nie anders als in Verbindung mit andern Elementen der Rede geltend machen. Auch sonst ist aber, wie F. de Saussure [14] mit Recht betont, das Wort als Bedeutungsträger unvereinbar mit dem Begriff der Einheit. Die Komposita müßten es sehr oft schon bestätigen. Und in Fällen wie *zugrunde* neben *zu Grunde* (oder *zu grunde*) haben die beiden Fassungen dieselbe Bedeutung, während die Wortbildungslehre dabei mit drei Wörtern rechnen muß: *zu, Grunde* und *zugrunde*. Diese Fälle sind wiederum verschieden von *zugunsten* und *zu Gunsten*, weil *Gunsten* (bzw. *gunsten*) nicht mehr frei, d. h. außerhalb der Formel *zu jemandes Gunsten* o. ä. vorkommt.

Das Dilemma, in welchem wir uns hier befinden, scheint seinen Ursprung in der zwiespältigen Natur zu haben, die dem Wort durch seine Fortbildungsfähigkeit geworden ist. Mehrere Wörter lassen sich zu einem Wort verknüpfen, wie eine Mehrheit von Bedeutungen zu einer Bedeutung verknüpft werden kann. In *Bücherwurm* z. B. geht beides parallel, aber dies ist nicht notwendig, und dann wird die Sache noch verwickelter (vgl. *dreizehn* neben *drei und zehn,* wo sich an der Bedeutung nichts geändert hat). Aus solchen Zwickmühlen sucht uns Husserl [15] zu befreien, indem er sich bestrebt, zwischen einfachen und zusammengesetzten Bedeutungen zu scheiden. Man müsse Einfachheit und Zusammengesetztheit in einem doppelten Sinne verstehen „derart, daß Einfachheit in dem einen Sinn Zusammengesetztheit in dem andern nicht ausschließt" (S. 298). Einfache Bedeutungen treffen das Genannte „sozusagen in Einem Pulse" oder „in Einem Strahl", gleichviel, ob Implikationen in diesem Pulse enthalten sind oder nicht. Damit ist jedoch noch nicht gesagt, daß ein grammatisches Kompositum dem einfachen Wort gegenüber auch mehrere „Bedeutungspulse" aufweisen müsse. Denn zusammengesetzte Bedeutungen können einfache Gegenstände vorstellen und umgekehrt. Es ist fraglich, ob einfache Namen wie *Mann, Eisen, König* einfachen Bedeutungen Ausdruck geben. Anderseits weist ein Wort wie *etwas,* das historisch ein Kompositum darstellt, oder ein Brugmannsches Distanzkompositum (§ 16) wie *(er) nimmt (den Hut) ab, holt (den Verbrecher) ein* oder franz. *ne – pas* hinsichtlich der Bedeutung keine Spur von Mehrdeutigkeit auf.

Das wesentliche Merkmal des Wortes kann also nicht seine Bedeutung schlechthin abgeben, trotzdem jedes Wort eine Bedeu-

---

[14] Grundfragen d. allg. Sprachwiss., übers. v. H. Lommel, S. 125.
[15] Im 2. Bd. s. Logischen Untersuchungen (und dies in der 2. Aufl. S. 294 ff. vorsichtiger als in der 1.!).

tung hat [16]. Daher stimmt auch die immer wieder anzutreffende
einfache Definition, die das Wort den sprachlichen Ausdruck für
eine psychologische Einzelvorstellung nennt [17] und für ihre Kürze
äußerst umfassend ist, nur bedingt. Nicht auf die Vorstellungen an
sich kommt es an, sondern darauf, wie wir sie erfassen und gliedern wollen [18]. Jedenfalls ist weitgehend ein sprachlicher Ge-
staltungswille mit im Spiel, der A. Noreen [19] schließlich zu dem
Satz führt, ein Wort sei ein selbständiges Morphem (Sprachform),
das mit Rücksicht auf Laut und Bedeutung von unserm Sprach-
sinne als Einheit aufgefaßt wird, weil man es nicht in kleinere
Morpheme zerlegen könne oder wolle. Man wird sich dem Satze
anschließen dürfen unter der Bedingung, daß das Attribut „selbständig" nach unten hin vergenauert wird als der kleinste orga-
nische Redeteil, so unabhängig von andern, daß er entweder
noch selbst flektiert wird oder dann wenigstens seine Eigenbedeutung auch unverbunden zu tragen vermag (im Gegensatz zu den
Prä- und Suffixen), und im Satze so beweglich, daß er nach
strukturellen Bedürfnissen eingesetzt oder versetzt werden kann.
Diese Bestandteile können sich verbinden zu neuen Einheiten,
die die gleichen Eigenschaften aufweisen, und damit ist der
Wortbegriff theoretisch auch nach oben hin abgegrenzt gegen
die syntaktischen Fügungen. In der Sprachwirklichkeit ergeben
sich hier freilich Schwierigkeiten, welche die Lehre von der
Zusammensetzung (vgl. § 16) nach Möglichkeit aufzuhellen haben
wird.

Formale Selbständigkeit und syntaktische Beweglichkeit – bilate-
rale scheidbaarheid und omstelbaarheid nennt es REICHLING [20] –, verbunden mit Bedeutungsinhalten, die das Verständnis der eigentlichen
Begriffswörter (Autosemantika) vorbereiten, machen MARTYS „kon-
struktive innere Form" aus: das wesentliche Erfordernis aller nicht

[16] Vgl. neuerdings W. HENZEN in Sprachgeschichte und Wortbedeutung (Festschr. A. Debrunner), 1954, S. 179 ff.; E. OTTO, Stand
u. Aufg. d. allg. Sprachwiss. 1954, S. 9 ff.

[17] Vgl. etwa noch A. SCHIRMER, Dt. Wortkunde, ³1949 S. 9.

[18] So auch MARTY (s. u.), S. 40: Ein Wort ist, was als kleinstes
Redeglied empfunden und als semantische Einheit behandelt wird.

[19] NOREEN-POLLAK, Einf. i. d. wiss. Betrachtung d. Sprache, 1923,
S. 446. Zu Wesen und Definition des Wortes vgl. weitere Lit. (ERBEN,
SAPIR, PORZIG, G. F. MEIER) § 181.

[20] A. REICHLING, Het Woord. Diss. Utrecht 1935, S. 371 bzw. 367.

selbst begrifftragenden Wörter (Synsemantika) [21]. Der Definition Noreens nähert sich auch die von A. MEILLET [22]: Zu einem Wort gehört die Verknüpfung (association) eines bestimmten Sinnes mit einem bestimmten Lautganzen und eine bestimmte grammatische Verwendbarkeit. Hier wäre besonders die unbestimmte Formel „bestimmte grammatische Verwendbarkeit" in obigem Sinne aufzulösen. Meillet wird übrigens angegriffen von K. BÜHLER [23]. Nach Bühler sind Wörter „die phonematisch geprägten und feldfähigen Lautzeichen einer Sprache". Geheimnisvoller bleibt diesmal eher DE SAUSSURE, der (S. 132) meint, das Wort sei, trotz der Schwierigkeit es zu definieren, eine Einheit, die sich dem Geiste aufdränge, etwas Zentrales im Mechanismus der Sprache, „– aber das ist ein Gegenstand, der allein ein ganzes Buch füllen würde". Diesen Satz scheint Reichling [24] mit seinen 460 Seiten wahrmachen zu wollen, der bestimmt und ansprechend das Wort als faktische Einheit im Bereich der Sprachverwendung – wenn nicht in dem der Sprachbetrachtung – hinstellt [25].

---

[21] A. MARTY, Satz u. Wort, 1925, [2]1950, Kap. II, § 6; MARTY-FUNKE, Psyche u. Sprachstruktur, Bern 1940, S. 39. 97 ff. Den Ausdruck Synsemantika präzisiert REICHLING (S. 277. 302. 437): Das Wort könne nicht unselbständig bedeuten, sondern nur Unselbständiges nennen. Unselbständige Wortbedeutung (Husserl – der zwar S. 302 die Frage offen läßt!), sei eine Kontradiktion. Es gebe auch keine reinen „Zeigwörter" (Bühler).

[22] Linguistique histor. et ling. générale I, Neudr. Paris 1948, S. 30.

[23] Sprachtheorie, 1934, S. 297.   [24] S. 50 f. 137 ff. 396. 435 ff. u. ö.

[25] Zum W o r t vgl. noch J. TRIER in Germanische Philologie (= Behaghel-Festschr. 1934), S. 174 (Wort nur faßbar im Satzzusammenhang); F. DE SAUSSURE, S. 112 f.; NOREEN, S. 438 ff.; L. LANDGREBE, Nennfunktion u. Wortbedeutung, 1934, S. 35 ff.; MARTY-FUNKE a. a. O., S. 35 ff. 102 ff. (hingegen etwas eng die Auffassung von FR. KAINZ, Lit.bl. 64, 4; vgl. aber DENS., Psychologie d. Sprache I, S. 97 f. 105 ff.); V. PORZEZINSKI, Einl. i. d. Sprachwiss., 1910, S. 121; BRUGMANN, Grundr. [2]II, 1, S. 1 und KvglGr., S. 281 ff.; J. RIES, Was ist Syntax? Prag 1894. [2]1927, S. 47; E. WINKLER, Sprachtheor. Studien, 1933, S. 2 f.; E. HUSSERL, Log. Untersuchungen, II, [3] 1, S. 47 f.; auch FR. MAUTHNER, Beitr. z. e. Kritik d. Sprache, III, S. 47. 265 ff. (Wort, Begriff, Vorstellung); TH. GOMPERZ, Zur Psychologie d. log. Grundtatsachen, S. 57; A. REICHLING a. a. O. passim (mit umfassendem Überblick ü. d. sprachphilos. Anschauungen); A. ROSETTI, Le mot. Esquisse d'une théorie générale, Kopenh. u. Bukarest [2]1947; zur Übersicht d. Lit. über den Feldbegriff (Ipsen, Porzig, Jolles) ferner J. TRIER, Neue Jahrbb. f. Wiss. u. Jugendbildg. 10 (1934), 428 ff.; seither noch F. SCHEIDWEILER in ZfdA. 79, 279 ff. (eher für Jolles, gegen Ipsen, Porzig); E. KARG-GASTERSTÄDT, PBB 63, 135.

4. Gestützt auf eine Definition des Wortes wird man seiner
Bildung nachgehen. Der klassische Weg, den J. Grimm in der
Einleitung zum 2. Teil seiner Grammatik eingeschlagen hat,
bringt eine Zweiteilung: das einfache und das nicht einfache
Wort. Wortbildung erfolgt nach Grimm entweder durch innere
Veränderung oder durch äußere Mehrung der Wurzel. Innere
Wortbildung hebt die Einfachheit des Wortes nicht auf; ein Wort,
dem außen etwas hinzuwächst, ist kein einfaches mehr (S. 1). So
gelangt Grimm, indem er wieder vom kleineren Element zum
größeren vorschreitet, zu einer vierfachen Gliederung: Wurzel –
einfaches Wort – Ableitung – Zusammensetzung. Diese lapidare
Abstufung hat sich trotz wesentlichen Verschiebungen im Verhältnis der einzelnen Stufen bis auf uns herab erhalten. Man
müßte sich aber bewußt werden, daß sie nur die verschiedenen
Erscheinungsformen der Wörter berücksichtigt. Sie sagt einmal
nichts über die ganze Wortbildung, die ohne lautliche Veränderung des Wortkörpers vor sich geht, z. B. von Substantivierungen
wie *das Essen, das Gut,* die doch neue Wörter mit neuen Bedeutungen und neuen Flexionsformen bilden, nichts von den sog. unechten Präpositionen *dank, trotz, infolge, behufs* oder von den aus
Adverbien entstandenen Konjunktionen *also, folglich, ferner,
sodann, dessenungeachtet* usw. Sie sagt vor allem nichts über die
Bedingungen und Triebkräfte der Wortbildung, über die Bedeutung der verschiedenen Bildungstypen oder noch über die logischen Beziehungen der Kompositionsglieder, die ganz andere
sind in *Kahlkopf* (einem sog. Bahuvrīhi oder Possessivkomposi-
tum) und *Kohlkopf* (Determinativkompositium), in *liebreich* (wo
das erste Glied das Objekt des zweiten bildet), *steinreich* (wo es
lediglich zur Steigerung des zweiten dient) und *steinalt* (wo ein
Vergleich aufgestellt ist). Auch in dieser Richtung schließen sich
die Wortbildungen in Gruppen nach bestimmten Typen zusammen,
die bei der Darstellung auseinanderzuhalten sind. Freilich kann
man nicht nach allen Gesichtspunkten zugleich aufteilen; einige
lassen sich überdies nicht auf weiteren Strecken durchführen,
andere sind noch nicht reif dazu. Ein Hinweis auf die wichtige-
ren an der Wortbildung beteiligten Faktoren ist jedoch
in jeder Wortbildungslehre am Platze, auch wenn die zweifellos
noch immer gegebene (Haupt-)Zweiteilung nach dem Prozeß der
Zusammensetzung und der Ableitung (s. § 12) beibehalten wird.

5. Bei all dem wäre die überragende Rolle zu betonen, die die Analogie in der Wortbildung spielt, und zwar handelt es sich hier in der Regel um den Vorgang, den H. Paul als Proportionsanalogie betrachtet. Nach bestehenden Verhältnissen zwischen Wörtern entstehen analogisch dieselben Verhältnisse zwischen anderen, mit den ersten irgendwie verwandten Wörtern. Nach Vorbildern wie *Wirt : Wirtin, Gatte : Gattin* usw. wurden zunächst, schon im Ahd., Parallelen wie *Wolf : Wölfin, Löwe : Löwin, Bär : Bärin, Affe : Äffin, Hund : Hündin* gebildet, und nach diesen entstanden nachträglich wiederum die Parallelen *Katz : Kätzin, Spatz : Spätzin.* So kann eine Gruppe von Bildungen mit gleichem Verhältnis in mehr oder weniger ununterbrochenem Prozeß analogisch weiterwirken (Proportionsreihen). Für neu entstehende Bildungen ließen sich jedesmal Gleichungen aufstellen wie *(Wolf : Wölfin . . . =) Hund : Hündin = Katz : x,* wobei *x* die Neubildung bezeichnet. Man hat gelegentlich die Paulschen Proportionen für die Analogiewirkung abgelehnt, indem man dem Ausdruck Analogie überspitzte Formulierungen unterschob [26]. Versteht man unter Analogie jedoch einfach und richtig einen Ausgleichungsvorgang, hervorgerufen durch eine ,,Ähnlichkeit, die sich auf das Verhältnis zwischen Eigenschaften oder Teilen gründet'' [27], so ist die Analogie für die Wortbildung so wesentlich, daß man mit Maurer die Wortbildungen geradezu einteilen kann in solche, die mit und solche, die ohne Analogiewirkung entstanden sind. Zu den analogischen Wortbildungen gehören dann weitaus die meisten Zusammensetzungen und die ganze Ableitung. Mit der letztern steht es ja so: die sog. Ableitungssuffixe waren ursprünglich, soweit wir imstande sind, dies nachzuprüfen, selbständige Wörter [27a]. Deutlicher zeigen es noch Suffixe wie *-heit, -tum, -lich* u. ä. Von dem Augenblick an, wo der zweite

[26] Auch CHR. ROGGE in mehreren Aufsätzen; vgl. hierzu FR. MAURER, Volkssprache, 1933 (= Fränkische Forschungen 1), S. 100 f.; dass. in ZfdPh. 53, 171 f.; E. HERMANN, Lautgesetz u. Analogie, 1931 (Abh. d. Ges. d. Wiss. zu Gött. 23, 3), wozu DEBRUNNER, IF 51, 269 ff.; für unseren Bedarf ferner FR. STROH, Probleme neuerer Mundartforschung. 1928, S. 60; R. MULCH, IF 51,47 ff.

[27] H. HÖFFDING, Der Begriff d. Analogie, 1924; eine ,,similitude proportionnelle'' nennt sie M. PÉNIDO, Le rôle de l'analogie usw. Paris 1931, S. 25.

[27a] Zur Präzisierung dieses Satzes vgl. nun etwa WERNER (s. § 181) 258 f.

Teil einer Zusammensetzung aber aufgehört hat, selbst ein Wort
zu sein, kann dieser zweite Teil (jetzt ein Suffix) nicht anders in
der Wortbildung weiter verwendet werden als eben durch Analogie.

Zugegeben, daß ein Grundstock der Grimmschen „echten"
Komposita selbständig zusammengewachsen war, so wird doch
der ganze weitere Prozeß von der Analogie durchwärmt sein,
ohne daß sich ihr Anteil daran zunächst genauer bestimmen ließe.
Jedenfalls unterstehen der Analogie in der Folge alle diejenigen
Zusammensetzungen, welche nicht unmittelbar aus syntaktischer
Kontaktstellung entstanden sein können, also Wörter wie *haus-
hoch, Sammelpunkt, Hammerklavier, Freiheitsdrang* usw. Der
Drang zu analogischer Weiterbildung ist so stark, daß die Kinder-
sprache schon spontan über das Gültige hinaus weiterschafft (in
Fällen wie *Brennlicht, Bindekleid, Lötner, musiken*) [28].

Auf Analogiewirkung beruhen – neben F. Wredes „Adoptionen"
(*Gunge, getzt* < *Junge, jetzt* nach *gut* < mundartl. *jut* usw. unter höher-
sprachlichem Einfluß) [29], die in die Lautlehre gehören – letztlich auch
die sog. Reim(wort)bildungen [30]. Das sind Fälle, wo ein Wort von
einem andern, mit dem es formelhaft verbunden ist, lautlich angezogen
und abgeändert wird. In den Formeln got. *dagam jah nahtam* und nhd.
tags – nachts ist je das zweite Glied in die Flexionsklasse des anderen
übergetreten. Aus dem Kapitel der engeren Wortbildung dürften hier
zunächst anzuführen sein Paare wie griech. φάρυγξ – λάρυγξ, lat. *tumu-
lus – cumulus*, ital. *duo – trio*, franz. *quatuor – sextuor* u. ä., aus dem
Deutschen ferner *mitraten – mittaten* (D.), *in Ängsten* und *Bängsten*,
wohl auch *rupfen* (neben *raufen*) – *zupfen* (aus *ziehen*), *Wipfel* (vgl.
wippen) – *Gipfel* (neben älterem *gupf, güpfel*), *täppisch – läppisch*, mhd.
zaher Zähre – *traher* (neben *trahen* Träne), ahd. *attuh – lattuh*. Diese
Fälle sind von Wiederholungen wie *Techtelmechtel* (§ 173) und Streckformen wie *recken- strecken* (§ 170) zu trennen.

Und schließlich ist als Analogiebildungen der größte Teil der
Zusammenbildungen zu betrachten, worunter man gewöhnlich
solche Wortbildungen versteht, die weder als Zusammensetzungen

---

[28] CL. u. W. STERN, Die Kindersprache, 1907 (³1922), S. 347 ff. 362 ff.
[29] F. WREDE in Beitr. z. germ. Sprachwiss. (= Behaghel-Festschr.
1924), S. 83 ff.; ferner BEHAGHEL, S. 218 f. und die bei W. HENZEN,
Schriftsprache u. Mundarten, ²1954, S. 216 f. aufgeführte Lit.
[30] H. GÜNTERT, Über Reimwortbildungen (Idg. Bibl. III, 1); DERS.,
Grundfragen d. Sprachwiss. 1925, S. 28 f.; L. BLOOMFIELD, PBB
37, 245 ff.

noch als Ableitungen glatt aufgehen und doch von beiden Züge an sich tragen, Bildungen wie *entkräften, fünfstöckig, Grablegung, Inanspruchnahme* u. ä. also, von denen unter § 160 f. zu reden sein wird. *entkräften* kann nicht ohne weiteres aus *Kraft* mit Hilfe von Präfixen oder Suffixen abgezogen werden, aber im Grunde ist es doch aus *Kraft* abgeleitet nach dem Muster etwa von *entkleiden, entehren, entfärben, entschwefeln* u. a., neben denen immerhin einfache Verben stehen. Triebkraft bei seiner Bildung ist die Analogie. Gleich verhält es sich mit eigenartigen Rückbildungen (§ 163) wie etwa Nietzsches *Selbstbeschränker* (< **selbstbeschränken*) < *Selbstbeschränkung* [31].

6. Die nicht oder nicht wesentlich durch Analogiewirkung bedingten Wortbildungen setzen sich zusammen

a) aus Wörtern, die unabhängig von Wortbildungsmustern rein aus syntaktischer Verbindung infolge häufiger Kontaktstellung im Satze zu einer Einheit zusammenwachsen konnten, wie *Sauerkraut, stundenlang, hinunter, infolge, vorderhand, Vergißmeinnicht.* Das sind auf jüngerer Sprachstufe allein die wirklichen Komposita im Sinne Brugmanns und Maurers, da, wie Maurer [32] meint, sich nur bei diesen der psychologische Vorgang der Zusammensetzung vollzogen habe;

b) aus der im täglichen Sprachleben äußerst wichtigen Art von Wortverschmelzung, die man als Wortkreuzung oder Kontamination bezeichnet (§ 169). Bekannt ist der Vorgang des Versprechens (oder Verlesens, Verhörens). Es sagt einer z. B. *die Bürste des Fürsten* (statt *Büste*, indem er das *r* zwischen *ü* und *st* in *Fürst* bei *Büste* vorwegnimmt) oder *das Wasser verdumpft* statt *verdampft* oder *verdunstet* (indem sich im gegebenen Moment die beiden synonymen Verben zugleich vordrängen) [33]. Das sind Entgleisungen, die sich in der Regel von selbst korrigieren. Die gleiche psychologische Entstehungsursache haben aber auch etwa Bildungen wie *vorwiegend* (falls Kreuzung von *vorherrschend* und *überwiegend;* s. § 181) oder *anbetrifft* und *anbelangt* (= *betrifft* + *anlangt*), *Vorbedingung*

---

[31] Lit. über Analogie u. Wortschöpfung s. bei W. HAVERS, Handb. d. erklär. Syntax, S. 229.

[32] Volkssprache, S. 99, bzw. ZfdPh. 53, 170; vgl. hierzu noch DE-BRUNNER, IF 52, 242.

[33] Vgl. R. MERINGER, Aus d. Leben d. Sprache, 1908, bes. S. 21 ff. 72 ff. Zum folg. s. Lit. bei HENZEN (Anm. 29), S. 212 ff.

(*Bedingung* + *Voraussetzung*), *aufoktroyieren* u. ä., die gelegentlich begegnen, ohne Anstoß zu erregen. Seit die Sprachgeographie hier tapfer vorgearbeitet hat, wird erst die ganze Bedeutung dieses Vorganges für die Wortbildung offenbar. Die fortschreitende Arbeit an den Sprachatlanten zeigt, wie häufig, namentlich dort, wo verschiedene Sprachen sich überlagern (geographisch am Rande zweier Mundarten, sozial und kulturell bei Berührung zweier Sprachschichten), Kompromisse entstehen, die in den Wortschatz eingehen, unter Umständen dauernd. Dank der Erkenntnis, daß sprachliche Neuerung in weitem Umfange das Ergebnis von Sprachmischung und Sprachausgleich darstellt, ist es neuerdings gelungen, Wortbildungen zu erklären, die Grimm noch nicht hätte erklären können.

7. Hinter den Bahnen, in denen sich die Wortbildung vollzieht, stehen die Triebkräfte. Es gibt Wortbildungen, die – wie die ursprünglichen Interjektionen – mehr seelischen, und solche, die mehr geistigen Bedürfnissen entspringen. Zu jenen gehören etwa euphemistische Kraftwörter wie *Sapperlot* (s. u.), zu diesen vorzüglich alle diejenigen Bildungen, die auf den Trieb nach Deutlichkeit, Anschaulichkeit, Lebendigkeit (wozu beispielsweise Metaphern wie *Langohr, Schlafmütze,* Personifikationen wie *Dachreiter, Stiefelknecht* zu zählen wären), auf Nachahmung (*Töff, Zickzack*) oder noch auf Bequemlichkeit zurückzuführen sind. Jespersen möchte die Wortbildung weitgehend, namentlich die Ableitung, einem Einordnungstrieb, einem „classifying instinct" [34] unterstellen. Nicht gering ist insbesondere die Zahl der Wortbildungen, die die Folgen der ewigmenschlichen Neigung Unnötiges einzusparen an sich tragen. In der – freilich künstlichen – Verbindung *Eurasien, Eurasier,* engl. *Eurasian(s), Eurafrikaner* u. ä. bleibt von *Europa* nur die hinlänglich charakteristische erste Hälfte *Eur-.* Dabei ist die Sachverbindung in der Wortverbindung angedeutet (vgl. *Indocrats,* § 169). In andern Fällen ist ein ganzes Glied übersprungen, weil fürs Verständnis entbehrlich, z. B. beim Typus *Ölzweig* für *Ölbaumzweig* (s. § 175). Über die eigentlichen Kurz- und Initialwörter wie *Ober(kellner), (Omni)bus, Hapag, Stukas* s. § 176 f.

Hier wäre hinzuweisen auf eine Art Halbkomposita nach dem Klammertypus (a + b) c bzw. a (b + c), die die Syntax, Stil- und

---

[34] Siehe Language, Kap. XIX, § 16.

Wortbildungslehre zugleich berühren: *Vor -und Nachteile, Freundeshand und -herz, auf- und zumachen, Geld- und andere Sorgen, öffentliche und Privatmittel, gesotten, pachen und pratfisch* (H. Sachs) usw. Die Wortbildungslehre interessieren vor allem die Fälle, wo unselbständige Wortteile eingespart sind. Vgl. *der Tapfer- und Ehrlichkeit* (Herder), *Ihre Anmerk- und Verbesserungen* (Goethe), *lump- und schmutzig* (Rückkert), *schwest- und brüderlich* (Werder), *zahm- und wildes Schwein* (Uhland), *den Gut- und Bösen* (Lessing), *von tausend durchgeweinten Tag- und Nächten* (Goethe), *beleu- und belügenmundet* (Nietzsche); mhd. *wiz und swarzer varwe* (Parzival); dann *an stätt und orten* (Zwingli), *wart- und tragen* (S. Brant), *bleib- und schreiben* (Hutten)[35] oder etwa altfranz. *humble- et dulcement*[36]. Das Verhältnis zur Wortbildungslehre vermag folgendes Beispielpaar zu beleuchten: *Tag- und Nachtschicht* (Klammerform) gegen *Tagundnachtgleiche* (eine Zusammensetzung bzw. -bildung, denn es steht nicht für Taggleiche und Nachtgleiche!). Vgl. § 42, zu Fußn. 3.

Das Streben nach Kürze ist für die Wortbildung so bedeutungsvoll, daß man zuweilen[37] die ganze Zusammensetzung als eine Folge des Zusammenfassungstriebes ansieht. Sei dem, wie ihm wolle: jedenfalls bleibt, wenn es für die formale Wortbildungslehre einen Reiz hat, zu beweisen, daß *schwanzen* nicht aus *Schwanz*, sondern umgekehrt *Schwanz* aus *schwanzen* entstanden ist, für sie von nicht geringerem Interesse, auch festzustellen, w a r u m *Schwanz* aufkam und sich gegen ein älteres *Zagel* und *Wedel* sozusagen allein behauptet. Ahd. *zagal* (engl. *tail*) erhielt in dem sinnlich stärkeren *wadal, wedil* Wedel, das ein buschiges Werkzeug zum „Wehen" (vgl. *Weihwasserwedel, Hühnerwadel*) und darnach zunächst nur das buschige Ende des Kuhschweifs bezeichnete, einen gefährlichen Konkurrenten und dieses wiederum in dem drastischen *Schwanz*, einer substantivischen Rückbildung aus dem Verb **swankezen* ʿsich schwingend bewegen᾽[38] (auch von Schlangen) nach dem Muster von *Sitz, Wank* u. ä. Die Wortbildungslehre berührt sich hier wieder eng mit der Bedeutungslehre. Der Daseinskampf im Wortschatz: das Aufkommen neuer Wörter und das Versinken alter ins Nichts sowie die Ursachen dafür interessieren zwar eher die letztere außer dem Fall, w o g a n z e W o r t b i l d u n g s g r u p p e n a n d e r e n w e i c h e n m ü s s e n. Dieses

---

[35] Vgl. DEBRUNNER, IF 50, 182 ff.; PAUL, Dt. Gramm. IV, 360 ff.; BEHAGHEL, Syntax III, S. 364 f.; W. STEGLICH, ZfdWf. 3, 1 ff., mit reichem Stoff für die ältere Zeit.   [36] SPITZER, Litbl. 1923, 307.

[37] z. B. KOZIOL, S. 241.   [38] Oder aus **swangezen?* Vgl. § 153.

Los hat etwa die einst so mächtigen *ti-(tu-)*Bildungen ereilt, die
noch in *Gift, Macht, Tracht, Schuld, Tat* u. ä. weiterleben, weil sie
keine greifbaren Beziehungen zu Grundwörtern, als deren Ableitungen sie empfunden worden wären, zu bewahren vermochten
(§ 72). Besonders verdient in der Wortbildungslehre die immer
wieder auftretende Erscheinung Beachtung, daß Wortbildungsgruppen, die infolge sinnlich-lautlichen Verblassens ihrer Mittel
zu unklaren Vorstellungen oder zu störenden Assoziationen An-
laß geben – mag man auch die Homonymenfurcht übertrieben
haben –, von kräftigeren oder moderneren zurückgedrängt werden. Denn wie von den Wörtern im allgemeinen darf man auch
von den Wortgruppen sagen, daß, wenn keine verloren geht, solange für sie ein lebendiger Bedarf herrscht, doch diejenigen im
Vorteil sind, ,,die bei geringstem Kraftaufwand die gewollten Vorstellungen sicher erwecken'' [39].

Beispiele: 1. Ein ahd. *gebo* Geber, Spender mußte durch die Abschwächung > mhd. *gebe* lautlich zusammenfallen mit *gebe* < *geba*
Geberin, aber auch mit *gebe* < *geba* Gabe (abgesehen von der 1. 3.
Sing. Opt. Präs. *gebe*). An Stelle der Nomina agentis mit germ. *(j)an*-
Suffix (ahd. *gebo, trinko, becko*, got. *fiskja*; s. § 84 f.) traten denn auch
immer mehr solche mit Lehnsuffix ahd. *-ări* < lat. *-arius* (ahd. *trinkari*,
mhd. *trinkære*, nhd. *Trinker*; s. § 98). Die ältere Bildungsweise bleibt
besonders erhalten in Fällen wie *Ferge, Bote, Bürge, Beck*, wo die Gefahr der Verwechslung mit anderen Wörtern gering ist, und in Zusammensetzungen wie mhd. *goltgebe, muntschenke, vürspreche* (§ 84), wo
außerdem das ganze Kompositum die Bedeutung des zweiten Gliedes
tragen hilft. – 2. Die persönlichen Feminina gingen entsprechend auf
-ăr(r)a aus (*pflegara, spilara*). Um jedoch eine neue Berührung mit den
Maskulinen (*pflegari* > *pflegære, -ere*) zu vermeiden, traten sie großenteils zum kombinatorischen Suffix *-arin, -erinne* über (§ 95). – 3. Ahd.
scōnī Schönheit verblaßt zu mhd. *schœne*, das deutlich mit dem Adj.
schœne (und dem Verb *ich [er] schœne*) übereinstimmt. Infolgedessen
wird der Abstrakttypus auf ahd. *-ī* – der im Ahd. noch gegen den auf
-ida siegreich war – ersetzt durch den volleren auf *-unga* (für Tätigkeitsnamen: *tiurī* – *Teuerung*) oder *-nissa* (für Eigenschaftsnamen:
finstarī – *Finsternis*); vor allem bieten aber – ihrerseits herabgesetzte –

---

[39] A. GÖTZE, Grundsätzliches zum Absterben von Wörtern, in AASF
30 (1934), S. 295. Zur Sache vgl. ferner E. ÖHMANN, Über Homonymie
und Homonyme im Dt., ebenda Bd. 32 (1934), 1 ff., bes. 39 mit der
Lit.; K. v. BAHDER, Zur Wortwahl i. d. frühnhd. Schriftsprache, 1925,
passim; R. MULCH, IF 51, 9 ff.; PAUL, Prinz. § 149; E. WIESSNER in
Dt. Wortgesch. [2]I, 177 ff.

alte Kompositionsglieder willkommenen Ersatz (*scōnī, snellī* > *Schönheit, Schnelligkeit*; s. §§ 110 f. 114 f. 121). – 4. Ebenso werden die alten *ēn*-Verba nach der Abschwächung und dem Zusammenfall mit den *ōn*-Verben jetzt meist umschrieben (vgl. § 143).

Nur in Mundarten, die -*ara*, -*ī* oder -*ēn* in ihren alten Lauten erhalten haben, sind diese Suffixe weitgehend bis heute fruchtbar geblieben – eine Ausnahme, die zur Bestätigung der Regel angerufen werden darf.

Der Trieb, Unangenehmes zu verhüllen (Euphemie), Unklares zu verdeutlichen (Volksetymologie; s. § 172) und weiterhin der sprachliche Spieltrieb, dessen Rolle mit Recht wieder mehr hervorgehoben wird [40], greifen bekanntlich dadurch in die Wortbildung ein, daß sie zu Entstellungen oder Umstellungen verschiedener Art führen. Vgl. *Herrjē(mine)* für *Herr Jesu (Domine)*, *Lieberei* für *Lieber Heiland*, *Ahmesäche* für *Seichameise*, *Mexter* für *Metzger*, *Leuchthorn* für *Leichdorn*, *Flidsebē* für *Velociped* (nach *flidsen* sich schnell bewegen), *Weillang* für *Langeweile*, *Kehlrötchen* für *Rotkehlchen*, nd. *Klewervēr* für *Vierklee*, *Appeldrüf* Traubenapfel, *Teekrüder* Kräutertee, *wisenase* naseweis, *Kindjēs* für *Jesuskind* Christgeschenk, berlinisch *Schiedunter* Unterschied, die kaufmännische Umstellung *Manul(druck)* aus *Ullmann*, auch etwa ital.-dial. *saramandola, marassandola* und volksetymol. *la sora (= signora) mandola* für *salamandrola*, engl.-dial. *Kettipoat* für *Petticoat* Unterrock; den „Inversionskomposita" des Nordens: *Karlbrauder* Bruder Karl, engl. *Kirkpatrick* Patrickskirchen kommt aber eine andere Stellung zu [41]. Spielerisch entstehen namentlich Wortbildungen wie *klabastern, rabasseln, Kladderadatsch, eiapopeia, Hokuspokus*, die noch immer nirgends mit Sicherheit eingereiht werden können. Aber auch Erscheinungen aus andern Abschnitten der Wortbildungslehre (der Iteration und Reduplikation, der Wortumbildung, -kürzung und -mischung; s. § 168 ff., 173) fallen hier in Betracht. Nicht selten sind an der

---

[40] Siehe etwa O. WEISE, Nd. Jb. 40, 55 ff.; K. JABERG, Spiel u. Scherz i. d. Sprache, Festg. f. Singer, 1930, S. 67 ff.; BEHAGHEL § 355; A. SCHIRMER, Muttersprache, 1953, 1 ff. mit Lit. Nach KOZIOL, S. 240, ist Spieltrieb im Engl. nie so stark gewesen wie gerade jetzt.

[41] Vgl. L. BERTHOLD in Dt. Dialektgeogr. XXI, 60 f.; O. WEISE, Nd. Jb. 46, 35 f.; DENS., Unsere Mundarten, ² S. 82; JABERG, S. 76 f.; BACH, Namenk. I, 2 § 496 a; II, 1 § 731 f.; fürs Engl.-Nord. die Hinweise bei KOZIOL, S. 54, wozu noch NECKEL, Acta philol. scand. I, 8 ff.

(Um-)Bildung eines Ausdrucks mehrere Kräfte beteiligt [42]. Und schließlich erweisen sich Witz und Spottlust als schöpferisch in den zahlreichen Ableitungen nach Art von *Senderich* (§ 106), *Eishokeyaner, Luftikus* (§ 107e), *Prahlinski, Attentäter, Propädäumling, gassatim, Dichteritis, Stinkadores* (schlechte Zigarren) [43], *schwadronieren* oder in ironischen Gelegenheitsbildungen wie *pechiös* (G. Keller), *(schaum)weingeistreich* u. ä. (§ 171). Vgl. noch §§ 107. 199. 145.

Dem Drang nach Deutlichkeit entspringen auch neue Zusammensetzungen wie *Leichensarg* (für sinngleiches *Leiche*), *Waschlavoir, Hähervogel*. Hier ist ungeläufigen Wörtern zur Verdeutlichung ein bekanntes beigegeben, namentlich ein weiterer Gattungsbegriff, was die ansehnliche Gruppe *Damhirsch, Windhund, Bimsstein* kennzeichnet (s. § 30). Oder Namen für weibliche Wesen, die einer deutlich auf das natürliche Geschlecht hinweisenden Endung entbehren, werden eigens mit einer solchen versehen: für *Hinde* erscheint *Hindin* (und *Hirschkuh*), wie teilweise griech. παρϑένη für παρϑένος, lat. *socra* für *socrus* Schwiegermutter. Vgl. *Diakonissin*, auch *Kassierer* (§ 98) u. ä. Diese schiefen Bildungen, die Havers [44] unter die Ordnungstendenzen einreiht, führen zur Analogie zurück, wenn sie auch mit obigem *Katz : Kätzin* nicht in eine Linie zu stellen sind.

Streben nach Ausdruckskraft gilt gern als ein wichtiges Merkmal der germanischen Sprachen. Es schlägt dort in die innere Wortbildung ein, wo es eine lautliche Variation, insbesondere eine konsonantische Verstärkung bedingt. Am häufigsten ist Intensivierung bei Verben – mit oder ohne weitere Bedeutungsänderung – durch Gemination, durch *s-, k-, t-*Anlaut, Verhärtung des Anlauts, Nasalinfix, z. T. verbunden mit Ablaut oder Diphthongierungen [45]: *raufen-rupfen, schnaufen-schnupfen, gleißenglitzern, schneiden-schnitzen, neigen-nicken, biegen-bücken, breitenspreiten, tupfen-stupfen, recken-strecken, wanken-schwanken, nau-*

---

[42] Vgl. BERTHOLD, S. 65 ff. für die hessischen Spielarten von *Ameise*; hierzu noch H. ROSENKRANZ, ZfMaf. 18, 68 ff. mit der „Schüttelform" *M(i)ëletze* < *L(i)ëmetze* für die Rhön (S. 81).

[43] Schwäb. Wb. 1, 1774 f.   [44] Handb. d. erklär. Syntax, S. 176 f.

[45] W. WISSMANN, Nomina postverbalia I (s. § 79), S. 160 ff.; JULIE BERRER, Verbale Bildungsmittel zur Intensivierung im Alem. Diss. Tübingen 1934, beide mit Lit.; E. SCHWYZER, ZfvglSprf. 61, 243 f.

sen-schnausen, nuspern-knuspern(?), *reißen-ritzen-kritzen, schittern-tschittern* auseinanderfallen, *fecken-pfecken* prüfen, eichen, *girren-kirren, harcheln-karcheln* röcheln, *trappen-trampen, lappen-lampen-schlampen, bussen-bunsen* küssen, *patschen-pantschen, ficken-fiecken-fienken* (herum)reiben usw. Wißmann erweitert [46] diese Parallelen durch nominale Fälle wie *Quabbe-Quappe, Ratte-Ratze, Zibbe-Zippe,* ahd. *gaffa-gapfa* Mitra, *stehho-steccho, Haufen-Hümpel, tief-Tümpel* usw.; er rechnet auch die Kurznamen hierher, z. B *Sicco,* gall. *Seccus* neben *Sigmar, Otto* neben *Otmar, Fritz* neben *Friedrich, Lutz* neben Ludwig [47].

Lautverstärkung in expressiven Wörtern findet sich natürlich übers Deutsche hinaus, namentlich auch in den germ. Sprachen, wie schon aus BERRERS umfänglichen Gleichungen erhellt. Neben einem ae. *dubbian* (zum Ritter) schlagen steht z. B. ein westnord. *dumpa* usw. Das Skandinavische kennt nach G. SCHÜTTE, IF 15, 279 und WISS-MANN, ZfdA 76, 3 hinter Labial ein affektives *j* mit verächtlichem Beigeschmack: *palt(a)* Lappen – *pjalt, pjaltra* Lump, Wicht, erbärmlicher Mensch, *pank* allerhand Sachen – *pjank* Packen, nichtssagendes Gerede, Gesöff, *fjantet* ausgelassen u. ä. Über äußere Mittel zur Bildung von Intensiven (Suffixe, Reduplikation, Präfixe) s. im besonderen Teil an Ort und Stelle.

8. Einer weiteren, ansprechenden Betrachtungsweise müßte es darauf ankommen, die Wortbildung in Beziehung zu den verschiedenen **literarischen Strömungen** zu setzen. Wenn Wörter untergehen, weil man sie nicht mehr braucht, so sehen wir umgekehrt in dieser oder jener Periode nicht nur germ. Wortgut wieder auftauchen, für das eine voraufgehende keine Verwendung hatte (mhd. *kleit, meidem* Hengst, *grien, lōt, krūs, kīben*) [48], sondern es wird auch **neues** Wortgut mit geeigneten Mitteln geschaffen. Es gibt Epochen, in denen sich auf dem Gebiete der Wortbildung eine äußerst rege und fruchtbare Entwicklung bemerkbar macht, wo sich der Wortschatz gleichsam regeneriert. Zu ihnen gehört einmal das 8. bis 10. Jh.: die Zeit der Christia-

---

[46] In ZfdA. 76, 1 ff. (zur Erklärung der Lautverschiebungen). Vgl. DENS., *Skop,* SBer. d. Berl. Ak. 1954, Nr. 2 S. 25 ff. mit Lit. (A. MAR-TINET, La gémination conson. d'origine expressive etc. Paris 1937).

[47] Kurznamen besaß freilich schon das Uridgerm.; vgl. DEBRUNNER, Griech. Wortbildungsl. S. 82. Zu *Fritz, Lutz* vgl. § 176!

[48] Siehe MARTHA BRANDT, Beitr. z. mhd. Wortforschung. Diss. Köln 1928, 1. Teil; W. KUHBERG, Verschollenes Sprachgut u. seine Wiederbelebung in nhd. Zeit, 1933; SCHIRMER (s. § 3) passim mit Lit.

nisierung des deutschen Wortschatzes – es ist die Wiederholung eines Vorganges, der sich ein halbes Jahrtausend früher im lateinischen abgewickelt hatte, als Wörter wie *redemptio, conversio, temptatio, gratia* nach dem Griechischen entstanden. Die mönchischen Apostel des Christentums, zumal die angelsächsischen, sahen sich bei der Zubereitung der christlichen Literatur für das Volk einem ungeheuren Mangel an Ausdrucksmitteln gegenüber. Das Fehlende konnte nur mit Hilfe des Lateinischen gedeckt werden, sei es durch direkte Wortentlehnung (*postul, tempal, chestiga* castigatio, *chrūci(gunga), predigōn, prediga, predigunga*; vgl. auch die Parallele *planta, plantare, plantatio – pflanza, pflanzōn, pflanzunga)* oder durch Übersetzung (*misericors* ahd. *armherzi,* got. *armahairts*; vgl. § 2 Fußn.[3]), sei es dadurch, daß man versuchte, gelehrte Ausdrücke an schon vorhandene, begrifflich einigermaßen verwandte deutsche Wörter anzuknüpfen (*misericordia* als *miltī, miltida, miltnissa*). Nicht zu Unrecht ist behauptet worden, die gesamte ahd. gelehrte Wortbildung müsse sub specie latinitatis betrachtet werden. Das Beispiel N o t k e r s würde hinreichen, um für die gärende Sprachentwicklung seiner Zeit und namentlich für die Ausbreitung und den Daseinskampf bestimmter Suffixe einen eindrücklichen Beweis zu liefern. An Wörtern wie *substantia* und *natura* hat sich Notker abgeplagt, wie die Sonderuntersuchungen nun deutlich zeigen; allein für *corruptio* braucht er die Bildungen *warteda, wartsala, wartsali, wartnussi, erwortanī, erwertida, virwertida, ferwertidi, ferwartnussi, -nussidi, irwartunga, irwartnussi, -nissa, -nussida* (Lindqvist S. 37), *(un)wartigī* (Graff und Sehrt-Legner). Anderwärts können z. B. für *resurectio* zwölf Eindeutschungen belegt werden.

Der erste, der vor bald hundert Jahren die Umrisse dieser gewaltigen Umwälzungen in der ahd. Literatur zu zeichnen unternommen hat, ist R. v. RAUMER[49]. Jetzt darf verwiesen werden auf die Arbeiten, die A. LINDQVIST in einer längeren Abhandlung über Wortbildung und Wortwahl im A hd.[50] zusammenstellt, ferner auf J. WEISWEILER in Dt. Wortgesch. I (für Notker und die wissenschaftlichen Abstrakta S. 129 ff.). Seither hat nun etwa GERTRAUD MÜLLER[51] dargelegt, wie

[49] Die Einwirkung d. Christentums auf d. altdt. Sprache, 1845.
[50] PBB 60, 1 ff.; Lit. S. 4 f. Fußn.; neuerd. INGEB. SCHRÖBLER, ZfdA. 83, 40 ff. u. Hermaea N. F. 2 1953; K. A. DOLCH, Notkerstudien, 1951/3.
[51] PBB 70, 332 ff., ohne Bezug auf HARALD ROSEN, OHG Prepos. Compounds in relation to their lat. Orig. (Suppl. to Language nr. 16). Diss. Philad. 1934. – Betr. Hinweise a. Dt. Wortgesch. s. unten S. 269.

ältere ahd. Partikelkomposita (bes. bei Richtungsverben) unter dem
Einfluß des Lateins entstanden sind: *praeferre* – ahd. *furibringan,
praetendere – foragidenen, advehi – zuogifuoren, subdere – untardionōn,
abradere – abascaban, perfrui – thuruhniozan, suscipere – ūfburien,
inportatus – anagatragan, adpositus – zōgasezit, impetus – anablāst* usw.

    Der Reichtum der Wortbildungen in der ahd. Übersetzungsliteratur
vermag auch ein Licht zu werfen auf die aktuelle Frage, bis zu welchem Grade die Klosterschulen auch örtliche Zentren einer Schrift-
tradition darstellten. Schon J. Grimm hatte darauf hingewiesen, daß
in der einen Schule diese, in einer andern jene Suffixe bevorzugt wurden: St. Gallen und Reichenau lieben *-ōd (-ōt)*, Otfrid *-īn*, Notker *-ī*
und *-ida*, Tatian und Isidor *-nissi*, während *-nussa, -nussi, -nussī* vor
allem in bair., *-nussida* in alem. Denkmälern zu Hause sind[52].

Eine zweite Welle schöpferischer Wortbildung entsteht um die
Mitte des 13. Jahrhunderts vielleicht im md. Osten. Dem begrenz-
ten und bisweilen abgedroschenen Wortgut des Durchschnitt-
rittertums steht jedenfalls bald die Sprache einer Mechthild von
Magdeburg in einer wahren Neugeburt des Wortschatzes aus deutschem Sprachstoff und mit einem beinahe unübersehbaren Wort-
reichtum gegenüber. Mechthilds Buch vom Fließenden Licht der
Gottheit nimmt sich geradezu revolutionär aus. Zum erstenmal
ist hier nach Fr. Karg[53] seit Notker Sprache neu geformt, von
der Prosa her gesehen, ist sie direktes Ausdrucksmittel für die
tausend Arten des Versenkens der Seele in Gott, des Erhebens
des Geistes über die Welt, für die feinsten Wandlungen im Empfinden und Erleben. Massenhaft wuchern jetzt Partikelbildungen
mit *abe-, ane-, hin-, her-, ūf-, ūz-, umbe-, wider-, vol-, zuo-* und
namentlich die Abstrakta. Auf gleichem Textraum hat Mechthild z. B. 156 Bildungen auf *-heit, -keit, -lichkeit* und Hartmann
von Aue 38, Mechthild 74 auf *-unge*, 19 auf *-nisse*, Hartmann 4
bzw. keine. Das alles ist natürlich kein Zufall, sondern notwen-
dige Äußerungsform der Mystik: die überschwenglich-metapho-
rische Sprache der Mystik erfordert entsprechende neue Wortbildungsmittel, da „Wort und Bild Korrelate" sind[54]. Alle be-

---

[52] Vgl. LINDQVIST, S. 6 f. 48 f.; E. GUTMACHER, PBB 39, 42 ff. u.
unten §§ 110 f. 114.

[53] Das literar. Erwachen d. dt. Ostens im Mittelalter, 1932 (= Md.
Studien 1, Beih. 3 d. Teuth.), wonach die folg. Angaben; hierzu
GÖTZE, Litbl. 1933, 293 (gegen Überbetonung des Ostmd.).

[54] Vgl. GRETE LÜERS, Die Sprache d. dt. Mystik d. Mittelalters im
Werke d. Mechthild v. Magdeburg, 1926, bes. S. 314 f.; O. ZIRKER,

deutenden Mystiker, auch die der späteren Zeit, machen sie sich zu eigen (Karg, S. 16). Verbaler Ausdruck (Partikelverben, Verbalabstrakta, Partizipien, weniger subst. Infinitiv) erscheint auch im Pietismus als Träger einer für ihn bezeichnenden „seelischen Dynamik" [55]. Natürlich sind aber die neuen Wortbildungstendenzen nicht das ausschließliche Vorrecht der Mystik. Die Prosa neigt überhaupt und allenthalben, besonders in ihrer Eigenschaft als Rechtssprache, der Abstraktion oder dem Ungewöhnlichen zu. In der Kanzlei werden die schwereren Bildungen ja zur Manier: *behelfung, zugeho(e)runge, versichtigung, lehentragung, girheit, eintrachtikeit, bevelnusse, festiglich, hanthaftig(lich), erklagen, ausgerichten, einantworten* usw. [56].

Das Rittertum hatte in Fremdwörtern eine Unzahl von Suffixen eingeschleppt, von denen einige weiterwirkten, vor allem *-ieren* (seit Veldeke [57] s. § 154) und *-ie* (§ 118); vgl. ferner *-ant (sarjant), -in (baldekīn), -ier(e) (schevelier, baniere), -ūn(e) (trunzūn, pavilūn[e]), -ān (kastelān), -ōn (calcedōn), -iure (crēatiure), -teit* neben *tāt (moraliteit* Tristan 8008. 8012, n. *trinitāt*; s. § 119), *-āt (brūnāt* usw. § 113), *-āl (zendāl), -ol (corniol), -jus (sardjus), -ois, -eis (turkois, curtois, -eis, templeis), -iste (organiste,* ca. 1250), dazu Verbalisierung: *baneken, hurten, fīnen, covertiuren, merzīen,* sowie hybride Bildungen ('halbe Lehnübersetzungen' Öhmann): *hastalīche, hurtebære, arzenīe, senf(t)enier, hovieren, aller, maneger leie* (< afranz. *ley* 'Art'); s. § 159.

Die Bereicherung d. dt. Wortschatzes durch d. spätmittelalterl. Mystik, 1923 (Jenaer Germ. Forschungen, H. 3) mit Lit., wie BEHAGHEL, S. 42 f., und H. KUNISCH in Dt. Wortgesch. I, 246 f. 257 ff.; J. QUINT, Dt. Vjs.-schr. f. Lit.wiss. u. Geistesgesch. 6 (1928), bes. 684 ff. 701; BACH, Gesch. § 106, 2 mit Lit.; neuestens präzisierend K. RUH, Bonaventura deutsch, 1956, S. 78 ff. 193 ff. 363 ff. *(-ung* für *-[at]io, -heit* für *-tas).* Über Eckhardt Lit. u. Method.-Kritisches s. ferner B. SCHMOLDT, Die dt. Begriffssprache Meister Eckhardts, 1954, bes. S. 8 ff.

[55] A. LANGEN, Der Wortschatz d. dt. Pietismus, 1954, bes. S. 381 ff.

[56] Vgl. L. E. SCHMITT, Die dt. Urkundensprache i. d. Kanzlei Kaiser Karls IV., 1936 (= Md. Studien 11, Beih. 15 d. ZfMaf.), S. 120 ff., mit Ansätzen zu einer Gesamtuntersuchung kanzleimäßiger Wortbildung.

[57] Vgl. H. SUOLAHTI-PALANDER in Mém. de la Soc. néo-philol. à (de) Helsingfors III (1902), S. 103; zum franz. Einfluß DENS.III, S. 77 ff.; VIII (1929), S. 3 ff.; X (1933), S. 3 ff.; A. ROSENQVIST, ebenda IX (1932), S. 3 ff., hierzu ÖHMANN, Neuphil. Mitt. 33 (1932), 227 ff.; 34 (1933), 125 ff.; DENS. nun an Anm. 3 a. O., S. 3 ff., und PBB 73, 273 (Lit.); BACH, Gesch. § 97 mit Lit.; FR. SEILER, Die Entwicklung d. dt. Kultur im Spiegel d. dt. Lehnworts, 2 (³1921), S. 122 ff.; E. WIESSNER in Dt. Wortgesch. I, 145 ff.

Beachtenswert bleibt daneben die große Zahl der einheimischen Zusammensetzungen, wie in der ahd. Rechtssprache (Weisweiler, S. 94 ff.) so auch in mhd. Zeit (Wiessner, S. 166 ff.).

Die Neubildungen der Mystik – eigentliche Wortschöpfungen tauchen nur selten auf – sind auch für die Prosa von nachhaltigerer Wirkung, als etwa Grimm oder Goedecke [58] annahmen. Sie „lagen sozusagen in der Luft" [59]. Freilich ist das meiste für gewöhnlichen Bedarf zu überspannt. Zahlreiche dieser Neubildungen, z. B. ein *berhaftigkeit* oder die Ableitungen von *bilde, forme* [60], vermöchte ein rationales Verfahren nur schwer auszulegen, auch solche, die vorher oder nachher als Wörter erhalten sind wie *bescheidenheit* oder *geläzenheit* [61].

Der Anteil einzelner literarischer Strömungen und Schulen an unserer Wortbildung – auch der Luthers oder der Schlesier etwa – bleibt noch zu untersuchen. Mitte 18. Jh., zu einer Zeit „des seelischen Entgegenkommens", nehmen nach Sperber die Zusammensetzungen mit *entgegen*- stark zu [62]. Sehr verschieden ist die wortbildende Kraft hervorragender Dichter; erstaunlich etwa die Nietzsches. Während sich jedoch bei ihm die Neuschöpfungen aus der Durchgeistigung des Wortes ergeben, fließen sie bei seinen impressionistischen Zeitgenossen mehr aus einem Klang- oder Bildbedürfnis. Die Wortbildung des Expressionismus wiederum ist schlechthin undurchdringlich [63]. Siehe noch etwa §§ 114 f. 121. 131. 145a und unten S. 269).

Um zu ermessen, wie sehr die Wortbildung abhängig ist von der literarischen Gattung, dem Zweck eines Schriftstückes oder einer Rede, der Bildung, der Veranlagung und Entwicklung oder gar der Herkunft des Verfassers gibt es nichts Lehrreicheres als abzählenden Vergleich der Wortbildungsmittel in gleichlangen Textstücken

---

[58] J. GRIMM, Kl. Schriften 4, 358; GOEDECKE, Grundriß ² I, 204.

[59] R. BANZ, Christus u. d. minnende Seele, 1908 (Breslauer Germ. Abh., H. 29), S. 109. Vgl. noch H. SPERBER, ZfdA. 59, 58. 60.

[60] LÜERS, S. 151 ff.; E. KRAMM, ZfdPh. 16, 27 ff.; ZIRKER, S. 48 f.

[61] Vgl. ANNA NICKLAS, Die Terminologie Seuses. Diss. Königsb. 1914, S. 74 f. 102; C. KIRMSSE, Die Terminologie d. Mystikers Tauler, Diss. Leipz. 1930, S. 45 f.

[62] Vgl. nun in Dt. Wortgesch. II bes. A. E. BERGER, S. 106 ff. (Luthers Komposita), W. FLEMMING, S. 148 ff. (Barock; Verdeutschungen), H. L. STOLTENBERG, S. 168 ff. (Rationalismus), FR. KAINZ, S. 191 ff. (Klassik u. Romantik); H. SPERBER, ZfdPh. 52, 331 ff., bes. 339. 345.

[63] Vgl. nun Ausführungen u. Lit. bei BACH, Gesch. §§ 217. 223 ff.; dazu noch H. P. DÜRSTELER, Sprachl. Neuschöpfungen im Expressionismus. Diss. Bern 1954; L. MACKENSEN, Die dt. Sprache d. Gegenwart, 1956, S. 116 ff., auch 91 ff. (Hygiene), 98 ff. (Sport).

verschiedener Art, etwa von Kant oder George oder in einem privaten und einem Geschäftsbrief. Hier eröffnet sich der Wortforschung ein weiteres umfassendes Gebiet. Es wäre nämlich in größern Zusammenhängen und methodisch auch der Frage nachzugehen, inwieweit gleiche Wortbildungen in verschiedenen Sprachgebieten entlehnt oder parallel neu entstanden sind. Got. *weinadrugkja* und ahd. *wintrincho* (Tatian) sind voneinander unabhängig: jenes ist griech. *οἰνοπότης* nachgebildet, dieses steht für lat. *potator vini* der Vorlage [64]. Die Unabhängigkeit wird hier durch verschiedene Ablautstufe schon wahrscheinlich gemacht. Aber bei got. *sleps* (neben *slepan*) und lautlich genau entsprechendem ahd. *slāf* (neben *slāfan*) – und so in tausend ähnlichen Parallelen – ist die Verwandschaft vielleicht nicht größer. Vgl. §·78. *Genossin* ist jüngst neu entstanden neben dem ältern gleichen Wort und mhd. *genœzinne* (§ 95), ebenso im Krieg wieder J. H. Vossens *entdunkeln*, Pfeffels *entwarnen* oder *vergasen*, im Flugwesen bergmänn. *orten*, in der Sprachwissenschaft vielleicht nun *worten*.

9. Leider besteht noch immer keine Möglichkeit zu einer mehr als oberflächlichen Übersicht über das Verhalten der verschiedenen Sprachschichten, insbesondere über die wortbildenden Kräfte in den unteren Schichten der Umgangssprache und in den Mundarten. Die Darstellungen der mundartlichen Wortbildung begnügen sich meist damit, ihren Stoff im Anschluß an die einzelnen Kapitel der klassischen schriftsprachlichen Wortbildungslehren vorzutragen. Nur ausnahmsweise gehen Arbeiten wie diejenigen M. Szadrowskys grundsätzlich von den Wortbildungsgesetzen der Mundart selbst aus. Da ergibt sich denn zunächst, daß, während einige Mundarten eine erstaunliche wortbildende Kraft entfalten, von andern zu lesen ist, daß sie kaum mehr wortbildend tätig seien. Jenes gilt im ganzen mehr von südlichen, dieses mehr von nördlichen Mundarten, wie gelegentlich wohl mit Recht hervorgehoben wird.

Immerhin sollte diese lakonische Feststellung nicht allzu wörtlich genommen werden. Die einschlägigen Abhandlungen gewähren kein klares geographisches Bild; wichtiger als örtliche scheinen übrigens soziale und zeitliche Umstände zu sein. Im Erzgebirge etwa kann [65] „die Wortbildung als dasjenige Gebiet sprachlicher Erscheinungen und Vorgänge gelten, auf welchem das eigentliche Gepräge der Mundart verhältnismäßig schärfer hervortritt und treuer bewahrt wird als auf

---

[64] Vgl. CARR, S. 3 ff. 69 ff., wo schon der Versuch unternommen ist, das Verhältnis für zahlreiche Fälle der got.-ahd. Zeit zu klären.

[65] Nach E. GÖPFERT, Die Mundart d. sächs. Erzgeb. usw. 1878, S. 29 ff. u. DEMS., ZfhdMaa. 1905, S. 9.

dem der Lautgestaltung, z. T. auch der Flexion und Syntax". Von Idar a. d. Nahe verlautet[66] das Gegenteil. Überwiegend negativ – gemessen an der Schriftsprache – fällt auch das Urteil für Krofdorf bei Gießen aus[67] usw. Neuere Untersuchungen s. § 181.

Sodann zeigt es sich, daß die Mundarten dieses oder jenes Wortbildungsmittel, das in der Hochsprache hervortritt (z. B. die Abstraktionssuffixe), nicht oder kaum verwerten, oder daß sie sich damit auf einen andern Bedeutungszweig begeben. Dagegen hat die Mundart wohl auch eine Vorliebe für gewisse Suffixe, besonders solche, „denen ein fester Stimmungsgehalt anhaftet", z. B. *l*-Suffixe[68]. Auffallend wirkt das abweichende Verhalten der Mundarten – auch durch Um- oder Neubildung von Suffixen – namentlich auf Ausdrucksgebieten, die in der Mundart wichtiger sind als in der Hochsprache, beispielshalber bei der Diminution (§ 90 ff.), bei Bildungen mit Nachahmung von Geräuschen, Tierlauten, Vorgängen, Bewegungen, wo der „primitive Geist" der Volkssprache besonders schöpferisch ist, bei Verben des Riechens und Schmeckens (§ 147 ff.), bei Inchoativ-, Faktitiv-, Iterativ- oder Intensivbildungen, oft mit dem Nebensinn des Kleinlichen, Verächtlichen, Unschönen (s. besonders die Verbalsuffixe -*ern*, -*eln*, -*z[g]en* §§ 147 f., 153), überhaupt bei Ausdrücken mit tadelnder oder bemängelnder Bedeutung (z. B. rhein. -*es* in *Blāres* Schreihals, *Wöles* Wühler, *Momes* dicker Nasenschleim[69], *Gesing, Singerei, Läusert, Schnäpseler, Schwätzi* § 90), bei Bezeichnungen von Körperstellungen wie *liegends, grittens, rücklings* (-*lingen;* § 158), oder Spielnamen wie *Versteckens, Jagens* (*Jägerlis*), bei Sammelausdrücken auf -*et(e)* u. ä. (*Kochete* usw. § 113), bei Nomina agentis und Personifikationen (*Huter* Hutmacher, *Bahner, Mariner, Schreier* Schrei, *Huster, Kraller* Krallenhieb,

---

[66] Nach d. Auszug einer Diss. von H. KLAR im Jahrb. d. Phil. Fakultät Bonn II (1925), 2. Halbbd., S. 40.

[67] E. DAVID, Die Wortbildung d. Mundart v. Krofdorf. Diss. Gießen 1892. Vgl. schon hierzu E. C. ROEDDER, Volkssprache u. Wortschatz d. badischen Frankenlandes. Mod. Lang. Association of America. New York 1936, S. 139; ferner O. WEISE, Unsere Mundarten, ²S. 69.

[68] Vgl. MAURER, Volkssprache, S. 16 mit Literatur; J. MÜLLER in Dt. Volkskunde, hrsg. v. John Meier, 1926, S. 187 ff.

[69] Vgl. J. MÜLLER, Zs. d. Ver. f. rhein. u. westfäl. Volksk. 1 (1904), 107 ff.; A. BACH, Dt. Mundartforschung ²1950, § 251; (A. F.) MÜLLER passim mit Lit.; WERNER a. § 181 a. O.

Plumpser usw. § 98 f.) usf. Wo ein Suffix sich lautlich besser erhalten hat als in der Schriftsprache, kann es, wie oben § 7 bemerkt wurde, in der Mundart weiterwirken, so alem. Abstraktsuffix *-i* (in *Hübschi, Finsteri, Schmecki* usw.; s. § 110). Auch
sonst neigt die Schrift- und Umgangssprache zu blasserer Umschreibung: *kalten* kalt werden, *bhangen* hangen bleiben, *kücheln,
bockeln, bockeinen, Lismete* Strickzeug, *Fussete* Fussende u. ä.

10. Wortbildung und Bedeutung. Wortbildung und
Wortbedeutung stehen in einem so engen innern Zusammenhang,
daß die eine jeweilen als Funktion der andern behandelt werden
müßte. Wenn dies bisher kaum je (vgl. unten) geschehen ist, so
liegt es an methodischen Schwierigkeiten. Einer geordneten Darstellung der Wortbildungsmittel bleibt nichts anderes übrig, als
die Beziehungen der beiden Gebiete von Fall zu Fall tunlich hervorzuheben, um gelegentlich auf einige öfters oder gar regelmäßig wiederkehrende Verhältnisse hinweisen zu können. Solche
sind die Neigung von Abstraktbildungen zu konkreter
Bedeutung etwa in den Typen *(Haus-)Gang, (Küchen-)Abfall,
Sänfte, Gegend, Kleinod, Gefängnis, Kleidung, Anhängsel, Gift,
Käserei, Feuchtigkeit, Wirtschaft, Besitztum* (s. §§ 78 ff. 109 ff.);
der Übergang von Nomina agentis in Sachnamen
durch Personifikation in *Tropfen, Blitz, Schlitten, Meißel,
Schlegel, Leuchter, Bohrer, Drücker, Steinbrech(er)*, ahd. und mundartlich *klingo* rauschender Bergbach, Schlucht, *Bläsi* (Wind),
Lälli (Zunge) usw. (§§ 83 ff. 97. 99; außerdem § 80 Fußn.)[70];
Verwendung von ursprünglichen Diminutivsuffixen
zur Bildung von Affekt- oder Kosewörtern (und allenfalls umgekehrt): *Männchen, Bürschel*, nd. *Anning, stillechen*, ndl.
bittertje (§ 94)[71]; Neigung zu Prägnanz in dem Sinne, daß
einfache Wörter für zusammengesetzte Verwendung finden, z. B.
Rad für *Fahrrad, Greis* ursprünglich für *greiser Mann*, ähnlich

---

[70] Eindrücklich geht hier der Gleichlauf der Bedeutung bei verschiedenen Suffixen aus SZADROWSKY, Nomina ag. passim, hervor.
Vgl. BEHAGHEL, Litbl. 1921, 153 f.

[71] E. KRUISINGA, Diminutieve en affektieve suffixen in de Germaanse talen. Amsterdam 1942 (= Mededeelingen d. Nederl. Ak. v.
Wetenschappen N. R. 5, Nr. 9) versucht hier aus dem lebendigen
Sprachgebrauch eines größern Dialektverbandes auf die primären Bedeutungen vorzustoßen. S. bes. S. 40. 42. 53 f.

der *Böse*, mhd. etwa *man* für *vrum man* (Iwein 536), so daß diese Wörter „Bedeutungsverdichtung" [72] erfahren (§ 174). Umgekehrt kann ein nicht eindeutiges Wort in der Komposition eindeutig werden, z. B. *Bahn* in *Bahnhof*. Oder aber es zeigt sich, daß das semantisch belanglosere Glied einer Zusammensetzung gern Spielarten unterworfen ist; aus diesem Grunde erscheint z.B. für *-näpfchen* in *Salznäpfchen* auf beschränktem ostmd. Gebiet mehr als ein Dutzend anderer zweiter Glieder [73]. Oft überschneiden sich Bedeutung und Bildungsweise; Bildungen verschiedener Art sammeln sich in „Wortständen" (persönliche auf *-er, -ler, -ner, -ling, -rich, -mann*), und innerhalb gleicher Bildung setzen sich besondere semantische „Nischen" an (*Pflegling, Frömmling, Dichterling, Sperling, Hering, Vierling*; § 104). Häufig bleibt die Bedeutung verschwommen oder schillernd, z. B. kollektive [74], oder bei den Adjektiven auf *-bar, -lich, -haft* (§135). Zur Wünschbarkeit und Durchführbarkeit einer Gesamtgliederung der Wortbildung nach semantischen Gesichtspunkten vgl. das Vorwort zur 2. Auflage und Weisgerber a. § 104 a. O.

Auch KLUGE, v. BAHDER, WILMANNS u. a. haben sich – trotz Kruisinga S. 47 f. 56 – bemüht, den Zusammenhang von Wortgruppen und ihren Bedeutungen hervortreten zu lassen. PAUL [75] hat sodann programmatisch an denselben Bildungsmitteln verschiedene Bedeutungskategorien bloßgelegt; er hat etwa darauf hingewiesen, daß das Suffix *-er* Nomina agentis aus Verben liefert, die ein andauerndes, gewohnheitsmäßiges Handeln bezeichnen (*Trinker, Verschwender*) neben solchen, die sich auf einen Akt beziehen und von der verbalen Natur daher mehr bewahrt haben als jene (*der Stifter [des Klosters], der Verführer [des Mädchens], der Verfasser [des Buches]*; s. § 98 Ende); oder daß die gleichen Bildungen verschiedene Bedeutung erhalten (*Schritt* = 'einmaliges Ausschreiten' und 'Gangart'). BEHAGHEL eröffnet den 1. Band von Kluges ZfdWf. mit einem Versuch, die heutigen Bedeutungsrichtungen der aus Substantiven lediglich durch *-en* abgeleiteten Verben zu erfassen. TH. STECHE [76] möchte bereits, zwecks einer nor-

---

[72] WUNDT, Völkerpsychologie ²II (Die Sprache 2), 565 ff. Vgl. jedoch J. v. ROZWADOWSKI, Wortbildung u. Wortbedeutung, 1904, S. 50. 91.

[73] K. GLEISSNER in Kulturräume u. Kulturströmungen im md. Osten, S. 227 f., Karte 63. (Neudr. Md. Studien 18, 1956, S. 91).

[74] Vgl. das Register und K. BALDINGER, Kollektivsuffixe und Kollektivbegriff, 1950, S. 19 ff. 109 ff.

[75] MSB 1894, S. 50 u. 1896, S. 695 f.; BEHAGHEL, S. 48.

[76] Neue Wege zum reinen Deutsch, 1925, S. 177 ff. 291 ff.

mativen Wortbildungslehre, die er von der Sprachwissenschaft (S. 71
u. ö.) fordert, die Wortbildungsgruppen den „Bedeutungsgruppen"
unterordnen: er stellt etwa 6 Bedeutungsgruppen für Lebewesen auf,
12 für Nichtlebewesen, 16 für die Beiwörter, 18 für die abgeleiteten
Verben, während ROZWADOWSKI (S. 51) meint, daß Wortbildungs- und
Bedeutungsvorgänge „eine vollständige in ihrem gegenseitigen Verhältnis klare (?) Einheit" bilden. Sonst bietet Rozwadowski freilich
zu unserm Abschnitt nicht, was der Titel seines Buches könnte erwarten lassen (der zutreffender „Wort [bzw. Satz] und Bedeutung"
lauten würde). Nach der Bedeutung gliedert grundsätzlich auch H.
BECKER [77] mit vielen trefflichen Formeln.

Die mächtig aufstrebende Bedeutungswissenschaft mit ihrer Lehre
von den Sprachinhalten wird sich für die Fragen der Abhängigkeit
der Wortform von Bedeutung und Funktion sowie der Ausbildung des Wortschatzes durch Bedeutungsentwicklung
zweifellos noch empfänglicher zeigen. Bereits wird etwa schon der
Übergang von Gemeinnamen zu Eigennamen (Weber, Schneider,
Schmid[t], Rot[h], Zermatt, Werder, Hof, Berg) und umgekehrt von
Eigennamen zu Gemeinnamen (Kaiser, Kupfer, Pfirsich, Sandwich,
Krösus, Havanna, Kalauer, Bordeaux, Zeiß, Zeppelin, Brockhaus, Volt)
als ein die Wortbildungslehre berührender Vorgang angesprochen, weil
es sich hier tatsächlich um neue Wörter handle. R. M. MEYER [78] betrachtet sogar alle bestehenden Wörter, die mit neuem Inhalte auftreten, als Neubildungen, so z. B. Goethes Stille, Kreis, Dumpfheit,
Nietzsches tragisch, Übermensch. Vor solchen Anschauungen muß man
aber doch den Mut haben, die Grenze zwischen Wortbildungs-
und Bedeutungslehre zu ziehen; sonst gehörten alle Wörter, die je
einen Bedeutungswandel durchgemacht haben – und welche hätten
keinen durchgemacht! – um dessentwillen schon in die Wortbildungslehre, also z. B. auch Esel als Schimpfname. Auch für Fälle wie Rad
als Fahrrad, Glas (als Trinkglas, Opernglas, Brille usw.), Blei (als Senk-
blei, Bleistift), sofern sie wirklich ein zusammengesetztes Wort ersetzen, kann nur der Vorgang als solcher in Betracht gezogen werden
(s. o. S. 28 f. und § 176).

Von der Wortbildungslehre auszuschließen sind alle Wörter,
die ohne formale Änderung zu Ausweitung des Wortschatzes bei-
tragen, es sei denn, daß ein Wort aus syntaktischem Gebrauch in
eine andere Wortklasse übertritt und so tatsächlich zu einem
neuen Wort wird wie zufrieden, selten, das Muß, das Wenn und

---

[77] Das deutsche Neuwort, 1933. Zum folg. methodisch etwa E. WEL-
LANDER, Die Bedeutungsentwicklung d. Partikel ab i. d. mhd. Verbalkomp. Diss. Uppsala 1911; H. KRONASSER, Handb. d. Semasiologie,
1952, § 130; ferner die Ergänzungen unten S. 270.
[78] Herr. Arch. 96, 1 ff. und ZfdWf. 15, 98 ff.

Aber, auch *das Essen, das Gut,* früher *Bär, Mensch, Gros, Kommode, General* u. ä. (s. § 167). Auch Wortzusammenfall wie *Acht* < ahd. a) *āhta* Ächtung, b) *ahta* Aufmerksamkeit und *acht* octo, *Lid* und *Lied, Waise* und *Weise, Saite* und *Seite, Flur* M. und *Flur* F. usw. gehört als Phänomen nicht hierher, sondern in die Laut- und Wortgeschichte.

Dagegen berühren die Wortbildungslehre die „Aufspaltung" eines ursprünglichen Wortes in zwei (oder mehr) verschiedene Wörter infolge von Funktions- und Betonungsunterschieden, denen meist auch Flexions- und Bedeutungsunterschiede folgen: *ein – in, also – als, Monat – Mond, das – daß, der* (Pronomen) – *der* (Artikel), engl. *an – one, maid – maiden, truth* (Wahrheit) – *troth* (Treue), franz. *quoi – que, or – heure, (mon)sieur – (mon)seigneur,* ital. *ma – mai* usw. [79], ferner Doppelvertretungen wie *opfern – operieren, dichten – diktieren* (§ 154), *Meister – Magister,* auch *Schaft – Schacht* u. ä.

11. **Wortbildung und Flexion.** Für Sprachen und Perioden, in denen sich die Flexion erst ausgebildet hat, lassen sich diese beiden Gebiete der Grammatik nicht voneinander trennen. Auch die Flexion ist ursprünglich Wortbildung. Wie unsere heutigen Suffixe werden letzten Endes die Flexionsendungen aus zwei ten Gliedern, ja aus Wörtern hervorgegangen sein, selbst wenn wir uns z. B. die Personalendungen nicht einfach durch Anlehnung eines Personalpronomens an eine verbale Grundform entstanden, modern gesprochen als *gehen ich, gehen du, gehen er* usw., denken dürfen.

Solchen ursprünglicheren Zuständen kommen gewisse nichtidg. Sprachen wenigstens in dem einen oder anderen Punkte noch näher. In den idg. Sprachen sind die Flexionssuffixe so alt, daß ihre Entstehung aus Wörtern sozusagen nirgends nachweisbar ist. Einen sehr handgreiflichen jüngeren Beleg für die Entstehung einer Flexionsendung bzw. eines Tempusstammes aus einem Wort liefert das franz. Futurum: *j'aimerai* < *amare habeo* 'ich habe zu lieben'. Die Mundarten zeigen bisweilen, wie sehr Pronomina mit der Verbalform verwachsen können. In bair. *hammer* haben wir, *lebts* lebt ihr (Dual) sind die Pronomina z. T. schon so sehr zu Endungen herabgesunken, daß

---

[79] Vgl. KOZIOL, § 614 ff.; DENS., Anglia 65, 51 ff.; W. HORN, Sprachkörper ü. Sprachfunktion, passim; MEYER-LÜBKE, Gramm. d. rom. Spr. I, §§ 613 ff. 634; DENS., Hist. Gramm. d. franz. Spr. [5]I, § 32 ff.; BEHAGHEL, Germania 23, 257 ff.; ANDRESEN, ZfdPh. 23, 265 ff.

sie nochmals hinzugefügt werden: *mir hammer, es lebts* oder *hammer
mir, lebts es* [80]. Als gewichtiges Beispiel für die Suffigierung von Pronomina wäre auch das nordische Mediopassiv mit seinen Endungen
aus *mik, sik* (und *mēr, sēr*) anzuführen: an. etwa *kǫllom(k)* ich nenne
mich, werde gerufen, Inf. und 2 Pers. *kallas(k)*, schwed. *slåss* sich
prügeln neben *slå* schlagen usw. Ähnlich die bestimmten Formen der
nord. Substantiva: *manden* (< an. *maðr-enn*), *huset* [81].

Für die alten Sprachen mag es angezeigt erscheinen, Flexion
und Wortbildung (nicht nur die Stammbildung) grammatisch im
Zusammenhang zu behandeln, wie dies nach dem Vorgang etwa
Brugmanns oder Schleichers – für den Flexion und Wortbildung
geradezu dasselbe sind – noch in der lateinischen und griechischen
Grammatik geschieht; die neueren fordern dagegen eine Trennung. Sie rechtfertigt sich auch durch die grundsätzlich andere
Rolle, welche die Suffixe jetzt in den beiden Gebieten spielen.
Wilmanns hat den fundamentalen Unterschied treffend formuliert: **Die ableitenden Suffixe bilden Wörter, die
Flexionssuffixe Wortformen** (S. 9). *Tages, Tage* sind Formen des einen Wortes *Tag*; *täglich* ist, obschon auch zu *Tag* gehörend, ein neues Wort. Die Flexionssuffixe erscheinen daher im
Worte immer zuletzt, als „Endungen", auch wenn sie länger mit
ihm verwachsen sind als die Ableitungssuffixe (vgl. *lieb-es* und
lieb-lich-es). Sie bilden ein festes System von Formen nach den
Kasus, Numeri, Tempora, Genera, die sie kennzeichnen, und
wechseln je nach den Beziehungen ihres Wortes zu andern Satz-
teilen. Bei der Ableitung findet sich nichts Ähnliches. Die Flexionsendungen erstrecken sich sodann auf alle Wörter ihrer Kategorie,
die Wortbildungssuffixe nicht: wir bilden z. B. aus Verben die Ableitungen *Esser, Trinker, Raucher, Schreier, Flieger, Gewinner,
Zerstörer* und wohl auch schon *Geher, Schenker, Verpester*, aber
heute [82] nicht *Flieher, Sitzer, Weiner, Sterber*. Und endlich zeigt
sich der Unterschied an den Suffixen selbst, indem die Flexions-

[80] Vgl. PAUL, Prinz., S. 311. 349; zur Gleichheit der Bildungsmittel
bei der Wortbildung und der Flexion J. RIES, Was ist Syntax?, S. 90 f.;
KOZIOL, S. 3 f.

[81] Vgl. A. NOREEN, Aisl. u. anorweg. Gramm., § 542 ff.; THOMSEN-
POLLAK, Gesch. d. Sprachwiss., 1927, S. 83 ff.

[82] Vgl. mhd. *volgære, vlieher(e)* oder etwa Konr. v. Megenberg,
Deutsche Sphaera, ed. Matthaei 42, 6: *so haizzet er [der planet] der
steer oder der sitzzer;* sportspr. *Steher.*

suffixe mit den stammbildenden Vokalen gern fest verwachsen (vgl. o. § 3). Damit haben die Flexionsendungen ein Stück Stamm zu sich herübergezogen, was bei den Ableitungssuffixen, abgesehen von Suffixverbindung, ebenfalls keine Entsprechung findet.

Wortbildung und Flexion streben sonach hinlänglich auseinander. Flexionsformen haben in der Wortbildungslehre nur dann ihren Platz, wenn sie „aus dem Zusammenhang des Flexionssystems heraustreten"[83], indem sie zu neuen Begriffszeichen (Wörtern) erstarren, namentlich zu Adverbien und Präpositionen wie *flugs, betreffs, wegen* (s. § 165).

Auch zur Syntax unterhält die Wortbildung von jeher nähere Beziehungen. Praktisch verengern sich diese Beziehungen aber auf den einen, allerdings wichtigen Berührungspunkt von syntaktischer Fügung und Zusammensetzung (*Fleisch der Gänse – Gänsefleisch, neue Stadt – Neue Stadt – Neu[en]stadt*) oder Zusammenbildung (*blaue Augen – blauäugig*). Man bedenke, daß immer wieder Komposita aus syntaktischer Verbindung erwachsen! Die Wortbildungslehre muß sich denn auch um die Auseinanderhaltung der beiden bemühen (s. § 16). Wo ihr dies gelingt, ist zugleich auch die Scheidelinie zwischen Wortbildungslehre und Syntax gezogen, selbst wenn es Gebilde gibt, die in einer Hinsicht jener, in einer andern dieser angehören. – Dagegen können anders „wortende" Sprachen, in denen z. B. überhaupt kein Unterschied zwischen Syntax und Wortbildung besteht, uns nicht beschäftigen.

12. Zusammensetzung und Ableitung. Drängen sich einer ernsthaften Beschäftigung mit der Wortbildung auch andere als formale Gesichtspunkte auf, so bleibt es ebenso selbstverständlich, daß man sich auch fürderhin vor allem an die Zusammensetzung und Ableitung als an die zwei Hauptarten deutscher Wortbildung halten und ihnen alles weitere unterstellen oder anreihen wird. Freilich greifen auch sie mannigfach ineinander. Das beweisen einmal die fortwährend aus zweiten Kompositionsgliedern entstehenden Suffixe *-heit, -schaft, -lich, -bar* u. ä. (§§ 120 ff. 133 ff.), die wir unschwer als Ableitungsmittel empfinden. Weniger leicht wird es uns schon, einzusehen, daß förmliche Zusammensetzungen wie *Blätterwerk, Spielzeug, Obstmann, Schlaumeier, Wühlhuber, Prahlhans, hilflos, hoffnungsvoll, friedfertig, zurechnungsfähig, redeselig* (§§ 124, 138) weitgehend Züge von Ab-

---

[83] WILMANNS, ebenda.

leitungen annehmen, wie von jeher ahd. *nahtolf*, mhd. *nīthart*,
trunkenbolt (§ 108), ahd. *siohtago* (§ 120), got. *(ufar)himinakunds*,
ae. *heofoncund*, ahd. *ebanmāzi*, *suhtluomi*, mhd. *rehtschaffen*, *riuwevar* usw. (§ 137).

Die größten Schwierigkeiten bereiten hier jedoch die sog.
Präfixkomposita. Immer mehr wird darauf hingewiesen, daß
die Wortbildung mit Präfixen – entgegen der Ansicht Grimms [84],
Ableitung könne nur hinten am Wort erfolgen – den gleichen
analogischen Prozeß darstellen wie die Ableitung durch Suffixe
bzw. zu Suffixen erstarrte Kompositionsglieder [85]. Für eine dia-
chronische deutsche Wortbildungslehre wäre es nicht unbedenk-
lich, wollte sie Präfixbildungen wie *Urlaub*, *Unruhe*, *Mißmut*,
erzböse, *geschehen*, *verlegen*, *entfliehen*, *zerreißen* ganz von der Zusammensetzung lösen und zur Ableitung schlagen [86]. Sie lassen
sich bei rückschauender Betrachtung der Dinge von Fällen wie
Gegenteil, *hochfein*, *vorlegen*, *vollenden* usw. nicht trennen. Was
aber die Präfixe vollends gegen die Suffixe abhebt – auch gegen
die ursprünglichen zweiten Kompositionsglieder – ist, daß sie
nicht wie diese die Fähigkeit besitzen, in andere Wortarten
hinüberzuführen („abzuleiten"). Diese Fähigkeit müßte jedenfalls zu einem schwerwiegenden Merkmal der Ableitung gestem-
pelt werden; analogisches Weiterwirken ist noch kein Vorrecht
der Ableitung. – Mit mehr Berechtigung kann man jetzt von
Ableitung reden bei eigentlichen Zusammenbildungen wie *Geflüster*, *Gemurmel*, *Getue*, *Geplärre*, wo der Wortartwechsel ursprünglich auch von einem Suffix getragen ist, mit dem sich kol-
lektives *ge-* gern verbindet (vgl. § 87, 4), und bei Verbalisierung
der Art von *beflügeln* (zu *Flügel*), *entmannen*, *ermutigen*, *versinn-
(bild)lichen*. Siehe hierüber § 160.

Da wir Grenzen zu ziehen genötigt sind, sei hier erklärt, daß
unter Zusammensetzung im folgenden Komposita im Sinne
von § 13 f. aufgeführt werden, deren Glieder noch Wörter bilden
(wenn auch verdunkelte; § 41), außer wenn sie schon wie Suffixe
serienweise weiterwirken (§§ 57. 124. 138. 159), unter Ableitung

---

[84] Dt. Gramm. (Neudr.) 2, S. 1.

[85] Vgl. MAURER, Volkssprache, S. 103 f. bzw. ZfdPh. 53, 173 f.

[86] Auch WILMANNS und PAUL haben die Präfixkomposita in vollem
Bewußtsein ihrer Doppelnatur bei der Zusammensetzung belassen.

die Neubildungen von Wörtern anderer Art oder Klasse mit oder
ohne (erkennbares) Suffix, ausschließlich der Hypostasierung und
Konversion (§ 165 ff.). Die Bildungen mit Präfixen erhalten
ihren Sonderplatz zwischen diesen und jenen. Doch bleibt zu wiederholen, daß bei allen Abgrenzungsversuchen nie alles glatt aufgehen wird[87]. Die Übergänge von Zusammensetzung zu Ableitung
sind fließend[88]. Vgl. auch § 69f.

Als letzte Vorfrage erhebt sich für die Wortbildungslehre die, welcher
der Eckpfeiler vorauszunehmen sei, die Zusammensetzung oder
die Ableitung. Grimm ging, wie § 2 bemerkt, vom kleineren Element
zum größeren, von der Ableitung zur Zusammensetzung. Die fortschreitende Erkenntnis der Zusammenhänge hat dann die Zusammensetzung vorangestellt, doch nicht immer (z. B. tut es nicht Wilmanns).
Nach heutiger Anschauung der Wortbildungsprozesse bestehen jedenfalls keine zwingenden Gründe für dieses oder jenes Verfahren. Da
man sich jedoch für eines entscheiden muß, sei hier dem historischen
Prinzip der Vorzug gegeben, gemäß welchem die Ableitung aus
der Zusammensetzung hervorgeht. Über einen vorgefaßten
Standpunkt hinaus erhebt es die eben angedeutete Tatsache, daß
immer wieder Kompositionsglieder zu Ableitungssuffixen erstarren.
Auf die Wortbildung eingeschränkt ist der Satz „Im Anfang war die
Komposition" so wahr, daß er sich gelegentlich überspitzt, so wenn
etwa CHR. ROGGE[89] eine jede Wortbildung als eine „Worteinheit, er-
bracht aus einer Wortzweiheit", betrachtet, was dazu zwingen würde,
unsere Ableitungssuffixe fortlaufend in ihre Urstadien zurückzudenken.

---

[87] Diesen Eindruck vermittelt nun auch etwa A. MARTINET, Grundzüge d. allg. Sprachwiss. (Urban-Bücher. Übers. v. Anna Fuchs), 1963,
S. 119ff.

[88] G. KRAMER, PBB/Halle 84 (1962), 412, wo 406ff. ansprechend
unternommen wird, unter dem inhaltlich-onomasiologischen Aspekt
das Wesen der Zusammensetzung (§ 2) und der Ableitung (§ 4f.) zu
definieren, die Funktion der Suffixe und der suffixwerdenden zweiten
Glieder (*Spielmann* – *Spieler*: „ein dialektischer Sprung, den wir als
Verschiebung des Bedeutungskerns bezeichnen können") festzuhalten,
sowie vom selben Standpunkt aus die Ableitung zu gliedern.

[89] ZfdPh. 51, 10.

Zusammensetzung

(und Zusammenrückung zweier Wörter)

13. Zusammensetzungen (Komposita) entstehen, wenn Elemente der Rede, die für sich als Wörter dienen können, zu neuer Worteinheit verbunden werden. Sprachgeschichtlich ist die Zusammensetzung aus syntaktischer Verbindung zweier oder mehrerer Wörter hervorgegangen. Die Verschmelzung zur Worteinheit erfolgte dann meist dadurch, daß die syntaktische Verbindung den in ihr verbundenen Wörtern gegenüber irgendwie verselbständigt wird. *Muttersprache* unterscheidet sich der Bedeutung nach von der bloßen Fügung *(der) Mutter Sprache, Jungfrau* jetzt außerdem der Form nach von *junge Frau*. Das will natürlich nicht heißen, daß jedes Kompositum aus einer syntaktischen Fügung heraus entstanden sei. Vielmehr wirkte jeweils eine Anzahl zur Worteinheit verschmolzener Fügungen analogisch weiter. Weitaus die meisten der von jeher überlieferten Zusammensetzungen sind, wie schon § 5 bemerkt wurde, Analogiebildungen, selbst solche, die von sich aus entstehen konnten.

14. Grundsätzlich hat man noch zwei Arten von Zusammensetzungen auseinanderzuhalten: eine ältere und eine jüngere. Bei der älteren Art erscheint das erste Kompositionsglied, soweit es ein Nomen ist, in der Form des Stammes, ohne Merkmale eines Kasus oder Numerus (Hirts Kasus indefinitus): ἱππό-δρομος Rennbahn, *Lango-bardi*, got. *fotubaurd* Fußbank, *sigis-laun* Siegeslohn (s-Stamm), *gudalaus* gottlos, ahd. *slagifedara, -brā, taga-lieht* (bei Notker; unser *Tageslicht*), *spurihalz* lahm[1]. Diese Kompositionsart, die man mit Grimm[2] – wenn auch nicht sehr

---

[1] Vgl. KLUGE, Urgermanisch, ³S. 32 f. 200 ff. 228 f. – zum -o in Eigennamen wie *Langobardi* ferner BREMER, IF 14, 363 (Keltismus); EULENBURG, IF 16, 35 ff. (erhalten vor Labial?); H. ARNTZ in Germanen u. Indogermanen (Festschr. f. H. Hirt), 1936, II, S. 432 (*o > a* jünger in unbetonter Silbe) und CARR, S. 271 f. (unentschieden).

[2] Dt. Gramm. (Neudruck) 2, S. 386 f.

glücklich – als eigentliche oder echte der jüngern „unechten" gegenüberstellt[3], reicht in eine Zeit hinauf, da die Flexion noch nicht ausgebildet war und bloße Nebeneinanderstellung (Juxtaposition) der Stämme als Form des syntaktischen Gefüges genügte[4]. Ja, die ursprüngliche Bezeichnung eines syntaktischen Verhältnisses durch Nebeneinanderstellung mag zur charakteristischen Kompositionsform gerade durch die Ausbildung der Flexion geworden sein. Denn durch den Brauch, die Beziehungen zwischen Wörtern mittels Flexionen zu bezeichnen, konnten die älteren Verbindungen mit der reinen Stammform als etwas Besonderes erscheinen. Es muß aber zunächst betont werden, daß in der Überlieferung unechte oder Kasuskomposita ebenso alt sind wie die echten oder Stammkomposita[5], mag auch unverändertes erstes Glied einigen Grammatikern immer noch als Kennzeichen idg. Komposition gelten[6]. Und umgekehrt ist dieser ältere Kompositionstyp natürlich nicht auf alte Bildungen nach ursprünglichen Mustern eingeschränkt. Er hat sich, obwohl vielfach getrübt, bis heute erhalten, und er wird stetsfort zu neuen Bildungen benutzt; vgl. *Gasherd, Seemine, geflügelfromm* (von Hunden). Freilich ist die echte Zusammensetzung längst nicht mehr eine Zusammensetzung aus reiner Stammform, für die wir kein Gefühl mehr hätten – und z. T. schon das Ahd. keines mehr hatte[7] –, sondern lebendige Fortsetzung der Vereinigung zweier Begriffe auf eine Weise, die die Komposition wohl von Anfang an als freieres Wortbildungsmittel gehandhabt hat. Der Wortstamm spielt dabei nur die Rolle „einer beziehungslosen, gewissermaßen hinter der Erscheinung stehenden Grundform.

---

[3] Früher hielt man auch etwa die Bezeichnungen „eigentliche" und „echte" auseinander. Zu jenen wurden nach Grimm diejenigen gerechnet, deren erstes Glied nicht Spuren früherer Verbindung aufweist, zu diesen die, deren zweites Glied unverändert ist. Vgl. L. TOBLER, Über die Wortzusammensetzung. Berl. 1868, S. 34 ff.

[4] WILMANNS, S. 4.   [5] SCHWYZER, Griech. Gramm. I, S. 428.

[6] Vgl. MEILLET-PRINTZ, Einf. i. d. vgl. Gramm. d. idg. Sprachen, 1909, S. 173: „Ein idg. Kompositum ist eine Gruppe von zwei Wörtern, von denen nur das zweite flektiert wird." Daß mit dieser zweideutigen Fassung Stammform für das erste Glied gemeint ist, beweist MEILLET-VENDRYES, Traité de grammaire comparée des langues classiques. Paris 1924, S. 385.

[7] Vgl. GRÖGER, S. 2; ferner BRINKMANN unten S. 270.

Man könnte ihn mit der imaginären Größe der Mathematik vergleichen"[8].

Die jüngeren sog. unechten Komposita erwachsen unabhängig von der älteren Art und im Gegensatz dazu aus einzelsprachlichen syntaktischen Verbindungen, die, soweit es sich wieder um Nomina handelt, mit Flexion versehen und noch grammatisch auflösbar sind, z. B. *Vatersbruder, Freundeshand, Frauenzimmer, Wörterbuch, segensreich, kinderliebend.* Neben *Tagblatt* und *Tageblatt* steht ein *Tagesblatt* (s. § 25). Zu diesen Kasuskompositen, die man zum Teil noch als Zusammenrückungen betrachtet, stellen sich diejenigen Zusammenrückungen, die jeweils wirklich aus einer Wortfolge zur Worteinheit verschmelzen können[9], z. B. *Edelmann* (§ 15, 2), *tiefblau* (§ 34), *abziehen* (§ 51), *haushalten* (§ 52), *herauf, infolge, geradenwegs* (§ 53 ff.).

15. Das grammatische Verhältnis der Kompositionsglieder ist in allen unsern Sprachen vielfältig.

Die wichtigsten Möglichkeiten seien hier angedeutet[10]:

1. Genitiv + regierendes Substantiv (oder, im Deutschen selten, in umgekehrter Stellung): *Landsmann, Löwenanteil, Straßennetz, Händedruck, Kindergarten; Muttergottes;* vgl. ital.-franz. *lunedi, lundi (lunæ dies;* mundartl. *mēntag < ahd. *mānin-tag), connétable (comes stabuli), Montfaucon (mons falconis),* lat. *legislator, agricultura*[11]*, paterfamilias,* griech. *Διόσχο(υ)ροι* 'Zeus' Söhne'.

2. attributives Adjektiv + Substantiv: *Edelmann, Jungfer, Schönbrunn, Dreizehnlinden, Liebeskind,* franz. *grand-duc = Großherzog, faux-jour, prud'homme, printemps, bonheur, vinaigre, Belfort,Villeneuve,* lat. *respublica;* ferner: *einmal, jenseits, einigermaßen, mittlerweile,* franz. *encore (hanc horam), autrefois, toujours, longtemps,* lat. *hodie, magnopere.*

3. appositionelle Verbindung zweier Substantive: *Herrgott, Gottmensch, Prinzregent, Baselstadt,* franz. *maître-tailleur, cardinal-ministre,*

---

[8] O. Briegleb, Vom Wesen d. Zusammensetzung, 1928, S. 16.

[9] Reichling (s. § 3) 381 stellt sie in unserm Sinne als samenkoppelingen den samenstellingen gegenüber; vgl. K. Bojunga, Vorschläge f. d. Verdeutschung d. Fachwörter usw., 1933, Nr. 382 f.

[10] Nach Paul, Prinz. § 226; Brugmann, Grundr.[2] II, 1, S. 52 ff.; Dems., KvglGr., S. 297 ff.; H. W. Pollak, IF 30, 58 ff.; fürs Romanische Darmesteter, S. 21 ff.; Meyer-Lübke, Rom. Gr., §§ 537 ff. 542 ff.; Nyrop § 555 ff.

[11] Stolz-Schmalz, Lat. Gramm.[5] S. 252. Erwähnt sei hier *volapük = vola,* Gen. von *vol* (f. world) + *pük* (f. speach).

chou-fleur (nach ital. *cavolfiore?*), *coq-faisan* (männlicher Fasan), *coupé-lit*, ähnlich *Schleswig-Holstein* usw. (§ 42 f.).

4. appositionelle, determinative oder kopulative Verbindung zweier Adjektive (bzw. Adverb + Adjektiv): *rotgelb, bittersüß, altenglisch, niederdeutsch, hochmodern, wohlgesinnt, fünfzehn,* franz. *aigre-doux, sourd-muet, bienheureux, malcontent.*

5. abhängiger Kasus + Adjektiv: *sehnsuchtsvoll, spesenfrei, rechtskräftig,* lat. *verisimilis.*

6. zwei Pronomina: *derselbe, derjene* (jetzt nur *-ige*), franz. *lequel, quelque (quale quid), autant (alterum tantum).*

7. Adverb + Pronomen: *jeder* (ahd. *io-hwedar*), *kein* (ahd. *nih-, dehein*), franz. *celle (ecce illam)*, lat. *eccum (< ecce *hum)*.

8. zwei Partikeln (Adverbien): *daher, voraus, hintan, immer,* franz. *jamais (jam magis), ainsi (aeque sic),* lat. *desuper, sicut, etiam, non-ne* und ai. *na-nu* (ob) nicht?, griech. *οὐ-χί*, ai. *na-hi* gewiß nicht (§ 54).

9. Präposition + abhängiger Kasus: *anstatt, entzwei, vorhanden, infolge, zunichte, Überwasser, Andermatt,* franz. *partout, alors (ad illam horam), adieu, sur-le-champ,* lat. *ilico (in loco), obviam, denuo (de novo)* (§ 55).

10. Adverb + Verbum: *mißlingen, widerreden, aufgeben, heimsuchen,* franz. *médire, malmener,* lat. *maledicere, absistere,* griech. ἀφίστημι, ai. *ápasthā-,* got. *afstandan* abstehen.

11. abhängiger Kasus + Verbum: *wahrnehmen* (zu ahd. *wara,* st. F.), *lobsingen, preisgeben,* franz. *maintenir, colporter, bouleverser,* lat. *venundare, vendere (venum dare), animadvertere, crucifigere, rēfert,* ai. *ástamgam-* untergehen (von der Sonne, zu *ásta-* Heimat).

12. Verbindung mehrerer Wörter: *einundderselbe, nichtsdestoweniger, Brautinhaaren, Plusquamperfektum, Châlons-sur-Marne.*

13. Komposita aus ganzen Sätzen: a) abhängigen: *nur < ni-, newœre* 'wäre es nicht', ital. *avvegna (adveniat), avvegnachè,* lat. *qui-, quod-, quamlibet, quantumvis, ubivis;* – b) formal unabhängigen Einschaltungen: *weißgott, gottlob,* mhd. *neizwer < ne weiz wer* irgendeiner, *neizwaz* (ae. *nāt hwæt,* mundartl. *newis*), *neizwā, -wan, -wie,* lat. *nescioquid,* span. *quiza* wer weiß, mhd. *deiswār < dazist wār,* franz. *peutêtre,* lat. *scilicet;* – c) Satzmetaphern: *Taugenichts, Vergißmeinnicht, Geratewohl, Gottseibeiuns,* franz. *rendez-vous, baisemain,* neulat. *facsimile, notabene, vademecum, nolimetangere,* nhd. noch *Jelängerjelieber* usw. (§ 47).

An zahlreichen Fällen können wir den Übergang von der syntaktischen Verbindung zum festen Kompositum gleichsam vor unsern Augen sich vollziehen sehen, wie etwa in *Liebeskind, Baselstadt, glücklicherweise, anstatt, derselbe, einundderselbe, lobsingen;* in andern (*Jungfer, denuo, avant < ab ante*) lehrt ihn uns die Sprachgeschichte.

16. Der Übergang von syntaktischer Fügung zum festen Kompositum[12] ist somit ein allmählicher; es gibt keine scharfen Grenzen. Das zeigt schon die große Unsicherheit der neueren Sprachen in der Schreibweise vieler Zusammenrückungen. Wir schreiben etwa *näherliegend*, aber *tiefer gehend* neben *tiefgehend*, wir schwanken zwischen *schwerverständlich, treuergeben* und *schwer verständlich, treu ergeben*. Vgl. ferner *infolge, infolgedessen*, gegen *in bezug* (woneben auch *in Bezug* und öfters schon *inbezug*), *von dannen* gegen *vonstatten, anstatt* gegen *an Stelle, imstande, zugrunde* gegen *zu Hause, sichergehen* (sich vergewissern), *bekanntmachen* (publizieren), *schönreden* (schmeicheln), *mitarbeiten, -fahren* gegen *sicher gehen, bekannt machen* (vorstellen), *schön reden, mit arbeiten* (gelegentlich), *mit fahren*[13], *sacklaufen* gegen *Spießruten (Gefahr, Sturm) laufen, kegelschieben* gegen *schiebe Kegel* und *Klavier spielen*, usw. Die Unsicherheit in der Schreibung der „werdenden" Komposita hat denn auch vielfach – etwa im Französischen – zur vermittelnden Verwendung des Bindestrichs als eines Notbehelfs geführt. Vgl. § 52 mit Ergänzungen.

Das Englische schreibt bekanntlich Attributkomposita noch weitgehend getrennt (*London House, Standard Oil Company*; vgl. aber auch franz. *timbre poste*, ital. *capo stazione*!), wie zum Teil bereits mhd. *edel man, junc herre(lîn)*. Übrigens sind wir hier auch in älteren germ. Dialekten oft in Verlegenheit. Frühere Ausgaben des Heliand (Schmeller, Heyne, Rückert) behandeln z. B. ein ae. *grimfolc* (Hel. 4826) als Kompositum, das Behaghel wieder getrennt schreibt; ebenso etwa *minnenfossiure* Minnegrotte (nach Bechstein in Trist. 17 468) gegen *minnen fossiure* (Ranke 17 464). Vgl. § 26. Außer Betracht bleibt hier das sehr schwankende Verfahren der mhd. Handschriften, etwa noch im 15. Jh. der Hs. P des Prosa-Lancelot z. B. mit *wiedder rede, miß priset, uber wunden* (Part., ohne *ge-*!) gegen *zuroß, sichselber, einander* ein anderer (s. R. KLUGES Ausg. S. LXVIII).

Für den Unterschied von Zusammensetzung und syntaktischer Fügung werden wir zunächst auf unsere Definition des Wortes (§ 3) zurückgeworfen. Denn wir sind von vornherein der Auffassung, daß das Kompositum auch als ein Wort zu betrachten sei, als solches vom Simplex wesentlich nicht verschieden[14]. Ein

---

[12] Die Unterschiede hat auch schon Adelung ernstlich erwogen; vgl. JELLINEK (s. § 1) II, S. 176 f.

[13] Für einige Anhaltspunkte s. Duden,[15] S. 38, 1 und s. v. 'mit'.

[14] Vgl. etwa REICHLING (s. § 3) 377 ff. 437 (Das Kompositum ein „sekundäres Wort"), gegen LANDGREBE (s. § 3) 36.

Hauptmerkmal der Zusammensetzung ist und bleibt die Isolierung des Bedeutungsinhaltes, der wir in den bisher angeführten Beispielen auf Schritt und Tritt begegneten: *Löwenanteil* ist nicht mehr *der Anteil eines Löwen, Großvater* nicht gleich *groß* + *Vater* usw., nicht zu reden von eigentlichen Metaphern wie *Brautinhaaren, Vergißmeinnicht, Vademecum,* franz. *bouleverser,* lat. *ilico.* Der Anfang der Bedeutungsisolierung liegt nach Paul [15] in der Regel darin, ,,daß das syntaktische Gefüge einen Bedeutungsinhalt erhält, der sich nicht mehr genau mit demjenigen deckt, der durch die Zusammenfügung der einzelnen Elemente gewonnen wird''.

Aber die Bedeutungsisolierung macht eben das Kompositum nicht aus, wenigstens nicht im Deutschen. Nicht nur erfaßt sie gewisse Kompositionstypen (z. B. den Typus *dreizehn* oder Fälle wie *herein, wettlaufen*) nicht oder kaum: sie genügt auch nicht, um das Kompositum von der syntaktischen Fügung zu scheiden. *Das Rote Meer* ist auch der Ausdruck für einen isolierten Begriff, so gut wie *Nordsee,* aber eben doch kein Kompositum im Gegensatz zu diesem.

Die heikle Angelegenheit ist viel erörtert worden, ohne daß dies ein völlig befriedigendes Ergebnis gezeitigt hätte. Wollte man für Mehrwortnamen der Art von *das Rote Meer* allein auf die Bedeutung abstellen, so wäre man nicht weiter als L. CLÉDAT [16], der meint, *eau-de-vie* sei ein Kompositum gegen *eau de roche,* weil dort die Glieder ihre selbständige Bedeutung verloren hätten, hier nicht. Dann wäre eben *Kölnisch(es) Wasser* ein Kompositum, aber *Brunnenwasser* nicht. Vorsichtiger und zugleich bestimmter formuliert daher DARMESTETER (S. 6 ff.) oder noch M. BRÉAL [17] den Unterschied zwischen einem Kompositum und einer Verbindung: ,,La condition suffisante . . . c'est que le composé fasse sur l'esprit l'impression d'une idée simple, . . . que l'esprit, sans s'arrêter successivement sur les 2 (3 ou 4) termes, ne perçoit plus que l'ensemble'', was auch Noreens oben übernommener Wortdefinition nahekommt. [18] – Nach E. HERMANN [19], der sich eingehender mit dem Problem der Wortabgrenzung und -bezeichnung befaßt,

---

[15] Prinz., S. 330.
[16] Vgl. NOREEN-POLLAK (s. § 3) 443. Doch ist hier Noreen gegen Clédat nicht ganz gerecht; vgl. DIESEN in s. Grammaire raisonnée de la langue française, [3] S. 70 f.
[17] Essai de sémantique, S. 174 f.
[18] Vgl. noch MEYER-LÜBKE, Frz. Gr., §§ 252 ff. 262 f.; NYROP § 708 ff.
[19] Die Wortarten, in Gött. Nachr. Phil.-Hist. Kl. 1928, S. 15 f.

und A. NEHRING [20] müßten sich Wörter wie *Neustadt*, engl. *blackbird*
'Amsel' von den bloßen syntaktischen Verbindungen *neue Stadt*, *a black
bird* dadurch unterscheiden, daß dort die Eigenschaft der Sache einverleibt sei (zu einer „akzidenzlosen Substanz". Leisi), während sie
hier erst zu den immanenten Eigenschaften der Sache hinzutrete, wie
denn das Wort *Neustadt* unabhängig vom Satze sei, v o r dem Satze
stehe, als ein Element der Sprache, während *neue Stadt* erst durch das
Sprechen zustande komme, also nur jeweilen im Satz, als ein Produkt
des Satzes.

Nun kann aber auch eine neue Stadt oder ein neuer Stadtteil den
formellen Namen *Neue Stadt* erhalten (vgl. *Neue Welt*, so auch ein
Stadtteil von Basel), was ganz dazu angetan ist, die von Hermann und
Nehring zwischen Verbindung und Kompositum gezogenen Grenzen
von neuem zu verwischen. Je mehr man sich auf Unterscheidungsver-
suche einläßt, desto weniger wird man daher um die Notwendigkeit
herumkommen, M e h r w o r t n a m e n wie das *Rote Meer*, *der Goldene
Adler*, *das Kap der Guten Hoffnung*, *der Siebenjährige Krieg*, *russische
Eier* u. ä. von der Berücksichtigung auszunehmen. Sie dürfen einerseits nicht mehr einfach als syntaktische Fügungen betrachtet werden,
anderseits ist es noch schwerer zu sagen, was diese Amphibien – abgesehen von der erhaltenen Flexionsfähigkeit der Glieder – von normalen Kompositen trennt, denen sie zustreben. Möglich, daß in *Neue
Stadt*, engl. *Black Forest* für Schwarzwald noch lebendigere Vorstellung
der Eigenschaft mitspielt als bei *Neu(en)stadt*, *Blackwall* (Londoner
Stadtteil), *Blackwater* (Flußname), *Blackwood* (Familienname). Das
würde wenigstens zur vorsichtigen Bemerkung DEBRUNNERS [21] passen,
daß Komposita eine g e r i n g e r e S c h ä r f e d e r B e z i e h u n g erfordern
als Verbindungen [22], bei der man schließlich auch noch das verwickelte
Verhältnis engl. *silk thread* = dt. *seidener Faden* und *Seidenfaden*, *stone
wall* usw. unterbringen könnte.

Erschwerend kommt hinzu, daß mit ganz gleicher Bedeutung neben-
einanderstehen *der Grüne Donnerstag* und *Gründonnerstag*, *der
Schwarze See* und *Schwarzsee*, *der hl. Geist* und *Heiliggeist-*, *Hoher
Staufen* und *Hochstaufen*, durch die wir uns vollends wieder eingeengt
sehen auf die lakonische Feststellung H. SWEETS [23], für den schon die
Wendung *the Red Sea* einfach deshalb kein Kompositum bildet, weil
sie nur eine „logical isolation", nicht auch eine „grammatical isolation"aufweise, zu wenig verschieden sei in der Struktur von Wendungen wie *a black bird* [24].

[20] Wörter u. Sachen 12, 266. Vgl. HENZEN (s. § 3 Anm. 16) 188 ff.
[21] Griech. Wortbildungsl. S. 40.
[22] Ähnlich CARR, S. 319; but what the compounds lose in precision,
they gain in flexibility and suggestiveness (das mache sie besonders
zu einem geeigneten Ausdrucksmittel der Dichtung).
[23] A new English Grammar. 1892, S. 26.
[24] Zur Sache vgl. noch KLAPPENBACH a. § 182 a. O.

Scheidet man Mehrwortnamen von der Art wie *das Rote Meer*
– neben die sich schließlich auch solche wie *Karl der Große, die
Jungfrau von Orleans, Johann Sebastian Bach* stellen würden –
aus, so wird man sagen dürfen, daß in der Regel der Begriffs-
gehalt eines zusammengesetzten Wortes ein einheitlich vorhan-
denes Ganzes bildet (auch in Fällen wie *herein, wettlaufen, unterschreiben*), während bei einer Fügung zwei oder mehrere Begriffs-
einheiten erst im Augenblick des Sprechens zueinander in Beziehung gesetzt werden[25]. Dies entspricht der etwa von Wilmanns
(S. 536) hervorgehobenen Eigenschaft der Zusammensetzung,
das Verhältnis der Glieder zu verallgemeinern, ein Zug, der sich
besonders bei Determinativkompositen aufdrängt (§ 22 ff.).
Denn es ist nicht dem Wesen der Komposition gemäß – verglichen
mit der syntaktischen Fügung – das einzelne hervorzuheben. –
Doch auch so bleibt die Grenze verschwommen genug. Man
denke an Fälle wie *Geheimerat, Hohe(r)priester, Hohenstaufen,
Feinsliebchen*, die in der Zusammensetzung die Adjektivflexion
bewahrt haben (§ 33), und umgekehrt an diejenigen, die, ohne
zusammengewachsen zu sein, ihre freie Flexion z. T. eingebüßt
haben, z. B. *mit Gefahr Leib und Lebens, mein ein und alles* (o. § 7).
Sie stehen sozusagen in der Mitte zwischen Verbindung und Zusammensetzung. Nimmt man hinzu, daß auch über die Zugehörigkeit der sog. Distanzkomposita (s. u.) noch keine Klarheit
besteht, oder daß etwa im Englischen ganze längere und komplizierte Fügungsgruppen als Komposita behandelt werden können
(z. B. *the man I saw yesterday's son*[26]), so erscheint es begreiflich,
daß immer wieder, auch von Brugmann, Paul und Wilmanns,
die Unmöglichkeit einer scharfen Trennung der beiden Gebiete
hervorgehoben wird. „Es gibt Wortgruppen, die als Komposita
gefaßt werden k ö n n e n, nicht m ü s s e n."[27] Der Unterschied liegt
demnach weitgehend in der Vorstellung des Sprechenden. Wollte
man allen Einzelheiten Rechnung tragen, ließe sich das Kompositum unserer Tage schließlich nicht anders als den mehrstäm-
migen Ausdruck einer Begriffseinheit, der zusammengeschrieben
wird, nennen. Nur dadurch würden die Schwierigkeiten sämtlich
behoben (*zu Hause – zulande* u. ä.), natürlich auch die, daß in

---

[25] Vgl. Koziol, S. 5. 46f.; Schwyzer, Griech. Gramm. I, S. 427.
[26] Vgl. Koziol, S. 62. 205. E. Leisi, Das heutige Englisch, 1955,
bes. S. 105 ff.   [27] Schwyzer, S. 426.

der einen Sprache als Zusammensetzung erscheinen kann (*Vater-haus, Königspalast, Brunnenwasser*), was in der anderen eine Fügung bleibt (*maison paternelle, eau de roche, domus regia*).

Wenn Brugmann [28] den Ausdruck Kompositum für seinen Teil lieber ersetzt sähe durch „Worteinung" oder „Worteinheit" – er stellt gemeinhin [29] der Worteinung (mit Bedeutungsspezialisierung) die Universalisierung (Zusammenwachsen zweier Wörter ohne besondere Bedeutungsvereinheitlichung durch deren Veränderung, z. B. *daran, sorgenfrei*, lat. *ne-scio*) gegenüber – oder K. Bühler [30] durch „komplexes" oder „symbolgefügtes Wort", so hilft dies uns nicht viel weiter. Bühler meint übrigens, daß es zwischen Simplex und Kompositum überhaupt keine Grenzen, sondern nur Übergänge gebe [31]. Darnach bestünde etwa in *leben – lebt – lebte – Lebtag – Lebewohl – Leben und Tod* lediglich eine abgestufte Steigerung in dem Sinne, daß *lebt* ein „geformtes Wort" darstellt, dem nackten Infinitiv und Bedeutungsträger *leben* gegenüber noch ein Feldmoment enthält; *lebte* enthält außerdem zwei Symbolwerte (ist also im Kern ein Kompositum), den zweiten aber nur versteinert, als Formmoment, *Lebtag* außerdem zwei lexikalische Einheiten, zwei „Stoffwörter" [32].

Einen letzten und höchst bedeutsamen Sonderfall des Deutschen müssen wir von dem obigen Einteilungsversuch ausnehmen: die **unfest zusammengesetzten Verba** (§ 51), die sich gleichsam erst auf dem Wege zur Komposition befinden. Es heißt: *ich fange an*, aber *als ich anfing*, mhd. noch *dō ich an(e) vienc*. Die Partikel kann noch heute sehr weit vom Verbum weg stehen, etwa in dem Satz: *Ich fange, da ich keine Zeit habe . . ., mit . . .*

---

[28] a. Fußn. 32 a. O. 400.

[29] Grundr. II, [2]1, S. 35 ff.; KvglGr., S. 287 f.

[30] Sprachtheorie, S. 290 f. 320. 334 ff.

[31] Ähnlich Marty, wenigstens in semasiologischer Hinsicht (vgl. Marty-Funke a. § 3 a. O., S. 35) u. Rozwadowski (s. § 10) 8 ff. 50.

[32] Zum Kompositum vgl. noch Brugmann, Über das Wesen d. sog. Wortzusammensetzung, in Ber. d. Sächs. Ges. d. Wiss., Phil.-Hist. Kl. 1900, 359 ff.; Paul, IF 14, 251 ff.; Dens., Prinz., S. 325 ff.; Dens., Dt. Gramm. V, S. 5 ff.; Wilmanns, S. 2 ff.; Noreen-Pollak (s. § 3) 440 ff.; Carr, S. XXIII f.; O. Dittrich, Über Wortzusammensetzung auf Grund d. neufranz. Schriftsprache, in Zs. f. rom. Phil. 22–24 .29; J. Ries, Was ist ein Satz?, S. 64 ff.; Ch. Bally, Linguistique générale et linguistique française. [2]1944, S. 94 ff. 237 ff. u. ö.; zu den Entstehungsbedingungen der Komposita im allgemeinen Wundt (s. § 10) [2] I, 642 ff. (Die Motive der Zusammensetzung seien psychologischer, nicht logischer Natur.) Weitere Lit. bei Noreen u. Dittrich.

noch nicht an. Brugmann nennt sie daher Distanzkomposita (die Trennung selbst bezeichnet man als Tmesis).

E. Hermann [33] nennt *anfing* ein Ganzwort, *fange an* ein Gliederwort (wie engl. *easy chair* Lehnstuhl).

Das Zusammenwachsen der unfesten Komposita mag der Umstand beeinflußt haben, daß die entsprechenden Verbalnomina (*Anfang* usw.) von jeher untrennbar sind [34].

17. Die Zusammensetzung wird noch von anderen Faktoren beeinflußt, von denen namentlich zwei hervorgehoben zu werden verdienen.

a) Bei Substantivkompositen dürfte eine sprachgeschichtliche Veränderung in der Verwendung des bestimmten Artikels das Zusammenwachsen einer syntaktischen Verbindung unter Umständen begünstigt haben. Da der – im Verlaufe des Ahd. zum unentbehrlichen Kasuszeichen herabgesunkene – Artikel beim sog. sächsischen Genitiv weiter fehlen kann, stehen mhd. nebeneinander sowohl *daz Etzelen wîp, diu Gahmuretes art, der vateres bruoder, daz goldes werc* als auch etwa *des vâlandes wîp, der muoter rede* [35]. Im Nhd. gilt nun allein noch das zweite Verfahren mit dem Artikel des Bestimmungswortes: *des Vaters Bruder, der Mutter Rede* usw. Es liegt auf der Hand, daß während der Übergangszeit die nicht mehr als regelmäßig empfundene Konstruktion der Auffassung einer Zusammensetzung Vorschub leisten konnte. Von Bedeutung wurden für diese Unsicherheit des Empfindens besonders die Fälle, in denen sich der Artikel auf beide Substantiva beziehen ließ, z. B. in den Wendungen *in der Mutter Sprache, von der Herren Gunst*. Dazu kommt noch, daß unsere Syntax die alte Erststellung des Genitivs immer mehr aufgab und daß daher ein vorangestellter Genitiv in festeren Wendungen sich enger an das Grundwort anlehnen mußte.

b) In festgewordenen Zusammensetzungen kann das ursprüngliche Verhältnis dadurch verdunkelt werden, daß das eine Glied als einfaches Wort im Laufe der Zeit verlorenging (s. § 41, 2) oder daß zur Bedeutungsisolierung oder flexivischen Erstarrung (in *Edelmann,* mit mhd. Gen. *edeles mannes* auch in derselben Bedeutung, *Höchstleistung, Mondenschein*) stärkere lautliche

---

[33] a. a. O., S. 16.   [34] Vgl. DEBRUNNER a. a. O., S. 24.
[35] Vgl. BEHAGHEL, Syntax I, S. 105.

Veränderungen eintreten, die ihrerseits eine isolierende Wirkung ausüben, wo nicht gar ein Glied seiner Selbständigkeit berauben [36]. Die leichteste lautliche Veränderung stellt die Hinüberziehung eines auslautenden Konsonanten in die folgende Silbe dar: *da-rum, hi-nein, al-lein, Inte-resse*, lat. *e-tiam* (für *et-jam*). Hieran reihen sich Kontraktion von Vokalen: mhd. *hinne* < *hie inne*, lat. *magnopere* u. ä.; Assimilation von Konsonanten: *Hoffart, Bamberg, Homberg* (< *Baben-, Hohenberg*), *empor* (< *in bore*), lat. *ilico* usw. Die durchgreifendsten Lautveränderungen erfolgen unter der Einwirkung des Akzents [37]. Unbetontheit führt zur Verstümmelung eines Gliedes: *Nachbar* (< *nāchgebūr), Grummet* (< *gruonmāt), Schulze* (< *schultheize), Schuster* (< *schuohsūtære), neben* (< *in eben*); s. §§ 41. 174. Allzu beträchtliche inhaltliche oder lautliche Lockerung des ursprünglichen Zusammenhanges kann ihrerseits an den Rand der Ableitung – oder noch weiter – führen: *Schuster* gemahnt ganz an abgeleitetes *Schneider* (s. § 69), *Adler* (mhd. *adel-ar, adelær*, zunächst als Ableitung aufgefaßt wie *mūsær[e]* für *mūs-ar* Mäusefalke neben abgeleiteten *mūzære* gemauserter Jagdfalke, von dem es wohl beeinflußt ist, und wie auch ahd. *sperwāri* Sperber) sogar an *Geier* (<ahd. *gīr[o]*) oder *Häher* (< ahd. *hehara F.* [38]). Umgekehrt wird in der Komposition oft das eine Glied vor Entwicklungen geschützt, die es als Simplex durchgemacht hat, z. B. vor der Dehnung (so in *Wollust, Herberge, Hermann*).

Zusammengesetzte Substantiva und Adjektiva

(Nominale Zusammensetzungen)

18. Innerhalb der nominalen Wortbildung kommt der Zusammensetzung im Deutschen überragende Bedeutung und Fruchtbarkeit zu. Die Möglichkeiten erweisen sich hier als so vielgestaltig, daß sozusagen Wörter und Stämme aller Art sich zu neuer Einheit verbinden können. Immerhin bestehen Einschränkungen. Die Kompositionsfähigkeit eines Nomens, insbesondere eines Substantivs, ist nicht ganz unabhängig von seiner früheren Form.

---

[36] Vgl. noch K. Bojunga im Sachwörterb. d. Deutschk. II, 1274 f.
[37] Paul, Dt. Gramm. I, S. 238 f.   [38] Vgl. Trübners Wb. 3, 279.

Aber auch sonst gelten gewisse Bedingungen, weshalb zunächst
einige allgemeine Bemerkungen über Form und Verhältnis der
Glieder am Platze sind[1].

19. In einer Zusammensetzung besiegelt normalerweise das
z w e i t e Kompositionsglied, das „Grundwort", die Natur des
ganzen Wortes. Ist das zweite (letzte) Glied ein Substantiv, so
ist es auch das ganze Kompositum usw. Seine Form bleibt denn
auch für gewöhnlich unverändert, jedoch nicht ausnahmslos.
Nicht selten erfährt auch im Germ. ein Wort als zweites Glied
Erweiterung des Stammes durch ein sog. s y n t h e t i s c h e s oder
K o m p o s i t i o n s s u f f i x. Bisweilen erscheint z. B. ein starkes
Substantiv in der Zusammensetzung mit schwacher Flexion
(also eigentlich durch *n-Suffix* erweitert). Vgl. got. *daur* Tor N.
und *augadauro* Fenster, an. *smiðr* und got. *aizasmiþa* Erzschmied,
ahd. *tag* und *stūatago* Tag der Strafe, desgl. *suono-, endi-, giburti-
tago, eintago*, as. *ēndago*, ae. *āndago*, an. *eindage* Termin u. ä.
(§ 120), ahd. *mānōd* und *wintarmānōdo* Dezember, *frost* und
gruntfrosto. Kaum weniger häufig, jedenfalls nachhaltiger ist die
Bildung von Kompositen mit neutralem *ja*-Suffix (§ 87): got.
gaskalki N. Mitknecht neben *skalks*, ahd. *unwitiri* Unwetter neben
wetar, got. *andawaurdi* N., ahd. *antwurti*, mhd. *antwürte* N.F.
Antwort. Es entsteht somit eine Art Zusammenbildung, die in
Wörtern wie *Gebirge, Gefilde, Genick(e), Gelenk(e)* < *gihlenki*, zu
hlanka Hüfte (§ 87, 4), weiterlebt. Hier wäre auch schon hinzuweisen auf die Typen *Liebhaber* (§§ 21. 28) und *Grablegung* (§ 161).

Zu zweiten Gliedern können Bildungen aller Art verwendet
werden. Doch sind schwere Komposita im zweiten Glied zunächst
ungeläufig. Im Got. bleiben sie gewöhnlich noch auf Partikelkomposita beschränkt; vgl. Fälle wie *miþgasinþa* Reisegefährte,
un-handuwaurhts nicht von Hand gemacht. Ahd. sind *ban-fiertag,
holz-wercman, betti-umbihang, hintar-satelboge*, ae. etwa *ēaster-
sunnandæg*; im Nhd. werden die Fälle mit zusammengesetztem
zweitem Glied häufiger: *Hauptbahnhof, Kriegsschauplatz* usw. (sie
bleiben aber hinter denen mit zusammengesetztem erstem Glied
zurück). Vgl. §§ 20. 162.

20. Auch das e r s t e Kompositionsglied ist in der älteren
Sprache meist noch ein einsilbiger, unabgeleiteter Stamm. Sofern

---

[1] Vgl. WILMANNS, S. 513 ff. Vergleich m. d. Möglichkeiten im Engl.
(z. B. kein Typus *Haupt-bahnhof*) s. H. MARCHAND, Anglia 78 (1960),
511 ff.

Wörter mit Ableitungssilben auftreten, handelt es sich in der
Regel wohl um verblaßte oder kraftlos gewordene Suffixe, z. B.
in *þiudan-gardi* Königreich (*þiudans* König neben *þiuda* F.
Volk), *mikil-þuhts* hochmütig (Wz. *mek* + *ilo*-; vgl. griech. *μέγας* und
μεγαλο-, ind. *mahā*-). Substantiva mit lebendigeren Suffixen wie
-*ari*, -*ida*, -*unga*, -*nissi* widerstreben noch im Ahd.[2], ja noch jetzt
sind Komposita mit movierten Femininen auf -*in*, Diminutiven
auf -*chen*, -*lein* u. ä. mehr oder weniger verpönt. Man sagt wohl
Freundeskreis, Löwenhaut, aber kaum *Freundinnenkreis, Löwin-
nenhaut*, man sagt *Wolfsmilch*, nicht *Wölfinnenmilch*, ferner wohl
Kaninchenfell, Mädchenschule (da hier keine eigentlichen Diminutiva gefühlt werden), aber nicht *Tischchenfuß, Glöckleinklang*;
oder *Menschheit, Welschland*, aber nicht *Kindischsinn*; *Eisenbett*,
aber nicht *Tuchensack*. Als allgemeine Richtlinie wird gelten
können, daß abgeleitete Wörter um so weniger zu ersten Kompositionsgliedern taugen, je lebendiger die Ableitungssilben als
Mittel der Wortbildung empfunden werden (Wilmanns). Komposita als erste Glieder sind in der älteren Sprache ebenfalls selten
(got. etwa *taihuntaihun-falþs* hundertfach, *gabaurþi-waurd* Ge-
schlechtsregister); im Verlaufe des Ahd. nehmen sie dann allerdings zu (*buohstapzila, wîhrouhfaz, seitspilman, abgothûs, hasal-
nuzkerno*; vgl. ae. *dēofolgyldhûs* Heidentempel)[3]. Im Nhd. steht
derlei „Trikomposita" nichts mehr im Wege (*vierhundertmal, Zahn-
radbahn, Unterdruckkammer, Doppeladlermarsch*), mag sich gelegentlich auch die Neigung zu Vereinfachung bemerkbar machen
(*Dreibund* neben *Dreimächtebund, Ölzweig* u. ä.; s. § 174).

Die ersten Kompositionsglieder haben auf die Wortart der Zusammensetzung keinen Einfluß. Sie erscheinen zunächst in verschiedener Form, je nachdem, ob sie sich mit dem Grundwort in
sog. eigentlicher oder uneigentlicher Komposition verbinden.

a) Für die eigentliche, älteste Zusammensetzung wäre im ersten
Glied grundsätzlich reine Stammform zu erwarten (§ 14), also
daga-, *gibō*-, *gasti*-, *fōtu*-, *augōn*-, *man*-. Dieser Idealzustand, der
sich nur so lange ungetrübt erhalten konnte, als das Sprachgefühl für die reinen Stammformen lebendig war, ist auch im
Got. durch Vermischungen, Überwucherungen, Unterdrückungen
gestört. Insbesondere greift der Themavokal -*a*- auf die Fuge der

---

[2] Vgl. CARR, S. 219 ff.   [3] Vgl. GRÖGER, S. 78 ff.; CARR, S. 197 ff.

o und *n*-Stämme über, eine Erscheinung, für welche Ansätze übrigens schon im Idg. bestanden [4].

Vgl. regelrechtes *daura-wards* Torhüter, *mati-balgs* Speisetasche, *grundu-waddjus* Grundmauer, *fotu-baurd, sigis-laun* § 14, *man-leika* Bild, gegen *mana-seþs* Menschensaat, *mana-maurþrja* Mörder, *nahta-mats* Nachtmahl, *airþa-kunds* irdisch, *auga-dauro* Fenster, *fruma-baur* Erstgeborener. Fugenlose Bildungen sind *ainfalþs* einfach, *all-waldands* Allmächtiger, *hauh-hairts* hochmütig, *gudhus* [5], *gud-blostreis* Gottes-verehrer, *weindrugkja* Weintrinker, *þiudan-gardi* Königreich, *ubil-waurds* schmähsüchtig gegen *aina-baur* eingeboren, *alla-werei* Redlich-keit, *arma-hairts* barmherzig, *guda-faurhts* gottesfürchtig, *weina-triu* Weinstock, *himina-kunds* himmlisch, *asilu-qairnus* Eselsmühle; *ja*-Stämme, langsilbige: *andi-laus* endlos, *arbi-numja* Erbnehmer (doch auch *hrainja-hairts* reinen Herzens u. a.) gegen kurzsilbige: *wadjabokos* Schuldschein, *lubja-leis* giftkundig, Zauberer [6].

Im Ahd. scheinen Quantität und Umfang des Stammes ent-scheidender auf sein Verhalten hinsichtlich des Bindevokals zu wirken. Nach kurzem Vokal bleibt dieser in der Regel erhalten (als *-a-* für die *a-, ō-, an-* und *ōn-*Stämme), bei lang- und mehrsilbigem Stamm ist er geschwunden außer in *ja(n)-, jō(n)-, wa-, wō-* und femininen *īn-*Stämmen [7].

Beispiele: *taga-frist, bota-scaf, beta-hūs, (wīn)reba-blat, duri-wart, hugu-lust* Gesinnung, *helli-hunt, mucki-nezzi, sēo-fogal* gegen *erd-biba, korn-hūs, lant-liut, himil-rīchi, magad-burt* jungfräuliche Geburt, *thio-nost-man, thegan-kint* usw. Doch stehen auch nebeneinander, etwa bei Otfrid, *got-kundlīh* und *gote-foraht, man-kunni* Menschengeschlecht, *-slahta* Mörder und *mana-houbit* Leibeigner. Am besten hält sich *-i-* (verschiedener Herkunft): *enti-tago, helli-porta, erbi-nemo, herzi-suht,* welches dann freilich auch mit dem zu *-e-* abgeschwächten *-a-* zusam-menfällt (*gote-foraht, ende-tac* usw.)

[4] BRUGMANN, Grundr. [2]II, 1 S. 81. 84 f.; HIRT, Idg. Gramm. IV, § 30 A; BRAUNE-(HELM-)EBBINGHAUS, Got. Gramm. § 88 a.

[5] Vgl. jedoch STREITBERG, IF 27, 156; KLUGE, Urgerm., S. 206.

[6] Zu dieser Doppelspurigkeit im Got. vgl. noch J. KREMER, PBB 8, 380 ff. (Einfluß der Betonungen); S. KROESCH, Mod. Philol. 5, 377 ff. (der Silbenquantität), hierzu CARR, S. 276 ff.; fürs Urnord.-Aisl. JÓHAN-NESSON, Komposita S. 5 ff. Zu *Harigasti* auf dem Helm von Negau vgl. SPECHT, ZfvglSprf. 60, 130 ff. , jetzt auch H. ROSENFELD, ZfdA. 86, 241 ff.; zur Frage noch K. REICHARDT, Language 29 (1953), 306 ff. und E. P. HAMP, ebd. 31 (1955), 1 ff. (Frage, ob *-ja-* od. *-ji-*; doch irre-levant, wenn *Hari* mit SPECHT < idg. *koris* Krieg).

[7] Vgl. GRÖGER, S. 6. 54 ff. grundlegend und maßgebend. Hierzu K. HELM, Litbl. 35, 1 ff. Einige Ergänzungen s. bei CARR, S. 298 ff., wo verwiesen auf weitere Abhandlungen (W. SÄNGER, E. WEISEMANN, W. BADER); fürs Ae. vgl. DENS., S. 281 ff. (ausführlich).

Die mhd. und ältere nhd. Schriftsprache unterscheidet sich hier von den heutigen Zuständen nur noch durch bessere Erhaltung des Bindevokals, etwa in *grase-mücke, rade-bant, -nagel, -schüfel* (vgl. *Rademacher, radebrechen, Rad[e]ber* [D.]), *willekomen, tage-lōn* usw. Während sich jedoch die mhd. Fugen-*e* teilweise' – besonders obd. – bis ins Nhd. erhalten haben (*Tagedieb, -lohn* neben *Taglohn, Schmiedemeister, Klagelied*; vgl. unter b und § 36), verzichtet schon die ältere Sprache gern auf einen Fugenvokal, namentlich wenn das erste Glied im Ahd. nicht auf *-a* oder *-i* endigt[8].

b) In uneigentlicher Komposition sollte das erste Glied die Kasusform aufweisen, die sein syntaktisches Verhältnis zum zweiten erfordert: *wolfes-milh, hanin-fuoz, sunnūn-tag*. Auf die Dauer konnten die beiden Systeme jedoch nicht ohne Einfluß aufeinander bleiben. Die Genitivkomposita brachten z. B. ein neues *-o-* in der Fuge: *manno-(gi)līh* jeder Mann, *worto-gilīh, barno-lōs* kinderlos usw., vermehrt durch einige anomale Bildungen wie *beto-man* Beter, *arno-gizīt* Erntezeit (wohl mit Anlehnung an die Verba *betōn, arnōn*); es mußte infolge von Abschwächung zu *-e-* mit dem *-o-* der alten *wa*-Stämme (in *garo-tag* Rüsttag, *treso-hūs, -faz* Schatzbehälter), aber auch mit den übrigen Bindevokalen der eigentlichen Komposita (*taga-frist, enti-tago* usw.) zusammenfallen. Dadurch werden die Grenzen verwischt, die Verhältnisse undurchsichtig. Notkers *suone-tag* kann auf ein *suona-* zurückgehen, Tatians *helle-phorta* mag einen älteren Genitiv *helle* darstellen, beide unterscheiden sich aber nicht mehr von einem jüngeren *ende-tag, gote-foraht, helle-pīn* < *hellipīna*[9]. Die Entwicklung der Deklination mit fortschreitender Apokope oder Vereinheitlichung der Endungen nach dem wichtigsten Kasus fördert das Durcheinander. Anderseits ziehen gerade die mächtig um sich greifenden Genitivkomposita, besonders in ihren charakteristischen Formen auf *-en, -es, -er*, die alten Typen zu

---

[8] Vgl. v. BAHDER, PBB 53, 1 ff.

[9] Vgl. BRAUNE-MITZKA, Ahd. Gramm. § 209 Anm. 3; GRÖGER, S. 34 ff. Nach E. SCHRÖDER, ZfdA. 37, 126 könnten jedoch Komposita mit z. B. *sunna-, sunno-, sunne-*, ahd. *hane- (wurz)* Genitivkomposita darstellen, in denen das *-n* der schwachen Endung sich verflüchtigt hätte. Siehe noch GRÖGER, S. 42. 45: *brōtelōs < brōteslōs* u. ä.

sich hinüber (*Tageslicht* neben ahd. *tagalieht,* nhd. *Tage-* und *Tag-,* während der ganzen nhd. Periode schwankend).

Erwähnt sei hier noch die Fuge *-el,* in mecklenburg. *Backeltrog, Inspringelgeld* Eintrittsgeld, *Deckelweden* Weideschößlinge zum Decken von Strohdächern[10] oder ndl. *hageldoorn, aschelwoensdach,* mndl. *stegelreep, werkeldach*[11], das auch mhd. als *werkeltac* auftritt.

21. Nach dem Bedeutungsverhältnis, in dem die Kompositionsglieder zueinander und zum Ganzen stehen, ergeben sich auch verschiedene Arten nominaler Zusammensetzung, die in der Hauptsache aus dem Idg. ererbt sind.

PAUL faßt sie in drei Hauptgruppen zusammen (s. u.); HIRT hat, sich noch enger an die altindische Grammatik anlehnend, sechs Typen aufgestellt[12]:

1. Typus *dreizehn* (Kopulativkomposita, im Dt. auch Reihenwörter, von den Indern Dvandva 'Paar' genannt; s. § 42 f.)[13];
2. Typus *Dickkopf* (Possessivkomposita, ind. Bahuvrīhi; s. § 44 ff.);
3. Typus *Liebhaber* (Determinativkomposita, deren erstes Glied von einem Verbalnomen als Hinterglied regiert wird: verbale Rektionskomposita; s. §§ 28. 35);
4. Typus *Menelaos* (Umkehrung von 3 mit dem Verb an erster Stelle: *Menelaos* = 'dem Volke standhaltend', ähnlich *Agelaos* 'Führ-das-Volk'; s. § 36);
5. Typus *Neustadt* (Determinativkomposita mit adjektivischem Vorderglied in attributivem Verhältnis zum Hinterglied; s. § 33);
6. Typus *Vaterland* (Determinativkomposita mit substantivischem Vorderglied; s. § 22 ff.).

Hirts Typus 4 fällt hier nur für die Fälle in § 47 in Betracht; 5 und 6 lassen sich unter den Determinativ- oder Bestimmungskompositen im engeren Sinne vereinen. So bleiben wieder die drei Paulschen Hauptgruppen, die wir als Determinativ-, Kopulativ- und Possessivkomposita unsrer Aufteilung zugrunde legen.

---

[10] E. NÖRRENBERG, Nd. Jb. 40, 41.
[11] VAN LESSEN, S. 96 ff., wo weiteres.
[12] Vgl. s. Handb. d. Urgerm. II, S. 117 ff.
[13] Zu den indischen Namen und der Aufteilung vgl. WACKERNAGEL, Altind. Gramm. II, 1, § 58 ff. Die Gesamtkategorie der Komposita, in denen das zweite Glied das vom ersten bestimmte Grundwort darstellt, bezeichnet die ind. Grammatik mit dem Beispielnamen Tatpuruṣa 'dessen Diener'. Innerhalb ihrer bilden unsere eigentlichen Determinativkomposita diejenigen mit substantivischem oder adjektivischem Vorderglied (HIRTS Typen 5 und 6, hauptsächlich entsprechend den ind. Karmadhāraya; WACKERNAGEL a. a. O.).

Determinativkomposita

I. Bildungen mit Substantiv im ersten Glied

22. Sie stellen unter den nominalen Zusammensetzungen weit-aus die geläufigste und umfangreichste Gruppe dar. Wenn ein Substantiv mit einem andern verbunden wird, so dient das eine von ihnen in der Regel zur Bestimmung des andern und läßt sich als abhängig von ihm betrachten. In einem Wort wie *Goldschmied* gibt das zweite Glied eine allgemeinere Begriffskategorie, die durch das erste zugleich bestimmt und abgegrenzt wird. *Gold-schmied* tritt damit in Gegensatz zu *Kupferschmied, Silber-, Waffen-, Huf-, Nagel-, Kesselschmied.* Dabei ist für ein Wort wie *Goldschmied* höchstens noch theoretisch auszugehen von der Bezeichnung einer Einzelperson, die sich einst auf die Verarbeitung des Goldes verlegt hatte. Denn das wahre Kompositum speziali-siert wohl zunächst die Bedeutung, dann aber drückt es im Gegensatz zur syntaktischen Verbindung allgemeine Verhältnisse aus (§ 16). So ist *Zahnschmerz* nicht vorab der Schmerz eines meiner Zähne, sondern ein allgemeines Übel, das auch meine Zähne befallen kann. Das Determinativkompositum antwortet auf die Frage: was für ein? (was für eine Art?), die Verbindung auf die Frage: welcher? wessen? o. ä. Daher werden „Scheinkomposita" wie *Kant-Grab, Matteotti-Mörder* gelegentlich [1] angeprangert als Entgleisungen einer ungesunden Neigung, Genitivverbindungen in Zusammensetzungen zu verwandeln.

23. Die sog. eigentlichen Determinativkomposita, deren erste Glieder durch die Stammform des Wortes gebildet wurden, erscheinen schon im Got. auffallend zahlreich im Vergleich zu den spärlichen Vertretern der griech. Vorlage [2].

Vgl. aus § 20 *weinatriu, eisarnabandi* Eisenband, Kette, *wadjabokos, matibalgs, sigislaun* usw. In vielen Fällen ist außer der Zusammen-setzung zufällig nur das eine Glied bezeugt, das vordere (z. B. von *asiluqairnus* Eselsmühle, *daurawards, -warda* Türhüter[in], *weinabasi* Weinbeere) oder das hintere (von *heiwafrauja* Hausherr, *marisaiws* See) oder keines von beiden (von *grunduwaddjus* Grundmauer).

---

[1] Etwa von Briegleb (s. § 14) 20. Vgl. hier auch H. Werneke in Preuß. Jahrbb. 1918, Oktober, S. 186 ff.

[2] H. Grewolds, ZfvglSprf. 61, 149 ff.; Carr, S. 43 ff. u. passim.

Bedeutend wächst die Zahl der überlieferten Fälle in den übrigen germ. Dialekten [3]. Dadurch, daß infolge von Ausgleich des Fugenvokals (z. B. in *stauastols* Richterstuhl, adj. *airþakunds* irdisch, *gumakunds* menschlich) das erste Kompositionsglied mit dem Nom. Sing. (*staua, airþa, guma*) gleichlautet, insbesondere aber durch den Wegfall des Fugenvokals (in ahd. *taglieht, kornhūs, himilrīchi, erdbiba*) entstehen scheinbare Nominativkomposita, wie sie eben in den heutigen *Taglohn, Brotkorb, Goldstück* weiterblühen. Aber determinative Nominativkomposita gibt es eigentlich nicht, da ein Nominativ nicht von einem Nominativ abhängen kann. Ein Nominativ im ersten Glied ist nur denkbar bei kopulativen Bildungen (§ 42 f.) wie *Gottmensch, jammerschade* oder noch *Goldkäfer*, das eine ganz andere Bildung darstellt als *Goldschmied* oder *Mai-, Mist-, Herzkäfer*, sowie in den Typen *Leidwesen* (§ 28), *Maultier* (§ 30).

Es leuchtet ein, daß das Bestimmungsverhältnis des ersten Gliedes zum zweiten hauptsächlich das des Genitivs zum Nominativ darstellt: *Vaterhaus* = Haus des Vaters. Doch erstreckt sich das Gebiet dieser Bestimmungen viel weiter als dasjenige, das jetzt durch den Genitiv vertreten werden kann. *Kartoffelsuppe* ist nicht = Suppe der Kartoffel. Bei *Handtuch* müßte man beispielsweise ein altes Dativverhältnis sehen, bei *Ballspiel* ein instrumentales, bei *Seebad* ein lokativisches, bei *Platzangst* ein ablativisches [4]. Wollen wir solche Bildungen auflösen, so kann dies sehr oft nicht anders als mittels Präpositionen oder anderer Konstruktionsweisen geschehen.

Die mannigfachen Möglichkeiten des Verhältnisses von Determinativ und Grundwort seien hier mit einigen Fällen angedeutet [5]. Das erste Glied bezeichnet z. B.

den Stoff: *Darmsaite, Strohhut, Weizenbrot, Dornbusch,*
oder den Ort, wo sich das zweite befindet: *Meerfisch, Fingerring, Turmuhr,* bzw. eine Richtung: *Bergwind, Welschlandfahrt,*
oder die Zeit, in die das zweite fällt oder für die es bestimmt ist: *Morgensonne, Julihitze, Nachthemd,*
oder den Gegenstand, für den das zweite bestimmt ist: *Weinfaß, Kaffeelöffel, Mistgabel, Briefpapier,*
oder das, wogegen es gebraucht wird: *Regenschirm, Wurmpillen, Blutsegen, Diebstahlversicherung,*

---

[3] Vgl. noch GRÖGER, bes. S. 54 ff.   [4] Vgl. HIRT, S. 168.
[5] Vgl. PAUL, S. 9 f.; CARR, S. 319 ff.

oder den Gegenstand, durch den das zweite Glied ausgeführt wird:
Handarbeit, Fußtritt, Wagenfahrt,
oder den Gegenstand, der durch das zweite erzeugt wird: *Leineweber,
Kesselschmied, Honigbiene, Hanfsame,*
oder den Stoff, mit dem das zweite sich beschäftigt: *Buch-, Wein-
händler, Gold-, Kupferschmied,*
oder die Sache, mit der das zweite ganz (*Königstiger;* § 43) oder nur
in einer seiner Eigenschaften (*Leberfleck, Blutbuche, Hirschkäfer;*
Wundts „Komposition durch assoziative Fernwirkung") verglichen wird.

24. Genitivkomposita. Neben den aus der idg. Grundsprache überkommenen direkten Kompositionstyp stellen sich in
der Folge vor allem Zusammenrückungen von Genitiv + regie-
rendem Wort. Diese Zusammensetzung mit dem Genitiv ist die
einzige Kompositionsart größeren Ausmaßes, die in der Zusam-
menziehung eines freien syntaktischen Gefüges in historischer
Zeit besteht. Die Möglichkeit der Verschmelzung zu einem Wort
ergab sich auch fürs Germ. zunächst daraus, daß der Genitiv oft
vorangestellt wurde [6]. Die got. Bibel bietet zwar nicht viele Belege, da sie der Wortstellung der griech. Vorlage zu folgen pflegt;
immerhin finden sich auch hier Fälle mit vorangehendem Genitiv: *dagis wig ἡμέρας ὁδόν, gudjins skalk ἀρχιερέως δοῦλον.* Dem
Ahd. war die Folge Genitiv + Nominativ geläufiger. Das beweist
der Umstand, daß zu ihren Gunsten die ahd. Übersetzer von der
Wortstellung des Originals nicht selten abweichen. Im Mhd.
häufen sich dann Wendungen wie *der sanges meister, nach richem
küneges site,* die sich dem Kompositum nähern.

25. Die Genitivzusammensetzungen haben sich also von ge-
ringen Anfängen aus allmählich stark vermehrt. Überwiegen in
der älteren Sprache die eigentlichen Komposita noch bei weitem
– im Got. sind kaum andere nachweisbar [7] –, so nehmen im Mhd.
und besonders im Nhd. die uneigentlichen immer mehr überhand.
Den Umschwung beleuchten eindringlich veraltende Bildungen
mit reinem Stamm: Luther braucht z. B. noch *amptknecht, rat-
herr, blutfreund, geschlechtregister,* hundert Jahre später Schottel
noch *Lebentrost, Heermacht* und *Himmelbrot* (so auch bei Ade-

---

[6] Vgl. H. W. Pollak, IF 30, 293 und oben § 17 a.
[7] Im Aisl. ist Gen.-Komposition u. U. sehr verbreitet: 66 Zusammensetzungen mit *konungs-* gegen 12 mit *konunga-,* 10 mit *konung-*
(alle neben solchen auf *-s!*) nach Jóhannesson, Komposita S. 7 f. 16.

lung), Wieland *Befehlhaber, Auglider,* Goethe *Augknochen* und *Augenknochen,* Herder *Augpunkt,* und noch im 18. Jh. heißt es geläufig *Augbraue* wie heute *Augapfel*[8], während umgekehrt zur selben Zeit der Genitiv in einem schweren ersten Glied wie *Alltags-* schon modehaft wuchert: *Alltagsding, -geschöpf, -gesicht, -welt, -leben, -kreis, -christ, -verstand, -wirtschaft, -höflichkeit, -verheiratung, -menschengeschlecht* usw.[9]

Für die Aufteilung der beiden Zusammensetzungsarten ist aus der Schriftsprache – abgesehen von der zunehmenden Neigung zu Genitivbildungen – zunächst kaum ein Prinzip zu erkennen. Unter ganz gleichen Bedingungen scheint sich bald Stammform, bald Genitiv im ersten Glied einzustellen. So gelten noch als allgemein hochsprachlich einerseits etwa *Augapfel, Herzweh* und *Herzeleid, Maiblume, Birn-, Kirschbaum, Kirchturm, -gemeinde, Rindfleisch, Kalbleder, Kaiserkrone, Himmelreich, Blutprobe,* anderseits *Augenlid, -wimper, Herzenslust, -wunsch, Maienblüte,* *Pflaumenbaum, Kirchenglocken, -steuer, Rindszunge* und norddeutsch *Rinderbraten,* süddeutsch *Rindsbraten, Schweinsleder, Königskrone, Himmelszelt, -körper, -strich, Blutstropfen.* Nebeneinander stehen gar *Waldrand* und *Waldesrand, Mondschein* und *Mondenschein, Perlschnur* und *Perlenschnur* (doch nur *Bergkette* neben *Perlenkette), Birn(en)saft, Eich(en)wald, März(en)bier* (D.), *Rind(s)leder, Schiff(s)bau, Himmel(s)stürmer, Herz(ens)bruder* usw. Nur in wenigen Fällen läßt sich die verschiedene Bildungsweise an landschaftliche Gepflogenheiten oder an Bedeutungsspaltung anlehnen, aber beidemal eben nicht auch daraus ableiten. Denn es ist nicht ersichtlich, warum, wenn *Landmann* und *Landsmann* verschiedene Bedeutung haben, das eine dieser und das andere jener Bildungsweise folgt (im Mhd. heißt unser *Landsmann* auch *lantmann*).

In Fällen wie *Blutstropfen* gegen *Blutprobe* dürfte der partitive Genitiv einwirken, jedenfalls nicht ein Bedürfnis nach verdeutlichender Trennung (s. u.) bei aufeinanderstoßenden Dentalen, wie *Bluttat, Bluttaufe, Bluttransfusion* beweisen.

Veraltendes *Maienblüte, Mondenschein* mutet poetisch an; nicht aber *Kirchensteuer.*

---

[8] Vgl. WILMANNS, S. 521 f.; PAUL, S. 12; KLUGE, Abriß, S. 60 f.
[9] Vgl. W. FELDMANN, ZfdWf. 6, 103 ff. 300 ff.

Einen festeren Anhaltspunkt liefert immerhin die Beobachtung, daß Genitivform im ersten Glied sich gerne einstellt, wenn
dieses selbst eine Zusammensetzung oder eine Ableitung mit
schwerem Suffix ist; vgl. *Werkzeug, Tag(e)hemd, Triebkraft, -rad,
Gangart, Schnittpunkt* gegen *Handwerkszeug, Sonntagshut, An-
triebskraft, -welle, Übergangszeit, Durchschnittsmensch.* Zweifellos
dient hier das *-s-* dazu, die Fuge zu verdeutlichen. Sodann erscheint genitivische Zusammensetzung wohl leichter, wenn neben
dem Kompositum noch eine Genitivverbindung gebräuchlich ist.
Vgl. *Meeresgrund, -strömung* neben *Meerdistel, -fahrt, Tagesheld,
-anbruch* neben *Tag(e)hemd, -reise* [10].

Gelegentlich hat sich übrigens ein *-s-* eingeschlichen, wo nur
ein Gen. Plur. möglich ist *Anwaltskammer, Freundeskreis, Drei-
königstag, Zwillingspaar, Schiffsverkehr, Diebsgesindel, Bischofs-
konferenz, Begriffsverwirrung, Vierjahresplan* (neben *Sechstage-
rennen*); ja selbst in Zusammensetzungen, deren Bedeutung den
Genitiv ausschließt, finden wir *-s-*: *Jägers-, Reiters-, Freiersmann*
(nach *Bauersmann* < *gebūres-* ?). Dasselbe findet sich im Ndl.:
jagersman, manspersoon, arbeidersvolk [11]. Ähnlich sodann *Lumpen-
kerl, -hund* = Lump von einem Kerl (franz. *le fripon de valet,* lat.
scelus hominis, engl. *a devil of a fellow*) [12].

Zur formalen Seite des Vorgangs ist noch zu bemerken, daß seit dem
älteren Ahd. der Gen. Sing. verschiedentlich mit anderen Kasus zusammenfiel. In *Gänseblume, Mägdesprung, Kühhaut* wird nun das erste
Glied als Gen. Plur. aufgefaßt und nicht mehr als Gen. Sing. Anderseits ist in Fällen wie *Hügelkette, Kraftprobe, Fensterglas* der Kasus des
ersten Gliedes nicht (mehr) zu erkennen: sie können als eigentliche
oder uneigentliche Komposita aufgefaßt werden. Dies dürfte die Konkurrenz der Bildungsweisen noch begünstigt haben, insbesondere vielleicht auch die Erscheinung, daß aus einem uneigentlichen Kompositum ahd. *sunnūn-tag* – denn als solches wird man den Ausdruck wohl
anzusehen haben – ein eigentliches *Sonntag* wurde, aus *Frankōno-furt*
später *Frankfurt,* daß für *reganes tropfo, senefes korn* nhd. *Regen-
tropfen, Senfkorn* erscheint.

---

[10] Siehe BEHAGHEL, Die dt. Sprache, [10-12] 1953/5, S. 201f. ([5] S. 254f.) ;
DENS., Litbl. 1921, 227; ferner NOREEN, Abr. d. urgerm. Lautl. § 57;
FRANKE, S. 112 ff., STOLTENBERG in Dt. Wortgesch. II, 180 f.; W.
PREUSLER in Taal en Leven 10 (1944), 54f.

[11] Nach VAN LESSEN, S. 24.

[12] Vgl. HAVERS (s. § 6) 148. 253; BEHAGHEL, Syntax II, S. 63.

26. Als substantivische Genitivzusammensetzungen kommen in Betracht:
1. solche mit Gen. auf -es bzw. -s: *Gotteshaus* (für ein M.), *Kalbsbrust* (N.), *Liebesdienst* (F.);
2. solche mit -en: *Löwenzahn* (M.), *herzenmuot* (N.), *Frauenplan* (F.), *Frauenzimmer* (Plur.) [13];
3. solche mit -e: *Gänseblume* (Sing.), *Hundesteuer* (Plur.);
4. solche mit -er: *Kälbermagen*, *Göttertrank* (s. § 27).

Wie alt sind sie im Deutschen, und welches sind die ältern Gruppen? Beides ist schwer zu beantworten, weil wir nicht genau wissen können, wann ein *tages zît, pfaffen roc* usw. zusammengewachsen sind. Der Übergang einer Verbindung zum Gattungsnamen entzieht sich unserer Kontrolle, wenigstens einer genauen Kontrolle. Wo wir ein Kompositum sicher in der Hand halten, ist er schon vollzogen. Am zuverlässigsten dürfen wir für die ältere Zeit bei jenen Fällen mit einem Kompositum rechnen, wo das Ganze von Anfang an als Ausdruck einer Vorstellung bzw. einer Bedeutung auftritt, die in den einzelnen Gliedern nicht liegt: in Metaphern wie ahd. *hanin-fuoz* 'Hahnenfuß', *wolfes-milch*, *sun-nūn-tag*, *Frankōno-furt*. [14]

Es ist anzunehmen, daß die Glieder mit dem Fugenvokal ahd. -i-, mhd. -e- verhältnismäßig früh verschmolzen; denn sie fallen formal mit eigentlicher Komposition zusammen (in ahd. *steti-wechsal* Platzvertauschung ist *steti-* sowohl Stamm als Genetiv; ähnlich *slegifedara*, *spuri-hunt*, spätahd. *krefte-*, *sündelösî*). Nach den Sammlungen Grögers (S. 35 ff.) kommen die drei ersten Arten (mit -e, -es, -en) vereinzelt schon ahd. in sicherer Komposition vor, besonders innerhalb gewisser Bedeutungsgruppen: in Bezeichnungen von Tagen und Tageszeiten (*sunnūn-tag, giburti-tago*), in Bezeichnungen von persönlichen Verhältnissen (*muomūn-kint,*) in Bezeichnungen von Pflanzen und Tieren (*hundes-beri, -fliuga, hanin-fuoz*), desgl. in Bezeichnungen von Gerätschaften, Kleidungsstücken, Körperteilen, Wohnstätten. Rein summarisch läßt sich sagen, daß sonst Zusammenrückungen mit -es in der Fuge erst in spätmhd. Zeit geläufiger werden (*goteshūs, landesherre, mannes-, wībesname*); im 16. Jh. nehmen sie stark zu, z. T. ohne Binde-

---

[13] Vgl. hierzu E. SEIDENADEL, ZfdWf. 5, 59 ff.
[14] Zum Vorgang der Zusammenrückung vgl. noch H. KUNISCH in Dt. Wortgesch. [2]I, 211. 237 f. mit Lit.; für Namen (*Bachesboden < baches boden* usw.) aus urkundl. Belegen bei BACH, Namenk., bes. II, 1 § 165 ff.; SZADROWSKY in Beitr. z. Namenf. 2, 286 ff. 3, 18 ff.; SCHWARZ, ebd. 2, 40 ff.; KUHN, ebd. 4, 159 ff. und oben § 16.

vokal (landsknecht, ratsherr, kriegsleute), und dieser Typus erhält nach
und nach das Übergewicht. Dagegen bestehen die Zusammensetzungen
mit -en seit dem 11./12. Jh. (botenbrōt, trachenbluot, frowenhār); im
16. Jh. verwendet sie namentlich Luther. Über die Ausbreitung von
-er s. den folgenden Paragraphen.

Am auffallendsten ist das -s, das an Feminina antritt, z. B.
in Liebesdienst, Nahrungsmittel usw. Dem klassischen Mhd. ist
dieser Gebrauch noch fremd (ein gelegentliches suonestac neben
suon(e)tac gehört nicht zu suone F., sondern zu gleichbedeuten-
dem suon M.). Erst im späteren Mittelalter kommen diese unor-
ganischen Bildungen auf, nach vorherrschender Annahme [15] zunächst in Niederdeutschland (orvedesbref, redesman, scheidungs-
dag). Zur Erklärung hierfür wird darauf hingewiesen, daß das
Nd. von jeher auch in selbständigen Femininen Genitive auf -es
kennt [16]. Ohne Zweifel hat das Nd. den Gebrauch der Feminin-
bildungen mit -s in der hd. Schriftsprache gefördert, wo sie im
16. Jh. noch selten sind, dann aber stetig zunehmen. Die Ausbreitung erfolgt unter den gleichen Bedingungen wie bei den
Maskulinen. Auch hier werden besonders Wörter betroffen, die
schon zusammengesetzt oder mit schweren Ableitungssuffixen
versehen sind: Beglaubigungsschreiben, Enthaltsamkeits-, Pietäts-
gründe. Dem Verhältnis Werkzeug: Handwerkszeug entsprechen
Nachtzeit, -fest, -lied: Sommernachtstraum, Weihnachtsfest, -lied,
Sichtwechsel: Ansichtskarte (jedoch etwa Dreiuhrzug, Zehnmark-
stück) [17]. Allgemein haben -s angenommen die Wörter auf -heit,
-keit, -schaft, -ung, -ion und -tät, denen Luther in der Regel noch
kein -s gibt (vgl. brüderschaftbrief, warnungschrift, defensionbund,
woneben anderwärts bald ratungsmann, freiheytsbrieffe, gesell-
schaftsgenoß, authoritätsdiscourse u. ä.). Das 17./18. Jh. zeigt hier
s-Bildungen in schöner Anzahl. Heute fehlt das -s nur, wo Ob-
jektsakkusativ empfunden wird, etwa in Adjektiven wie freiheit-
atmend, wahrheitliebend (so öfters, gegen Wahrheitsliebe!).

Dieses Verfahren bringt mit sich, daß überhaupt die meisten Feminina, die sich mit -s verbinden, auf -t ausgehen: neben denen mit Suffixen etwa Fälle wie Andachtsübung, Arbeitslohn, Armutszeugnis, Ein-

---

[15] So auch PAUL, S. 13; bestritten von BEHAGHEL, Litbl. 1921, 227.
[16] Vgl. A. LASCH, Mnd. Gramm. § 380 Anm. 3; fürs Ndl., wo -(e)s
allgemein zuzunehmen scheint, VAN LESSEN, S. 5 f.
[17] Vgl. § 162 b; fürs Isl. JÓHANNESSON, Komposita S. 52: guðfrœ
ðisdeild theol. Fakultät usw.; fürs Schwed. etwa tändsticksfabrik.

faltspinsel, Geburtstag, Heiratsgut, Hochzeitsfest, Geschichtsunterricht
usf. Unter den Wörtern, die außerhalb der genannten Gruppen stehen,
ragen besonders *Liebe* und *Hilfe* hervor; vgl. *Liebesdienst, -lied, -leid,
-kummer, -händel, -geschichte, Hilfswerk, -mittel, -wort.* Hierzu kommen
einige weitere wie *Gewährsmann, Frauensperson* (s. § 25), *Huldeszeichen* (Heine). *Fehdebrief, Absagebrief, Sprachverbesserer* gegen frühere *Fehdesbrief, Absagsbrief, Sprachsverbesserer* (Leibniz) beweisen,
daß sich beim Feminin bedingt auch eine rückläufige Bewegung bemerkbar macht.

Wie *-s*, so hat auch *-en* in der Fuge eine beträchtliche Ausbreitung erfahren und gelegentlich auf ihm nicht zustehende Fälle
übergegriffen. Dies ist um so begreiflicher, als die Endung *-en*
von Rechts wegen allen schwachen Substantiven im Gen. Sing.
und Plur. sowie den meisten starken Femininen im Gen. Plur.
(ahd. *gebōno, sunt(e)ōno, hōhino*) zukommt und als die starken
Feminina seit dem Ahd. auch im Sing. zur schwachen Deklination
neigen. Heute ist *-en* als Fuge für den Gen. Fem. jedenfalls weitgehend verallgemeinert; es heißt *Höllenqual, Sorgenkind, Ehrenwort, -tag, -sache, -rettung* neben *Ehrgefühl, -geiz, -sucht, Erdenreich*
neben *Erdreich, Feigenbaum* (ahd. *fīgboum*, mhd. *vīc-, vīgenboum*;
s. § 25), *Gerstenmehl* (ahd. *gerstmelo*) *Tintenfaß* (*tinctahorn*). Manche
ursprünglich schwachen Maskulina, die sonst zur starken Deklination übergetreten sind, bewahren in der Komposition ihr *-en*:
Schwanenhals, Straußenfeder, Schelmenstreich, Greisenalter. So ist
der Endung *-en* – wie dem *-es* – der Charakter eines Kompositionsmittels an sich erwachsen, das auch an ältere starke Substantiva antritt, so in mhd. *hirtenambet, -stap, -hūs, -tuom* neben
hirtlēhen, -pheninc, -sanc, -schaft.

27. **Pluralkomposita.** Die eigentliche Komposition vermag
ohne weiteres auch ein Pluralverhältnis zu bezeichnen. *Schafstall*
bedeutet nicht 'Stall für 1 Schaf', und das gleiche gilt für eine
Menge echtester Bildungen wie *Baumgarten, Vogelherd, Zahnpulver, Zahnrad, Schuhladen, Handarbeit.* Aber mit der uneigentlichen
Komposition, die den Kasusunterschied hervortreten läßt, wird
auch die Neigung, den Numerusunterschied zu bezeichnen, sehr
gefördert, wenn auch erst im Nhd. Dieser Neigung haben verschiedene Umstände Vorschub geleistet, vor allem der, daß in
einigen Kategorien das erste Glied als (Genitiv) Plural aufgefaßt
werden konnte, sofern es die Bedeutung gestattete oder nahelegte (s. § 26): in Fällen wie *Löwenzahn, Gänseblume, Gänsefeder,*

Flügelschlag, Schlüsselbrett, Rittersaal, Wagenverkehr, Tagereise, Pferdeschwanz, Schmiedemeister.

Hier ist namentlich hervorzuheben die Ausbreitung der Fuge -*er*, die zum Pluralcharakteristikum umgedeutet wurde, während sie von Haus aus bekanntlich Wortbildungselement der alten *s*-Stämme ist (entsprechend dem Mittelstück in griech. γέν-εσ-ος, lat. *gen-er-is*; ahd. noch vereinzelt in Dat. *chalbire*, Gen. *rindares*) [18]. Da dieses *ir/-er* neutraler *s*-Stämme im Sing. ganz wegfiel, im Plur. jedoch erhalten blieb, so daß ein Nom. Akk. Sing. *lamb* einem Plur *lembir* gegenüberstand, konnten Fälle wie *lembirbah* Lämmerbach, *ferhirstal* Ferkelstall, *huonirdarm* Pflanzenname [19] als Pluralzusammensetzungen betrachtet werden, trotzdem sie zunächst echte Komposita darstellen wie etwa got. *sigislaun* Siegeslohn (zu *sigis* N.). Dieses -*ir* liegt also, geschichtlich gesprochen, vor in heutigen Zusammensetzungen wie *Hühnerei, Eierschale, Rinderhaut, Kinderfreund, Weibergeschwätz, Geisterspuk, Göttertrank, Männerwürde.*

Von einigen *s*-Stämmen auf andere Neutra übertragen, tritt es im nachklassischen Mhd. des 14. Jhs. in der Kompositionsfuge zuweilen auf; um 1600 wird es hier häufiger, um 1700 auch mit Maskulinen [20]

Heute sind die Bestimmungskomposita mit Gen. Plur. des ersten Gliedes im Zunehmen begriffen. Vgl. Bildungen wie *Motorenbau, Rassenforschung, Plätzezahl* (neben *Platzzahl*), *Gästebuch, Bücherstube* (neben *Buchladen*), *Inseratenannahme, Sinnenwelt* (neben *Sinneswelt*), *Räderwerk* (neben *Radgetriebe*), *Männerbad,* -*abteil* (neben *Manneswort, -ehre, zucht* usw.), *Länderkarte* (neben *Landkarte*), *Münzensammlung* (neben *Münzsammlung*), *Nummernverzeichnis* (neben *Zifferblatt*) usw. Von einem Plural wie *Mitgliederkarten* (neben älterm *Mitgliedskarte[n]*) aus erscheint jezt sogar ein unmöglicher Singular *Mitgliederkarte.*

BRIEGLEB (s. § 14) S. 9 ff. vermutet, daß einen wirksamen Ausgangspunkt für jüngere Pluralzusammensetzungen die Fälle „mit dem verfemten anorganischen -*s*" bildeten, daß man also *Minderheitenfrage, Geburtenzahl, Nachrichtenbüro, Inseratenannahme, Nationalitätenstreit, Autoritätenglaube* den Bildungen *Minderheitsfrage, Inseratsannahme* usw. vorziehe.

---

[18] Vgl. BRAUNE-MITZKA, Ahd. Gramm. § 197 Anm. 1.

[19] Vgl. SUOLAHTI (s. § 95) 229.

[20] KLUGE, Abriß S. 61; vgl. H. GÜRTLER, PBB 37, 492, bes. 525 ff.; 38, 67 ff.

28. Hinter den bisher behandelten Zusammensetzungen treten diejenigen, die eine andere Bildungsweise erkennen lassen, zurück. Bedingt könnte man von Akkusativkompositen sprechen in Fällen wie *Nußknacker, Wasserträger, Arbeit-, Auftraggeber*. Freilich können diese Bildungen nicht wie die Genitivkomposita durch Verschmelzung des abhängigen Kasus mit dem regierenden Substantiv entstanden sein: denn Substantiva regieren keinen Akkusativ. Sie erwachsen vielmehr nach und nach aus Verbindungen transitiver Verba (*Auftraggeber* aus *Auftrag geben*), stellen also eher Zusammenbildungen dar.

Aber eigentlich sind wir hier in Hirts altem Typus *Liebhaber* mit einem Verbalnomen (Nomen agentis), das frei nicht auftritt, im zweiten Glied. Vgl. griech. ἱππόμαχος zu Pferde kämpfend, Wagenkämpfer, λογοποιός Schriftsteller, lat. *artifex* kunstfertig, Künstler, *judex* rechtsprechend, Richter, *signifer* gestirnt, Bannerträger, ai. *kumbha-kāra* Töpfer, got. *weindrugkja* Weintrinker, *arbinumja* Erbe M., ahd. *manslago* Mörder, *hornbero* Hornträger, *muntbero* Beschützer, *herizogo, (mēta-)mieta-nemo* Mietling, *moltwerf(e)* nhd. *Maulwurf, Hutmacher, Buchbinder, Erblasser, Antragsteller* usw. (vgl. § 82 ff.), mit plural. erstem Glied (§ 27): *Kinderfresser, Geisterseher, Besen-, Bürsten-, Büttenbinder, Haftelmacher, -beißer,* auch *Ränke-, Pläne-, Verseschmied.* Auch ein got. *faihuskula* Schuldner wird – selbst wenn das Substantiv *skula* vorliegt – zu *faihu skulan* zu stellen sein, wie ein nhd. *Hilfeleistung* – zumal da *Hilfe* seine Genitivkomposita mit -*s* bildet – wohl nur aus *Hilfe leisten* zu verstehen ist[21]. Vgl. § 35.

Anders verhält es sich natürlich mit Substantivierungen wie *das Holztragen, das Klavierspielen, ein Sichgehenlassen* u. ä.

Auch Dativkomposita sind an sich denkbar; vgl. isl. *būimaðr* Person auf dem Hofe, *hornumskvāli* mit den Hörnern Lärm machender[22]. Dagegen stellt ahd. *gote-leido* Gottverhaßter ein echtes Kompositum dar, während Fälle wie nhd.*Liebediener* jedenfalls keinen formalen Dativ aufweisen. Dies gilt auch für Bildungen mit einem andern Verhältnis, z. B. einem prädikativen (*Tatsache*[23], substantiviertes

---

[21] Man spricht hier seit LEOP. SCHROEDER auch von synthetischer Komposition, und H. JACOBI, Compositum und Nebensatz, 1897, S. 20 f. 25 hat in diesen Nomina agentis ursprachliche Relativpartizipien gesehen.

[22] JÓHANNESSON, Komposita S. 8. [23] Vgl. J. A. WALZ, ZfdWf. 14, 9 ff.

Leidwesen, Soldatsein, mhd. *kintwesen* Kindheit, *meitwesende* jungfräulich) mit einem theoretischen Nominativ oder für solche aus Präpositionalverbindungen (ahd. *fuozfolgo,* nhd. subst. *Inkrafttreten,
Umsichgreifen*), die Wustmann unschön, aber unvermeidlich findet.
Vgl. hierzu § 161. Über Rückbildungen s. § 163.

29. Die Möglichkeiten zur Bildung von Determinativkompositen
aus zwei Substantiven sind sozusagen unbegrenzt. An und für sich
ist kein Stamm von der Komposition ausgeschlossen. Ob er verwendet wird, hängt letzten Endes jeweils von einem Bedürfnis
ab, und dieses besteht niemals unbedingt, weil, was durch ein
Kompositum ausgedrückt wird, immer noch anders gegeben
werden kann. Wird aber Zusammensetzung vorgezogen, so
herrscht bezüglich der Kompositionsweise große Mannigfaltigkeit. Ein Blick in ein Wörterbuch genügt, um zu zeigen, wie verschiedenartig das Gefüge der deutschen Sprache von der Zusammensetzung bestimmt ist. Man vergleiche nur, neben den schon angeführten Parallelen *Kirchturm – Kirchenglocken* usw. (§ 25), nhd.
Mannloch, Mannshemd, Manneswort, Männertreu(e) und *Mannen-
treue*! Oder man stelle, um die Mannigfaltigkeit der Zusammensetzung zu belegen, einmal die Örtlichkeitsnamen auf *-winkel,
-horn, -eck(e)* o. ä. nebeneinander. Da gibt es etwa einen *Heid-,
Brunn-, Hunger-, Hasen-, Speck-* und *Specks-, Meis-* und *Meisen-,
Bär-* und *Bären-, Maus-* und *Mäuse-, Farnwinkel,* abgesehen von
den *Grün-, Bösen-, Kräh-, Hinter-, Ab-* und *Anwinkeln*![24] Solches
ist möglich in einer Sprache, die sich nicht durch eine Akademie
ihre Formregeln diktieren läßt, sondern hierin weitgehend einem
lebendigeren Kräftespiel nachgibt.

Kein Wunder, daß gerade die Zusammensetzung für den Fremd-
sprachigen ein wahres Kreuz bedeutet mit unheimlichen Schwierigkeiten, und nicht minder für den Sprachlehrer, der sich hier, wie so oft
im Deutschen, an keinen Paragraphen klammern kann. Nur wenig ist
auch ihm die Aufgabe erleichtert, wenn er einmal verkünden darf, daß
geographische Momente mitspielen, daß verschiedene Bildung mit Bedeutungsspaltung zusammengeht wie bei *Landmann* und *Landsmann*
(§ 25), oder daß Genitivform sich im ersten Glied gerne einstellt, wenn
dieses selbst eine Zusammensetzung oder eine Ableitung mit schwerem
Suffix (*Werkzeug* gegen *Handwerkszeug*) ist. Es mutet fast wie Ironie
an, wenn sozusagen das einzige einheitliche Verfahren in der Kompositionsfuge, nämlich die Behandlung des *-s* hinter femininem erstem
Glied, durch eine Regelwidrigkeit gekennzeichnet ist.

---

[24] Vgl. E. Schröder, GRM 17, 24 ff.

30. Oft dient Komposition lediglich zur Verstärkung: *Höllenqual, -angst, Hundekälte, Mordskerl, -rausch, Sauglück*; vgl. schon ahd. *magansūl* großer Pfeiler (zu *magan* Kraft), *magannōtdurft* große Not, ahd. as. *magan-, megin-*, mhd. *megencraft* (ne. *main[sail]*; s. § 43), as. *thiodquala* große Marter, *thiotburg* große Stadt (zu *thiot* Volk), *baludād* üble Tat, *-werk, -suht, -wīti* Strafe (zu as. ahd. *balu* Übel, Verderben und Adj.); ahd. *irmingot, -sūl, thiod*, ae. *eormonlāfe* großer Schatz u. ä.; as. *reginthiof*, ae. *regnðēof* Erzdieb, as. *reginskaðo* Unheilstifter (an. *regin* Götter, got. *ragin* Ratschluß). Oder es wird ein ungeläufig gewordenes Wort durch Verbindung mit einem bekannten verdeutlicht (in den „tautologischen Kompositen"; s. § 43)[25]: *Maultier, -esel* für *Maul* (so noch im 18. Jh. und mundartlich < lat. *mulus*), ähnlich *Murmeltier* (für mhd. *murmendīn*, lat. *mur[em]montis*), *Elentier, Lindwurm* (mhd. auch *linttrache*, zu ahd. *lind* Schlange), *Damhirsch* (lat. *dama*, ahd. *tāmo*, mhd. *tāme*, franz. *daim*), *Walfisch* neben *Wal, Windhund* (ahd. mhd. *wint*), *Schmeißfliege* (neben *Schmeiße*), *Schermaus* (ahd. *scero*, mhd. und mundartlich *scher*), *Auerochse* (lat. *urus*, ahd. mhd. *ūr*), *Turteltaube* (lat. *turtur*, ae. engl. *turtle*), *Habergeiß* (lat. *caper* Bock, ae. *hæfer*), *Kichererbse* (lat. *cicer*, mhd. *kicher*). *Weichselkirsche* (mhd. *wīhsel*), *Mohrrübe (Möhre), Salweide* (mhd. *salhe*, engl. *sallow*), *Farnkraut, Buchsbaum, Quaderstein, Bimsstein* (bis ins 17. Jh. *bims*, mhd. *bümez* < lat. *pumex*), *Kometstern, Femgericht, Kebsweib, Witfrau, Teddybär, Guerillakrieg*; ahd. schon *mūrberi* § 41, 2 a, *Rūmaburg* Rom, *tigirtior* Tiger, mhd. *kemeltier* u. ä. Auch *Schwiegermutter* und altes *Samstag-samedi* wären hierher zu stellen.

31. Sprachgeschichtlich sind von den Zusammensetzungen mit zwei Substantiven nicht verschieden diejenigen mit einem Adjektiv im zweiten Glied, auch wenn die logischen Beziehungen des Substantivs zum Adjektiv – der Natur des Adjektivs entsprechend – weitgehend andere sind als die von Substantiv zu Substantiv. Viele Substantiva stellen sich übrigens als substantivierte Adjektiva vor (s. § 167, 1); in anderen Fällen bestehen zwischen Adjektiv und Substantiv verschwommene Grenzen (vgl. Fälle wie got. *unwita* Unwissender neben *fullawita* voll-

---

[25] Dies z. T. schon ahd. oder mhd.; s. KLUGE, Abriß S. 64 f. Zu *Mordskerl* und Fällen wie *Waschlavoir* (o. S. 20) vgl. S. 271.

kommen [an Wissen] oder die Bahuvrīhi u. § 48f. und den Typus
Liebhaber o. § 28). Den Gleichlauf der Bildungen zeigen schon
Paare wie got. *gudaskaunei* Gottesgestalt und *gudalaus* gottlos,
gudafaurhts gottesfürchtig oder *faihuskula* Schuldner und *faihu-
gairns* habsüchtig, ahd. *goteheit, -lob, -hūs* und *gotelōs* usw. Neben
eigentlichen Zusammensetzungen (z. B. *erfolgreich, leidvoll, ehr-
würdig*; s. u.) stehen sodann auch bei den Adjektiven uneigentliche, namentlich solche mit Genitiv im ersten Glied, wobei wieder die längeren Glieder besonders zu *s*-Fuge zu neigen scheinen
(§ 26); vgl. *schriftgemäß* und *vorschriftsgemäß, gefühlvoll* und *sehnsuchtsvoll, freud-, machtlos* und *arbeits-, rücksichtslos* und natürlich
hoffnungs-, krankheits-, positionslos (freilich auch *pietätlos*). Ein
Dativverhältnis (§ 28) liegt auch vor in *weltfremd, gottergeben, wort-
(ge)treu, englandhörig* und *wirtschaftshörig*, in *art-, raum-, zweck-
fremd* und *orts-, betriebsfremd*, ein jetziges Präpositionalverhältnis
(ebenda) in Zusammenfügungen wie *hilf-, erfolg-, segen(s)reich,
wortarm, -karg, freudetrunken, feuerfest, -gefährlich* (D., neben
einem Subst. *Feuersgefahr* = Gefahr des Feuers), *wasserdicht,
geflügelfromm, kriegswichtig, -verpflichtet, liebestoll* (neben *liebe-
voll*), *ahnenstolz, fußwund* (Nietzsche), ein Vergleich in Goethes
jünglingfrisch, morgenrot u. ä. (s. u.). Schon im Mhd. stehen ferner
zweifellos eigentliche Komposita wie *vridelōs, vröudehelfelōs* (zu
vröudehelfe § 43)²⁶, *ellenbære, mort-, wortræze, minnewunt, schame-
rōt, sumerlanc, vartmüede* (ahd. *fartmuodi*) neben Verbindungen
wie *ellens rīche, loubes lære* (§ 138), *gruozes wert, slāfes bar, strītes
sat*, die vielleicht z. T. auch schon als Zusammensetzungen zu betrachten sind. Aus älteren Zeiten beispielshalber ahd. *hantstarc,
muotsieh* kranken Herzens (ae. *mōdsēoc*), as. *wlitiskōni* schön, ae.
*winterceald*²⁷. Es geht also ganz wie bei den Substantiven: während einerseits die genitivischen Bildungen, wie zu erwarten,
stark zunehmen (*herrenlos, kriegsmüde, lesenswert, staatsklug,
geisteskrank* usw.), stehen anderseits nebeneinander *manntoll,
mann(e)stoll, männertoll* (vgl. § 29), *blutmäßig* und *blutsmäßig* (D.),
noch auffallender *blutvoll* und *blutsfremd*, mhd. *bluotes rōt* und nhd.
blutrot (Rückbildung aus jenem? Vgl. § 25). Die einzelnen Gruppen
brauchen daher nicht von neuem durchgegangen zu werden.

---

²⁶ Oder ist Neidharts *vröudehelfe* Rückbildung aus Walthers *vröudehelfelōs*? Vgl. NORDIN (s. § 34) 13.

²⁷ Vgl. CARR, S. 59 ff. 88 ff. 119 ff. 151 ff.

Immerhin stellen sich zwei Gruppen heraus, die den Substantiven gegenüber auffallen:

1. Häufiger als bei Substantiven gibt hier das erste Glied einen Gegenstand an, der zur Vergleichung dient[28]: *erdfahl, himmelblau, grasgrün* (ahd. *grasegruoni*, auch ae. an. mhd. nhd.), *taghell, steinhart, wachsweich, blitzkurz* (H. Watzlik), mhd. *snēdicke, loupgrüene, harmblanc* weiß wie Hermelin, mit dem Gen. des ersten Gliedes: *fingersbreit, altersgleich* (in *handbreit, faustdick* kann auch Gen. vorliegen). Darnach bildeten sich dann Gruppen heraus, in denen das erste Glied lediglich verstärkend wirkt: ahd. etwa *wuntarguot, regin-, reganblint* ganz blind (vgl. § 30), ahd. mhd. *borlanc, -guot, -wol, -sēre, -tiure* u. ä. (zu *bor* Höhe), *dietēwig, -mahtig, -zage* (§ 30), mhd. *werltzage*, nhd. *riesengroß, spindeldürr, windelweich, stockfinster, klaftertief, zentnerschwer, todsicher, sackgrob, hundemüde* [29] (engl. *dogweary, -mad, -sick* [30]), *mausetot, funkelnagelneu, sternhagelbesoffen,* mundartl. *feuerzünd(ig)rot, fuchsteufelswild, sperrangelweit(offen), klipperklapperdürr, splitterfase(r)nackt, fingerstabenackt* (schles.) [31]; *mutterseelenallein* (s. § 171 am Ende). Besonders Erwähnung verdienen Fälle, in denen das erste Glied rein mechanisch aus einer andern Bildung übernommen ist: in *blitzdumm* oder *blitz(zwiebel)blau* [32] nach *blitzblank, -sauber, hundekalt,* vielleicht auch in *blutjung, -wenig, -hart* nach *blutarm* (s. Trübners Wb. 1, 378; Berz, S. 65 ff.).

2. Gewisse zweite Glieder, z. B. *-voll, -los, -reich,* werden so geläufig, daß ihre Bildungen zu den Ableitungen hinneigen, wie die engl. auf *-ful, -less, -like,* neuerdings auch *-mäßig* (s. W. Seibicke in Muttersprache 63, 33 ff. 73 ff.); vgl. § 138.

---

[28] Zum folgenden ist immer noch einzusehen L. TOBLER (s. § 14) 104 (Anhang über verstärkende Bildungen), bes. 113 ff.; zu *regin-* ferner WEISWEILER in Dt. Wortgesch. [2]I, 76, zu *bor-* WIESSNER, ebd. 194.

[29] Gelegentlich ist ein Glied gedanklich übersprungen: *pudelnaß* ist nicht 'naß wie ein Pudel', sondern 'naß wie ein nasser Pudel', *blütenweiß* ist 'weiß wie weiße Blüten'; so auch *hundemüde, mausetot.*

[30] KOZIOL, S. 64.

[31] Vgl. O. HAUSCHILD, ZfdWf. 4, 315 ff.; 5, 242 ff.; 6, 198 ff.; ferner BR. BAUMGARTEN, Zs. f. d. dt. Unterr. 22, 273 ff.; CARR, S. 344 ff.

[32] DWb. 2, 131 ff. und Trübners Wb. 1, 367 mit weiteren Fällen; jetzt bes. F. BERZ, Der Kompositionstypus *steinreich.* Diss. Bern 1952 (1953).

32. Eine Stellung für sich kommt den zusammengesetzten Partizipien zu. Mit dem Part. Präs. können Objektsakkusative verschmelzen: *leidtragend, notleidend, grundlegend, wutschnaubend, feuerspeiend, segenbringend, zeitraubend, friedliebend, armausbreitend* (Goethe), *händereichend* (ders.), *länderverbindend, saatenerquickend, menschenbeglückend.* Darüber hinaus erscheinen – von Adelung, Schönaich u. a. verpönt – Zusammenfügungen verschiedener Art: *himmelschreiend, saftstrotzend, schweißtriefend, postlagernd, zweckentsprechend, waldverhallend* (H. Watzlik); mit dem Part. Prät. (s. auch § 31): *sagenumwoben, notgedrungen, gartenumgeben, blutgetränkt, mondbeglänzt, stadtbekannt, diamantenbesetzt, preisgekrönt, gottgesandt, luftgebremst,* Schillers *volkbelebt,* insbes. Goethes *neidgetroffen, nachtbedeckt, taktbewegt, schwarmumkämpft, marktverkauft* u. ä., *kriegsgeschädigt, -getraut*[33]. Vgl. mhd. *toufpflegende* christlich, *gotgeformet,* ahd. *ferahhabenti* lebendig, ae. *sweordberende, lyftgeswenced* durch den Wind getrieben oder noch franz. *chèvre-nourri, cuisse-né* (Baïf)[34].

t-Bildungen dieser Art sind alt und den idg. Sprachen geläufig. Vgl. ai. *deva-kr̥ta-* von Gott gemacht, lat. *manifestus, mansuetus,* griech. χειροποίητος = got. *handuwaurhts*[35], auch got. *audahafts* beglückt, *himinakunds,* ahd. *handhaft*[36].

II. Adjektiv als erstes Glied

33. Schon in idg. Zeit gab es eigentliche Zusammensetzungen mit Adjektiven im ersten Glied – den Typus *Neustadt* (§ 21) –, die von denen mit Subst. im Gen. zu trennen sind, mögen auch Genitiv und Adjektiv in ihren Funktionen einander sehr nahe stehen[37]. Das Verhältnis des Adjektivs zum Substantiv ist von jeher das eines Attributs[38]: got. *alabrunsts* = ὁλοκαύτωμα voll-

---

[33] Vgl. KAINZ in Dt. Wortgesch. ²II, 240 und unten § 145 c.

[34] Vgl. CARR, S. 205 ff.; BACH, Gesch. § 187.

[35] Vgl. hierzu FR. KAUFFMANN, ZfdPh. 48, 175.

[36] Vgl. BRUGMANN, Grundr. ²II, 1, S. 63 Anm., namentlich auch die Ausführungen von VAN LESSEN, S. 110 ff. mit Lit.

[37] H. SCHUCHARDT, SBer. d. Wiener Ak. 1925, 4. 9 schaltet den Genitiv geradezu aus den Substantiven aus und stellt ihn in dieselbe Klasse wie die Adjektiva. Vgl. K. BÜHLER, Sprachtheorie, S. 332; dagegen HERMANN (s. § 16) 26.

[38] WILMANNS, S. 538; PAUL, S. 18.

ständige Verbrennung, *frumabaur* Erstgeborener, ahd. *smalenōz*
Kleinvieh usw. Nachdem im Ahd. die lang- und mehrsilbigen
Adjektiva den Stammbildungsvokal unterdrückt hatten, war
auch die Möglichkeit gegeben, Komposita aus einem syntaktischen Verhältnis Adjektiv im (sog. unflektierten) Nom. + Substantiv abzuleiten. Fälle wie ahd. *langleben, ebanteil, ubiltāt* können an sich in echter Komposition mit den Stämmen *langa-,
ebana-, ubila-* entstanden oder mit attributivem Nom. *lang, eban,
ubil* zusammengewachsen sein. Ein schöner Teil unserer Komposita wird auf dem letzteren Verhältnis beruhen [39]. Jedenfalls hat
der aus beiden Möglichkeiten vereinte Typ kräftig weitergewirkt;
vgl. *Argwohn, Altmeister, Hochmut, Hochzeit, Zwerchfell, Blödsinn,
Blinddarm, Engpaß, Hohlsaum, Rauhreif, Schöngeist, Zartgefühl,
Starrkrampf, Süßholz, Schwarzbrot, -handel.* Gewisse Adjektiva
erscheinen schon reihenweise als erste Glieder: *Freifrau, -sinn,
-staat, -stadt, -schar, -marke, -bier, -platz, -tag, -treppe; Neuland,
-bau, -stadt, -schnee, -silber, -zeit, -bildung, -hochdeutsch; Edelobst,
-wein, -crème, -former, -haus, -gurte, -marke, -pilzkäse, -zigarren*
usw. [40].

Besonders zahlreich sind die Wörter mit den Ortsadjektiven *ober-,
unter-, hinter-, vorder-, mittel-,* z. B. *Oberhaus, -land, -arm, -fläche, -haut,
-hand, -haupt* usw. Schon der kleine Sachs-Villatte gibt an die 200 Zusammensetzungen mit *ober-*.

Hierzu kommen noch Familien-, Orts- und Ländernamen: *Neu-
mann, Naumann, Niemann, Neumeier, Niemeyer, Kleinpaul, Junghans,
Hochkirch, Altkirch, -dorf, Alt-, Neu-, Ostmark, Welschland;* daneben
solche mit Dat. oder Gen.: *Neuenburg, Altenfeld, Allerheiligen* usw.

Hierher als Kurzbildungen aus Adjektiven *Jetztzeit, Nachwelt* (vgl.
§ 39), *Kaiserschnitt* (BACH, Gesch. § 148, 4)?

Zu Fällen wie *Halbwelt, Eigenname, -liebe, Mittwoch* vgl. § 2.

Anm. Bildungen mit numeralem Vorderglied, z. B. *Zweirad,* scheidet die ind. Grammatik von den vorigen als Dvigu 'Paar Kühe'.

Oft steht älterem syntaktischem Gefüge ein späteres Kompositum gegenüber: Otfrids *thio hōhūn gezīti, zen hōhōn gezītin* und
mhd. *hōch(ge)zīt,* nhd. *Hochzeit;* mhd. *mitter tac* und *Mittag;*
Luthers Gen. *deutsches Lands* und *Deutschland.* Noch heute besteht ja, wie schon bemerkt wurde, ein beträchtliches Schwanken

---

[39] Fürs Germ. s. noch die Beisp. bei CARR, S. 56 ff. 85 ff. 117 ff. 147 ff.
[40] K. MÜLLER-FRAUREUTH, Vom Baum der Sprache. 1930, S. 15.

zwischen grammatischen Verbindungen wie *das Rote Meer,
Eiserne Kreuz, der Stille Ozean, die Sächsische Schweiz, Heilige
Schrift, das Goldene Vlies, Gelobte Land, Jüngste Gericht* und festen
Zusammensetzungen. Das beweisen wieder Parallelen wie *der
schwarze See (Tee)*: *der Schwarzsee (-tee), weißer Kohl: Weißkohl,
Hohe Schule: Hochschule, Geheimer Rat: Geheimrat* (§ 16). – Mit-
unter erfolgt Zusammensetzung auch bei flektiertem Adjektiv
(,,Fugenbeugung"): vgl. *das Hohelied, ein Hoheslied,* Gen. *Hohen-
lied(e)s,* in *Salomos Hohemlied(e),* ferner *Hohe(r)priester, Geheime-
rat, die Langeweile, Guter-, Liebermann* (neben *Gut-, Liebknecht*),
Liebeskind, Feinsliebchen. Lessing bildet ein *Neuerjahrswunsch.*
Früher gab es auch einen Gen. *Bösenwichts* [41].

Einen günstigen Ausgangspunkt für die Zusammensetzung mit Adjektiven bildeten die schwachen Nominative mehrsilbiger Adjektiva
auf *-er, -el, -en,* die im Mhd. ihr Endungs-*e* abwerfen, so daß es nicht
nur heißt *ein edel man,* sondern auch *der edel man.* Infolge der Wieder-
herstellung dieses -*e* werden die herkömmlichen Verbindungen des
Musters *der edel man* als isoliert empfunden (wie übrigens auch *ein edel
man*), was die Komposition fördert. Fürs Mhd. ist die Grenze zwischen
Verbindung und fester Zusammensetzung in Fällen wie *edel man,
bider man, wankel muot* nicht leicht zu ziehen, sofern nicht deutlich
spezialisierte Bedeutung letzteres nahelegt (wie schon in ahd. *wīh-rouh,
hōh-sedal*).

34. **Zusammensetzung von zwei Adjektiven**: got. *alaþarba*
an allem Mangel leidend, as. *alahwīt* ganz weiß, ahd. *alajung,
alawāri* (= *alber[n]*) u. ä., daneben *all(a)-* [42]; an. *stǫrmikell* gewal-
tig u. ä.; *halbtōt* (an. *halfdauðr,* ae. *healfdēad*), *ebanbreit, wītmāri*
weitberühmt [43], mhd. *itelrōt, hōchgemeit, -gultec* [44]; nhd. *ganz-
wollen, vielgewaltig, neureich.* Partizipien: *feststehend, weitgehend,
vielsagend, schwerwiegend, altbacken, neugeboren, -vermählt, hoch-*

[41] Zur Flexion I. LJUNGERUD, Zur Nominalflexion i. d. dt. Lit.-
sprache nach 1900. Lunder Germ. Forsch. 31, 1955, S. 222 ff. Schwach
flektiertes Adj. lebt auch in neuisl. Zusammensetzungen weiter: *har-
ðikarl* kräftiger Mann, *blökkumenn* die Neger usw. Vgl. JÓHANNESSON,
Komposita, S. 22 ff.

[42] Vgl. GRÖGER, S. 7 ff. mit Lit.; ferner JÓHANNESSON, S. 22. 27.

[43] CARR, S. 62 f. 91 ff. 122 ff. 153 ff.; zu *eban-* jetzt BETZ, Dt. u. Lat.
S. 92 f. *eben-* wird häufig im Mhd., z.B. bei Gottfried.

[44] P. G. NORDIN, Die Zusammensetzung von Adj. oder Adv. mit
Adj. oder Part. im Spätmhd. Lunder Germ. Forsch. 18. 1945, passim.
Für Barock u. Geniezeit s. etwa LANGEN in Dt. Philol. i. Aufr. ²I, 965
(Oxymora wie *bittersüß* § 42). 967. 985. 1085.

entzückt, halbbewußt, -erhellt, -kultiviert[45], *dichtbelaubt, schwach-
bevölkert,* sogar *neurenoviert,* mhd. *hōchtragende, niuwewaschen,
-schorn, -komen* u. ä.

35. Dem in § 28 erwähnten alten Typus Substantiv + Verbalnomen, der in Fällen wie *Nußknacker, Besenbinder* u. ä. weiterlebt, entsprechen auch Bildungen mit Adjektiv als erstem
Glied, z. B. ahd. *wārqueto, -spello* die Wahrheit sprechender, *wār-
sago, blintslīcho,* mhd. *altbüezer* Schuhflicker, *rōtgerwer, liephaber,*
nhd. *Feinschmecker, Fernschreiber, Schnellkocher, Freischwinger*
(der magnetische *Lautsprecher*). Vgl. § 161.

III. Verbum als erstes Glied

36. Trotz widersprechenden Ansichten scheint es, daß das Idg.
Komposita mit verbalem erstem Glied in beträchtlichem Umfange verwendete – den Hirtschen Typus *Menelaos* (§ 21), der
resthaft in germ. Namen wie *Agiulfus* weiterleben kann[46]. Innerhalb des Germ. treten mit Verben zusammengesetzte Nomina
gelegentlich im Ae. und An. auf[47], als eigentliche, vom idg. Typus
Menelaos verschiedene und beträchtlich anwachsende Wortbildungsgruppe jedoch erst wieder im Deutschen[48]. Jetzt ist nicht
das zweite Glied das bestimmende, sondern das erste. Ausgangspunkt bilden zweifellos Wörter mit einem Substantiv an erster
Stelle, das auch als Verbalstamm aufgefaßt werden konnte. *Schlaf-
kammer,* ahd. *slāfkamara,* ist, nach Ausweis der übrigen Bildungen
mit *slāf-,* ein altes Substantivkompositium; dennoch fassen wir
den ersten Teil als Verbum, und in der gleichen zwiespältigen
oder unentschiedenen Lage befinden sich noch zahlreiche Fälle

---

[45] Für Goethe s. W. KÜHLEWEIN, ZfdWf. 6, Beih., S. 1ff.; LANGEN
1164 (Oxymora; vgl. § 42); KAINZ in Dt. Wortgesch. ²II, 244f. (Vorliebe für *all-*).

[46] Vgl. HIRT, Handb d. Urgerm. II, S. 121; doch auch in *Sigimerus?*
(auch *Agi-* wird sonst eher zu 'Ecke' gestellt); SCHWYZER, Griech.
Gramm. I, S. 441 ff. 643 f.

[47] Beispiele wie ae. *wrītbred* Schreibtisch, *bæchūs, eteland* Weideland,
brǣdepanne Bratpfanne, *hȳremann* Mietling, an. *gilmaðr* Verführer zu
gilja verführen, *kennidōmr* Unterricht, *dragreip* Segeltau s. bei CARR,
S. 189 und JÓHANNESSON, Komposita S. 28 ff.

[48] Vgl. noch OSTHOFF, S. 10 ff. (2 Reste der ursprünglichen Art im
Got.?); zum folg. neben CARR, S. 175 ff. 195 (ein gemeinwestgerm.
Typus) bes. GRÖGER, S. 167 ff.

wie *Werktag* (engl. *workday*), *Baustein, Ruhebett, reisefertig.* Diese
Entwicklung hat im Ahd. ihren Anfang genommen.

Am geeignetsten erwiesen sich die starken und die *jan*-Verba wegen
der Fugenverhältnisse: ein *stōz-īsen* konnte auf *stōz* und *stōzan* bezogen
werden, ein *strīt-muot* auf *strīt* und *strītan*, ein *lesa-rihtī* 'Satzkonstruk-
tion' auf *lesa* und *lesan*, ein *decki-lachan* auf *deckī* und *decken*, dagegen
ein *loba-sang* zunächst nicht auf *lobōn*. So wird auch ein ahd. *beta-,*
betehūs auf das Substantiv *beta* zu beziehen sein, *beto-hūs* dagegen auf
betōn (vgl. noch *lobo-sam, arno-gizĭt* § 20 b; weitere Beispiele bei GRÖ-
GER, S. 169 f.), *spil-* und *spilihūs* auf *spil, spilohūs* auf *spilōn* und *spi-*
lehūs auf *spilēn*, falls in diesen Spielarten nicht überhaupt ein Zeichen
für Unsicherheit in der Beziehung zu sehen ist. Doppeldeutig sind daher wohl schon im Verlauf des Ahd. die Komposita mit *bū-, stōz-, strīt-,*
scīn-, sceid-, slāf-, scrōt-, wīg-, wint-, geba-, graba-, pflega-, hevi-, frumi-,
feri-, leiti-, erbi-, smelzi,- speni-, usw. (gegen OSTHOFF, S. 45. 72 ff.).
Eindeutiger wird die Beziehung auf ein Verb, wo kein greifbares
Substantiv zur Verfügung steht, z. B. in *melc-kubilīn, scer-sahs* Schermesser, *brenn(i)-īsarn* Brenneisen, *hengi-lachan* Gardine, *wezzi-stein,*
scepfi-faz, in nhd. *Zwingburg, Eßwaren, Merkmal, Sehnsucht* (doch
mhd. *senegluot* u. ä. neben *sene* Subst.) usw. Einige scheinbar neuere
Bildungen wie *Meßrute, Bratwurst, Waschwasser, Leitstern, Blas(e)balg*
haben jedoch schon ahd. Entsprechungen (ahd. *mezruota, brātwurst,*
waskiwazzar, leitsterre, blāsbalg).

Im Nhd. ist die Zahl dieser verbalen Zusammensetzungen ganz
bedeutend angewachsen; Paul gibt davon (S. 21 f.) eine lange
Liste, woraus hier nur einige Beispiele: *Bindfaden, Fahrschein,*
Leithammel, Mischklasse, Riechfläschchen, Schmierseife, Füllfeder,
Gefrierpunkt, Rennplatz, Steppdecke, Sparkasse, Mähmaschine,
Löschblatt, Spritzkuchen, Saufbruder, Zahlkellner, Klebepaste, An-
zeigepflicht. Einige heben sich durch das Fehlen des Ablauts von
nominalen Gegenstücken ab; vgl. *Bindfaden (: Bandwurm), Fahr-*
schein, -stuhl (: Fuhrmann), Schneidezahn (: Schnittwunde), Zieh-
brunnen (: Zugleine).

Zieht man den eben angedeuteten Werdegang dieser Verbalkomposita in Betracht, so bedarf es keiner Erklärung, warum
die Verba ohne die Infinitivendung *-en* an das Folgewort antreten
(denn Fälle wie *das Schlafengehen, Hörensagen, die Lebenszeit* gehören natürlich nicht hierher). Ein Unterschied besteht nur in
bezug auf die Verwendung des Bindevokals *-e-*, etwa in *Lesebuch*
gegen *Strickzeug* usw. Es herrscht da anscheinend ein Durcheinander, das noch genauerer Aufhellung bedarf. Bisher glaubt man
nur zu ersehen, daß *-e-* mit Vorliebe nach *b, d, g, s* erscheint (doch

lange nicht regelmäßig, besonders nicht nach *b* und *g*!), während es hinter Liquiden, Nasalen und *t* eher fehlt [49]: *Lebemann, Sterbezimmer, Werbeoffizier, Lad(e)stock, Werdegang, Zeig(e)finger, Säugetier, Blas(e)balg, Lesebuch, Lösegeld* gegen *Schermesser, Malkasten, Wohnhaus, Tretmühle* (doch auch etwa *Haltestelle* gegen *Lebtag, Schreibtisch, Webstuhl, Tobsucht, Treibhaus, Schlagzeug, Saugflasche, Steigbügel, Tragbahre, Beweggrund*). *Schmied(e)meister, Bad(e)stube* gehen von Substantiven aus, vielleicht auch *Klagelied, Reisegeld, Pflegekind.*

Noch anders als die Schriftsprache verhalten sich die verschiedenen Mundarten; *-e-* gilt hier besonders im Ostmd.

Über das Bedeutungsverhältnis der beiden Glieder läßt sich nur verallgemeinernd sagen, daß der Verbalstamm im großen ganzen auf einen Zweck hinweist: *Schreibfeder* = Feder zum Schreiben; desgl. in *Gießkanne, Sparkasse, Trinkbecher, Webstuhl, Zündholz, Stricknadel, Nießpulver.* Vgl. noch Fälle wie *zu Back-, Koch-* und *Einmachzwecken.*

Seltener steht der Verbalstamm zum Substantiv im Verhältnis eines ursprünglichen Prädikats (später Attributs): *Stechpalme* = Palme, die sticht; ähnlich *Säugetier, Springbrunnen, Zeigefinger, Werbeoffizier.* Bei anderen ist das Bedeutungsverhältnis jedoch wenig durchsichtig, z. B. bei *Spritzkuchen, Zahlkellner, Nennwort, Schwindsucht.*

37. Die Adjektiva mit einem Verbum im ersten Glied, z. B. *treffsicher, denkfaul, merkwürdig, trinkfest* usw. zeigen dieses ohne Bindevokal *-e-.* Zahlreicher sind sie jedoch nur mit den alten zweiten Gliedern *-lich, -haft, -bar, -sam* (§ 133 ff.). Doch gehören wohl hierher Fälle wie *bettelarm, klingeldürr* [50], *knitterfrei.*

IV. Flexionsloses Wort als erstes Glied

38. Die Komposition kann hier, da das erste Glied grundsätzlich unveränderlich ist, von jeher nur in der Gebundenheit der Wortstellung und in den Betonungsverhältnissen Ausdruck finden, sofern sich nicht dadurch charakteristische Formen ergeben, daß Wörtchen im ersten Glied aus dem selbständigen Gebrauch ver-

---

[49] Vgl. O. Böthlingk in Ber. d. Kgl. sächs. Ges. d. Wiss. 1900, S. 201 ff.; K. v. Bahder, PBB 53, 23 ff. – Im Ndl. ist dieses *-e-* nach van Lessen, S. 90 f. im Abnehmen begriffen.

[50] Vgl. Berz (o. Fußn.[32]) 95. 140.

schwunden sind[51]. Die meisten Nomina mit Partikeln im ersten Glied sind freilich Neubildungen zu Verben, die überhaupt den Gewalthaufen der Partikelkomposita bilden (§ 50f.). *Unterschrift* ist nicht direkte Zusammensetzung aus *unter* + *Schrift*, sondern nach *unterschreiben* gebildet, also eine Ableitung.

Nicht immer erweist sich in solchen Fällen Ableitung als etwas so Selbstverständliches. Bei der Parallele *Antwort* – *antworten* läßt die Wortgeschichte das Substantiv als das Primäre erkennen. In andern Fällen stehen verschiedene Stämme nebeneinander: *Anzug* – *anziehen*, *Überfluß* – *überfließen*, *Untergang* – *untergehen*. *Anzug* ist zweifellos aus *anziehen* abgeleitet, wie *Zug* aus *ziehen*, und wir sind geneigt, dasselbe anzunehmen für das Paar *Anfang* – *anfangen*[52]. Wir können aber nicht einmal die Wahrscheinlichkeit dieses Verhältnisses belegen. Denn es ist nicht ganz ausgeschlossen, daß unser nhd. (mhd.) *Anfang* nicht auf Notkers *anavang* zurückgeht, sondern (bald) nachher wieder von *anfangen* rückgebildet ist. Sicher ist nur ein ahd. *fang*, ae. *feng* aus dem Verbalbegriff *fāhan*. Vgl. § 78 f. Verhältnismäßig stark verbreitet sind nominale Zusammensetzungen mit Partikeln in den nordischen Sprachen[53].

39. Stets wachsende Bedeutung kommt den Zusammensetzungen mit den lokalen Adverbien *in, an, auf, ab, aus, bei, nach, zu, um, durch, gegen, wider, neben, zwischen, mit, vor, hinter, über, unter* auch in der Nominalkomposition zu, in Fällen wie *Anteil, Abart, Bei-, Vor-, Zuname, Ab-, Um-, Aus-, Durch-, Nebenweg, Vorstadt, Nachsommer, Umwelt, Mitschüler, Zwischenknecht, Übermut* usw., neben nur ältern: ahd. *analust*, mhd. *umbereif, widermuot, zuokint*. Die präpositionalen Adverbien *hinter, unter* und *nieder* berühren sich dabei mit den gleichlautenden Adjektiven. Sozusagen alle Bildungen, die keine Beziehung auf ein Verb erlauben, gehen hier auf die Adjektiva zurück: *Hintermann* (wie schon das Gegenstück *Vordermann* beweist, wo *vorder-* nur Adjektiv sein kann), *Hinterland, -haupt, -mast, -pommern, Unterleib, -haus, -behörde, -schule, -offizier, Niederbayern* usw. gleich wie ahd. *hintarteil, untarkinni*, mhd. *underkleit, niderkleit, -lant* oder noch *ūzerman* Auswärtiger u. ä.

Zweifelhaft sind in dem Punkte *Hinterlist, Unterpfand* und vielleicht *Untertasse, Untergrund* (kaum aber *Untergrundbahn*!). Geschieden erscheinen Adj. *ober-* und Adv. *über-*, z. B. in *Oberhaut* und *Überhaut*,

---

[51] WILMANNS, S. 545.   [52] Vgl. Trübners Wb. 1, S. 78.
[53] Vgl. etwa JÓHANNESSON, Komposita S. 31 ff.

doch bleibt die nd.-md. Form *obar, ofar*, engl. *over* für obd. *über* zu bedenken. – Umgekehrt können Partikelkomposita attributiven Wert
haben: ahd. *ūfhimil* 'oberer Himmel', mhd. *vorwerc* 'äußeres Festungs-
werk'.

Kurzvokaliges *in* (in ahd. *inslit, inlenti, ingesinde, imbiz*) hat
sich in der Zusammensetzung schlecht gehalten; es wird gewöhnlich durch *īn* = nhd. *ein* verdrängt. So steht nun für mhd. *inge-
weide* nhd. *Eingeweide*, neben mhd. *inheim, indenke, -dæchtec*
nhd. *einheimisch, eingedenk. ein* vertritt aber nicht nur ahd. *in*
(< got. *inn* und *in*), sondern auch *inna, inne*, etwa in *Einwohner*,
mhd. noch *innewoner*; sonst erscheint auch hierfür *in-*: *Inhalt*
(mhd. *innehalt*), *inwendig (innewendic)*. Jedenfalls stehen jetzt
nebeneinander: *Inhalt – innehalten – Einhalt (tun, gebieten)*.

Vgl. daneben *Innenraum* (< got. ahd. *innana, innān*), *Innerasien*
(<ahd. Adj. *innaro*). Verschiedentlich dient *in-* zur Verstärkung:
Inbrunst, Ingrimm; in Adjektiven: ahd. *inswarz* ganz schwarz, *inhol*
ganz hohl, mhd. *inhitzec*, nd. *infett*, ndl. *infijn* sehr fein, *ingroen*, hess.
ingescheid, inkrank, ingut, instolz, schweiz. *ingrün, inrot, inheiß, in-
recht* [54].

neben (< *in-, en-eben*, Adv. und Präp. mit Gen., Dat., Akk.)
breitet sich im späteren Mhd. in der Komposition auf Kosten
von *mit* und *eben* aus; *zwischen* (< *in zwiskēn* 'in der Mitte von
je zweien') fängt an mit *under* zu konkurrieren.

40. An weiteren Partikeln, die nominale Zusammensetzungen geliefert haben, seien noch erwähnt: got. *sama* (eigentlich Pron. 'derselbe'): *samaqiss* Übereinstimmung, *samaleiks*
gleich, ahd. *saman(t)wist* Zusammensein; – *ala-* (s. § 34), jünger
sehr verbreitet in Wendungen wie *allbekannt, allumfassend, Allmacht* < *allmächtig, Allerhalter* (weitere s. Dt. Wortgesch. I, 242;
II, 173); – *miß-* (§§ 52. 58 Anm. 1. 68) [55]: got. *missadeþs* Missetat,
ahd. *missisciht* Mißgeschick, mhd. *misseheil, -prīs, -rāt, -trōst*,
nhd. *Mißmut, -ernte, -jahr, -erfolg, -heirat*; – *after-*: *Aftertugend,
-kritik, -weisheit, -liebe, -könig, -genie*; – ahd. *io-*: *ioman* jemand,
nioman, iogihwedar, iogilīh, jeder, jedweder, jeglich; – mhd.

---

[54] Vgl. A. Hoefer, Germania 15, 61; Schweizerd. Wb. 1, 292.
[55] Zur Komposition von *missa-* vgl. Gröger, S. 14 ff. mit Lit. 398 ff.
und die Wörterbücher, namentl. auch Weigand-Hirt [5]II, 191; ferner
got. Adv. *misso* einander, aisl. *ā miss* aneinander vorbei, ahd. *missi*
verschiedenartig, mhd. *mis(se)* das Fehlen u. unten S. 272.

iemer- in *iemerlieht* ewiges Licht (in der Kirche; nhd. *Immer-licht*, etwa bei H. Watzlik), *iemerleben, -nōt, -stunt, -kuo, -rint, Immergrün, Nimmersatt*; – *jā-*: *Jawort, Jasager* (neben der Zu-sammenrückung mhd. *jāherre*; vgl. § 48); – nhd. *rück-*: *Rück-wand, -grat*; – *für-*: *Fürbitte, -sorge, -sprache.* – Zu *erz-* vgl. § 60.

V. Verdunkelte

41. Eine Zusammensetzung kann ihre etymologische Durch-sichtigkeit namentlich aus zwei Gründen einbüßen:

1. Das eine Glied – in der Regel das zweite – verkümmert in-folge akzentueller Unterordnung unter das andere; vgl. *Nachbar, Schulze, Schuster, neben* § 17 und besonders die Fälle in § 174.

2. Das eine Glied kann in freier Sprache untergegangen oder verändert sein, während die Zusammensetzung es erhalten hat.

Beispiele für den 2. Fall: a) Das erste Glied ist untergegangen: *Brom-beere* (aus ahd. *brāmo*, mhd. *brāme* Dornart; vgl. DWA 1, S. 17 ff.), *Faselschwein* (ahd. mhd. *fasel* Junges), *Demut* (ahd. *deo*, got. *þius* Knecht), *Maulwurf* (ahd. *moltwerf, -wurf* 'Erdaufwerfer'; DWA 3, 26 ff.), *Dienstag, Freitag, Sündflut* (< *sin[t]-* ganz, allgemein), *Meineid* (ahd. Adj. *mein* falsch; mhd. noch *ein meiner eit*), *Wahnwitz, -sinn* (mhd. *wan* leer), *Zwerchfell* (mhd. *twerch* quer), *Seneschall* (got. **sina-skalks* Altknecht), *mundtot* (ahd. *munt* Schutz), *ruchlos* (mhd. *ruoche* Sorge), *rotwelsch* (*rot* gaunersprachl. Bettler). Vgl. franz. *printemps (primum-), minuit (media-)*. Auch *Maulbeere* (ahd. *mūr-, mōrberi*, zu lat. *morus* oder *morum*) wird hierher gehören und nicht zu den „tauto-logischen Komposita", auf die hier übrigens zu verweisen ist (s. § 30).

b) Das erste Glied ist zwar noch frei erhalten, aber in abweichender Form: *Knoblauch* (zu ahd. *klobo* Kloben), *Himbeere* (zu ahd. *hinta* Hinde), *Mutterkrebs* (zu nd. *mūter* Mauser).

c) Das zweite Glied ist verdunkelt: *Beispiel* (zu ahd. *spel* Erzählung), *Bräutigam* (ahd. *gomo*, lat. *homo*), *Hagestolz* (ahd. *hagustalt* Hag-besitzer), *Nachtigall* (*-gala* Sängerin), *Essigmutter* (nd. *mōder* oder *mudder* Hefe, Schlamm), *kostspielig* (mhd. *spildec* verschwenderisch), *blutrünstig* (got. ahd. *runs* Fluß), *Imker* (zu ahd. *kar* Gefäß usw., *ja*-Bil-dung als Nomen ag. [§ 84,1]; im Nd. als Sffix produktiv in *Mürker, Reem-ker*, u.a., Hinw. v. Collinson, Mod. Lang. Rev. 53, 274).

d) Beide Glieder sind verdunkelt: *Amboß* (ahd. *anabōz*, zu *bōzan* schlagen), *Wiedehopf* (ahd. *wituhopfo* Holzhüpfer), *anheischig* (mhd. *antheizec* durch Versprechen schuldig).

e) Auch infolge von Bedeutungsentwicklung kann ein Glied unklar werden: *Mitgift* (ahd. *gift* Gabe), *Leichdorn* (ahd. *līch* Körper).

In mehreren dieser Fälle (*Maulwurf, Sündflut, Wahnwitz, Hagestolz*
u. a.) wirkt der etymologischen Unklarheit die sog. Volksetymologie entgegen, die freilich, als psychologisch anderer Vorgang, nicht
eine Gegenerscheinung zur unsrigen darstellt. S. darüber § 172.

Kopulativkomposita

42. Wie die ältesten Zusammensetzungen dadurch entstanden,
daß zwei aufeinander bezogene Wortstämme aus Nebeneinanderstellung zur Worteinheit verschmolzen, so konnten aus gleich-
geordnet verbundenen Begriffen sich feste Komposita ergeben,
in denen die Einzelbedeutungen summiert erscheinen. Die Verschmelzung zur Worteinheit – die bei diesem (Dvandva-)Typus
nicht auf die Grundsprache zurückreicht[1] – erfolgte in einigen
idg. Sprachen unter verschiedener Form; echte Komposition,
d. h. mit Stammform des ersten Gliedes, hat sich im Verlaufe des
Sanskrit herausgebildet. Beispiele: ai. *mātāpitarau* u. ä. Vater
und Mutter[2], *pāṇi-pādam* Hände und Füße, *sūryā-māsā* Sonne
und Mond; griech. *νυχϑήμερον* Nacht und Tag, besonders bemerkenswert neugriechisch *σαββατοκυριακό* Samstag und Sonntag, Weekend, *φαγοπότιον* Essen und Trinken, *ἀνδρόγυνον* Ehe-
paar u. ä. Bildungen[3], tochar. (ähnl. finn.-ugr.) *akmal* Auge und
Nase = Gesicht, lat. *reciprocus* rückwärts und vorwärts[4].

Fürs Germ. liegt von Substantiven kein reiner Fall dieser Art
vor; Wulfila löst griech. *νυχϑήμερον* oder *εἰς τὰς κωμοπόλεις* auf
in *naht jah dag* und *du þaim haimon jah baurgim*[5]. Doch kann der
Typus fortleben in Fällen wie *sunufatarungo* des Hildebrandliedes[6], as. *gisunfader* Vater und Sohn und besonders ae. *suhter-
(ge)fæderan* Oheim und Neffe. Erst in nhd. Zeit sind entstanden

---

[1] Vgl. WACKERNAGEL, Altind. Gramm. II, 1. §§ 7. 62 ff.

[2] E. HERMANN (s. § 16) 41 möchte mit Recht dieses „Gruppenwort"
von dem Einheitsbegriff 'Eltern' trennen.

[3] SCHWYZER, Griech. Gramm. I, 452 f.; ferner BRUGMANN, Grundr.
II, ²1, 58 ff. Gegen BÜHLER, Sprachtheorie, S. 319 f. ist von diesen
Dvandva der Typus *Schwarzweißkunst* (§§ 162. 184) zu trennen.

[4] < *reque *proque*? nach M. LEUMANN; s. STOLZ-SCHMALZ, Lat.
Gramm. [5] S. 250.   [5] H. GREWOLDS, ZfvglSprf. 61, 175.

[6] Meist verstanden als 'die Leute von Vater und Sohn' o. ä., nach
MEISSNER, ZfdA. 70, 25 ff. jedoch wieder Dvanda-Kompositum 'Vater
und Sohn' mit verbindendem oder verdeutlichendem Suffix *-ungo*;
vgl. BRAUNE-HELM, Ahd. Lesebuch ¹² S. 146 (nach HERMANN a. a. O.
auch ein Gruppenwort).

Wörter wie Schottels *Strichpunkt* und *Butterbrot, Kupfergold-(legierung), Erbsreissuppe,* ferner Ländernamen wie *Schleswig-Holstein, Österreich-Ungarn*[7]. Eine willkommene jüngere Bildung ist *Hemdhose* (s. § 43).

Am nächsten stehen inhaltlich jetzt die Wendungen mit *und*: *Weib und Kind, Berg und Tal, Leib und Leben.* Vgl. engl. *bread-and-butter* Butterbrot, *cup-and-saucer* Tasse, *knife-and-fork* Gedeck, sowie mundartl. *Hongebrud* Honig(und)brot[8], *gudegōr* 'Gott und gar' (erzgebirg.)[9]. Vgl. *fix(und)fertig* u. ä. § 43.

Dagegen hat sich die ursprüngliche Bildungsweise erhalten in den Additionszahlwörtern *dreizehn (tredecim)* usw. bis *neunzehn,* desgl. wohl in *elf < ain-lif, zwölf < twalif,* denen sich Adjektiva anreihen[10] wie *bittersüß* (franz. *aigre-doux,* ital. *agrodolce,* lat. *dulc-acidus, -amarus), schwarzweiß* usw., *naßkalt, taubstumm* (neuisl. *daufdummbur,* franz. *sourd-muet), dummdreist* (mhd. ähnl. *tump-ræze), tollkühn* (mnd. *dum-kune), lateinisch-deutsch, helldunkel* (nach franz. *clair-obscur),* mhd. *tumpwīse* töricht und zugleich weise, vgl. § 43; ferner mehrgliedrige Reihenwörter wie *schwarzrotgolden* (§ 162a), im Grunde auch Klammerformen wie *schwest- und brüderlich* (§ 7) sowie die gesteigerten Adjektiva *kohl-pech-rabenschwarz* u. ä. (§ 31). Isoliert steht jetzt das ältere Subst. *jammerschade.*

Grundsätzlich wären Farbenzusammenstellungen wie *blau-weiß, schwarzrot(gold)* und Farbenmischungen (d. h. Determinativkomposita, in denen das erste Glied eine Abschattung des zweiten angibt) wie *rotbraun, blauweiß,* an. *blāhvītr,* ahd. *brūnrōt,* mhd. *wizblā* usw. auseinanderzuhalten. Vergleicht man sie aber mit Fällen wie *bittersüß,* so gestaltet sich die Scheidung nicht so einfach, wohl auch nicht durch den Akzent (*blauwéiß* gegen *bláuweiß*)[11].

Als Reaktionserscheinung erklären sich gelegentliche Zerlegungen wie *haar und scharf, breit und spurig, Laub und Gänge* (Faust II, 5121).

---

[7] Solche griech. u. arab. Ortsnamen s. E. HONIGMANN in Mélanges E. Boisacq. Bruxelles, 1937, S. 499 ff. Zu *Butterbrot* u. ä. (kein reines Dvandva) vgl. nun KRAMER (o. S. 35) 411 f.

[8] Nach H. SCHUDT, Wortbildung der Mundart von Wetterfeld. Diss. Gießen 1927/28 (= Gießener Beitr. z. dt. Philol. 20), S. 46.

[9] E. GÖPFERT, ZfhdMaa. 6 (1905), 30.

[10] Fürs Germ. s. CARR, S. 41 f.; JÓHANNESSON, Komposita S. 4. Oxymora der Art von *bittersüß* liebt Goethe, z. B. *ernstheiter, engweit, nahfern, gelassenkühn, zartkräftig.* Vgl. O. PNIOWER, Euphorion 31, 379 f.; LANGEN (s. § 34).   [11] Wie es R. BLÜMEL, GRM 8, 9 fordert.

43. Zu den kopulativen Zusammensetzungen rechnet man gern auch solche mit zwei koordinierten Gliedern, die verschiedene Seiten derselben Person oder Sache bezeichnen: das alte verdunkelte *Werwolf* 'Mann und Wolf', *Mannweib* [12], mhd. *muotermeit* (für Maria, die Gottesmutter; kirchengriech. *μητροπάρθενος*), *Gottmensch* (neuisl. *guðmaður*), *Dichterkomponist*, engl. *dwarfgiant* 'Zwergriese' (Shakesp.), ferner *Königinmutter*, franz. *reine mère Königinwitwe*, *Prinzregent*, *-gemahl*, engl. franz. *princeconsort*, *Fürstabt*, *-bischof*, engl. *king-cardinal*, franz. *prince-évêque*, an. *meykongr* Mädchen, das König ist, usw. [13]. Hierher vielleicht mhd. *vröudehelfe* erfreuliche Hilfe (§ 31 mit Fußn. 26).

Der Unterschied dieser „appositionellen Komposita" [13] von den eigentlichen Dvandva – mag er auch nicht immer als so „perfectly clear" daliegen, wie CARR [14] glaubt – besteht darin, daß nicht wie bei letzteren selbständige Dinge addiert erscheinen. Ein *Hosenrock* ist ein Rock, der als Ganzes zugleich Hose ist, bzw. eine Hose, die zugleich Rock ist, das echte Dvandva *Hemdhose* ist jedoch an sich weder eine Hose noch ein Hemd, sondern eben eine „Combinaison". L. TOBLER [15] würde hier von einer Summe, dort von einem Produkt reden, K. BOJUNGA [16] von einer Sinnreihe gegenüber einem Sinngefüge. *Hosenrock*, *Dichterkomponist*, *Brudergemahl* usw. können also zweifellos als „reziproke Determinativkomposita" gelten, insofern als auch hier je ein Glied das andere bestimmt. Trotzdem heben sie sich von der Gruppe der Determinativkomposita, wie sie heute dastehen (die Karmadhāraya vom Typus *Großvater* inbegriffen), entschieden stärker ab als von den Dvandva; denn ein *Dichterkomponist* ist ein Dichter, aber ein *Pferdeknecht* kein Pferd.

Häufig sind Zusammensetzungen, deren zweites Glied die allgemeine weitere Begriffskategorie des ersten angibt, wie in *Hirschkuh, Schafbock, Rehkalb, Mutterschwein, Rindvieh, Eichbaum, Kieselstein*. Sie stellen sich nahe zum Verdeutlichungstypus *Maultier* (§ 30) und mit diesem zu den sog. tautologischen Komposita, in denen zwei Synonyme vereint erscheinen: *Schalknarr, Zeitalter, Streifzug*, mundartl. *Hemmeschraube* u. ä. (s. § 169 Anm. 1), got. *marisaiws* See, ahd. *gom-man* Mann (Mensch), mhd. *kint-barn* kleines Kind, *diub-stāle*, ae. *holt-wudu*

---

[12] Das aber – wie lat. *virago* auch – nach unten zum Typus *Staubregen* gehört, sobald das erste Glied nur zum Vergleich gemeint ist. Vgl. franz. *chien-loup, chou-fleur* u. ä.

[13] Weitere Beispiele s. etwa bei PAUL, S. 7; KLUGE, Abriß, S. 61 f.

[14] S. XXVI.   [15] a. § 14 a. O., S. 80.   [16] a. § 17 a. O., 2, 1275.

Wald, *mægen-craft* § 30, ne. *sledge-hammer* Schmiedehammer,
ferner Zwitterbildungen wie me. *love-amour, cite-town, wonder-
mervaille* [17], mhd. *trūtamīs, -amīe* Geliebte(r), sächs. *garçon-herr*
„möblierter Herr". Diese erinnern an die germ. Personennamen
Siegfried, Wolfram, Haduwig, Hildegunde usw.; eigentlich gehen
sie aber auch eher mit dem Typus *Maultier* (§ 30) zusammen, in
welchem das zweite Wort ein ungeläufig gewordenes erstes erläu-
tert. – Tautologisch verstärkte Adjektiva: mhd. *altgrīs, heiter-
lieht, senftgüetig* (Nordin a. § 34 a. O.) u. ä., nhd. *piekfein* (nd. *pŭk*
auserlesen), *fix (und) fertig, nacktbloß* (aus *nackt und bloß* ? Vgl. lat.
purus puteus ital. *povero mendico*: Jabergs figura synonymica [18]).

Deutlicher weist daher diese Gruppe, obwohl auch sie sich z. T.
noch nahe an die Kopulativkomposita anlehnt, nach den Bestimmungs-
zusammensetzungen hin. Wir sind geneigt, *Hirschkuh* in 'Kuh des
Hirsches' zu zerlegen. Zweifellos liegen Determinativkomposita vor in
got. *þiumagus* = Knechtknabe, ahd. *degankint* = männliches Kind
u. ä. Zur Nüancierung des Gliederverhältnisses in *Hirschkuh* u. ä. Fällen
vgl. U. GRÖNKE, in Íslenzk Tunga. árg. 1961/62, 44 ff.

Dasselbe gilt von Bildungen wie *Staubregen* (Regen als Staub, wie
Staub), *Rabenmutter* (ein Rabe von einer Mutter), *Riesenweib, Königstiger, Goldkäfer, Laubfrosch, Blumenfüße* (Goethe) u. ä., in denen das
erste Glied zur Vergleichung dient (§ 23).

Possessivkomposita und Satznamen

44. Es gibt seit alters Wörter, die die Form der unmittelbaren
Zusammensetzung, aber die Bedeutung von Zusammenbildungen
haben. *Langbein* meint nicht ein langes Bein, sondern es benennt
sogleich den Besitzer eines langen Beines. *Langbein* bedeutet
'Langbeiner' und ist eine ganz andere Bildung als die Determinativkomposita *Stuhlbein* oder *Überbein*. Die indische Grammatik
bezeichnete solche Bildungen als Bahuvrīhi (d. i. 'viel Reis
[habend]' – also selbst ein Beispiel der Gattung), ein Name, der
noch geläufig gebraucht, aber wie der Ausdruck Possessivkomposita beanstandet wird, weil der eine wie der andere die mächtige
Gruppe, zu welcher diese Bildungen allmählich herangewachsen
sind, nicht mehr rein umfaßt. Hirt nennt sie *Dickkopf*-Komposita.

Vom germ.-deutschen Standpunkt aus müssen dabei vor allem
zwei Arten auseinandergehalten werden: Substantiva (mit

---

[17] KOZIOL, S. 49.   [18] Siehe Vox Romanica 11 (1950), 89 ff.

verschiedenartigem Vorderglied: *Plattfuß, Hasenfuß, Dreifuß,
Kratzfuß*) und Adjektiva (d. h. ursprünglich zusammengesetzte
Substantiva mit adjektivischer Funktion, Kluges Typus *barfuß*).
Die Adjektiva überwiegen zunächst; sie nehmen in dem Grade
ab wie die substantivischen Neubildungen zu. Doch scheint aus-
gemacht, daß die adjektivische Funktion durchaus die sekundäre
war (s. u. § 48). Sie liegt nahe dank der possessiven Bedeutung
der Bahuvrīhi [1].

45. Typus *barfuß* (entsprechend griech. ῥοδοδάκτυλος 'Rosenfinger' = rosenfingrig). Diesen Typ zeigen rein noch Bildungen
wie ahd. *langmuot* langmütig, *michilmuot* großmütig, *ōtmuot*
demütig, *fiorscōz* viereckig, ahd. mhd. *ebenteil* teilhaftig, *erbsidel,
diemuot*, as. *wēkmōd* verzagt, *gramhert* feindselig, ae. *rūmheort*
großherzig, mhd. *barhoubet, -schenkel, -schinke, -bein, swarzmāl,
wankelwitz* wankelmütig, *niuwetülle* mit neuem Kragen, mnd.
vērot viereckig usw., got. *twalibwintrus* zwölfwintrig und vielleicht
laushandus leerhändig, insbesondere der Untertypus ἔν-θεος
('Gott in sich [habend]') mit Partikeln [2]: ahd. *āwazzar* wasser-
arm, *ursorg* sorglos, *unmez* maßlos, mhd. *antvahs* mit Haaren versehen, *übermuot*, vielleicht *insidel* einheimisch (wenn nicht ahd.
-sidilo), *unminne*, nhd. noch *unbart, seltengast*; zahlreich die mit
ga-/gi-: got. *gaskohs* beschuht, ahd. *gihār, gimāl, giōt* glücklich,
gibart, gifedar, giloub, gisprācha, giswert, giherz, ae. *geheort*, mhd.
gehaz feindselig, *gemuot, gesite* geartet, *gezan* mit Zähnen versehen, *gezagel*, noch nhd. *gehaß, gesitte, gehorn, gehand*.

Den älteren Zustand, der das Substantiv im zweiten Glied unverändert forderte, hat jedoch schon das Got. meist aufgegeben [3].
Zunächst erscheint dieses mit Adjektivendungen:

---

[1] Das Wortmaterial findet sich jetzt zusammengetragen bei E. FA-
BIAN, Das exozentrische Kompositum im Deutschen. Greifsw. Diss.
Leipzig 1931, 499 S. (= Form und Geist, Bd. 20), freilich spärlich aus
den hd. Mundarten, und bei W. LAST, das Bahuvrīhi-Compositum im
Ae. Me. u. Ne. Greifsw. 1925. Vgl. ferner die Hinweise in § 47.

[2] BRUGMANN, IF 18, 127 f.; FABIAN, S. 227 ff.; H. FORSTER, Zur
Gesch. d. griech. Komposita vom Typus ἐπίχρυσος. Diss. Zürich 1950,
S. 9 ff.

[3] Vgl. BEHAGHEL, Syntax I, S. 3; H. GREWOLDS, ZfvglSprf. 61,
166 ff. 173 ff., wo auch Einschlägiges über das Verhältnis des Got. zur
griech. Vorlage. Eine Stellung für sich nimmt got. *freihals* Freiheit ein;
vgl. NECKEL, PBB 41, 405 f. u. FEIST, Vgl. Wb. d. got. Spr., [3]S. 167.

got. *armahairts* barmherzig (Nom. Pl. *armahairtai*), *hrainjahairts* reinen Herzens, **filu-, lausawaurds* schwätzerisch, *lausqiþrs* leeren Magens, *samasaiwals* einmütig, ferner *ahtaudogs* achttägig, desgl. an. *hāleggr, -beinn* hochbeinig, *lauseygr* mit beweglichen Augen[4], besonders in den zahlreichen Zusammensetzungen mit *-leik* N. 'Körper, Leib': *sama-, ibnaleiks* gleichen Körper habend, gleich, *wairaleiks* männlich, **alja-, missaleiks* verschieden, *sildaleiks* seltsam, *liubaleiks* liebenswürdig, *hileiks* wie beschaffen usw., an. entsprechend *-ligr* in *konungligr* usw.[5]. Dieses *-leiks*, das in Bahuvrīhikomposition bald die allgemeinere Bedeutung von 'Gestalt' erhalten hatte, erwies sich in der Folge als sehr fruchtbar; vgl. ahd. *galīh*, mhd. *gelīch*, nhd. *gleich*, d. h. in der Gestalt zusammentreffend, *io-galīh, so-līh, hwelīh* usw.

Als Partizipien schließen sich an Wolframs *gekerzet* (neben *bekerzet*), *gehundet* u. ä. (Dt. Wortgesch. I, 169 f.), Gottfrieds *gantlützet, gewerldet, gīsōtet* (wogegen *gēvet* eher zu § 141 c?).

Hierher gehören also theoretisch wohl nicht nur die obigen *langmuot* usw. sondern letzten Endes auch die zahllosen Bildungen auf nhd. *-lich*, die wir jetzt als Ableitungen zu betrachten haben (§ 133).

Infolge der Bedeutungsverstellung und um die adjektivische Natur zu verdeutlichen, erfährt das zweite Glied noch andere formale Erweiterungen, namentlich zu *n-, ja-* und *jan*-Stämmen.

Vgl. got. *uswena* hoffnungslos, *usliþa* gichtbrüchig (zu *liþus* Glied), *andaneiþa* feindlich (zu *neiþ* Neid), *silbawiljis* freiwillig, *ingardja*, fem. *-jō* hausgenössig, *usgrudja* mutlos, ahd. *michilfahso* stark behaart, *filulisteo, diomuoti* demütig, *frō-, lang-, ōd-, sanft-, heiz-, zornmuoti, gimuoti* Adj. (neben *-muot*; s. o.)[6], *elilenti* ausländisch, *einstimmi, ebanmāzi, zwijāri, driwinchili, langlībi, urlastri, urhirzi* neben *-herz* herzlos, as. *gōdsprāki* wohlredend, *ēnwurdi* einstimmig, ae. *orscylde* schuldlos, *fēowerfēte* vierfüßig, *ānēage* einäugig, *ānhende*, ahd. *einougi, einhenti*, mhd. *einhende, breithirne, volkrüpfe* mit vollem Kropf, *abehære* kahl, abgeschabt usw., auch mundartlich noch *einäug(e)* neben *einauget* (§ 131)[7].

Hierher sind somit wieder Kollektivbildungen mit *ga-/gi-* zu stellen, etwa mhd. *gevar, gemāl* und noch nhd. *gelenk, gestüm, ge-*

---

[4] JÓHANNESSON, Komposita S. 48 ff., wo Weiterbildungen auf *-að(u)r, -ōtt(u)r*.

[5] JÓHANNESSON, Suffixe S. 66 f.; zum *-g-* vgl. HEUSLER, Aisl. Elementarb. § 176.

[6] Vgl. E. KARG-GASTERSTÄDT in Wort u. Wortkunstwerk, Baesecke-Festschrift 1941, S. 125.

[7] Vgl. etwa SCHMELLER 1, 50; Schwäb. Wb. 2, 588.

not, gehäß, wohlgemut; ferner Weiterbildungen auf *-ig: elilentic, einöugec, hunger-, sündenmælec,* (neben ahd.- *māli), zweihändig, hohläugig, weitherzig* (§ 129)[8]. Endlich wären in diesem Zusammenhang zu nennen die Adjektiva auf *-falt(ig)* und *-fach:* got. *managfalþs,* ahd. *einfalt,* mhd. *einvalt(ec),* nhd. *mannigfalt, -fach* usw., sowie die zahlreichen mhd. Adjektiva auf *-var: bluotvar, harnaschvar, missevar,* nhd. seltener noch *-farb,* jetzt *-farbig* (s. § 137).

Vgl. lat. *misericors, acupedius* schnellfüßig, griech. *ἁμοπάτριος* = an. **samfeðre* den gleichen Vater habend, ai. *sá-garbh-ya-* aus demselben Leibe geboren. So werden durch synthetische oder Kompositionssuffixe syntaktische Wortkomplexe zu flektierten Wörtern. Man bezeichnet dies auch als Hypostase (s. § 165).

Die Adjektiva *barfuß* und *barhaupt,* wozu seltener noch *barschenkel,* sind jetzt auf prädikativen Gebrauch eingeschränkt; doch werden ältere nhd. Belege mit Flexion verzeichnet: *mit barfußen Füßen* u. ä.[9].

Die gleichen Erweiterungen erscheinen auch als Substantiva, die nicht immer leicht gegen die Adjektiva und die übrigen Nomina agentis (§ 84) abzugrenzen sind: ahd. *samasindo* Weggenosse ('den gleichen Weg habend'), *umbisedalo* Umwohner, *hundhoubito* cynocephalus, *wiblido* Hermaphrodit, vielleicht auch der Name *Sintarfizzilo-Sinfjǫtle*[10], dann besonders Kollektivbildungen mit *ga-/gi-:* got. *gadaila* Teilhaber, *gahlaiba* Mitjünger (zu *hlaifs* Brot), *gajuka* Jochgenosse, *garazna* Nachbar (zu *razn* Haus; an. *granne),* *miþgasinþa* Weggenosse, ahd. *gabūro* Mitbewohner, Ortsgenosse (neben *gabūr), gisellio, giferto, ginozzo*[11], *gimahalo, gifataro, gimazzo* (zu *maz* Speise), *gihūso, gilanto, gihlozzo* Losgenosse, *ginamno,* mhd. *g(e)nanne* und *gename* Namensvetter.

46. Typus *Platt-, Hasen-, Drei-, Kratzfuß*. Es kommen heute fast nur Bildungen mit Namen von Körper-, Pflanzen-, Kleiderteilen im zweiten Glied in Betracht (vgl. lat. *quadrupes,* anord. *loðbrōk* 'Lodenhose'; Ausnahmen *Siebenpunkt, Dreischlag, Drillich, Vielwind* Luftikus, nd. *Drētritt* Walzerart): ahd. *krumbein, niunouga, heilhoubet* Zeitlose, *manahoubit* Sklave, *erbsblat,*

---

[8] (m)ndl. Entsprechungen s. bei van Lessen, S. 133 ff.

[9] Paul, S. 31; DWb. 1, 1132.

[10] wenn = 'der mit der strahlenden Fessel'? nach Much, ZfdA. 66; 15 ff.; s. auch den folg. §.

[11] Wohl auf gemeinsame Viehhaltung (*[h]nōz* Vieh) gehend; vgl. E. Schröder, ZfdA. 60, 70; anders W. Krogmann, PBB 60, 398 f.

trachenwurz, hanin-, hasenvuoz, goltborto (Fisch), mhd. *drīspitz, sidenswanz, miesbart,* ferner *Langfinger, Langohr, Großmaul, Rotkehlchen, Schön-, Freigeist, Schwarzseele, Gelbschnabel, Heißsporn, Einhode, Blaustrumpf, Schwarzhemd, Dick-, Kahl-, Grau-, Dumm-, Quer-, Schlau-, Starr-, Schwach-, Schafs-, Kraus-, Trotzkopf,* neuerdings auch *Bubikopf, Geizhals, Schmerbauch, Milchgesicht, Spatzenhirn, Sauleder, Flöhsame* Art Wegerich, *Silbermund* Schnecke, *Katzenauge, Eisenzahn, Schlafmütze, Lästermaul, -zunge, Triefauge, Schreihals, Steckkopf* usw. In neuerer Zeit erscheinen auch Weiterbildungen mit *-er: Dickhäuter, Vierfüßer, Barfüßer, Tausendfüß(l)er* neben älterem *-fuß, Vierzehnender, Dreimaster, Doppeldecker. Zweirad* und *Dreizack* sind Rückbildungen aus *zweirädrig, dreizackig.*

„Doppelkomposita" hat man Bildungen genannt wie *Fünfaderblatt* = Pflanze, die Blätter hat, die fünf Adern haben. Im Grunde besteht da jedoch kein Unterschied von Fällen wie *Fleckenbauch* Schlangenart, *Stachelschwanz* Eidechse, *Rotznase, Lockenkopf.* Mit Bezug auf die Bedeutung wäre dagegen wohl genauer zu scheiden in Possessivkomposita im engern Sinne wie *Langbein, Lockenkopf* u. ä. (Bedeutung: die genannte Sache habend) und Metaphern (Personifikationen) wie *Hahnenfuß, Schafskopf* (Bedeutung: der genannten Sache gleichend). Der Bedeutungsunterschied der verschiedenen Fälle ergibt sich vielleicht am besten aus folgenden Definitionen: *Dickkopf* = Mensch mit dickem Kopf; *Lockenkopf* = Mensch mit Kopf mit Locken; *Flachskopf* = Mensch mit Kopf wie Flachs; *Schafskopf* = Mensch mit Kopf wie der Kopf eines Schafes.

Es gibt auch „umgekehrte Bahuvrīhi", z. B. *Nashorn* = Horn mit Nase für Nase mit Horn, *Rückenauge* Wurm mit Auge auf dem Rücken; ähnlich ahd. *nasacrumb* neben häufigerem *crumbnasi,* ae. *mōdglæd* heiter neben *glædmōd,* an. Adj. *beinstørr* starkknochig, *hārfagr(e)* schönhaarig, *halslangr, orōgōdr* freundlich[12]. Ist aber *beinstørr* nicht = stark in bezug auf die Knochen (vgl. *hugomstørr* tapfer), *hārfagr(e)* schön in bezug auf das Haar usw., ahd. *hantstarch* u. ä. vielleicht beeinflußt von lat. *manufortis?* Hinweise von WOLFF AfdA, 64, 59 f.

Zu erwähnen sind hier auch die germ. Personennamen der Art von *Adalheit, Hartmuot, Hartnīt* und *Nīthart,* ferner *Hiltibrant, Diethelm, Dancrāt, Gūdrūn, Ortlieb, Gērnōt* und *Nōtkēr, Hiltirūn* und *Rūnhilt*[13], die eine Gruppe von Bahuvrīhibildungen nach der angegebenen Weise darstellen: *Adalheit* = Frau mit dem Wesen des vornehmen Geschlechtes, *Hartmuot* = Mann festen Sinnes. (Vielleicht hängt da-

---

[12] Vgl. L. TOBLER (s. § 14) 66 f.; CARR, S. 266.

[13] Vgl. BACH, Namenk. I, § 76. 79 ff. mit Lit.; auch *Siegfried* u. ä., oben § 43; zum Sinngehalt A. SCHERER, Beitr. z. Namenf. 4 (1953), 1ff.

mit zusammen, daß sie teilweise Adjektivendung zeigen: es heißt im Akk. *Hartmuotan* wie as. *hardmōdan*. Doch darf man nicht außer acht lassen, daß vielfach als zweites Glied direkt ein Adjektiv vorliegt, z. B. *-hart, -mār, -beraht*). Man hat in diesen Namen einfach Personifikationen gesehen. Da dem Namen eines Kindes gern ein Glied des väterlichen beigegeben wurde, kam jedoch nicht selten Sinnloses zusammen, z. B. in *Wolfbert, Wolfgēr*. – Durchsichtige Bahuvrīhi stellen dagegen unsere Namen wie *Löwenherz, Eisenbart, Geißfell, Breitkopf, Leichtentritt*, mnd. *Grymbart* (Grimbart),*Wasmōd* (< *hwat, -s* scharf) usw. dar.

47. Die Bahuvrīhi sind dadurch gekennzeichnet, daß das Subjekt nicht in ihnen, sondern außerhalb des Kompositums liegt. Man nennt sie daher nach Brugmanns Vorgang [14] auch **exozentrische** Komposita. Die Exozentrika kann man nicht in ihre Bestandteile zerlegen, ohne die Bedeutung zu verändern; vgl. obiges ὁμοπάτριος (oder ὁμοπάτωρ) mit dem esozentrischen oder endozentrischen μητροπάτωρ 'der Mutter Vater' [15]. Diese Eigenschaften haben mit ihnen gemein die sogenannten **imperativischen Satznamen**, die zum größten Teil als Familien- und Pflanzennamen weiterleben: mhd. *habedanc* Dank, *rūmelant* Verstoßener, *hebestrīt, kussepfennig, ruckestuol, suochenwirt, schabab, habeniht, vegenbiutel* u. ä. (vgl. Renner 1673 ff.), bair.*Urban Zuckseysen* (Schmied), *Gabriel Slahinkessl* (Kupferschmied), *Schürnprant* (Koch) [16], nhd. *Wagehals, Wendehals, Störenfried, Spülbacke, Füllkropf, -bauch, -hals, Habenschaden, Hassenpflug, Schindengast, Fürchtegott, Taugenichts, Schlagetot, Schlaginhaufen, Packan* Hund, *Kehraus, Reißaus, Springinsfeld, Hupfinstroh* Floh, *Tunichtgut, Tudichum, Kenndichaus* Sachverständiger, *Vergißmeinnicht, Rührmichnichtan, Gottseibeiuns*; – nd. [17] *Streckebēn, -vōt* Tod, *Stortebeker, Grīpenkerl, Rörminig, Kerdiannix, Dröm-*

---

[14] Der Name selbst stammt von A. Aleksandrow, Litauische Studien I (1888), S. 110.

[15] Debrunner, Griech. Wortbildungslehre, S. 54.

[16] A. Mitterwieser Zs. f. bair. Landesgesch. 3 (1930), 343 ff.

[17] Hervorzuheben ist hier O. Schütte, Zs. f. d. dt. Unterr. 22, 450 ff. mit Beispielen aus Braunschweiger Urkunden, ferner die Sammlung und Sichtung von C. Schulze in Herr. Arch. 43 (1868), S. 13 ff.; R. Wossidlo, Imperativische Wortbildungen im Nd. I, 1890; Heintze-Cascorbi, Die dt. Familiennamen, [7] S. 55 ff. 223. 230. 243 u. ö.; Carr, S. 252 ff.; Bach, Namenk. I, 1 §§ 126. 248. 254; II, 1 § 159 (Ortsnamen); E. Schwarz, Dt. Namenforschung 1 (1949) §§ 80. 95 f.; fürs Ndl. insbes. van Lessen, S. 104 ff.

sacht (Reuter), *Sladrup, Kiekindewelt, Kiekäwerntūn* spanische
Kresse, *Düwelkummrut* Pulv. equor. viridis; engl. etwa *Kiss-me-
at-the-garden-gate* Viola tricolor. Eine hübsche schweizerdt. Weiterbildung: *Stigüferli* Kapuzinerkresse [18]. Bemerkenswert ist die abstrakte Bedeutung einiger Bildungen: *Findmichnicht* Geheimnis
(Spitteler), *Schämdichnicht* Schamlosigkeit (J. C. Heer), schweiz.
ferner *Hebūf* Aushebung, *Juckūf* Begeisterung, *Chērum* Reihenfolge, *Scherdifurt* Abschied [19].

Auszugehen ist von den Fällen mit Substantiv im zweiten
Glied wie *hebestrīt, Wendehals, Streckebēn,* wobei im ursprünglichen Kompositionstyp das erste Glied nichts Imperativisches
aufwies, aber wohl – inhaltlich wie formal – als Imperativ umgedeutet werden konnte. Wo in den idg. Entsprechungen imperativische Auffassung auftritt (lat. *Tenegaudia,* franz. *Taillefer*), ist
sie überall jünger [20]. In unseren Beispielen handelt es sich um
neuere Bildungen, die dem Got. und Ahd. noch fremd sind [21].
Eine offensichtliche 1. Person Sing. zeigen Fälle wie österr. *Trau-
minit* oder *die Junker von Habenichts und Binnichts* [22]. „Inver-
tierte" Satznamen mit Nachstellung des Verbs wie *Nichtweiß,
Michdorst,* vielleicht mhd. *lemberslint,* ital. *pocofila,* engl. *horn-
blow* sind selten und als solche meist problematisch [23].

48. Zur Entstehung der Possessivkomposita. Es wurde angenommen, sie seien durch Verwandlung aus normalen Determinativkompositen, durch „Motion" – daher der lange vorherrschende Name
mutierte Komposita – entstanden: z. B. griech. ῥοδοδάκτυλος
= Rosenfinger > rosenfingrig (L. v. SCHROEDER in ZfvglSprf. 24
(1879), 102, nach ihm auch JUSTI, OSTHOFF, zuerst auch BRUGMANN

[18] Vgl. O. v. GREYERZ, Sprachpillen I, 1938, S. 100 f.
[19] Vgl. SZADROWSKY, Abstrakta, S. 130 f.
[20] Vgl. OSTHOFF, S. 125; SCHWYZER, Griech. Gramm. I, S. 445;
FABIAN, S. 319 f.; BEHAGHEL, Von dt. Sprache, S. 228 f.; dagegen
DARMESTETER, S. 168 ff. bes. 196 ff. (ist hier auch wegen seiner reich-
haltigen Beispielzusammenstellung zu erwähnen). Nach JACOBI (s. § 28)
73 ff. gingen auch die imperativischen Satznamen auf den Typus
Menelaos zurück und wären begünstigt dadurch, daß ursprünglich
auch der Imperativ den reinen Stamm gab wie die 3. Sg. Ind. vor dem
Antritt von Personalendungen (S. 61).
[21] KLUGE, Abriß, S. 68; CARR, S. 63.
[22] Zu § 47f. vgl. nun DITTMAIER u. TÖRNQVIST unten S. 272.
[23] Vgl. STEN HAGSTRÖM. Zur Inversion in deutschen Satzwörtern.
Upps. Univ. Arsskr. Nr. 8, 1952; S. HEINIMANN, Herr. Arch. 186, 136 ff.

im Grundr. [1]II, 87 ff.). Dagegen sieht JACOBI (S. 83 ff.) in unsern Bildungen versteinerte beziehungswortlose Nebensätze mit dem Begriff des Besitzes. WHEELER, Proceed. of the Amer. Philol. Assoc. 34 (1903), S. LXVIII ff. betrachtet als Ausgang passivische Verbalnomina, denen sich die Vorstellung des Versehenseins oder Habens angereiht hätte (also nach ϑεόγονος = gottgeboren ein τεκνόγονος = kindergebärend, oder εὔζωνος = well-belted = having a good belt). An Jacobi halten in der Hauptsache E. LEUMANN, IF 8, 297, G. NECKEL, ebenda 19, 249 ff. und H. HIRT (s. Handb. d. Urgerm. II, S. 121 f. und Hauptprobleme S. 170) fest. Zur Erklärung der Zusammenbildung war BRUGMANN, IF 18, 59 ff. inzwischen für Hypostasierung eingetreten („Worte, die in einer gewissen kompositionellen Bedeutungsbeziehung zueinander standen, aber als Ganzes nicht den grammatischen Charakter eines eigenschaftsbegrifflichen Nomens hatten", rückten „in die Position solcher Nomina" ein). – Nach W. PETERSEN, IF 34, 254 ff.; dem sich E. FABIAN a. a. O. S. 24 und CARR, S. 163 f. 173 anschließen, ist der Ursprung der Exozentrika einfach der der Namengebung. Sie wären nichts anderes als Appellativa, einem Gegenstand nach einem hervorstechenden Merkmal direkt zum Namen gegeben, wie dies etwa in der Kindersprache, aber auch sonst geläufig geschehe: *Mää* = Schaf, *Kuckuck, Tante Pfui, Marschall Vorwärts,* engl. *hands* = Arbeiter, dann *Herr Groß* usw., engl. *Wood* oder die Vornamen *Mercy* = Barmherzigkeit, *Joy* = Freude. Vgl. mhd. *jäherre* Schmeichler. Mit Übertragung im weiteren Sinne wäre also auch *Rotbart, Dreifuß, Blauauge, Kehrwieder* (Wirtshaus) u. ä. zu erklären. Zuerst konnte wohl das Adjektiv noch neben dem Substantiv stehen (wie in russ. *Marja Krasa čornaja kosa* = Marja Krasa schwarzes Haar: lat. *o lepidum caput*; mhd. *die œden kröpfe*); dann wäre in einem zweiten Schritt das Kompositum erfolgt: *der rote Bart* > *Rotbart.* Für Metaphern, bzw. Synekdochen ist durchaus auch DARMESTETER S. 50 ff. Dabei müßte man sich aber mit WUNDT, Völkerpsychologie I, [2]I, S. 659 stets gegenwärtig halten, daß diese „Metaphern der Sprache" in der Regel wohl nicht als solche, sondern als wirkliche Ähnlichkeiten empfunden werden.

Motion aus Determinativen ist jedenfalls abzulehnen. Das hindert nicht, daß gewisse Bahuvrīhi ehedem Determinativkomposita waren bzw. nebenher noch sind. *Goldhaar* kann goldfarbiges Haar und einen Menschen mit solchem bezeichnen. Bei Euripides (Orestie) bedeutet καλλίπαις 'schönes Kind', sonst immer: 'wer solche hat'[24].

Zusammengesetzte Verba

49. Das Verbum ist der Zusammensetzung von jeher weniger zugänglich als das Substantiv, trotzdem es wie keine andere

---

[24] SCHWYZER, S. 429. Nach LEUMANN, a.a.O. 298 wäre der Unterschied ursprünglich durch verschiedene Betonung gekennzeichnet gewesen.

Wortart nähere Bestimmungen verträgt. Die Gründe für dieses
Verhalten sieht Wilmanns darin, „daß neben dem Verbum als
dem Kern und Träger des Satzes die Selbständigkeit der bestim-
menden Satzglieder am deutlichsten empfunden wurde" (S. 115).
Im Zusammenhang hiermit steht vielleicht die relative Beweglichkeit dieser Glieder. Sie umkreisen das Verb in mannigfacher
Weise [1]; keines erstarrt in fester Stellung v o r dem Verb wie etwa
das Attribut vor seinem Substantiv (was – da der Übergang von
Juxtaposition zu Komposition Gebundenheit der Wortstellung
voraussetzt – schon in älterer Zeit die eindrücklich anwachsende
Masse von nominalen Zusammenrückungen erklärt). Wir befinden
uns im Deutschen denn auch in einem dauernden Übergangs-
zustand in dem Sinne, daß das Verb mit den Bestimmungswör-
tern bisher feste, halbfeste oder noch keine Zusammensetzung
eingegangen ist. Der Übergang zu fester Verschmelzung steigert
sich im Laufe der Sprachgeschichte; bis heute sind jedoch erst
gewisse Partikeln und wenige Nominalstämme von ihr erfaßt.

Man darf die Entwicklung der Verhältnisse innerhalb des Germanisch-Deutschen aber nicht einfach so sehen, als hätten zuerst nur unfeste Verbindungen bestanden und allmählich die festen zugenommen.
Es machen sich vorher auch die umgekehrten Bewegungen bemerkbar.
Neben „präpositionalen" festen Zusammensetzungen scheinen die
„adverbialen" unfesten häufiger geworden zu sein. Nach den Untersuchungen von LEINEN und von KJELLMAN [2] tritt die unfeste Verbal-
komposition als germanische Neuerung zuerst auf bei reinen Adverbien (z. B. got. *ut, inn, dalaþ*, ahd. *ūz, in, nidar, ūf*), dann auch bei solchen
die gleichzeitig als Präposition vorkommen (got. *ana, du, faur*, ahd.
ana, zuo usw.), sofern das Nomen fehlen konnte. In ahd. Zeit ist die
nhd. Praxis grundsätzlich festgelegt worden. – Feste Komposita halten
sich in der Sprache mit literarischem Gepräge besser als in der Umgangssprache. Vgl. noch § 51 Ende.

Von anderem Ausgangspunkt (Messung der ahd. Partikelverba an
den lateinischen) unternimmt G. MÜLLER (s. § 8) 337 ff. einen Auf-
klärungsversuch für die ahd. Verhältnisse: Die Präpositionalkompo-
sita entstanden durch Wegrückung der Präposition vom Substantiv
zum Verb; sie wandeln sich dann in Adverbialkomposita (ursprüngliche Adverbialkomposita seien die mit *ūf* und *ūz*).

---

[1] Vgl. BEHAGHEL, Syntax IV, S. 67 ff. mit Lit.

[2] R. LEINEN, Über Wesen und Entstehung d. trennb. Zusammensetzung des dt. Zeitwortes. Diss. Straßb. 1891; NILS KJELLMAN, Die
Verbalzusammensetzungen mit „durch". Diss. Lund 1945, S. 169 ff.
204. 212.

50. Die Adverbpartikeln *über-, unter-, hinter-, durch-, um-, wi(e)der-* und das Adjektiv *voll-* (§ 52) bilden heute so w o h l feste als a u c h unfeste Zusammensetzungen mit Verben: *ich übersetze – setze über, ich umgehe – gehe um* usw. Die vier ersten schließen sich im Ahd. dem Gebrauch der Partikeln am engsten an; sie stehen schon regelmäßig unmittelbar vor dem Verbum und kommen nur selten in selbständiger Verwendung vor (im Gegensatz zu *umbi* und *wider,* got. *wiþra*).

Die Bedingungen für eine befriedigende und restlose Einteilung in feste und unfeste Bildungen aufzustellen, ist nicht möglich. (Da haben wir wiederum eine gehörige Knacknuß für Fremdsprachige!).

Man sagt wohl gern, Zusammensetzungen seien fest geworden, sobald sie im ü b e r t r a g e n e n Sinne auftreten. Das trifft aber nur sehr bedingt zu! *unterschreiben* ist eine feste Zusammensetzung, aber in einem übertragenen Sinne zu verstehen? Doch sicher nicht mehr als das unfeste *unterkriegen.* Desgleichen stehen nebeneinander *übersiedeln* und *übersiedeln, (etwas) dúrchgehen* und *durchgéhen* in derselben Bedeutung. Gerade das Gegenteil der Regel gilt für *dúrchgehen* im Sinne von sich davon machen (vgl. *dúrchbrennen!*) und für *úmstehen* (= verderben, verenden) gegen *umstéhen* (im lokalen Sinne gemeint). – Mehr Bedeutung und Gültigkeit kommt einem andern – freilich wiederum a posteriori aufgestellten – Leitsatz zu: Die festen Zusammensetzungen können ein Akkusativobjekt regieren (auch wenn das betreffende einfache Verb intransitiv ist, z. B. *überschréiten, umgéhen durchflíegen*), die unfesten bewahren gewöhnlich die Konstruktion des einfachen Verbs *(gehe um mit . . .).* Aber auch diese Regel gilt nicht ausnahmslos; vgl. *widerréden, widerstrében, übersiedeln, überáltern, unterlíegen, unterbléiben, unterhándeln* u. a., die alle intransitiv bleiben.

Allzu apodiktische Entscheide[3] sind hier immer zu starr. Als allgemeingültig erweist sich nur die verschiedene Betonung: Die festen Zusammensetzungen haben den Akzent auf dem Verbum, die unfesten auf der Partikel[4]. Das Nähere über die Doppelspurigkeit der festen und unfesten Zusammensetzungen gehört übrigens in die Syntax.

Die Partikel *hinter* ist nur mit Vorbehalt hierher zu stellen. Die Wörter- und Regelbücher führen zwar eine größere Anzahl unfester Zusammensetzungen mit *hinter* an (z. B. *hinterbringen, -gießen, -gehen,*

---

[3] So auch etwa derjenige von G. A. Brüggemann in Deutschunterricht im Ausland, Jg. 1938/39, Heft 6, S. 1 f. Vgl. zum Ganzen Kjellman passim, wodurch R. Löhner in Zs. f. d. dt. Unterr. 3, 117 ff. überholt ist.

[4] Über den Zusammenhang von festgewordener Komposition und Betonung versucht G. O. Curme in PBB 39, 320 ff. eine Erklärung.

-legen, -ziehen), aber praktisch kommen sie so gut wie nicht vor. Bezeichnend ist, daß PAUL, Dt. Gramm. Bd. III (Teil IV), § 204 *hinter* auch bei den trennbaren Verben nennt (freilich ohne Beispiele), aber V, § 31 nicht mehr. M.HEYNE nimmt 1877 in DWb. 4, 2, 1496f. ausdrücklich noch keine unfeste Komposition mit *hinter* an. Otfrid betont es, aber ohne ihm den Platz vor dem Verbum zu entziehen.

Die festen Bildungen mit den genannten Partikeln überbieten die unfesten immer mehr, ohne daß die Verschiebung, die hier vor sich geht, weiter auffiele. Auch in der klassischen Literatur, ja selbst in der heutigen ist die Behandlung ungleich.

Das zeigen wiederum die wertvolle Zusammenstellung der Abweichungen vom heutigen Sprachgebrauch bei PAUL Bd. V, S. 35 f. und III (Teil IV), S. 248 oder die trefflichen Beispiele bei K. MÜLLER-FRAUREUTH (s. § 33) 273 ff., denen einige Proben entnommen seien: *sie ritt viel Länder durch* (Hölty); *wie oft hab ich . . . die Fluren durchgestrichen* (Gellert); *der durchgesetzten Nächte* (Haller, *durchgescherzten* Wieland), umgekehrt: *er durchstudierte die groß' und kleine Welt* (Fontane, nach Faust I, 2012); *ihnen unterzuliegen* (Goethe, umgekehrt: *er unterlegt ihr jedesmal das Pferd*); *mich untergejocht zu sehen* (Klinger); *er . . . umhängt das Schwert* (Schiller). Größeres Schwanken herrscht bei *über*: *sie geben sich über* (Luther); *laß mir die Sorge über* (Tieck); *ist er sehr gut übergetragen* (Schiller); *ein übergesetztes Buch* (Schottel); *. . . hat ein Kind übergefahren* (Schröder), umgekehrt: *seine Stimme überschnappte* (Hermann Kurz); *sie übersetzten uns* (Karl Hensler); *sein Gesicht überfloß von Tränen* (G. Keller). Letzteres scheint sich bes. bei süddeutschen und Schweizer Schriftstellern vorzufinden.

Sehr wenig einheitlich erscheint auch die Behandlung von *wider* und *wieder*. Es mag vorerst daran erinnert werden, daß die beiden von Haus aus dasselbe Wort darstellen; nur die (schon im Ahd. erfolgte; s. u.) Bedeutungsspaltung hat die doppelte Schreibweise fixiert. Im großen gilt nun die Regel, daß Zusammensetzungen mit *wider* als fest, die mit *wieder* als unfest zu behandeln seien. Aber sie stimmt nicht durchweg. Von beiden erscheinen beiderlei Bildungen. Vgl. einerseits *wiederholen, -finden, -sehen* gegen *wiederhólen*, anderseits *widerráten, -rúfen* gegen *wiederspiegeln* (D.). Wahrscheinlich wurde die Verwirrung noch dadurch vergrößert, daß die beiden Bedeutungen nicht verschieden genug sind. [10]Duden gibt noch an *widerhallen* und *widerhállen*, Sachs-Villatte schreibt *Wiederhall*. Es sind eben beide Vorstellungen möglich: *entgegen-* und *wiederum-hallen, -schallen, -klingen* (vgl. Lenau: *Und des Hornes heller Ton klang vom Berge wieder*). Die richtigere ist in diesen Fällen freilich die von *wider*, besonders bei *widerspiegeln*. Denn der See spiegelt den Berg nicht wieder. Das wäre eine Spiegelung zweiten Grades. Der See gibt den Berg wieder. In Fällen wie *widerhallen, -schallen* mag dazu kommen, daß sie als Ableitungen aus *Widerhall, -schall* empfunden werden können.

Ahd. *widar* hatte zunächst nur die Bedeutung von got. *wiþra* 'gegen'. Es entsprach als solches lat. *re-*, etwa in *repellere = widarwerfan*. Wie aber lat. *re-* auch die Bedeutung 'wiederum' zukommen konnte, so auch dem ahd. *widar*; vgl. *reinvitare = widar ladōn, referre = widar bringen, remittere = widar senten*. Vor ca. 800 hatte *avar, abur =* nhd. *aber* in der Komposition diese Rolle gespielt: *reduxit = avur prähta, requirentes = avar suachante*[5].

51. Unfeste Zusammensetzungen. Trennbar bleiben alle die zahlreichen Partikeln, die nicht unter die §§ 50 f., 61 ff. behandelten Kategorien fallen, z. B. *ab, an, auf, vor, aus, zu, mit, bei, ein, nach, her, hin, dar*; *herab, -an, -auf, -vor, -aus, -zu, -bei, -ein, -über, -unter, -um, hinab, -an, -auf, -aus, -zu, -ein, -über*; *umher einher, dahin*; *vorbei, -an, -aus, -her*; *d(a)ran, -in, -auf, -ein, dazu, -bei, -her, -vor*; *hintan*; *ab-, auf-, einwärts*; *zusammen, zurück, entgegen* usf.

Diese Adverbien behalten bei der Verbindung mit einem Verb nicht nur großenteils ihre Eigenbedeutung, ihre semantische Selbständigkeit, sondern auch die Stellung der freien Verbalbestimmungen. Vgl.

ich schreibe . . . bald, gern		*da ich . . . bald schreibe*
„ „ *ab*		„ „ *ab-* „
ich soll, will, werde . . . bald schreiben		*hätte . . . bald*
„ „ „ „ *ab-*		„ „ *ab-*
geschrieben	*gedenke . . . bald zu schreiben*	
„	„ *ab-* „ „	

Man fragt sich daher mit Recht, was für das Zusammenwachsen von Adverb und Verb in *abschreiben, abladen, zumachen, heraufkommen* ausschlaggebend gewesen sei. Gewiß kann man sagen, in solchen Wörtern habe jeder Teil seine Bedeutung unverändert beibehalten. Aber in einer ebenso großen – und noch viel größeren – Zahl von Fällen weist die Verbindung doch eine spezialisierte Bedeutung auf, und zwar ist die Spezialisierung vollständig (*mitteilen, vorkommen, zutreffen*), oder es steht jetzt neben der eigentlichen Bedeutung eine übertragene (*annehmen* heißt auch soviel wie 'vermuten' oder 'sich kümmern um', *aufgeben* auch 'als verloren betrachten', *vorwerfen* 'einen Vorwurf machen'). In dieser letzten Lage befinden sich ungeahnt viele der heutigen unfesten Komposita: *einflößen, -stellen, -gehen, -treten, -treffen, -schla-*

---

[5] Vgl. E. STEINMEYER, Prager Dt. Studien VIII, S. 160 Fußn.

gen, -richten, -prägen, -nehmen, -lenken, -leiten, -lassen, -lösen, -holen,
-fädeln, -führen, -leuchten, -pflanzen, -reißen; abtreten, ausführen,
beilegen, zu-, nachlassen, hinüberspielen, herunterkommen, um nur
einige Beispiele „anzuführen". Zweitens muß „zugegeben" werden, daß nach den heute gültigen syntaktischen Gesetzen die
feste Stellung Partikel + Verb doch ungemein häufig ist (regelmäßig im Infinitiv, aber auch sonst sozusagen durchgehend
außer im Präsens und Imperfekt der Hauptsatzform). Vollends
wird aber das Bindende darin zu suchen sein, daß Partikel +
Verb eine einzige Tätigkeit ausdrücken, nicht nur in Fällen
mit spezialisierter Bedeutung (*zugeben* = frz. concéder), sondern
auch in andern (*zumachen* = schließen, frz. fermer, *abschreiben*
copier, *hinaufgehen* monter, *herunterkommen* descendre usw.),
daß infolgedessen das Verb und seine Partikelbestimmung als
innere funktionelle Einheit empfunden werden. M. a. W.: das *ab*
in *abschreiben* gilt uns nicht (mehr) als Umstandsbestimmung
wie das *bald, gern* in *bald, gern schreiben.* Es hat die Kraft eines
besonderen Satzteiles – im Gegensatz zum Adverbiale *bald, gern*
– eingebüßt; *ab* bezeichnet mit dem Verb *schreiben* zusammen
eine Tätigkeit (die, wo nicht im Deutschen, so in andern Sprachen mit einem einzigen Wort gegeben werden kann), in *bald,*
gern schreiben trägt nur *schreiben* die Tätigkeit.

Besonders drastisch offenbart sich der angedeutete Unterschied
in Parallelen wie *zusammenkommen* (= sich treffen, se réunir)
und *zusammen kommen* (venir ensemble), *vorhergesagt* (prédit)
und *vorher gesagt* (dit auparavant). Diese Fälle beweisen, daß
nicht die Natur eines Wortes zur Zusammensetzung führt, sondern seine Funktion. Die Verbindung der Partikeln und Verba ist
also nicht immer gleich eng; in *zusammen kommen* ist *zusammen*
eine Umstandsbestimmung geblieben, es hat das gleiche semantische Eigengewicht wie in den Wendungen *allein, zu dritt, gleich-*
zeitig kommen die Adverbia *allein* usw.

Vom rein sprachgeschichtlichen Standpunkt aus ist noch zu beachten, daß der Name „trennbare Verba" bzw. „trennbar zusammengesetzte Verba" eigentlich nicht richtig ist. Denn, was mit den so bezeichneten Gebilden geschieht, ist nicht, daß sie im Präsens und Imperfekt wieder getrennt erscheinen, sondern, was in Wirklichkeit geschah,
ist, daß sie nur in den übrigen Stellungen zum Wort verschmolzen,
während hier noch der alte Zustand vorliegt. Zutreffender ist daher,
von unfesten Zusammensetzungen zu reden.

Die gehobene Sprache ist freilich schon über diesen Zustand hinausgeschritten; vgl. *ich anbete in ihr [der Sonne] das Licht* (Goethe zu Eckermann), *es anmutete keinen die Stimme* (Mörike, Ged.), *mit Glutbuchstaben einschreib ich meines Volkes Schande* (Rückert), *diesen Wassern mitteile ich meine Gedanken* (Tieck). Nichttrennung liebt etwa A. Heusler in seiner Dt. Versgeschichte; vgl. z. B. Bd. 1, S. 197: *Ablehnen wir den Schluß*, Bd. 2, S. 134: *Auffällt, daß . . .*, S. 100: *Aber durchgriff solche Glättung nirgends.* In der Prosaeinleitung zu einer Hodlermappe (1927) kann man gar lesen: *Der Vater . . . mitgab dem Sohn, Er neufundiert sein Malhandwerk, Er . . . vorkämpft das Leben, Unter diesen einprägt sich besonders* usw., was als unwichtige Entgleisung eines im Banne des Künstlers stehenden Deuters anzusehen sein mag. Symptomatisch erscheint auch die zwiespältige Behandlung einiger Verba mit *an-, vor-, ein-, auf-, ob-*, die von Rechts wegen unfeste Zusammensetzungen bilden sollten. Schon bei einigen Humanisten, besonders aber in neuerer Zeit macht sich jedoch die Tendenz geltend, sie als feste Komposita zu betrachten. Nach PAUL (S. 34) findet sie sich namentlich bei Schweizern und im Zeitungsdeutsch, z. B.: *er anempfahl ihr, Jukundus anerbot sich, als anerkannten sie das Recht nicht, anvertraute ich es, einverleibten sie, diesen vorenthielt sie* (alles aus G. Keller), *dir anbefehle ich* (A. W. Schlegel), *sie anerkennt ihn nicht* (Kleist, ähnl. Gutzkow, Anzengruber), *der Beichtiger auferlegte ihm* (Auerbach), *dasselbe* geläufiger mit *obliegen, obsiegen.* Es handelt sich in allen außer den zwei letztgenannten Fällen um Zusammensetzung mit Verben, die selbst schon Präfixkomposita sind. Das will heißen mit Verben, die im Partizip kein Augment annehmen, das die Partikel vom Verb trennt. Es heißt *anerkannt*, zum Infinitiv *anerkennen* (gegen *an-ge-zogen*, zum Inf. *anziehen*). Dies und die verbreitete Betonung *anerkénnen, Anerkénnung* (wie bei *erkénnen*) mag ihre Behandlung als feste Zusammensetzungen begünstigt haben (Henzen [s. § 3] 193 f.).

Merkwürdig sind die unfesten Zusammensetzungen mit Verben, die als einfache nicht mehr vorkommen, z. B. *ausmerzen, -rotten, -mergeln, aufwiegeln, einverleiben* (wie etwa untrennbares *umzingeln*), und grundsätzlich zu sondern sind von *auskernen, aufmuntern, einbürgern* u. ä. in § 160.

A nm. 1. Mehrere früher gebräuchliche Partikeln hat die Sprache in der Komposition jetzt aufgegeben, so ahd. *afar-abur, after, dana, fram, saman, furi, gagan(i)* (= nhd. *gegen*; hier ersetzt durch *entgegen*); s. Wilmanns, S. 123.

A nm. 2. In fremden Verben stehen Partikeln mitunter „pleonastisch" (genauer: mit dem Zweck der Bedeutungsverdeutlichung): *anpräsentieren, aufoktroyieren, nachsimulieren, zusammenaddieren* u. ä.

52. Verba mit nominalem erstem Glied treten an Bedeutung hinter den bisher behandelten zurück. Auf älterer Stufe verschmelzen mit Verben zunächst nur gewisse Adjektivstämme, so unser *miß-, voll-, eben-*.

Beispiele. *m issa-* in Verben s. § 68; – *folla-* in ahd. *follabringan,*
-gān, -faran, -wurken, -tuon, -buozen Genüge leisten, *-queman* sich erfüllen (vgl. *vollkommen!*), Part. *follazogan, -sotan, -tān,* mhd. *voldrücken,*
-gründen, -klagen, -enden; -füeren, -denken, -būwen usw. (im Nhd. ist
die Zahl wieder eingeschränkt. Fürs Got. liegt kein sicherer Beleg vor,
denn *fullaweisjan* u. ä. werden aus *fullaweis* usw. abgeleitet sein [6]); –
eban, im Ahd. ziemlich häufig, besonders in der Übersetzungsliteratur
zur Wiedergabe von lat. *co(n)-: ebandolēn* compati, *ebanbringan* con-
ferre, *ebanwirken* cooperari, *ebanbrūchen* couti (wie in der Nominalkomposition *ebantal* convallis, *ebansloz* conclavis[7]. Hier jedoch schon
got.: *ibnaleiks* gleichen Körpers usw.), mhd. *ebenhellen* übereinstim-
men, *ebenmenden* sich mitfreuen, *ebenmāzen* gleichstellen. Vgl. § 34.

Im Nhd. mehren sich allmählich unfeste Verbindungen mit
andern Adjektiven und Adverbien: *kundgeben, -tun, wert-, hoch-
schätzen, feilhalten, sicherstellen, freilassen, freisprechen, stillsitzen,
los-, fehlgehen, fehlgreifen, wohl(er)gehen, -tun, malnehmen* (D.),
wahrhaben (zu *wahrsagen* vgl. u.). Bei den Adjektiven handelt es
sich besonders um einsilbige, auf das Objekt bezogene Prädikate.
Sie haben unter den gleichen Bedingungen wie die Partikeln ihre
feste Stellung vor dem Verb erhalten.

Substantiva werden zunächst nicht verwendet. Die got. Bibel
löst griech. καρποφορεῖν 'Frucht tragen' noch auf in *akran bairan* [8],
woneben aber *faihu-geigan* (Geld) begehren; ferner, mit alterier-
tem Verb, ahd. *halswerfōn, muotbrechōn, salm-, wunnisangōn,*
mhd. *hōnlachen, luginstrafen, vederlesen, zagelweiben* = nhd.
schwanzwedeln u. ä. [9]. In der neueren Sprache sind weitere, z. T.
unfeste Bildungen üblich geworden, deren Beurteilung nicht
immer leicht ist, so etwa *achtgeben, stattfinden, teilnehmen, haushalten, gewährleisten, lobsingen,* wonach *lobpreisen, -hudeln, hohn-
lächeln, glückwünschen* (in der Literatur oft als feste Zusammensetzung gebraucht wie unser *beglückwünschen*) und andere eigen-
artige „Syntheta": *kopfzerbrechen, seitblicken, steckenreiten, feuerflammen, siegprangen, lustfeiern, wärmeumhüllen* (Goethe), *nas-
führen, hangsegeln* (beim Segelfliegen), *bausparen* (D.), *schau-
tragen, -stehen, -stellen* (D.), doch = *ich trage zur Schau* [10]).

---

[6] Vgl. Gröger, S. 323 ff.; Wissmann, Die ältesten germ. Postverbalia (s. § 78), S. 48 ff., wo weiteres.

[7] Vgl. Steinmeyer a. a. O.; Brinkmann, Sprachwandel u. Sprach-
bewegungen in ahd. Zeit. 1931, S. 49.

[8] Vgl. H. Grewolds, ZfvglSprf. 61, 178.

[9] Wilmanns, S. 121 f.   [10] Vgl. Jóhannesson, Komposita S. 67 ff.

Doch sind wohl die meisten solcher scheinbar festen Zusammensetzungen Ableitungen aus zusammengesetzten Substantiven (s. § 145), so *wehklagen, mutmaßen* (< *Mutmaße*), *handhaben, ratschlagen* (öfters stark: *ratschlägt, ratschlug*[11]), *ratfragen* (bei Voß etwa *ratgefragt*), *radebrechen* (teilweise *radebricht, radebrach, geradebrochen*[12]), *wetterleuchten* (< *Wetterleucht*, volksetymol. Umdeutung von *Wetterleich*), *brandmarken, -schatzen, -malen, weissagen* (Umdeutung von ahd. *wīzagōn*, zu *wīzago* Prophet), *lustwandeln* (von Zesen, wohl nach *Lustwandel*. Goethe: *lustzuwandeln*), *willfahren* (< mhd. *[eines] willen vāren*), *liebäugeln, -kosen* usw., wohl auch *schwarzarbeiten* (< *Schwarzarbeit[er]*), mhd. *vederslagen* schw. Vb. flattern. Einigen Aufschluß kann in glücklichen Fällen das DWb. vermitteln. Paul verzeichnet daraus auch seltenere Ableitungen wie *waghalsen, maulaffen, schauspielen, lobreden*. Zum ganzen § 52 vgl. ferner unten S. 272.

Flexionslose Zusammensetzungen

53. Die webende Geschäftigkeit der Sprache auf dem Gebiete der kompositionellen Wortbildung offenbart sich besonders auch in den zahllosen unflektierten Zusammenrückungen. Allem bisher Behandelten gegenüber findet sich hier die Erscheinung, daß neben Zusammensetzungen, deren letztes Glied schon ein flexionsloses Wort war, solche entstehen, die einer andern Wortart angehören als das letzte Glied. Zur Sache selbst vgl. § 165. Das letzte Glied kann ein Substantiv, ein Adjektiv, ein Pronomen sein, das Ganze aber eine Präposition (z. B. *infolge*), ein Adverb *(fürwahr)* oder eine Konjunktion *(trotzdem)*. Da diese Bildungen tatsächlich erstarrte syntaktische Verhältnisse flektierbarer Wörter darstellen, ist sehr oft eine scharfe Grenze zwischen formaler Selbständigkeit und Zusammensetzung nicht zu ziehen. Die Unsicherheit muß sich, wie schon § 16 bemerkt wurde, besonders in der Schrift auswirken, wo denn auch Wörter oft getrennt bleiben, auch wenn sie einen einheitlichen Begriff wiedergeben *(von dannen, vor allem, in bezug, in Hinsicht auf, zu guter Letzt* gegen *infolge, insgesamt, zutiefst* usw.). Bei andern herrscht noch Schwanken *(zuoberst, zutage, zugrunde* usw.). Da es sich um einen fortschreitenden Prozeß handelt, neigen die Rechtschreibebücher in zweifelhaften Fällen mit Recht zu Zusammenschreibung. Am festesten ist diese natürlich dort, wo neben Isolierung

---

[11] Siehe PAUL, Dt. Gramm. II (Teil III), § 185 mit Anm. 6.
[12] PAUL, ebenda § 184 Anm. 2.

der Bedeutung auch eine Isolierung der Form eingetreten ist:
*ab-, vor-, zuhanden, vonstatten, allerorten, inmitten, -zwischen, ent-
zwei* (< *en zwei*), *ungefähr* (< *āne gevær[d]e*), *zwar* (< *ze wäre*),
neben (< *in eben*; § 39), *empor* (< *in bore*) usw., auch *überhaupt*,
instand u. ä. Geschwunden ist das erste Glied infolge Tonlosigkeit in *weg* (< *en wec*), *wegen (von wegen), traun* (< *en triuwen*),
mitten (< *en mitten*).

Die Möglichkeiten der Zusammensetzung, die sich uns auf
diese Art bieten, sind so groß und verschiedenartig, daß hier nur
Hauptgruppen angedeutet werden können.

54. Zwei Adverbien (Präpositionen)

1. Im Got. und z. T. im Ahd. sind häufig mit Pronomen, Adverb und Präposition kleine Beziehungswörter verbunden, die
dann meist unselbständig geworden oder untergegangen sind.

Vgl. verstärkendes *-uh, -h* in *þaruh* daselbst, *þanuh* dann, *þatuh*
eben das, *sah* eben der, *hvazuh* jeder; – Fragepartikel *niu = ni + u*
nicht?, *swau* so?, *abu (af + u)* von? usw.; – Partikeln und Konjunktion *ei*: *ikei* ich der, *þarei* wo, *þatei* daß, *swaei* so daß, daher, *faurþizei*
bevor, *miþþanei* während, *akei* sondern, usw.; – demonstratives Zeit-
adverb *þan*: *miþþan* inzwischen, *juþan* schon, *aþþan* aber; – inde-
finites *-hun* 'irgend': *ni ainshun* keiner, *ni mannahun* niemand. Das
Ahd. hat ähnliche Mittel; mit einem Stamm *þa-* (<idg. *te-/to-*) sind
schon *der, die, dā, dar, der dā* ille qui usw. gebildet[1]. Got. *-uh* entspricht in der Funktion ungefähr *-sē* in *diesēr*. Ein *eddes-/etes-* 'irgend'
(< got. *aiþ-þis; vgl. *aiþþau* = ahd. *eddo* oder) erscheint in *eteswer,
-waz, -wā* usw. und erinnert an proklitisches mhd. *sō-* in verallgemei-
nerndem *swer, swaz, swā, swanne*. Vgl. ferner ahd. *deh-, dih-, doh-* in
deh(h)ein einer, *deh(h)einīg, de(h)weder* einer von zweien, *ni-, nih-* in
nih(h)ein, niwiht, eo-, io- (< got. *aiw*) in *ioman, iowiht, iowanne,* bzw.
nioman u. a., ahd. *ouh* (neben *oh*, got. *auk, ak*) in *ibouh, ūzouh* aber. Freier
ist got. ahd. *nu*: got. *þannu* nun, also, ahd. *welanu, wolanu, welaganu*
wohlan! ach!, *wānu, sēnu* ecce!.

2. Von ungemein größerer Bedeutung für das Deutsche werden
hinsichtlich der Zusammensetzung die Ortsadverbien der
Ruhe und der Richtung. Ahd. *dār – dara, wār – wara, hiar –
hera* und *hina* (s. § 156) stehen vor allem vor präpositionalen
Adverbien: *daran, worauf, hie(r)mit, herab, hinzu* usw., in einer
großen Anzahl von Kombinationen, die sich mehren, mit Vokal-
ausstoßung (seit dem Mhd.): *dran, drauf, drin(nen), drunten,*

---

[1] Wilmanns, Dt. Gramm. III, S. 418 f.

droben, drunter und drüber, binnen, hüben und drüben, mundartlich *ran, rauf, raus, naus, nein.* Und schließlich erscheinen die
Zusammensetzungen mit *hera* und *hina* auch in umgekehrter
Stellung: *da-, dort-, wo-, nach-, um-, einher; vor-, dort-, mit-, um-,
ohnehin;* ferner *immer-, schlecht-, gemein-, künftig-, fürder-,
weiter-, ferner-, letzthin,*

   In Mundarten leben noch andere Verbindungen: *inhin, -her* erscheinen als *ihi(n), iche(n), abhin* als *abi(n), abe(n);* alem. *abhar* als
aha; ūfhin, ūzhin, ūfher, ūzher als *ufi(n), usi(n)* oder *ufe(n), use(n)* u. ä.
(im Wallis noch getrennt: *ūf har* > *uif hár*); auch Häufung durch Vor-
und Nachstellung begegnet: *hernachher* (bair.), *heraußer* (Goethe). In
gewissen Gegenden besteht teilweise noch jetzt die Kontaktstellung
nicht, die die Zusammensetzung natürlich erst ermöglicht hat (z. B.
da war ich nicht bei, mit; wo sitzest du auf?). Begünstigt wurde diese
aber zweifellos durch hd. Hinüberziehung des *-r* bzw. *-n* zur Folge-
silbe: *da-ran, wo-rin, he-rauf, hi-nein* usw. (§ 17 b). Heute ist das *-r-*
außerhalb der Komposition in *wār, wara* nur noch mundartlich hier
und da erhalten. Weiteres s. unter 3.

   3. Hier reihen sich die verschiedenartigsten Zusammensetzungen von Adverbien oder von Präpositionen und Adverbien an,
deren Entstehung teils nur von Fall zu Fall erklärbar, teils noch
nicht aufgeklärt ist. Einige sind vielleicht als pleonastische Bildungen aufzufassen, z. B. *anbei, nebenbei, voran, überaus, mitunter, hinterdrein,* wenigstens sofern sie ursprünglich durch ein
vom ersten Glied abhängiges Nomen getrennt waren: *er ging
hinter ihm drein, her.* Vgl. ferner: *mitsamt* (wohl 2 Präpositionen),
jawohl, wohlan, jaso, soso, mhd. *woldan* wohlauf, *i(e)doch* jedoch,
iesā sogleich, *ieze, -zuo, -zunt, jetzo* jetzt, auch *nunmehro* [2] oder
sofort, -dann, -eben, -fern, -gar oder *obenan, -auf, -aus, -drein,
untenan, -durch, fortan, anfort, geradeaus, -zu, fürbaß, nahezu, -bei*
und *beinahe, nachgerade, annoch, überaus, wiederum, mit-, ohne-,
immerhin* u. ä. (s. unter 2), *ein-, auswärts* (engl. *inward,* ae. *æfte-
weard* u. ä.).

   Deutlich läßt sich die Verbindung Präp. + Adv. verfolgen bei *gegenüber* an Hand der Belege, die Paul, Dt. Gramm. IV, § 305 aus der Literatur aufführt. Häufig sind hier zunächst die Fälle, wo ein Dativobjekt
dazwischen steht: *gegen dem Schloß über, gegen ihm über,* oder ein
Richtungsakkusativ: *der Umriß wird gegen das Titelblatt über geheftet*
(Goethe. Oft ist nicht zu erkennen, welcher Kasus vorliegt: *gegen ein-*

---

[2] Vgl. zu diesen v. BAHDER, PBB 53, 431 ff.

ander, sich, uns über). Zwecks Hervorhebung wird dann der abhängige Kasus entweder voran- oder nachgestellt: *der schönen Nymphe gegen über, andere gegen über ihnen* usw., womit die Kontaktstellung sich ergibt.

4. Das erste Glied ist eine Gradbezeichnung: *also, allein, allda, -wo, -dort,* mhd. *alsā, -dā, -dar, -dort, -umbe, -her, -hin, -über, -ze, -zehant, albetalle* d. i. *al mit alle; vielmehr, vielleicht;* dann *vorgestern, ehegestern, übermorgen, nachmittags* u. ä.

5. Heutige Konjunktionen wie *obgleich, obschon, obwohl, obzwar, wenngleich, wiewohl, wofern, sofern, soweit, sosehr, gleichwie, gleichwohl, darum, warum, des-, weshalb, des-, weswegen, sodann, -nach, -mit, alsdann, da-, hingegen* u. a.

55. Ein anderes logisches Verhältnis zeigen die Zusammensetzungen von Präpositionen mit einem abhängigen Wort: a) mit Adverb[3]: *entgegen* (< *in gegen*), *besonders* (< *bi suntar*), *binnen* (< *bi innen*[4]), *umsonst, zusammen, bisher, bislang,* mhd. *anhiute, angestern, anheim* usw.; – b) mit Pronomen: *nach-, außer-, ehe-, in-, zu-, trotz-, vordem, in-, unter-, währenddessen, ohne-, überdies;* – c) mit Adjektiv: ahd. *in guot* gutenteils, *in arg, in (ala)wār* wahrlich, *ubarlūt* öffentlich, laut, *ubar al* ausnahmslos, mhd. *für wār,* nhd. *vorlieb, insbesondre, überall* u. ä.; – d) mit Substantiv: *infolge, zufolge, anstatt, vonstatten, überhaupt, empor, ungefähr, ohn-, unmaßen* (§ 58), *im-, außerstande, zuteil, -gunsten, -hauf, -handen, -schanden, beiseite(n), zweifelsohne* usw. (engl. *indeed, perchance, beforehand, -time, ofttimes, to-night,* mundartlich *hīnacht* o. ä.). Hiervon sind einige ältere Bildungen sogar wieder zu Adjektiven geworden; vgl. *behende* (ahd. *bihenti*), *vorhanden, zufrieden* (s. § 167, 5).

Hier besonders befinden wir uns auf der verschwommenen Grenze zwischen Zusammensetzung und syntaktischer Fügung (§ 16) mit zahlreichen Vor- und Übergangsstufen in der älteren Sprache. Vgl. etwa ahd. *zi houfe, zi nōti, hintar rucke, mit worton* in der Tat, *in alahalba* allenthalben, mhd. *(sā) zehant* sogleich, *behende, ze māle, von sachen* mit guten Gründen, *durch, von geschiht(en)* zufällig, *ze staten, an stete, bezīten; in, enzīt* sogleich, *underwegen; in, entriuwen,* md.

---

[3] PAUL, Dt. Gramm. IV, § 309; nach DEMS. IV, § 136 ff. V, § 38 wären schon Fälle wie *darüber, hierauf, wohin, herab* (oben § 54, 2 f.) diesen verwandt, weil auch hier ein Abhängigkeitsverhältnis zwischen den Gliedern bestehe.

[4] Vgl. ebenda § 295.

traun, nhd. noch in *außer acht*; *bei Leibe (nicht)*, *in der Tat*, *aus freien Stücken*, *in Betreff*, *zu Paaren*; *auf*, *zu*, *von seiten*.

56. Das erste Glied ist ein Nomen (das zweite ein Adverb [allenfalls ein in der Hypostase erstarrtes Substantiv; s. § 165]).

a) Das erste Glied ist ein Adjektiv in *vollauf, kurzum, schlechtweg, -hin, keineswegs, meistenteils, jederzeit, kurzerhand, mittlerweile, alleweil, allerart, manchenorts, heutigentags, unbekannterweise.* – b) Das erste Glied ist ein Substantiv: *bergan, -auf, -ab, treppauf, -ab, jahrein, -aus, kopfüber, -unter, schrittweise* usw.

Mit den Adverbien auf *-seits, -maßen, -wärts, -halb* und was dergleichen Hinterglieder mehr sind, die nicht mehr für sich allein so stehen können – aber auch mit denen auf *-weise, -weg, -mal* – stehen wir an der Schwelle der Ableitung. Vgl. §§ 124–138. 159.

Präfixbildungen

57. In sprachgeschichtlicher Sicht stellen die Präfixbildungen Zusammensetzungen dar (als Präfixkomposita); sonst kommt ihnen nun eine eigene Stellung zu. Vgl. § 12. Über das Verhältnis von nominaler und verbaler Bildung sind zwei Tatsachen besonders hervorzuheben:

1. Die mit Partikeln zusammengesetzten Substantiva und Verba hatten im Germ. verschiedene Betonung, was ein verschiedenes Verhalten der Partikeln bewirkte: aus germ. *uzláubjan, got. uslaubjan wird ahd. irlouben, aus germ. *úz-laubaz wird ahd. urloub. So stehen sich auch gegenüber got. andanem Empfang, andanems angenehm und andniman aufnehmen, ahd. antlizzi und intloufan u. ä.

2. Alle untrennbaren Partikeln, die sich mit Verben verbinden (§ 61 ff.), kommen, soweit wir die Dinge zurückverfolgen können, auch in nominalen Zusammensetzungen vor. Dagegen gibt es einige, die dem Nomen eigen sind (in Verben sich somit nur sekundär vorfinden):

got. id-, ahd. it(a)-, z. B. in got. idweit, ahd. itawīz Schimpf;
got. tuz-, ahd. zur- in got. *tuzwers verdächtig (woraus tuzwerjan zweifeln), ahd. zurwāri;
got. ahd. un- (§ 58);
ahd. ā- und uo-, z. B. in āmaht Ohnmacht, ā-, uowahst Unkraut, ā-, uomād 'Wiedermahd', Emd, āteil Unteilhaftigkeit, Adj. āteili[1].
Einzig un- hat sich davon erhalten.

I. Substantiva und Adjektiva

58. un- stellt die Tiefstufenform idg. ṇ zur selbständigen Negationspartikel ně = germ. ni dar (und entspricht lat. in-, griech. a[v]-privativum, ai. a[n]-; urverwandt ist ferner ohne)[2]. Es hat verneinende Wirkung. Ursprünglich konnten wohl nur adjek-

---

[1] Vgl. KLUGE, Urgerm., [3]S. 233 ff., wo weiteres.
[2] Ausführliches z. folg. durch K. EULING im DWb. 11, 3, S. 1–34.

tivische Zusammensetzungen damit gebildet werden (vgl. lat. *innocens, improbus,* woraus *innocentia, improbitas*); doch sind substantivische in germ. Dialekten schon alt (s. u.)[3]. Immerhin trat *un-* nicht mit jedem beliebigen Adjektiv zusammen. Heute ist die Komposition unangezeigt[4]:

a) wenn es von einem Adjektiv mehrere Gegensätze gibt (*rot, lau, mittler*);

b) wenn ein anderes Wort den Gegensatz deutlich angibt (*groß, dick, hell, zahm.* Aber umschreibend: *unschön, unfern, unschwer, ungut* und *unbillig, ungerade,* wo *billig* und *gerade* nicht Gegensätze zu *teuer* und *krumm* sind);

c) wenn dem Wort an sich ein negativer Sinn inneliegt (*bös, übel, arg, gering, bloß, nackt*).

Leichter noch im Mhd.: *ungeringe, uncleine,* Wolframs *unlōs,* u. ä.; Vgl. unten die Substantiva.

Besonders häufig ist *un-* in Adjektiven aus (meist zusammengesetzten) Verben: *unbegreiflich, unzulässig, unerfüllbar.* Viele sind sogar nur mit *un-* gebräuchlich (vgl. § 160 Ende): *unweigerlich, unabänderlich, unauslöschlich, unausbleiblich, unaus-, unwiderstehlich, unwidersetzlich, unnachahmlich, unverwüstlich, unentgeltlich, unablässig, untadelig,* gewöhnlich *unrettbar, unabweisbar.* – Partizipien: *unziemend, unbefriedigend, ununterbrochen, unamwundon, ungehalten, unbewacht, unbeirrt, unentwegt, unversehrt, unverwundet, ungefrühstückt* (D.), schon häufig im Got. (z. B. *unsaiƕands* unsehend, *unþwahans* ungewaschen) und Ahd. (*unwizzanti, unfirholan, unfirslagan, ungibrostan, uninfaran* unentschwunden u. ä.).

Vereinzelt stehen auch etwa *unpaß, unwirsch*; als Adverbien (Präpositionen) ferner *(von) ungefähr* (§ 55), *unmaßen, ungeachtet, -erachtet, unbeschadet.*

Besonders in Adjektiven und Adverbien erscheint im älteren Nhd. weitgehend *ohne* neben *un-,* z. B. in *ohnendlich, ohnfehlbar* (Leibniz braucht *ohnfehlbar* unmittelbar neben *unfehlbar, Unfehlbarkeit*), *ohnweigerlich, ohnmerklich, ohnlängst, ohn(e)maßen, ohngeachtet* u. ä. Die Vermengung mit *-un-* bzw. die Ausbreitung von *ohn-* erfolgt seit dem 15. Jh. und wird im 17. bis 19. Jh. zurückgedrängt; sie ist vielleicht begünstigt durch Fälle wie *ungefähr* (< mhd. *ān gevær[d]e*), *Ohnhorn* Pflanze (Aceras, neben *unhorn, unsporn*), *Ohn(e)sorge* (n. *unsorge*), *ohn-*

---

[3] JÓHANNESSON, Komposita, S. 45 hält sie im Urnord. für gesichert.
[4] Vgl. PAUL, S. 27.

eins außer einem (n. *uneins* uneinig)[5] und *Ohnmacht, ohnmächtig*
(< ahd. *ā-maht* § 57; doch ahd. auch *unmaht*, got. *unmahts*!); beeinflußt jedenfalls von ndl./nd. und mundartlich *on-* 'un-' und wohl auch
von Bedeutungsassoziationen.

Für die **Substantiva** mit *un-* wird hauptsächlich auszu-
gehen sein von Adjektiven. Es handelt sich dann um Ableitungen:
Unreife < *unreif* (wohl nach der Proportion *reif: unreif* = *Reife:*
Unreife), *Unlauterkeit* < *unlauter* usw. oder um Rückbildungen:
Ungebühr < *ungebührend, -lich, Unschuld* < *unschuldig*, wohl
auch *Unzahl* < älterem *unzallich, -haft* u. a. Als Zusammensetzungen stellen sich etwa dar Fälle wie *Unlust* (got. *unlustus*),
Unsinn (s. u.), *Unding, Undank, Unehre, Ungröße, Unpfennig,*
Unbesuch, Unvogel, Unlandschaft, Ungeschöpf (Goethe), *Unvolk*
(vgl. got. *unþiuda*, mhd. *undiet*), *Unmensch* (vgl. an. *ōmaðr*, mhd.
unman), *Ungeselle, Untier* und viele ähnliche. – Hierneben bleiben
uns einige, von denen das zweite Glied untergegangen ist: *Unflat*
(neben mhd. *vlāt* F. und *un-vlæte*)[6], *Ungetüm, Ungeziefer*, auch
Unhold, teilw. *Unfug*; eigentlich abgeleitet jedoch wohl *Ungestüm*
(ahd. *ungistuomī*) und Fälle wie *Unsicherheit, Unfreundlichkeit, Un-*
gehorsam.

Hervorzuheben ist die beträchtliche Anzahl freier Zusammensetzungen im Ahd. und Mhd.: ahd. *unkraft, unkust* Schlechtigkeit,
unĕra, unmuoza, unende, unzīt, unzuht, ungidult, untāt, unmuot, unslāf,
unfroma, unredina, unfridu, ungibārida, unchrūt, unerbo, mhd. *unlōn,*
ungruoz, unpfliht, unwandel, unminne, unart, undinc, unval, unweter,
unmensch, unwīp, ungenōz, ungeselle, wogegen das Got. mehr Ableitungen aufweist: *unhrainei, -iþa* (ahd. *unreinida*), *unselei* Bosheit (zu
unsels), *unfrodei* (ahd. *unfruotī*) Unverstand, *unswerei, -iþa* Unehre,
unledi N. Armut (zu **unleþs* arm), *unhaili* Schwäche, *unkunþi* Un-
kunde, *unwammei* Unbeflecktheit; zu Verben: *ungalaubeins, ungaho-*
bains Unenthaltsamkeit, ferner *unwita* Unwissender, *unwiti* Unwissenheit, ahd. etwa *unbera* Unfruchtbare. Freilich ist strenge Scheidung
von Zusammensetzung und Ableitung bzw. Rückbildung sehr oft
schwierig: got. *unhrainei* steht auch neben *hrainei, ungalaubeins* neben
galaubeins, mhd. *undurft, unsin, unmensch* oder gar *unvriunt* (ndl.
onvriend) könnten auf Adjektiva bezogen werden; nhd. *Untiefe* ist Ableitung von *untief* in der Bedeutung von 'seichte Stelle', Zusammensetzung in der Bedeutung 'abgründige Tiefe'.

Zur **Bedeutung** der Wörter mit *un-* ist zu bemerken, daß sie
– indem der rein abstrakte Negationsbegriff zurücktritt – im allgemeinen ein Abweichen von der im Simplex enthaltenen Vor-

─────────
[5] DWb. 7, 1215.   [6] DWb. 11, 3, 544 f.

stellung bezeichnen[7] und dann gern den Sinn des Schlimmen erhalten; vgl. *Unzucht* (ahd. zunächst Mangel an Disziplin), *Unart, Untat, Unfall, Unkraut, Unrat, Unstern.* In anderen Fällen ist *un-* einfach steigernd: *Unwetter, Unkosten, Unmenge, Unsumme, Ungeld* (D.), *Untiefe, Unzahl* usw., mhd. *ungesuht, -gesühte*, ähnlich wie teilweise in den Adjektiven *ungláublich, unmóglich, unerméßlich, unéndlich* neben wörtlich zu nehmenden *únglaublich, únmöglich.* Bei den Adjektiven ist das Bedeutungsverhältnis zwischen Simplex und Kompositum in der Regel gebundener[8].

Anm. 1. Zur Bezeichnung des üblen Gegenteils konkurrieren mit unserem Präfix andere, so außer got. *tuz-*, ahd. *zur-* und ahd. *ā-* (§ 57), bes. *miß-* (s. die Beispiele von § 40, wozu, neben Bildungen mit *un-*, etwa noch *Mißglaube, -glück, mißtreu, -stimmig, -willig), wahn- (Wahnordnung, -zeit, -mut[ig], -dicht, -artig, -gläubig), wider- (widersittlich), gegen (Gegenfall), ab- (abhold, -kräftig), aber- (Abergrund, -weg), after* (§ 40), mhd. *bī- (bīwec = unwec), a- (amoralisch), anti- (antideutsch)*[9].

Für persönliche Bildungen wird gern *nicht-* vorgezogen: *Nichtchrist, Nichtkenner, Nichtraucher*; doch bei Goethe etwa – obschon er *un-* außerordentlich liebt[10] – auch unpersönlich *Nichtreise, Nichtlicht, Nichtinsel, Nichtursache, nichtgeplündert, nichtleidend, nichtzuändernd*[11]. Da *un-* sich nur selten mit Verben verbindet (*unnachlassen*, kanzleispr. *unermangeln, verunzieren* u. ä., ahd. *untrösten* des Trostes berauben, *unsūbaren*, as. *unsūvron* verunreinigen, mhd. *unmæren* verschmähen, *unsæligen* Parz. 643, 7), erscheint *nicht-* auch, wo verbale Abstraktion lebendig gefühlt wird: *Nichterscheinen, Nichtsichtbarwerden, Nicht(be)-achtung*; vgl. dagegen got. *ungalaubeins* usw. (s. oben), ahd. *unirwartunga, ununtarsceidunga*, mhd. *unērunge* u. ä.; nebeneinander: *Nichtfug, -glaube, -gebrauch* und *Unfug, -glaube, -gebrauch, nichtwürdig, -genannt, -berechtigt* und *unwürdig, -genannt, -berechtigt* u. a.

Anm. 2. In *Unschlitt* scheinen ahd. *ingislahti* Eingeweide und *ungislahti* 'zum Essen nicht geeignetes Schlachtwerk' vereinigt zu sein[12].

59. Die ursprünglich wohl verbale Partikel *ur-/er-* hat eine namhafte Entwicklung durchgemacht. Von Haus aus eignet ihr lokale Bedeutung: germ. **uz*, got. *us* '(her) aus' *ū.* ä. (§ 64; verstärkt in *uzuh*, dann in *uskunþs* offenbar, *urreisan* aufstehen

---

[7] WILMANNS, S. 568; ferner noch Trübners Wb. 7, 259. Zur Betonung vgl. noch EULING a. a. O., S. 28 ff.   [8] WILMANNS, S. 571.
[9] Vgl. EULING, S. 4 ff.; KLUGE, Abriß, S. 51.
[10] Vgl. TH. BOHNER, ZfdWf. 6, Beih., S. 37 ff. 178 ff. und oben.
[11] BOHNER, S. 166 ff. Zum Verhältnis von *un-* und *nicht-* vgl. W. WEISS in Muttersprache 70 (1960), 335 ff. (*un-* neigt zum Werten, zum Ausdruck des Gegensinns).   [12] DWb. 11, 3, 1931; KLUGE-GÖTZE s. v.

usw.). In nominaler Komposition bleibt *ur-*, wie § 57 bemerkt, erhalten, in verbaler wird es abgeschwächt zu ahd. *ar-, ir-, er-,* das im Ahd. aber noch als selbständige Präposition vorkommt.

Die ursprüngliche Bedeutung schimmert etwa noch durch in ahd.- mhd. *urbar, urbor,* Ertrag, Zinsgut, Rente, Steuer (latinisiert > *urbarium,* woher die gelegentliche Betonung *Urbár.* Das Adjektiv *urbar* ist erst nhd.). In andern Fällen ist die Bedeutung verschwommen, z. B. in ahd. *urwāni* aussichtslos ('aus dem Wahn heraus'), *Ursache* ('Veranlassung'), *Urfehde* Fehdelosigkeit.

Heute bezeichnet die Partikel *ur-* besonders das Voraus-, Vorangehende, Anfängliche[13]: *Urzeit, Urbeginn, Urwesen, Urbild, Urform, Urmensch, Urgeschichte, Urheimat, Ursprache, Urtext, Urstoff, Urwald; – urverwandt, urgermanisch, urenglisch; – Urahne, Urgroßvater, Urenkel, Ururenkel.* Ähnlich wie verblaßtes *un-* dient *ur-* dann auch lediglich zur Verstärkung von Adjektiven: *uralt, urgewiß* (D.), *urwüchsig, urkräftig, urplötzlich, urgemütlich, urkomisch.* Vgl. § 64.

NB. Die nominalen Bildungen mit *miß-* sind § 40 vermerkt; vgl. § 58 Anm. 1, zu den verbalen § 68.

Über *ga-,* das in den germ. Sprachen nicht mehr als selbständiges Wort erscheint, s. § 87 f.

60. Stattlich ist die Zahl fremder Präfixe, die mit wissenschaftlichen Ausdrücken ins Deutsche gekommen sind (wenn ihre Häufigkeit hier auch in keinem Verhältnis zu der im Engl. und Franz. steht[14]). Vgl. *abstrakt, aggressiv, Amphibie, Analyse, Antezedenz, Antithese, Apotheose, bilateral, Zirkumflex, zisalpin, Koalition, Korrespondenz, Konterbande, Diameter, Diskrepanz, Embolie, Ekstase, Epilog, eugenetisch, extravagant, Hemisphäre, Hyperbel, Hypostase, inkommensurabel, illegal, Kataklysmus, Metathese, Monolog, Nonsens, Objekt, Panorama, Perfekt, Periskop, polychrom, post(h)um, Präfix, Profit, Proselyt, Prototyp, Reduktion, retrospektiv, subaltern, Superphosphat, Synthese, Trilogie, uniform, Vizepräfekt.* Als besonders bemerkenswert heben sich heraus die hybriden Bildungen: *supergelehrt, hyperklug, antideutsch, Exkönig, Quasifremder, Vizefeldwebel*[15].

Verdeutscht erscheint *erz-* < griech. *archi-* über kirchenlat. *arci-: Erzbischof* usw., dann *Erzbösewicht, -narr, -schelm, -gauner, -spion, erzdumm, -faul.*

---

[13] Der Ausgangspunkt für diesen Sinn ist vielleicht bei *Urzeit* (= etwas, was außerhalb der Zeit liegt) zu suchen. Oder bei *Ursache?*
[14] Vgl. KOZIOL, S. 105 ff.; DARMESTETER, S. 245 ff.; NYROP, § 463 ff.
[15] Vgl. KLUGE, Abriß, S. 53 f.

II. Verba

61. Zu verbalen Präfixbildungen dienen die Vorsilben *ge-, be-,
er-, ver-, ent-(emp-), zer-,* dazu normalerweise *miß-* (vgl. §§ 52. 68).
Diese Bildungen erinnern an die lat.-griechischen mit *con-, dis-,
peri-, pro-, anti-,* denen sie teilweise entsprechen. Unsere Präfixe
waren somit ursprünglich selbständige Wörter. Im Ahd. erscheinen so noch *bi* und *ur, ar, ir* als Präpositionen, im Got. außerdem
and und *faur* als Präpositionen und Adverbien. *ga-, fair-* und *fra-*
(= *ver-*), *twis-, tuz-* § 57, *dis-* (= *zer-*) sind schon im Got. auf die
Komposition beschränkt, jedoch so locker, daß andere Partikeln
in der Tmesis eingeschoben werden können.

Vgl. got. *ga-u-ƕa-sēƕi* 'ob er etwas sähe?' zu *gasaiƕan* erblicken,
ga-ba-dauþniþ 'wenn er stirbt' zu *gadauþnan,* gleich wie *us-nu-gibiþ,
uz-uh-hof* [16]. Das Got. kennt auch Bikomposita (Verba mit zwei Präverbien): *inn-ga-leiþan* hineingehen, *ana-in-sakan* auferlegen, wohl
auch *faura-frawaurkjan* vorher sündigen u. ä.

Der zunehmend ableitende Charakter der ehemaligen verbalen
Präfixkomposita zeigt sich auch daran, daß sich nicht allein ihre
Partikeln mit Stammverben verbinden, sondern Partikelverba
ohne Vermittlung eines einfachen Verbs unmittelbar aus andern
Wortarten gebildet werden, z. B. *be-seelen, ent-ziffern, er-mögli-
chen, ver-abschieden* (§ 160). Wie schwer eine befriedigende Ein-
ordnung hält, beweist etwa noch der Umstand, daß H. Seidler in
durchbóhren durch- als Ableitungssilbe auffaßt, in *dúrchbohren*
als ein Wort. Die Präfixverba stellen eine unübersehbare und
schwer zu ordnende Masse dar, weil dieselben Präfixe zu verschiedenen Zwecken dienen, dieselben Bildungsgruppen sich
nicht mit entsprechenden Bedeutungsgruppen decken [17]. Die Prä-

---

[16] BRAUNE-HELM, Got. Gramm. § 217a Anm. 2; H. GREWOLDS,
ZfvglSprf. 60, 3 ff. bes. 7. 15 f. Hiernach wären „echte Komposita"
im Got. die mit unselbständigen und ausschließlich als Präpositionen
fungierenden Partikeln versehenen, durchaus trennbar die mit reinem
Adv.; die übrigen nehmen eine Mittelstellung ein.

[17] Vgl. WILMANNS, S. 129; zu den folgenden verbalen Präfixen
(Präverbien) dens. S. 134 ff; HIRT, Etymologie d. nhd. Sprache, ²S.122
(mit Lit. im folg. nur in besonderen Fällen wiederholt); H. SEIDLER,
Allgem. Stilistik. 1953, S. 97; E. HUBSCHMIED, Über Präfixverben,
bes. im Berndt. Ein strukturling. Versuch. Diss. Zürich 1955. Ausführlich auch BRINKMANN, Die dt. Spr., 240 ff. Andere Präfixentsprechung
im Niederl. s. J.VAN DAM, Handb. d. dt. Spr. 2 (²1951), § 134 ff.

fixverba, wie überhaupt diejenigen mit unbetonten Partikeln,
zeigen im Deutschen übrigens starke Lebensfähigkeit, während
die nördlichen germ. Dialekte dazu neigen, sie aufzugeben; das
Englische nimmt hier eine mittlere Stellung ein [18].

62. *ge-* (s. §§ 87, 3. 88, 1. 2) verband sich einst häufiger als jede
andere Partikel mit einfachen Verben, um, seiner ursprünglich sozia-
tiven Bedeutung gemäß, die Vereinigung auszudrücken: got. *ga-gaggan,
-qiman, -rinnan* zusammenkommen, -rinnen, *ga-lisan* sammeln, *ga-
sibjon* sich versöhnen, sogar *ga-galeikon* sich gleichstellen. Sodann bezeichnet *ga-* die **perfektive** (und ingressive) Aktionsart: *ga-haban* in
Besitz nehmen, *ga-taujan* vollbringen. Es konnte in dieser Funktion
also zu jeder Verbalform treten, erscheint aber schon im Got. mit Vorliebe im Präteritum, woher dann seine Rolle als Kennzeichen des Part.
Prät. (Nur einzelne an sich schon perfektive Verba entbehren es hier
im Ahd. und mundartlich, insbesondere *queman, findan, bringan, wer-
dan, treffan* [19]). Vgl. fürs Got. noch M. MARACHE, ZfdA. 90, 1 ff.

Im selben Maße, wie *ga-* zum Charakteristikum des Part. Prät.
wurde, erlosch seine perfektivierende Bedeutung. Diese läßt sich noch
bis ins Mhd. verfolgen; das Nhd. hat sie aufgegeben. Nur eine beschränkte Anzahl von Verben zeigt jetzt die Partikel fest, teils neben
einfachen Verben und teils als Ableitungen aus andern Wörtern mit
ge-: *gedenken, gebrechen, gebieten, geleiten, gehorchen, gehören, gebären,
gebühren, geschehen, gestatten, gewinnen, gestalten, gesunden, gewöhnen,
glücken* [20].

Freiere perfektivierende oder verstärkende Funktion – die allerdings
an Bedingungen gebunden ist – zeigt die Partikel noch in gewissen
Mundarten. Alem. steht es z. B. hinter *mögen* (= vermögen):
möge(n) g-chōn früh genug kommen, *möge(n) g-länge(n), g-recke(n),
g-laufe(n), g-schnūfe(n)*, sonst etwa in *g-spüre(n), g-sehe(n), g-höre(n)*
hören, *g-kenne(n), g-stehe(n)* zum Stehen kommen, *g-stelle(n)* zum
Stehen bringen [21]. Im Md. ist *ge-* im Infinitiv hinter dem Hilfsverb
weitgehend verallgemeinert.

---

[18] Zu den Verhältnissen im An. (das keine festen Partikelverba mehr
hat) vgl. R. VONHOF Zur Entwicklung d. germ. echten Verbalkomposita im Altwestnord. Diss. Leipzig 1905.

[19] Vgl. BEHAGHEL, Syntax II, S. 99 ff.; G. MAIER, ZfdWf. 1, 281 ff.

[20] Zu den Verhältnissen im Englischen vgl. KOZIOL, S. 88.

[21] Vgl. W. HODLER, S. 46 f., WEISE (s. § 9) 80. 214; DENS. Syntax
d. Altenburger Mundart. 1900. S. 106 f.; BEHAGHEL, a. a. O., S. 103 ff.;
A. SCHMELLER, Die Mundarten Bayerns, S. 382; H. REIS, ZfdMaa.
1909, 311 (für Hessen); A. FUCKEL, Zs. f. d. dt. Unterr. 24, 412 ff.
(fürs Md.; daneben weniger einleuchtende Ansichten); W. HAVERS
s. § 6) 163; HUBSCHMIED, S. 32 ff.; R. TRÜB in Erinnerungsschr. G.
Saladin. Zug 1959, S. 41 ff. sowie die Mundartwbb. unter *ge-*.

63. *be-*, ursprünglich identisch mit *bi* bei[22], hatte zunächst sinnlich-lokale Bedeutung: got. *birinnan* durchlaufen, umdrängen, *bigairdan* umgürten, *bispeiwan* anspeien, ahd. *bimīdan* entfliehen, *biqueman* wiederkommen, *bifallen* hinfallen, *bifellen* unterdrücken usw. In der Folge weist die Partikel allgemeiner „auf die viel- oder allseitige Einwirkung, die ganze und volle Bewältigung des Gegenstandes hin"[23]. Aus der Richtungsbedeutung konnte sich auch der transitive Gebrauch von *be-* ergeben und festigen; denn transitive Verba aller Art werden vorzüglich mit *be-* hergestellt, teils verstärkend neben schon transitiven Verben: *bedenken, bedecken, begraben, begießen, behüten, bewerfen, betreiben,* teils neben intransitiven: *bescheinen, betrachten, beleuchten, besteigen, beniesen, beantworten, bekommen, beschimpfen, beschlafen, bedrohen, belügen, betrügen, belächeln, belauern* (also gern mit persönlichem Akkusativ). Mit diesen Verben ist jetzt verschmolzen die große Gruppe der „ornativen" Bildungen aus Substantiven nach dem Muster von *beflügeln, begutachten, beerdigen, bevölkern* u. ä.; s. darüber § 160. Außer diesen sind als einfache nicht (mehr) gebräuchlich *beginnen, behaupten, behelligen, beleidigen* u. a. Intransitiv sind etwa *bleiben, behagen, beharren, beruhen,* z. T. *beginnen, bekommen, bestehen.*

64. *er-*. Die Bedeutung der Partikel got. *us*, ahd. *ur, ar, ir* ist 'heraus, empor'[24], sodann 'dem Ende zu' (§ 59)[25]. Daraus erklären sich etwa got. *usanan* aushauchen, *usgraban, uslausjan, ushafjan* aufheben, erhöhen, *ushauhjan,* medial *ushauhnan, urrinnan* ersprießen usw., aber auch noch unsere nhd. *erbrechen, ergießen, erziehen, erheben, erschrecken, ernähren.* Die Verdunkelung der lokalen Bedeutung hat wiederum die starke Ausbreitung der Partikel begünstigt. Es prägen sich namentlich zwei Gruppen deutlich aus, die beide auf die ursprüngliche Bedeutung zurückführen: a) die der Inchoativa: *erblühen, erwarmen, erschrekken* usw. (§ 143), transitiv *erwärmen, erschrecken,* deutlicher kausativ mhd. *erweinen* zum Weinen bringen; – b) perfektive Verba, besonders transitive wie *erschlagen, ertränken, erlösen, erlegen, erhören, er-*

---

[22] Vgl. J. LENZE, Das Präfix *bi-* in d. ae. Nominal- u. Verbalkomp. usw. Diss. Kiel 1909, wozu R. DITTES, Beibl. z. Anglia 22, 144 ff.; A. BOGNER, Die Verbalvorsilbe *bi-* im Ahd. Diss. Hamburg 1933.

[23] GRIMM, Dt. Gramm. 2 (Neudr.), S. 798. Vgl. mundartl. *jemand bewaschen* jem. durch Waschen dienstbar sein, *sich bekaufen* sich beim Kaufen verrechnen; ferner die nicht verbalen *bekochlöffeln, beschnapsen, beschwiegervatern, bejawohlen* u. a.; P. DRECHSLER, Mitt. d. schles. Ges. f. Volksk. XI (1909), 101 ff.; E. C. ROEDDER (s. § 9) 168.

[24] Woher viell. die Verba der Gemütsbewegung mit *us-*, s. H, GRUBER, Das adverbale *uz*-Präfix im Got. u. Ahd. (Jenaer German. Forsch. 13). 1930, S. 45.

[25] Außer GRUBER passim s. das germ. Material und über dessen Verhältnis zu den (sekundären) nominalen Zusammensetzungen jetzt bei T. JOHANNISSON, Verbal och postverbal partikelkomposition i de germanska språken. Diss. Lund 1939, S. 65 ff.

zeugen, erzielen, erwerben, erstreiten, erschaffen und *erpflegen* (Goethe
Faust), *erwühlen* (ebenda), *erdenken, erträumen, erleben*; intransitive:,
ertrinken, erliegen, erlöschen, erfrieren, ersterben, eratmen [26]. – In vielen
Fällen ist diese Bedeutung jedoch nicht (mehr) gut ersichtlich; vgl.
*erwidern, erlauben, ersuchen, erweisen, erwähnen, erachten, erteilen, er-
setzen, erstatten*. – Die mundartliche Vertretung von *er-* (als *er-, ver-,
der-*) hält der DSA für 'erzählen' fest [27].

65. *ent-*. Ursprüngliche Bedeutung: 'entgegen'; vgl. got. *andstandan*
entgegenstehen, widerstreiten, *andniman* entgegennehmen, annehmen, *andwaurdjan* dt. *antwurten, -würten, -worten*. Sonst bezeichnet
ent- einen a u f h e b e n d e n G e g e n s a t z: *entfalten, entschließen, ent-
fesseln, entbinden, entkleiden, entladen, entwarnen* (nach Alarm), ahd.
in(t)bindan, ingurten, indecken usw.; eine T r e n n u n g (*ent-* = fort,
weg): *entlassen* (ahd. *in(t)lāzan*, mhd. *enlāzen*), *entführen, entschlagen,
enthaupten*; intransitiv: *entspringen, entfliehen, entschwinden*. Den
Fällen mit einem i n c h o a t i v e n Verhältnis: *entschlafen, entblühen, entstehen, entbrennen, entflammen, entzünden* liegt in der Regel nicht ahd.
int-, sondern *in-* zugrunde [28]. Anders verhält es sich mit *entbehren* (Gegenstück zu *gebären* mit Negation *in-/en-*). Zahlreiche ältere Verba mit
ahd. *in(t)-*, mhd. *en-* sind untergegangen, andere lassen sich nicht mehr
leicht einordnen, so *entbieten, entgelten, empfinden, entsprechen*. Neuere
von Duden aufgenommene Bildungen s. § 160; hierzu noch etwa *ent-
hemmen, enttrümmern, entminen, entvolken, entpersönlichen* u.ä. [29]

66. *ver-*. In dieser Partikel sind drei gotische zusammengefallen:
1. *faur* = vor, vorbei, 2. *fra-* = weg, 3. *fair-* = er-, ent- (etwa in *fair-
rinnan* sich erstrecken); damit wären zu vergleichen lat. *por-, pro, per*.
Im Ahd. erscheinen mehrfach vermengt *fur(i)-, for-, far-, fer-*, die zur
mhd. Normalform *ver-* führen, welche nhd. *ver-* jedoch [30] nicht direkt

---

[26] Vgl. E. ROOTH, Das Verb *eratmen* bei Goethe u. seine Stellung im
System der Verben mit *er-* Präfix (Mélanges de philol. off. à J. Melander.
Uppsala 1943).

[27] Auf Karte 51 mit Text S. 227 f. – Zu bair.-ostfränk. *der-* vgl.
jetzt TAGE AHLDÉN, *DER-* = *ER-*, Geschichte u. Geographie. Acta
Univ. Gotoburg. 1953. Ausführliche Beisp. für *er-* im Süden gibt
R. HOTZENKÖCHERLE, Die Mundart von Mutten. 1934 (= Beitr. z.
Schweizerd. Gramm. XIX), S. 241 ff.

[28] Vgl. PAUL, Prinz., S. 218; ferner Trübners Wb. 2, 192, wo weiteres.

[29] Vgl. noch MOSER in Dt. Wortgesch. [2]II, 481f. Vorliebe für *ent-*
zeigt auch die Klassik; s. KAINZ ebd. 258f., oder etwa Heidegger; s.
SCHÖFER (s. S. 269) S. 223.

[30] Nach M. LEOPOLD, Die Entwicklung des Präfixes *ver-* im Germ.
(= German. Abh. 27 und Diss. Breslau 1905), S. 24 ff. 38 ff. Zum
Ganzen ist hier noch auf die großangelegte Darstellung von JÓHAN-
NISSON, S. 126 ff. bzw. die deutsche Zusammenfassung auf S. 352.
366 f. zu verweisen, sowie auf DWb. 12, 1, 51 ff.; Trübners Wb. 7, 372 ff.;

fortsetzt. Dieses ist vielmehr die durch Luther zum Durchbruch ge-
langte obd. Form neben md. *vor-, vir-*.

Auf got. *faur* weisen noch Verba wie *verdecken, verbergen, verhüllen,
verkleben, verlaufen, verschleiern, verfärben,* auf *fra-* noch deutlicher
*vergießen, verrücken, vergeben, versetzen, verwünschen, verzehren, ver-
schwenden, verleiten, verjagen, verreiten, verstoßen, verdrängen.* Diese
Gruppen vermögen natürlich von der vielfachen Verwendung von *ver-*
kein erschöpfendes Bild zu geben. Über *ver-* als (verstärkendes) Mittel
zur Verbalisierung in Fällen wie *verfinstern, verdeutlichen, vereinigen,
verwässern* s. § 160. In auffallend vielen Fällen ist das einfache Verb
nicht (mehr) gebräuchlich; vgl. *verdauen, verderben, vergessen, verletzen, verlieren, versiegen, verwesen, vernichten.*

Mundartlich hat sich *ver-* nicht nur auf Kosten von *er-* ausgedehnt
(s. § 64); in einigen (z. B. westmd. und alem.) Gebieten vertritt es auch
durchaus hochsprachl. *zer-*[31].

67. *zer-*. Mit *zer-*, entsprechend got. *dis-* (für lat. *dis-*, < *dyis-*?),
ahd. *zi(r)-, za(r)-, zur-* (Einfluß von *zi* + *ir-*), mhd. *ze(r)-*, nd. *te-*[32],
verbindet sich die Vorstellung der Sonderung und der Trennung:
got. *distailjan* zerteilen, ahd. *zibrechan, zistioban, zispringan, zifaran,
zifallan,* mhd. *zerrīben, zerstücken, zerbīzen, zerrinnen, zerschellen,* nhd.
zermalmen, zersetzen, zerpulvern, zerspratzeln. In einigen Fällen ist der
Begriff des Trennenden nicht mehr deutlich, z. B. in *zerbleuen,* nach
zerschlagen, -hauen, oder in *zerknittern, zerdrücken, zerlöchern,* in andern
steckt er schon im Simplex (z. B. in *zerteilen, zertrennen*), so daß die
Partikel eher verstärkend wirkt.

68. Eine gewisse Mittelstellung nimmt noch *m i ß -* ein, insofern als
es einerseits sich bis ins Mhd. und Nd. herab als Wort zu erhalten vermochte (vgl. § 40), anderseits hochsprachlich frei nicht mehr vorkommt, also nur als Präfix dient: got. **missataujan* sündigen, ahd.
missatrūēn, mhd. *misseahten, -räten, -lingen, -prīsen, -zemen* u. a. Der
Wandel drückt sich bei verbalen Bildungen noch deutlicher aus als bei
nominalen in Schwankungen aus. Das Sprachgefühl ist hier so sehr in
Unsicherheit geraten, daß auch den klassischen Sprachmeistern die

---

zu Bedeutungszweiungen u. -verschiebungen in Verben mit *ver-*, insbes. seit d. Mhd., auf E.ÖHMANN i. d. Festschr. f. U.Pretzel, 1963,
S. 327 ff.; zum heutigen Bestand auf W.HENZEN in Fragen u. Forschungen d. germ. Philol. (Festg. f. Th.Frings), 1956, S. 173ff. Vgl.
auch den Kopfartikel zu *Ver-* im WNT (Niederl. WB.) IX, 1 ff., bes.
10ff.

[31] Vgl. HODLER, S. 54 ff.; SCHUDT (s. § 46) 35 f.; DWb. 12, 1, 56.

[32] Zum got.-ahd. Verhältnis vgl. FR. W. ROLFFS, Got. *dis-* und *du-*
Diss. Breslau 1908, S. 58; JOHANNISSON, etwa S. 358 f., wozu HOLT-
HAUSEN, Litbl. 1942, S. 83; KLUGE-GÖTZE s. v. *zer-;* zu engl. *to-*
KOZIOL, S. 94 f.

[33] Vgl. PAUL, S. 37 f.; geläufiger noch ist *mißzuverstehen.*

verschiedensten Entgleisungen unterlaufen. Nicht nur begegnen in der Literatur[33] häufig Formen wie *mißzuachten, -zudeuten, -zutrauen, mißgeachtet, -gebildet, -gehandelt, -geleitet* usw., die *miß-* als trennbare Partikel behandelt zeigen (und folglich nicht korrekter sind als das scherzhafte *versteh mich nicht miß!*), sondern auch – gegen die Regel der untrennbaren Zusammensetzungen – *gemißbilligt, gemißbraucht, gemißkannt.* Duden verzeichnet Regelwidriges wie *(ich mißbilde –) mißgebildet* u. ä. auch für den heutigen Sprachgebrauch. Dieses Schwanken kann damit zusammenhängen, daß in den Wörtern mit *miß-* die ursprünglichen Betonungsverhältnisse sich vielfach verschoben haben. Die Verba verlangen eigentlich Stammbetonung: *mißáchten, mißlíngen.* Nun bekommt aber das Präfix einen särkeren Ton, wenn es zu einem schon präfigierten Verb tritt: *mißbehagen, -verstehen,* besonders in Partizipien: *mißverstanden, -vergnügt, -gestaltet.* Auch das Substantiv *Mißbehagen* hat Erstbetonung (wie *Mißton, Mißstand*). Aber auch neben den stammbetonten Verben *mißtráuen, mißfállen* u. ä. stehen die Substantiva *Mißtrauen, Mißfallen!* Schließlich könnte eine stärkere Betonung des Präfixes durch den Gegensatz veranlaßt sein in Fällen wie *Wer weiß, ob es gélingt oder míßlingt.*

Ableitung

(durch Suffixe oder nach Flexionstypen)

69. Was für gewöhnlich eine Zusammensetzung kennzeichnet, ist die bewahrte etymologische Durchsichtigkeit ihrer Glieder, d. h. unser Bewußtsein oder wenigstens unser Gefühl, daß das Ganze aus zwei oder mehreren Wörtern geschaffen sei – denn nur dann kommt es uns als zusammengesetzt vor! Damit ein Kompositum aus einer bloßen Verbindung entstehe, muß zwar wohl eine gewisse Isolierung der einzelnen Teile erfolgt und sie kann (auch formal) bis zu einem gewissen Punkte gediehen sein; sie darf aber nicht über diesen Punkt hinausgehen, wenn wir nicht wieder beim Simplex landen wollen. *Drittel* < mhd. *drit-teil* erinnert schon an Ableitungen wie *Flügel* oder *Knüttel, Schuster* (§ 17b) noch deutlicher an *Schneider, Bäcker, Schreiner,* während Fälle wie *Welt,* mhd. *werlde* < *wer-alt, heute* < Instrum. * *hiu tagu, heuer* < **hiu jāru, nicht(s)* < *ni io wiht(es),* lat. *surgo* < *sub-rego* usw. den Eindruck absoluter Einfachheit erwecken (Integration)[1]. Aber auch unser *Gottheit* ist zurückzuführen auf ein altes Kompositum *gota-* + *heit, göttlich* auf eine alte Bahuvrīhibildung mit germ. *-līkaz* (s. §§ 1. 45). Als Ableitungen erscheinen sie, weil das zweite Glied aufgehört hat, ein selbständiges Wort zu sein, d. h. ein Suffix geworden ist.

Die Ableitung erfolgt demnach in der Hauptsache durch **Suffixe**, die anfänglich so entstehen, daß ein Kompositionsglied die Fühlung mit dem ursprünglich identischen einfachen Wort verliert. Dank der Triebkraft der Analogie – die zum innersten Wesen der Ableitung gehört (s. § 5) – kann ein zweites Glied, auch wenn es als ein einfaches Wort längst nicht mehr gebraucht wird, an andere Wortstämme antreten, vorausgesetzt, daß genügend Musterbildungen vorhanden sind, um es als bequemes Wortbildungselement empfinden und fruchtbar werden zu lassen.

---

[1] Vgl. PAUL, Prinz. S. 346 f.

Der Weg ist der der Proportionsanalogie (s. ebenda); nach *Gott*: *göttlich* o. ä. entsteht etwa ein *glücklich* zu *Glück*[2]. Es liegt auf der Hand, daß bestimmte Wörter, die dank ihrer geeigneten Bedeutung leicht als zweite Glieder von Zusammensetzungen dienen konnten (z. B. germ. *-līkaz* 'Körper, Gestalt', got. *haidus* 'Art und Weise, Wesen'), zu Suffixen prädestiniert waren. Doch scheint auch ein mit der Natur des Vorgangs verknüpfter Umstand die hübsche Wechselwirkung zu fügen, daß die vermöge ihrer Bedeutung zu zweiten Gliedern bzw. Suffixen besonders geeigneten Wörter in dem Maße ihre Selbständigkeit einbüßen, wie sie an Fruchtbarkeit zunehmen.

Ein ursprüngliches zweites Kompositionsglied wird also als Suffix empfunden, sobald es als selbständiges Wort untergegangen ist. Nicht immer sind wir aber in der Lage, es als ursprüngliches Wort noch zu erkennen. Viele Wortbildungsmittel (z. B. *-ig, -isch, -el, -in, -ung*) treten uns von jeher nur als Suffixe entgegen. Sodann kann eine Sprache auch gleich von Anfang an mit Suffixen operieren, nämlich wenn diese entlehnt (z. B. *-er*, ahd. *-ări* < lat *-arius*) oder sekundär aus Wortteilen entstanden sind (z. B. *-keit, -ling*; s. § 73). Ein sprechendes Beispiel letzter Art findet sich in engl. *hisn, yourn* nach *mine, thine*, wo das *-n-* – wegen *my, thy* – als Suffix empfunden wurde. JESPERSEN[3] spricht hier von „Secretion" (in der deutschen Ausgabe „Ausscheidung").

Das Mittel, die verschiedenen Bildungs- und Ableitungselemente vom Wortkörper abzutrennen, liefert die Vergleichung entweder aller Wörter mit dem gleichen Suffix oder aller Wörter, die noch als etymologisch verwandt zu erkennen sind (*fahren, Fahrt, Fährte, fertig, Fähre, Ferge, Gefährte, Fahrer, fahrbar, ver-, be-, ent-, erfahren, Er-, Befahrung, Er-, Zerfahrenheit, Fahrnis, führen, Fuhre, Furt* usw.).

70. Weitaus die meisten heutigen Wörter auf *-heit, -lich* u. a. ursprünglich zweite Glieder stellen zweifellos reine Ableitungen dar. Dies läßt sich jedoch nur von einer beschränkteren Zahl mit Bestimmtheit feststellen. Die angenommene Grenze zwischen Zusammensetzung und Ableitung (beim Untergang eines Gliedes als selbständiges Wort) ist nur theoretisch eine scharfe Scheidelinie; praktisch weitet sie sich in mehrfacher Hinsicht in eine breite Zone aus. Vom Standpunkt des Ahd. aus sollte man ein *got(e)heit* oder *nōthaft* 'bedrängt' als Zusammensetzungen be-

---

[2] Das erst mhd. als *gelücke* bezeugt ist! DWb. 4, 1, 5, 226. 307.
[3] Language, Kap. XIX § 13.

trachten, da *heit* und *haft* im Ahd. eben noch als selbständige
Wörter bestanden. Wenn wir aber aufrichtig sein wollen, müssen
wir zugeben, daß wir mit solchen Bildungen in Verlegenheit sind.
Liegt hier nicht insofern Ableitung vor, als *heit* und *haft* schon
gruppenbildend weiterwirken? Denn dies unterscheidet sie zunächst von Zusammensetzungen wie *Brotkorb*, die ja auch nicht
völlig frei, sozusagen aus eigenem Antrieb entstehen, sondern in
Anlehnung an Vorbilder. Die Ableitung beginnt schon, während
ihre Mittel noch als Wörter auftreten. Eine Entscheidung ist daher sehr oft unmöglich. Vielleicht kommt es auch auf die Bedingungen an, unter denen die einzelnen Bildungen entstanden sind.

Dagegen ergibt sich uns auch sehr oft die Möglichkeit, auf
negativem Wege eine Bildung als sichere Ableitung zu erkennen, nämlich wenn das Grundwort so jung ist, daß das Suffix
nicht mehr als Kompositionsglied betrachtet werden kann (so
bei *glücklich* [§ 69], *dämlich*), wenn die Form des Suffixes eine
Zusammensetzung ausschließt (*Finsterkeit*; -*keit* < -*ic* + *heit*
kann hier nur als Suffix angetreten sein, denn ein *finstarig, vin-
steric* gab es nicht) oder wenn eine Bildung ihrem Sinne nach als
Zusammensetzung unmöglich ist. Unser Suffix -*bar* z. B. ist ein
Adjektiv westgerm. **bāri*, mhd. -*bære* 'Frucht tragend, bringend',
wenigstens noch in Bildungen wie mhd. *unbære* (§ 135); daher
könnten nach Maßgabe des älteren Sprachgefühls und der Vernunft *ehrbar* oder *wunderbar* allenfalls noch Zusammensetzungen
darstellen, aber nicht *eßbar, wählbar*, mhd. *magetbære* usw. Nichts
hinderte uns an sich, in franz. *fièrement* eine alte Zusammensetzung *fera* + *mente* = 'in wilder, stolzer Gesinnung' zu sehen,
aber für ein *récemment* ist dies unmöglich, es ergäbe keinen Sinn.
Schon aus solchen Erwägungen geht hervor, daß die Maxime,
Ableitung beginne, wo ein Glied als freies Wort aufgegeben sei,
nur im großen ganzen gelten darf.

Aus den angeführten Fällen müßte sodann rein logisch der Schluß
gezogen werden, daß Suffixbildung nicht das Werk einer bestimmten
vorhistorischen Periode ist, die mit einem gewissen Zeitpunkt abgeschlossen gewesen wäre – wie das eine alte Ansicht vom Aufbau
und Verfall der Sprache ja wollte –, sondern ein lebendig sich
fortentwickelnder und wiederholender Prozeß. Was wir
heute am Sprachleben erkennen, das dürfen wir grundsätzlich auch
auf frühere Perioden anwenden. Denn wenn heutige Zustände auch
keinen unbedingten Maßstab abgeben für eine unkontrollierbare Ver-

gangenheit, sondern nur einen bedingten, so ist dies eben dennoch einer. Zu den Zwischenstadien vgl. übrigens noch S. 35.

71. Es gibt noch eine zweite Art von Ableitung: die ohne erkennbare Suffixe. Wörter wie *binden, Band, Bund* oder *biegen, beugen, Bogen* werden unschwer als einander verwandt empfunden in dem Sinne, daß die einen aus den andern abgeleitet sind, trotzdem nur Ablaut und kein weiteres Ableitungselement sie scheidet. Grimm [4] nannte diese Ableitung die „innere". Die Sprachgeschichte hat jedoch gezeigt, daß hier nirgends ein ursprünglicher Zustand vorliegt. Durch Ablaut allein wurden Wörter nicht aus der Wurzel gebildet; es kommen ursprünglich immer noch andere Wortbildungselemente hinzu. Die jetzt nur im Vokal abweichenden Formen *biegen, beugen, Bogen* sind das Ergebnis, wenn auch alter, so doch nachträglicher Entwicklung, der Flexion z. B., die auch reguliert war durch Betonung. Freilich wirkt dann auch hier die Wortbildung analogisch weiter. Das beweisen Parallelen wie einerseits *binden, finden, schinden,* mhd. *slinden* (= nhd. *[ver-]schlingen), springen, trinken, fliegen, lügen, trügen, biegen, ziehen, sieden* – anderseits *Bund, Fund, Schund, Schlund, Sprung, Trunk, Flug, Lug, Trug, Bug, Zug, Sud,* auf die § 78 zurückzukommen sein wird. Der fortschreitenden vergleichenden Sprachwissenschaft gelingt es hier für und für, die Abhängigkeitsverhältnisse zu klären oder gar neue Wurzeln bloßzulegen. Manche der älteren Grammatik annehmbare Berechnung ist ihr unannehmbar geworden und umgekehrt. Wir stellen jetzt nicht nur *Bügel, Bucht* und *bücken* zu *biegen,* wo dies schon die Bedeutung nahelegt, sondern auch etwa *Dirne* eher neben *Degen* als, wie bislang, zu *dienen* und ahd. *thiu* Magd [5].

72. Eine weitere Schlußfolgerung, die sich immer wieder aus der Geschichte der Ableitungen ergibt, ist die einer Wechselwirkung zwischen der Entstehung neuer und dem Untergang alter Suffixe. Altes macht Neuem Platz, und das hat seine guten Gründe darin, daß sich alles abnützt und daher unbrauchbar, also auch überflüssig wird. Ein Suffix ist – ganz allgemein gesprochen – dem Untergang geweiht, wenn sein

---

[4] Dt. Gramm. (Neudr.) 2, S. 1.

[5] Vgl. E. KARG-GASTERSTÄDT, PBB 66, 308 ff. Ob die Paare letztlich nicht doch zusammenlaufen (in idg. *teg*-), bleibt offen.

Bedeutungsgehalt so sehr verblaßt ist oder sein Lautkörper so sehr zusammenschrumpft, daß es das Ableitungsverhältnis nicht mehr genügend zu bezeichnen vermag oder Verwechslungen hervorrufen kann. So macht sich denn von Zeit zu Zeit das Bedürfnis geltend, ein zu sehr abgeschwächtes Suffix durch ein volleres, sprechenderes zu ersetzen. Siehe hierüber § 7. Die schwereren Suffixe sind daher durchweg im Vorteil. Dadurch, daß sie infolge ihrer Unbetontheit sämtlich der Reduktion ausgesetzt sind, tragen sie aber alle den Todeskeim in sich.

Zuweilen stirbt ein Suffix und mit ihm eine Ableitungsgruppe nur in einem Teil seines Geltungsbereichs ab und erhält sich im übrigen als spezieller Typus [6]. Die germ. *ja*-Neutra (ahd. *betti, netzi, erbi, enti, kunni*) haben sich als produktive Gruppe nur in Verbindungen mit der Vorsilbe *ge-* erhalten können (*Gebirge, Gerede, Geschwätz, Gelaufe* usw.; s. §§ 87, 3. 88).

Für die Lebenskraft eines Suffixes ist aber ein zweiter Umstand wo nicht ausschlaggebend so doch nicht gleichgültig: das Verhältnis zur Stammsilbe. Denn ein Suffix erweist sich auch als um so lebenskräftiger, je reiner die Form der Stammsilbe erhalten bleibt und je unabhängiger die beiden voneinander sind. Die Verkümmerung des *jan*-Suffixes bei den Nomina agentis (*Ferge, Scherge, Beck*) wurde wohl noch dadurch beschleunigt, daß das Suffix in der Stammsilbe Umlaut bewirkte, wodurch diese dem Grundwort entfremdet ist. Unser *Ferge* erinnert ja kaum mehr an fahren! Das ist zunächst nicht der Fall beim Ersatzsuffix *-ă̆ri*: as. *dragari* Träger, ahd. *scāfari* Schäfer, *toufari* Täufer usw. lassen die Stammsilbe intakt. Und wenn das Suffix *-ă̆ri* später auch Umlaut bewirkt, so ist dies ein Sekundärumlaut (in *Träger, Bäcker, Schäfer, Täufer, Säumer, Bürger, Räuber*; s. § 98 am Ende), der das Verhältnis zum Grundwort nicht stört – im Gegenteil: der Umlaut wird hier geradezu als ein die Ableitung förderndes Moment empfunden.

73. Es wurde schon erwähnt, daß zwei Suffixe, die wiederholt aufeinanderfolgen, zu einem neuen verschmelzen können. Nhd. *-keit* ist aus mhd. *-ec* + *heit* dadurch entstanden, daß *-heit* häufig an Adjektiva auf *-ec/-ig* antrat. Danach erscheint es nun mit Grundwörtern, die kein Adjektiv auf *-ig* neben sich haben (etwa

---

[6] WILMANNS, S. 21; vgl. MEYER-LÜBKE, Frz. Gr. § 8 ff.

in *Finsterkeit, Tapferkeit, Neuigkeit*), dies unter Umständen, die § 121 noch zu erörtern sein werden. Die Mehrzahl unsrer heutigen Suffixe ist irgendwann aus Verschmelzungen zweier Elemente entstanden. Eigentliche Suffixübertragung liegt sodann vor z. B. in *endigen, befriedigen* u. ä., die nicht aus **endig, *(be)friedig*, sondern nur analogisch – unter Überspringung einer Mittelstufe – nach den Mustern *Kraft : kräftig : kräftigen, Not : nötig : nötigen* gebildet sein können. Solche Neusuffixe wie *-keit, -lein, -ling, -erei, -igen* kann man mit Nyrop § 377 ff. als Sekundärsuffixe bezeichnen. – Wie im selben Wort mehrere Suffixe und zugleich auch mehrere Präfixe auftreten können, zeigt deutlich das bisweilen angeführte Beispiel *Ver-ge-wal-t-ig-ung* mit seinen 3 Suffixen und 2 Präfixen, zu einer Wurzel *wal-* 'stark sein' (in lat. *valere*), woraus durch präsentisches idg. *t*-Suffix zunächst das starke Verb *walten* (got. *waldan*) wurde, dann mhd. noch belegtes *walt* Subst. und (starkes sowie schwaches) Verb *gewalten, gewalt, gewaltec, gewaltigen,* nhd. ferner *vergewaltigen, Vergewaltigung* (abgesehen von Seitenbildungen wie mhd. *gewaltære, -inne, gewaltigære,* nhd. *Vergewaltiger* usw.). Es wäre aber verkehrt, aus solchen Beispielen auf einen regellosen Wirrwarr in der Ableitung schließen zu wollen. Die Sprache geht hier, wie gewöhnlich, nicht mit blinder Willkür vor, sie schafft sich, gestützt auf ihre Bedürfnisse und ihr Harmoniegefühl, eine gewisse Ordnung und Neuordnung, mag sich diese auch nicht in äußere Regeln kleiden lassen. Sie mausert sich, stößt jeweils das Überflüssige und Unnötige ab, so daß die wirklichen Kombinationen immer hinter den möglichen zurückbleiben.

74. Damit aus einem Suffix, bzw. einem früheren zweiten Kompositionsglied (*-heit, -lich* usw.), ein fruchtbares Ableitungsmittel werde, müssen sich einige allgemeine Bedingungen erfüllen:

1. Der andere Teil des Wortes muß etymologisch klar (mit einem andern Wort oder einer Wortgruppe verknüpft) sein. „Nach Wörtern wie *emsig, ewig, garstig, hurtig* können, obwohl sie die Endsilbe *-ig* deutlich genug erkennen lassen, neue Wörter nicht gebildet werden, weil neben ihnen die Stammworte fehlen, als deren Ableitungen sie angesehen werden können."[7] Wohl aber

---

[7] WILMANNS, S. 13; vgl. auch PAUL, Prinz. S. 347.

haben dieses Stammwort Ableitungen wie *kräftig* < *Kraft, geizig* < *Geiz, nötig* < *Not.* Hier bestehen wenigstens zwei Wörter, deren eines als Ableitung des andern erscheint. Sie bergen in sich die Voraussetzung zu jeglicher analogischen Ableitung. Die Bedingung ist, daß die beiden Wörter als verwandt empfunden werden (sie brauchten es nicht notwendigerweise zu sein!).

2. Neugebildete Wörter müssen in der Regel derselben Wortklasse angehören wie ihre Muster (nicht ihre Grundwörter!): der Typus *Schneider* < *schneiden* liefert nur Substantiva, usw.[8] Vereinzelte Ausnahmen von dieser Regel – so, wenn Verkleinerungsformen mit *-chen,* das allgemein nur an Substantiva antritt, auch zu einem Pronomen *(Duchen)* oder Adverb *(stillechen)* hergestellt werden – sind nicht fruchtbar. Erscheint dasselbe Suffix mit zwei Wortarten, so setzt dies zwei Vorgänge voraus, z. B. bei *Bäuchling* und *bäuchlings.* Hier bildet ein erster die Substantiva auf *-ling (Bäuchling* [9] < *Bauch),* ein zweiter die Adverbien *(bäuchlings* < *Bäuchling).*

3. Nicht nur dieselbe Wortart ist erforderlich, sondern – was auf das nämliche Prinzip zurückführt – in vielen Fällen auch dieselbe Bedeutungsgruppe, wie man denn auch die Ansicht vertreten hat, daß die Bedeutung die Hauptrolle spiele bei der Entwicklung einer Ableitungsgruppe (s. § 10). So bildet das Lehnsuffix *-er* zunächst Namen für Personen, die eine Tätigkeit, einen Beruf ausüben, *-ung* Tätigkeitsnamen, *-ig* und *-isch* Eigenschaftswörter verschiedener Färbung (s. §§ 129. 132). Das sagt zwar über die ursprüngliche – viel allgemeinere – Bedeutung der Suffixe noch nicht aus [10]; doch ist die einem Suffix zugrunde gelegte Bedeutung in hohem Grade ausschlaggebend für seine Verbreitung. Vgl. § 69.

Sind diese Haupterfordernisse erfüllt, dann kann eine Wortgruppe produktiv werden. Ein Wortbildungselement, das nur in vereinzelten Wörtern auftritt, hat keine Zukunft. Ein wichtiges Suffix dagegen kann die Kraft besitzen, sogar auf neue Wortarten überzugreifen. Schon verhältnismäßig früh gibt es im Deutschen Ableitungen mit *-lich* – das zunächst nur an Nomina angetreten

---

[8] Dieses und das folgende nach WILMANNS, S. 15 f.

[9] Das selbst schon *-ling* für *-ing* angenommen hat.

[10] Zur Frage der ursprünglichen Bedeutung(slosigkeit) der Suffixe vgl. die Hinweise in STOLZ-SCHMALZ, Lat. Gramm. [5] S. 18 f.

war – auch zu Verben (z. B. in *schließlich, erhältlich*). Sie setzen
wiederum einen kombinatorischen Vorgang voraus, nämlich Bildungen wie *schmerzlich, glaublich, schädlich,* die wohl zunächst
auf ein nominales Grundwort zurückgehen (*Schmerz, Glaube,
Schade*), später aber als zu Verben (*schmerzen, glauben, schaden*)
gebildet empfunden werden. Nicht selten können auch zwei
Grundwörter für eine Ableitung in Frage kommen, z. B. *Eile*
und *eilen* für *eilig, Liebe* und *lieben* für *Liebschaft.* Es ist Aufgabe
der speziellen Wortbildungslehre, aus der Geschichte der einzelnen Suffixe Anhaltspunkte für eine Entscheidung zu finden; sie
vermag dies jedoch nicht in allen Fällen.

75. **Ableitungsgruppen.** Hält man sich einige unserer heutigen Ableitungsgruppen vor: etwa die verhältnismäßig einheitliche Gruppe der Abstrakta auf *-heit* oder der auf *-nis, -ung,
-schaft, -tum,* die Adjektiva auf *-isch, -lich -sam, -haft,* die Diminutiva auf *-lein* und *-chen* oder gar die sog. movierten Feminina
auf *-in* (*Schneiderin, Wirtin, Lehrerin, Köchin, Patin*), so will uns
die Wortbildung durch Ableitung als ein klar daliegendes Kapitel erscheinen, das in Kürze abgefertigt werden könne. Dem
ist jedoch nicht so. Nicht nur, daß die Geschichte und Entwick-
lungsbedingungen der Suffixe selbst so mannigfaltig wie lehr-
reich sind, sondern die Verhältnisse verwickeln sich auch dadurch,
daß eben nur bestimmte Gruppen heute geschlossener dastehen.
Zahlreiche Ableitungen sind, wie gesagt, nur noch mit Hilfe der
vergleichenden Grammatik erkennbar, anderes vermag selbst die
strengste Sprachvergleichung nicht zu erklären. Aber auch viel
Neueres macht uns Kopfzerbrechen, selbst innerhalb der erwähnten geschlossenen Gruppen. Wie steht es nur um die anscheinend so eindeutigen movierten Feminina ? Von jeher besteht
da Schwanken zwischen *Frau Pfarrer* und *Pfarrerin* (früher mit derselben Bedeutung); und heute kann man auf Buchtiteln lesen
Studienrat und *Studienrätin* (vgl. § 95). Für Wustmann, der sich
über diese Damen mit männlichen Titeln sehr aufregt, gehört
ein *Frl. Doktor* zu den Sprachdummheiten. Hier und in allen
Fällen wie *Spezialärztin, Direktorin, Referendarin, Verwalterin,
Vertreterin* stünde einem folgerichtigen Verfahren nichts im Wege,
sofern nur das zartere Geschlecht es selbst wünschte. Dadurch
könnte man übrigens endlich eine *Frau Doktorin Meyer* von einer
Frau Dr. Meyer unterscheiden und neuerdings eine wirkliche

Pfarrerin von einer *Frau Pfarrer*. Aber wie kennzeichnen wir
einen weiblichen *Kaufmann* oder *Obmann*? *Kauffrau* klingt etwas
ungewöhnlich (trotz *Gemüse-, Eier-, Milchfrau* und ndl. *koop-
vrouw*) und könnte einen unliebsamen semantischen Nebenton
haben. Vielleicht *Kaufmännin, Obmännin*? Sagen wir doch an-
standslos *Landsmännin*, unbekümmert um den Widerspruch in
-männin (neuer ist auch *Ab-, Block-, Zellenwartin*). Das Beispiel
soll nur beweisen, daß das Sprachleben nicht nach Wustmann
fragt und daß, wie im übrigen Leben, auch in der Sprache vieles
von glücklichen – oder unglücklichen – Fügungen abhängt.

Keinesfalls darf man somit die heutige Ableitung als eine voll-
endete Tatsache betrachten, die uns keine Schwierigkeiten mehr
bereitete, und dürfte daher eine Wortbildungslehre einfach Suffixe aufzählen. Die widerspenstigen Fälle aus dem Kapitel der
Zusammensetzungen (Unstimmigkeiten wie *Liebesdienst* neben
Liebedienerei, Schwankungen wie *Kalbsbrust* und *Kälbermagen*)
haben ihre Gegenstücke in der Ableitung. Bei all dem bleibt es
eine reizvolle Aufgabe, auch neueren Funktionsänderungen und
Bedeutungsabschattungen (in *Tropfen* < ahd. *tropfo* 'Tropfen-
der', *Meißel, Bohrer* usw. oder in *Handlung, Heizung, Vorrichtung,
Regierung* als Sachnamen aus Tätigkeitsnamen) oder Konkurrenz
der Suffixe (*Hingabe – Hingebung, Leere – Leerheit*) nachzugehen,
wofür auf die folgenden Einzeldarstellungen hingewiesen werden
muß [11].

Unseren Zwecken, wenigstens eine Übersicht über die Ableitung zu
erhalten, entsprechend, halten wir uns vorzüglich an die lebendigen, im Nhd. noch nachwirkenden Ableitungsgruppen und berühren
Erloschenes mehr andeutungsweise. Ganz an dem vorbeizugehen, was
nicht mehr wirksam ist, verböte sich besonders dort, wo es das noch
Wirksame besser beleuchten hilft. Für die Haupteinteilung des Stoffes
stützen wir uns wiederum auf die Wortklassen der Neubildungen;
innerhalb dieser soll tunlich gruppiert werden nach der historischen
Funktion eines Suffixes – ohne jedoch einen Typus zu zerreißen, wenn
diese Funktion sich im Laufe der Zeit stärker verändert hat.

76. **Erloschene und verdunkelte Suffixe.** Immer wieder
macht die Sprachgeschichte an vereinzelten Fällen die Entdek-
kung, daß ein von uns als wurzelhaft empfundenes Element ein

---

[11] Vgl. hier auch PAUL, MSB 1896, S. 692 ff.; v. BAHDER, S. 3 u.
passim, sowie die § 10 angeführte Lit.

versteinertes Suffix darstellt, z. B. das -*n*- in *dienen*, -*m*- in *Zaum*,
-*t*- in *Nacht* (vgl. griech. *νυκ-τ-ός* neben *παν-νυχ-ίς* Nachtfeier),
glatt, *Haut*, -*d*- in *Feld* (s. unten 10), -*s*- in *Moos*, *Gras*, -*l*- in lat.
sol Sonne, *Seil*, *Tal*, *Maul* u. a. (s. unten 7), Guttural in *keck*,
Elch (an. *elgr*), ahd. *īga*, *īha* neben *īwa* Eibe, *Knochen*[12]. Man
spricht bei solchen Elementen, die nicht mehr als Ableitungsmittel mit einigermaßen erkennbarer Bedeutung fungieren, von
Wurzeldeterminativen[13]. Hier seien einige konsonantische
Wortteile aufgeführt, die, wenn auch längst als lebendige Ableitungsmittel erloschen, doch auf einstmalige Gruppenbildung
zurückweisen. Daß sich Strittiges darunter findet, liegt auf der
Hand.

1. Es kann nicht auf Zufall beruhen, daß unsere Verwandtschaftsnamen fast alle auf -*(t)er* ausgehen. Sie enthalten ein idg. *(t)r*-Suffix,
mit dem sie ursprünglich konsonantisch flektieren[14]. Vgl. lat. *pater*,
mater, *frater*, *socer*, ferner griech. *θυγάτηρ*, *ἀνήρ*, ai. *yāmātr* 'Tochter-
mann', got. *fadar*, *broþar*, *dauhtar*, *swaihra*, -*o* Schwiegervater, -mutter,
ahd. *fater*, *muoter* usw.; als bedingt hierher gehörend ahd. *zeihhur*
Schwager, *swāgur* (neben *swehur* Schwäher), mhd. *diehter* Enkel;
Sonderfall auch got. *swistar* usw.

2. Es scheint, daß männliche Tiernamen mittels eines *s*-Suf-
fixes aus weiblichen gebildet wurden. Vgl. ahd. *ohso*, *fuhs* (neben *foha*,
got. *fauho*, an. *fōa*), *luhs* (n. got. **lauho*, schwed. *lō*); ferner mhd. *lahs*,

[12] Beispiele fürs Idg. in größerer Zahl s. etwa bei HIRT, Idg. Gramm.
III, S. 86 ff. 236 ff, u. DEMS., Hauptprobleme S. 176 ff.; zur Sache
ferner SPECHT passim, bes. S. 185 ff. 334 ff. u. Register S. 396 f. oder
noch FR. EDGERTON, '*s* movable', Language 34 (1958), 445 ff.

[13] Der Begriff (Wurzel-)Determinativ ist naturgemäß etwas ela-
stisch. Vgl. noch BRUGMANN, KvglGr. S. 296 f.; HIRT, Handb. d. Urgerm. II, S. 6 f. und SCHWYZER, Griech. Gramm., S. 419 mit Lit.;
ferner P. PERSSON, für unsern Bedarf besonders in seinen Beitr. z. idg.
Wortforschung. Uppsala-Leipzig 1912, S. 556 ff. mit Hinweisen. Von
dem (zuerst bei CURTIUS, ZfvglSprf. 4, 212 begegnenden) Namen
Determinativ sollte methodisch – gegen Brugmann, S. 285 – der Ausdruck Formans oder Formativ (Sammelbegriff für Affixe [= Prä- und
Suffixe] und Infixe. Vgl. hierzu u. zu „Konfixen" nun Sprachwiss. Wb.
hgg. v. J. KNOBLOCH s. v. Affixe) ferngehalten werden. – Es gibt auch
versteinerte Präfixe, „Präformantien", z. B. in *glauben, fressen*, namentl.
s-Vorschläge (vgl. griech. asigmatisch *τέγος* Dach, sigmatisch *στέγος*,
mhd. *pfrengen* < Wz. **brengh*- neben *springen* < Wz. **sprengh*-).

[14] s. KLUGE, § 1, doch auch BRUGMANN, KvglGr., S. 330 f.; zu den
einzelnen Namen vgl. E. HERMANN, IF 53, 97 ff.; SPECHT, S. 88 f.;
für den größeren Zusammenhang noch WACKERNAGEL-DEBRUNNER,
Altind. Gramm. II, 2 §§ 498 ff. 505.

dahs, vielleicht auch *nihhus* Krokodil, *mardar*, an. *berse* Bär, *gāsse* Gänserich zu *gās* Gans[15].

3. **Nomina agentis** erscheinen mit einem *t(u)*-Suffix (das sonst für Abstrakta gebraucht wird; s. § 117); got. *hliftus* Dieb (neben *hlifan* stehlen), an. *vǫrþr*, ahd. *wart* Wärter (Wz. *war-*, in griech. ὁράω), an. *smiþr* Schmied und ahd. *smeidar* Künstler (Wz. *smei-/smĭ-*), an. *vāttr* < *wahtus* Zeuge (Wz. *wah-* 'sagen'). Vgl. noch griech. μάρτυς Zeuge, ai. *mántu* Ratgeber und die Götternamen *Nerthus*, an. *Ullr* (< *Wulþus*)[16].

4. Eine nicht geringe Rolle spielte im Idg. ein Suffix *-mo-* und *-men-* für **Konkreta** (und besonders letzteres dann auch für Abstrakta)[17]. Vgl. *Saum* neben got. *siujan*, mhd. *siuwen* nähen und ahd. *sūt*, *siut* Naht; *Blume*, got. *bloma* und *blühen*, *Same* und *säen*, *Zaum* und *ziehen*; an. *ljōme* Glanz (idg. Wz. *leuk-* 'leuchten'); *Strom* (Wz. *sreu-*; griech. ῥέω fließen, ῥεῦμα Strom); got. *barms*, an. *barmr*, ae. *bearm*, as. ahd. *barm* Schoß (idg. *bher-* 'tragen'); ferner etwa unsere *Rahm*, *Darm*, *Baum*, *Keim*, *Schaum*, *Schleim* (vgl. *Schleie*), *Lehm*, *Traum* (vgl. *Trug*), *Ruhm*, *Qualm*, *Atem*, *Faden*, *Busen*. – An **Adjektiven** sind hier zu nennen neben got. *fruma*, *-ists* der erste (*primus*; und andern auf Suffix *-uma*: *auhuma* höher, *aftuma* der letzte, ae. *medume* mittler) an. *āmr* schwarzrot, *rāmr* heiser, ae. *rūm* geräumig, ahd. *sniumi* und Adv. *sliumo* schleunig, dann noch *arm*, *warm*.

5. Altes *n*-Suffix zeigen etwa got. *hlains* Hügel (vgl. griech. κλιτύς, lat. *clivus*), *akran* Frucht (neben *akrs* Acker), *razn* Haus (vgl. as. ahd. *rasta* Ruhe(lager)), *mena* Mond (zu einer Wz. *mē-* 'messen' o. ä.); ahd. *bolla*, mhd. *bolle* Knospe, Schale (mit *-ll-* < *-ln-*), desgl. *scolla* Scholle, *wella* Welle (aslav. *vluna*, zu einer Wz. *wel-* 'drehen'); ferner die z. T. weniger durchsichtigen *Stein* (vgl. griech. στία Kiesel), *Korn*, *Lohn*, *Farn*, *Morgen*, *Laken*, *Sühne* u. a. – **Adjektiva**: got. *(faihu-)gairns*, ahd. *gern* verlangend, got. *hauns*, ahd. *hōni*, mhd. *hœne* niedrig, verachtet, an. *fānn* glänzend (neben *fār*), *brūnn*, *forn* alt[18], ahd. *mein* falsch, *scīn*; *klein*, *schön* (eigentl. 'schaubar'), *eben*. Die Trennung von ursprünglichen *no*-Partizipien (ahd. *barn*, *offan* u. ä.; s. unten 10 Anm.) läßt sich nicht restlos durchführen.

6. Ein uraltes *ro*-Suffix bildet vorgerm. **männliche Konkreta**: germ. *būra-* (Vogel-)Bauer (< Wz. *bhū-* 'sein, entstehen', in φύω, φύσις. *fui, futurus*); *akra-* Acker, wie griech. ἀγρός, lat. *ager* (< *ag-*, in lat. *ago*, an. *aka* fahren[19]); *timra-* Zimmer (< *dem-/dom-*, in δέμω baue, *domus*); wohl auch in *Wucher* (neben lat. *augeo*, got. *aukan* mehren), *Lager* (neben *liegen*), *Eiter* (neben *Eiße*), *Splitter* (neben *Spleißen*),

---

[15] Vgl. KLUGE, § 28.   [16] KLUGE, § 29 a.

[17] Vgl. v. BAHDER, S. 129 ff.; WILMANNS, S. 296 ff.; KLUGE, S. 46 f.; JÓHANNESSON, Suffixe, S. 71 ff.; SPECHT, S. 65. 79 f.

[18] JÓHANNESSON, Suffixe, S. 73 ff.

[19] Anders A. DREXEL, Linguistica I, 15 ff.

Schober (neben *Schaub*); – als Femininum ahd. *fedara* Feder (< Wz.
pet-, in πέτομαι fliege, lat. *peto*, ai. *patati*), vielleicht auch *ādara*.
   Auch zahlreiche Adjektiva mit einem *ro-/rā*-Suffix, deren Bildung
uns im einzelnen dunkel erscheint, leben weiter. Es handelt sich zunächst wohl um Ableitungen, die älter sind als die gewöhnlichen Verbaladjektiva: got. *fagrs* passend, as. ahd. *fagar* (neben *-fahjan* Genüge
leisten und ahd. *fuogen* fügen); *snutrs* klug, ae. *slipor* schlüpfrig, *ðiestre*
düster, ahd. *seigar* tröpfelnd, *smeckar* und *smechar* zierlich, *klebar*,
timbar dunkel, *jāmar* traurig, *weigir* kühn, *sciari*, mhd. *slipfer*; ferner
munter (neben ahd. *menden* sich *freuen?*), *heiter*, *bitter* (got. mit anderem Ablaut *baitrs*, zu *beitan* beißen), *tapfer*, *lauter*, *lecker*, *wacker*, *heiser*,
teuer, *schwanger*, *sauer*, *sehr*, *hehr*, *wahr*, *mager* (viell. Lehnwort, aber
jedenfalls neben lat. *macer*, griech. μακρός zu stellen; Wz. *māk-* 'lang,
dünn'). – *(t)r*-Suffix zeigen auch einige Adjektiva zu lokalen Adverbien:
ahd. *innaro*, *untaro*, *obaro*, *fordoro*, *hintaro*, *aft(a)ro*, *nidaro* (lat. *infra*,
inferus, *superior*, *interior*), ferner ahd. *suntar*, *sīdero* und got. *unsar*, *iz-
war*, *igqar* (*noster*, *vester*, ἡμέτερος, ὑμέτερος), *anþar*, *hvaþar*, ahd. *(h)wedar*.
   7. Neben den unzähligen Wörtern, die uns noch mehr oder weniger
deutlich als Bildungen mit gruppenhaften *l*-Suffixen erkennbar sind
(Diminutiva [§ 89], Nomina agentis oder instrumenti [§ 97], Adjektiva der Neigung [§ 127]), bestehen nicht wenige völlig isolierte: *Mal*
(< Wz. *mē-* 'messen'), *Mahl(statt)* (< germ. *maþ-la-*), *Stuhl* (zu *stā-*
'stehen'), *Seil* (zu *si̯-* 'binden'), *Teil*, *Tal* (zu *dho-* 'gewölbt sein'?), *Maul*
(vgl. *Mund*), *Gaul*, *Kiel*, *Ziel* und *Zeile* (vielleicht aus derselben Wz.
ti-; vgl. got. *ga-tils* passend), *Weile*, *Säule*, *Spule*, *Stahl*, *Beil*, *Feile*,
Sichel, *Gabel*, *Distel*, *Mistel*, *Hasel*, *Vogel*, *Apfel*, *Nebel* (griech. νεφέλη
neben νέφος), *Nagel*, *Hagel*, *Kegel*, *Segel*,*Wimpel*, *Giebel*, *Dinkel*, *Schwe-
fel*, *Schädel*, *Ekel*, *Tobel*, *Rudel*, *Rummel*, *Pudel*, *Kugel*, *Mandel*, *Nudel*,
Eule, *Seele* u. a. – Adjektiva: got. *mikils*, ahd. *michil* (jedenfalls zu
vgl. mit *magnus* und. μεγαλός), got. *leitils*, and. *luttil*, ahd. *luzzil*, mhd.
lützel, ahd. *durhil*, mhd. *dürkel* durchlöchert; ferner *heil*, *geil*, *faul*,
schnell, *steil*, *übel*, *einzel*, *dunkel*, *heikel*.
   8. Als Konkretsuffix erscheint sodann ein idg. *-tro-*, germ.
-þra-/-ðra-, etwa in ae. *rōðor* Ruder (zu ae. *rōwan*, mhd. *rüejen* rudern),
ahd. *riostar* Riester (zu *riuten*), *lahtar* Gelächter (zu *lachan*), *malter* (zu
malan); wohl auch in *Köder* und *Wetter*. – Feminina: *Melkter*, *Blatter*,
ahd. *blāt(a)ra* (vgl. *blähen*). – Als Suffix für Gerätenamen ist *-tro-*
auch in verwandten Sprachen fruchtbar; vgl. lat. *feretrum*, griech.
φέρ(ε)τρον Bahre, *aratrum* und ἄροτρον Pflug, ai. *bharitra-m* Arm (d. h.
'womit man trägt').
   Anm. 1. Übergangen sind hier die Baumnamen *Affolter*, *Flieder*,
Holunder, *Heister*, *Rüster*, *Maßholder*,*Wacholder*, denen aber wohl ein
eigener Platz zukommen müßte, da ihnen letztlich eine Baumbezeich-
nung (idg. **dereu̯[o-]*, wonach griech. δόρυ und δρῦς, got. *triu*, engl.
tree) zugrunde liegen wird. Vgl. Dt. Wortgesch. ²I, 24 mit Lit., neben
KLUGE, S. 51, KLUGE-MITZKA unter *Flieder*. Das weibliche Ge-

schlecht von ahd. *affoltra*, *mazzaltra* dürfte sich aus Anlehnung an andere Baumnamen erklären.

9. Desgleichen ein idg. *-tlo-*, germ. *-þla-/-ðla-* in einer kleineren Zahl von Konkretbenennungen: *Stadal* Stadel, Scheune (< Wz. *stā̆* 'stehen'). Fem.: got. *neþla*, ahd. *nād(a)la* Nadel (neben ahd. *nāen* nähen und *nāt;* vgl. griech. *véω* spinne). – Ahd. *wadal*, *-il* Wedel scheint über germ. *waþ-* 'schwankend' auf idg. Wz. *wĕ-* 'wehen' zurückzuführen [20].

10. Viel bedeutender ist wiederum ein idg. Suffix *-to-*, germ. *-þa-/-ða-*. Von ihm stammen einmal versprengte Bildungen, die seine Bedeutung undurchsichtig lassen: *Frost* (zu got. **friusan* frieren; vgl. got. *frius* Kälte), ähnlich *Brand*; sodann *Feld* (<*pel-to-*, zu vergl. mit lat. *palam* öffentlich), *Emd* (ahd. *āmāt*, zu *mähen*), *Mord* (ursprünglich = Tod; vgl. lat. *mori* sterben), *Sund* (< *swen-*), *Jagd* u. ä. Oft ist es nicht von dem wichtigen, noch zu besprechenden *ti*-Suffix (in *Saat*, *Naht* usw.; s. § 117) zu unterscheiden.

Dasselbe *to*-Suffix ergab ein gemeingerm. passives **Partizip Perfekt** und hat sich in dieser Eigenschaft bei den germ. „schwachen" Verben verallgemeinert (got. *nasiþs*, *salboþs*, *habaiþs*, ahd. *ginerit*, *gisalbōt*, *gihabēt*); desgl. in got. **brāhts* gebracht, *-þāhts* gedacht, *-þūhts* gedünkt und bei den Präterito-Präsentien *skulds* schuldig, *kunþs* bekannt, *mahts* mächtig, die, wie ersichtlich, alle in adjektivischer Funktion auftreten. Ursprünglichen Verbaladjektivcharakter zeigen auch weitere, z. T. auch als Substantiv auftretende Adjektiva: got. *hafts*, ahd. *haft* behaftet (lat. *captus*) und *haft* Band, Fessel; ahd. *lioht* leuchtend und Licht; *hlūt* laut und Laut (vgl. *κλύω*, lat. *clueo*); *reht* recht und Recht (vgl. lat. *regere*, *rectus*); ferner *tot* (an. *dauþr*, zu *deya*, mhd. *touwen* sterben), *kalt* (an. *kaldr*, zu *kala* kühl werden), *alt* (zu got. *alan* aufwachsen; vgl. lat. *altus* und *alere*), *stet*, *seicht*, *müde* usw. Sie alle haben ursprünglich passiven Sinn.

Neben einigen Adjektiven stehen auch **weibliche Substantiva;** vgl. got. *faurhts* furchtsam und ahd. *for(a)hta* Furcht; got. *wunds* verwundet und ahd. *wunta* Wunde; ae. *sceart* verletzt und ahd. *scarta* Scharte; ahd. *scant* schmählich und got. *skanda*, ahd. *scanta* Schande. Sie entsprechen idg. Verbalabstrakten auf *-tā-* (> germ. *-þō-/-ðō-*), auf die andere Feminina wie ahd. *slahta* Schlacht(ung) und Art, *warta* Beobachtung, *stata* bequemer Ort, *zwahta* Geschlecht unvermittelt zurückweisen [21].

Anm. 2. Das Idg. hatte mehrere Suffixe zur Herstellung von Verbaladjektiven (Partizipien) ausgebildet, u. a. *-(e)nt(o)-*, *-eno-/*

---

[20] Vgl. zu den beiden letzten Gruppen BRUGMANN, KvglGr. S. 334; zu den im Griech. häufigen Gegenstandsnamen auf *-tro-/-tra-* noch CHANTRAINE (s. § 117) 330 ff. Beachtenswert sind immer noch die Hinweise und Zusammenstellungen von SIEVERS, PBB 5, 519 ff.

[21] Vgl. KLUGE, § 120; J. GERCKENS, Zur Entstehungsgesch. d. *ti*-Abstrakta. Diss. Freib. 1923, bes. S. 36 ff.

-*ono*- und -*to*-. Dem ersten kam aktivische Bedeutung zu (vgl. *s-ent-seiend, lat. *prae-s-ent-em, am-ant-is*; es tritt germ. als -*nð*- auf: got. *nimands* nehmend, *nasjands* rettend), den beiden übrigen passivische. Diese verteilen sich im Germ. so, daß die Verba, welche ein Dentalpräteritum angenommen hatten (z. B. *nasida*), für das Perfekt auch das *to*-Partizip erhielten, die übrigen das *no*-Partizip: *nasiþs* usw. (s. o.) neben *numans* genommen, *gibans* gegeben usw.

Unsere Partizipien stellen demnach nichts anderes dar als aus Verben abgeleitete Nomina („Nominalformen") mit Hilfe von Suffixen, die auch außerhalb der Verbalflexion eine bedeutende Rolle spielen. Ihre Abgrenzung gegen die als Adjektiva schlechthin zu betrachtenden Bildungen läßt sich nicht ohne weiteres durchführen; denn viele von diesen (z. B. *voll, bitter, rein, grün, wund, gesund, satt, schlecht, laut, tot, alt, kalt* (s. o.), *gewiß, offen, eigen, trocken*, as. *ōkan* schwanger [zu got. *aukan*]. Vgl. lat. *dig-nus* neben *dec-et* oder *ple-nus* neben *ple-re* [22]) sind als ursprüngliche Verbaladjektiva aufzufassen. Einige haben im Deutschen den Zusammenhang mit dem Verb verloren und dadurch wieder adjektivischen Charakter erlangt, z. B. *trunken, vollkommen, bescheiden, gediegen, erhaben, verworren, verwegen, verschieden, verlogen, aufgedunsen, untertan*, wie schon ahd. *wesan* verwest, *tougan* heimlich. An Substantiven wären zu erwähnen *Zorn* (vgl. got. *gatairan* zerreißen), ahd. as. *barn* Kind (zu got. *bairan* tragen), mit *t*-Suffix got. *aihts* Habe (zu *aigan haben).

11. Verwickelt sind weitere Fälle, die ein -*s*- zeigen (welches z. T. als -*r*- erscheinen muß). Es treten hervor a) persönliche Bildungen (ahd. *kebisa* Kebse, *fuotirra* Amme, *primissa* Bremse u. ä.; s. § 96); b) männliche Tiernamen (*fuhs, luhs* u. a.; s. oben 2); c) Sachnamen wie got. *ahs*, ahd. *ahir* Ähre, got. *aqizi*, ahd. *acchus* Axt, ahd. *flahs* (neben *fleh-t-an*), *sahs* Messer (vgl. lat. *secare*), *hulsa* Hülse (neben *helan*), *lefs* und *leffur*, mhd. *lefs(e)* Lefze u. ä., ferner ahd. *segansa* Sense, *alansa* Ahle, *waganso* Pflugschar [23].

12. Idg. *yo*-, germ. *wa*-Suffix lieferte besonders **Farbadjektiva**: vgl. lat. *fulvus, flavus, helvus* u. a., ai. *śyāvá* braun, altslov. *plavu* weiß, lit. *širvas* grau, kelt. *blavo* (Kluge, S. 93); ahd. *falo* (< germ. *falwa*-), Gen. *falawes*, mhd. *val, -wes* fahl, ahd. *faro*, mhd. *var* farbig, *gelo, gel* gelb, *elo* dass., *salo* schwarz, dunkelfarbig, *blāo*, wonach vielleicht *grāo*, ae. *basu, -o* purpurn, an. *hrār*, ahd. *rāo* roh; – andere: got. *taihswa*, ahd. *zeso* recht(s), ahd. *haro herb, *lao* lau, *garo* fertig, gar, *maro* und *marawi, muruwi*, mhd. *mar* bzw. *mürwe* mürbe, ae. *nearu* enge usw.

---

[22] s. Brugmann, KvglGr. S. 315 ff., jedoch auch Streitberg, Urgerm. Gramm. S. 195.

[23] Vgl. Specht in Altd. Wort und Wortkunstwerk (Baesecke-Festschr.) 1941, S. 109 ff., wo insbesondere über *segansa* gehandelt ist (mit ausführl. Lit.ang.). Nach Specht handelt es sich um „mit *s*-Determinativ verbaute" *a-, i-, u-, n*-Stämme. Weitere Beispiele u. Hinweise bei Wilmanns, S. 324. 326 ff.; Schwyzer, ZfvglSprf. 57, 271.

13. Ein altes kombiniertes Suffix -*sko*- liegt vor in *frisch, morsch, rasch,* ahd. *rosc* kühn, an. *beiskr* scharf, got. -*malsks,* as. *malsc* übermütig, wahrscheinlich nicht auch in *keusch*[24]. 14. Greifbarer geworden scheint durch KRAHE[25] jetzt -*st* als idg. Zugehörigkeitssuffix mit der Bedeutung des Versehen-, Verbundenseins in ahd. *angust* Angst (zu **angu*- eng), *ernust* Ernst (zu **arni*-, got. Adv. *arniba* sicher), *dionost* Dienst (zu *dionōn*), *herbist* Herbst (neben gr. καρπός Frucht oder lat. *carpo* pflücke), *ewist, ouwist* Schafstall (mit -*str*- got. *awistr*), ferner vielleicht *rost* (zu idg. **rudh*- rot), *trester,* mhd. *glast, rist(e), harst,* auch got. *þramstei* Heuschrecke (wenn zu anord. *þramma* trampeln). Das Suffix zeigt Funktionsverwandtschaft mit idg. -*i̯o*- (vgl. gr. ἄγριος – lat. *agrestis*). Von ihm beeinflußt *Gunst, Kunst, Brunst* (s. § 117)?

Anm. 3. Adjektivbildende Suffixe enthalten auch der Komparativ auf got. -*iza,* ahd. -*iro* / -*ōro* (ein idg. *s*-Suffix) und der Superlativ auf -*ista* bzw. -*isto* / -*ōsto*. Da die Komparation sich jedoch grundsätzlich auf alle Adjektiva erstreckt, deren Bedeutung dies zuläßt, sind sie wie die Partizipien in die Formenlehre zu verweisen.

Mit dem Komparativ verschmolzen im Sprachgefühl die Ortsadjektiva *innaro, obaro* (oben 6), an die die Superlativendung -*st* (eine Verschmelzung des Komparativsuffixes mit einem idg. für den Superlativ verwendeten Suffix -*to*-) antrat. Zur Superlativbildung trat ferner die Herstellung der Ordinalzahlen in enge Beziehung (Endungen -*te,* von 20 an -*ste*).

77. Nach dem Hinweis auf die Suffixe, deren Aktivität erloschen ist, müssen wir uns den im Deutschen noch nachwirkenden nominalen Ableitungsgruppen zuwenden. Strenger als bei der Zusammensetzung (§ 31 ff.) sind hier die Substantiva und Adjektiva auseinanderzuhalten. Wohl waren ursprünglich bei Substantiven und Adjektiven, die zusammen die Nomina ausmachen, die Bildungsmöglichkeiten und -mittel weitgehend dieselben. Die beiden Wortarten flossen ineinander über, so daß oft nur der syntaktische Gebrauch oder dann die Betonung darüber entschied, welche vorliege. Noch heute können wir diesen engen Zusammenhang erkennen (vgl. noch § 167, 1)[26]. Auch das dop-

---

[24] So etwa KLUGE § 209; WILMANNS § 355 (zögernd); W. KASPERS, PBB 67, 151 ff. und wieder KLUGE-GÖTZE [16-18] gegen [13] u.a.: ahd. *kúski* Lehnw. < lat. *conscius,* vulg. *cōscius* (über got **kúskeis*). Vgl. bes. TH. FRINGS-GERTRAUD MÜLLER in Erbe d. Vergangenheit (Festschr. f. K. Helm), 1951, 109 ff. m. Lit.; BETZ in Dt. Wortgesch. [2]I. 113 f.

[25] H. KRAHE, Über *st*-Bildungen in den germ. u. idg. Sprachen, PBB 71, 225 ff.; betr. *Kunst* u. ä. S. 238 f.

[26] Zur Sache sonst etwa WACKERNAGEL, Ai. Gramm. II, 1, S. 1 ff.; BRUGMANN, KvglGr., S. 319. 339.

pelte bzw. dreifache Geschlecht, das in der Folge ein Adjektiv auszeichnet, bildet zuerst kein unbedingtes Merkmal. Allmählich sonderten sich jedoch aus festen Funktionen die Wortarten ab. Und während sich bei der Zusammensetzung – trotz Verschiedenheit der Wortart – dieselbe Verbindungsform ergeben kann (vgl. *Himmelbett* und *himmelblau, Vertrauensfrage* und *vertrauensvoll* usw.), gehen bei der Ableitung Substantiv und Adjektiv meist eigene Wege mit eigenen Mitteln.

A. Substantiva

I. Durch die Deklinationstypen bestimmte Gruppen

78. Die einfachste Art der Ableitung besteht – wenn man von eigentlichen Substantivierungen wie *Freund, Gut, Essen* absieht – darin, daß zu (meist starken) Verben direkt Substantiva gebildet werden ohne weiteres Merkmal als die Deklinationsklasse, der sie angehören: got. *sleps* Schlaf zu *slepan* schlafen, ahd. *slāf* zu *slāfan*, got. *hrops* Ruf zu **hropan* (wofür schwaches *hropjan*?), ahd. *ruof* zu *ruofan, fall* zu *fallan* usw. Auf diese Weise entstand vor allem eine stets wachsende Zahl von Tätigkeitsnamen (Nomina actionis), die als maskuline *a*-Stämme auftreten. Mit den *a*-Stämmen geraten jedoch die alten *i*-Stämme in Konkurrenz[1]. Neben got. *a*-Stamm *sleps* steht ein *i*-Stamm *slahs* Schlag, zum Verbum *slahan*. In der heutigen und schon in der älteren Sprache sind die beiden Gruppen oft nicht voneinander zu unterscheiden, zumal da schon im Got. die maskulinen *a*- und *i*-Stämme im Sing. zusammenfielen.

Die obigen Ansätze sind cum grano salis zu verstehen. Denn es läßt sich, für ältere Fälle zumal, meist nicht genauer ausmachen, ob ein Substantiv (z. B. got. *sleps* oder ahd. *slāf*) auf seiner Sprachstufe selbst abgeleitet ist (*sleps* aus got. *slepan, slāf* aus ahd. *slāfan*) oder die entsprechende Ableitung einer frühern Stufe (etwa germ. **slǣpaz* < **slǣpan*) fortsetzt. Vgl. § 8 am Ende.

---

[1] Vgl. v. BAHDER, S. 12 ff. Zum folg. fürs Idg. auch CHANTRAINE (s. § 117) 6 ff.; SPECHT, S. 103. 113 ff. 245 ff. 309 f.; dann R. v. KIENLE, Hist. Laut- u. Formenl. d. Dt. 1960, § 158 ff. (germ. Wurzelnomina).

Beschränkte Anhaltspunkte für die *i*-Stämme liefert der Umlaut (s. u.). Im Westgerm. sollten überdies die kurzsilbigen *i*-Stämme im Auslaut ihr *-i* behalten (ae. *hyge*, as. *hugi* Sinn, Gedanke, as. *slegi* Totschlag); im Ahd. bewahren diesen Zustand nur noch wenige (*wini* Freund, *[w]risi* Riese, gegen *slag* usw. nach den langsilbigen).

In den genannten Beispielen zeigt das Substantiv den Präsensvokal des ihm zugrunde liegenden Verbs. Als einziges wirkliches Ableitungsmittel fungiert somit das stammbildende Suffix *-a,* sofern man es nicht von vornherein dem Substantiv absprechen und als Themavokal auffassen will [2]. Hierneben bestehen aber ebenso häufig Ableitungen mit anderer Ablautstufe des Wurzelvokals, sowohl bei *a*- wie bei *i*-Stämmen, und dies auch in jüngeren Bildungen. Zu einem got. *stikan* (ahd. *stechan*) erscheinen die *i*-Stämme *stiks* Punkt und *staks* Mal, zu *gawigan* (ahd. *wegan*) sich bewegen die *a*-Stämme *wigs* Weg und *wegs* Woge; zu ahd. *stīgan* gibt es ein *stīg* Steig und *steig* Steigen (wozu, abgesehen von *steg*, noch nhd. *-stieg* in *Aufstieg* u. ä.), zu ahd. *sciozan* ein *scioz* Giebelseite, *scōz* Schoß und *scuz* Schuß (vgl. mhd. *schiez[e]*, *schōz*, *schoz*, *schuz*, *geschŏz*), zu *fliozan* ein *flōz*, *fluz*, mhd. *vliez* Strömung. Neben ahd. *klang* steht mhd. *klinc* und gar *klunc*, neben *Trank* und *Band* stehen *Trunk* und *Bund*, usw., freilich mit teilweise verschiedener Bedeutung. Doch sind zwischen Ablautstufen und Bedeutung keine näheren – wenigstens keine irgendwie durchgehenden – Beziehungen zu erkennen. Eher ließe sich feststellen, daß bei den eigentlichen Verbalabstrakten vorzugweise (zweiter) Hochstufenvokal mit *a*-Deklination und schwächster Wurzelvokal mit *i*-Deklination zusammengehen [3].

Beispiele aus den verschiedenen deutschen Sprachperioden [4]. Mit **Präsensvokal**: got. *wigs*, ahd. *weg* Weg, got. *stiks*, ahd. *stich*, got. *sinþs*, ahd. *sind* Weg (zu germ. **sinþan*, ahd. *sinnan* eine Richtung nehmen), got. *sleps*, ahd. *slāf* s. o., *aflets*, ahd. *ablāz*, *urlāz*, ahd. *līb* Leben (zu *[bi]līban* verharren), *scīn*, *strīt*, *stīg*, *scrī*, *giwin*, *sez* Sitz, *scioz* s. o., *urdrioz* Belästigung, *liut* Volk (zu einem got. *liudan* wachsen), *ambōz*, *bū*, *sceid*, *sweif*, *fall*, *gang*, *rāt*, *stōz*, mhd. *verderb*, *behelf*, *bevelch*,

---

[2] Für die Wortbildungslehre bleibt diese Frage, über die sich auch die neuere Grammatik nicht einig ist, nebensächlich; den Ausschlag gibt ihr, daß die Bildungsweise sich als äußerst produktiv erweist.

[3] v. BAHDER, S. 25. 44. Vgl. hierzu HELM, PBB 71, 254 ff.

[4] Vgl. v. BAHDER a. a. O. ; WILMANNS, S. 184 ff.; PAUL, S. 78; zur Sache noch DENS. MSB 1896, S. 700 ff.

kerb, vliez s. o., *niet* Nagel, *abe-, uber-, üztrac, anehou* Amboß, *be-, ent-,
ge-, üfent-halt,* nhd. *Vergleich, Verschleiß, Erwerb, Erlaß, Entscheid, Befall* (D.), *Anwachs* ([14]D), *Ein-, Aus-, Verlad* (D.), *An-, Bei-, Vortrag,
Einlaß, Ausgleich, Ab-, An-, Um-, Vor-, Überhang* (D.), *Überfall*: hierher
auch *Austritt*[5]. – Mit Präteritalvokal: got. *balgs,* ahd. *balg* aufge-
blähte Tierhaut (vgl. ahd. *belgan* anschwellen), got. *saggws,* ahd. *sang*
Gesang, got. *saggqs* Untergang, got. *daigs,* ahd. *teig* (zu got. *deigan*
kneten), got. *snaiws,* ahd. *snēo* Schnee, got. *hlauts,* ahd. *hlōz* Los (neben
ahd. *hliozan*), ahd. *screi, steig, klang, stank, trank, krampf* (zu *krimpfan*),
dampf (zu *dimpfan*), *flōz, scōz* s. o., *flōh* Floh (wenn zu *fliohan*), *rouh* (zu
riochan), *stoub, swuor,* mhd. *gram* (zu **grimman,* mhd. *grimmen* knir-
schen; neben altem Adj., s. § 167, 1), *swal, swalh, streih, smouh* Rauch
(vgl. ae. *smēocan* rauchen), *sōt* Kochen (zu *sieden,* vgl. nhd. *Sodbrennen*),
underswanc, underreit Einschub, nhd. *Wuchs, Bewuchs* (D.), *Hieb, Hub,
Bedarf, Knall* (zu *knellen*). – Mit Vokal des Part. Prät.: got. *qums* Ankunft, *muns* Gedanke (zu *man* meine), *striks,* ahd. *strich,* got. *wlits* Antlitz, *writs,* ahd. *riz* Riß, got. *drus* Sturz (zu *driusan* fallen), ahd. *sprung,
slunt* (zu *slindan*), *wurf, bruh, biz, grif, scrit, slih, snit, flug, fluz, guz,
scuz, zug* und *zog,* mhd. *sluz, sloz, schoz, (ge)ruch, bunt, swunc,* nhd.
Groll (zu *grellen* vor Zorn schreien), *Schwund, Schund, Kniff, Pfiff, Ritt,
Schmiß, Suff, Verdruß, Genuß, Anschuß, Erdrusch* (D.), mit nhd. Dehnung: *Stieg, Trieb, Betrug, Zug* (s. o. *zug*), *Abstieg, Umtrieb, Ab-, Um-
sud* ([14]D)., *Umzug, Unterschied, (Ein-) Schrieb* (D.) u. ä., wonach etwa
(schweiz.) *Unterbruch* für *Unterbrechung* u. a.; s. § 164.

Wie aus diesen Beispielen ersichtlich, sind manche ursprüngliche
Vorgangsbezeichnungen zu Gegenstandsbezeichnungen geworden (*Leib, Griff, Zug, Guß, Steg, Gang, Ausgang*); seltener begegnen
Bildungen mit persönlicher Bedeutung (got. *baur* Sohn, *wargs* Übeltäter, *wraks* Verfolger zu *wrikan* rächen, ahd. *flōh, houscric* Heuschrecke
[vgl. § 84], *hagustalt* Hagestolz, nhd. *Rat, Vorstand*). Wieder andere
sind jetzt isoliert (*Balg, Teig, Schund, Amboß*); schon got. *þiufs* Dieb
(< **tup-* 'sich ducken'), *mats,* ahd. *maz* Speise (Etym. dunkel; < **măd-*
'kochen' oder 'essen'?). Gewöhnlich entfernt sich die Beziehung
zum Mutterverbum, je mehr die Bedeutung konkret wird und umgekehrt (vgl. einerseits *Schmiß, Steg, Streich, Zug,* anderseits *Anstieg,
Streit, Wurf, Betrug*). Wo neben der Ableitung ein lebendiges Grundwort fehlt, erscheint sie besonders leicht als isoliert. Im As. z. B. ist
die Zahl solcher Fälle – wegen der (zufälligen) Nichtbelegung des
Grundverbs – viel größer als im Ahd.[6].

---

[5] Von DORA NICHTENHAUSER, Rückbildungen im Nhd. Diss. Freib.
1920, S. 13. 21 f. als „sekundäre Rückbildungen" nach denen aus
schwachen Verben bezeichnet. Zu den Verhältnissen im Engl. vgl.
H. BRADLEY, The making of English, [10]S. 123 ff.

[6] Vgl. M. HUCKO, Bildung d. Substantiva durch Ableitung u. Zusammensetzung im As. Diss. Straßb. 1904, S. 26 ff.

79. Schon früh stehen Verbalsubstantiva auch neben schwachen Verben. Vgl. got. *þagks,* ahd. *dank* neben *þagkjan* denken, ahd. *gruoz* neben *gruozen* (as. *grōtjan*), ahd. mhd. *druc(k)* neben *drucken, drücken,* mit Ablaut *sweiz* neben *switzen*; *werc* neben *wirken*; ferner nhd. *Bericht* neben *berichten, Besuch* neben *besuchen* u. ä. Oft ist eine Entscheidung, ob das Substantiv oder das Verb das primäre sei, sehr schwer (vgl. § 144); einzig die Geschichte eines Wortes oder noch das Bedeutungsverhältnis vermag hier von Fall zu Fall Auskunft zu geben. Ahd. *koufōn* z. B. könnte sehr wohl aus *kouf* gebildet sein (wie ahd. *dankōn* aus *dank*). Nun knüpft aber *koufōn,* got. *kaupon* wohl direkt an das lat. Lehnwort *caupo* (ahd. *koufo*) Schenkwirt an, wonach sich *kouf* 'Handel und Kauf' [7] als jünger aus *koufōn* erwiese. Sicher ist unser *Geiz* aus *geizen* entstanden und nicht umgekehrt; denn *geizen* ist mhd. *gīt(e)sen* (neben einem Subst. *gīt* Habgier), während umgekehrt *ernten* sicher aus *Ernte* (= ahd. *arnōd* aus *arnōn* ernten) stammt. *Besuch* ist jünger als *besuchen*. Notker braucht zwar die Bildung schon, aber in der Bedeutung von temptatio; in unserer Bedeutung löst sie älteres *Besuchung* (§ 164) ab, das seinerseits aus *besuchen* entstanden ist.

Als „Nomina postverbalia" (s. unten) erweisen sich auch ahd. *brūh, uob* Übung, *wank* (zu *wankōn*), *wantal, wandel* (zu *wantalōn*), *swindel, kēr, blic, touf, ruc, stupf* Punkt, *kus,* ae. *coss,* an. *koss* (zu *kussjan*), *wuof,* as. ae. *wōp* Wehklage (zu *wōpjan* [8]), *folleist* Hilfe, Beistand, ae. *fullǣst, fylst* (zu *fullaistjan* [9]), mhd. *roup* Beute, Ertrag (falls zu *roubōn,* neben an. *rjūfa,* ae. *rēofan* brechen, zerreißen), *scherz, dranc* (falls zu *drangōn*), *grūs* (zu *grū[wi]sōn*), nhd. *Handel, Ärger, Balz, Borg, Drill, Hauch, Schutt,* vielleicht *Zapf* (D.), *Klecks, Schmuck, Wichs, Flirt, Knitter, Schimmer, Taumel, Bettel, Bummel, Rummel, Rüffel*; mit Partikeln: *Bereich, Belag, Verlag, Verzicht, Versand, Verfolg, Verputz, Verein, Unterricht, Untersúch* (schweiz.; § 164), *Abklatsch, Ein-, Auf-, Vorwand, Vortrag, Ausweis, Auspuff* u. a. *Fußfall* geht auf ahd. *fuozfallōn* zurück, weil die Zusammenbildung nur als *ōn-* Verb erfolgen konnte.

---

[7] Vgl. hierzu WISSMANN, Hab.schr. (s. unten), S. 20 ff.
[8] Wahrscheinlich, nach WISSMANN, S. 46 f.
[9] Vgl. hierzu W. KROGMANN, PBB 59, 313 ff.

Postverbalia nennt man seit M. Bréal[10] die Substantiva, die aus abgeleiteten Verben gebildet sind, während sie den Anschein erwecken, deren Grundlage zu sein. Vgl. zu den obigen Beispielen lat. *pugna* Faustkampf, gebildet aus *pugnare* faustkämpfen und nicht umgekehrt (wie etwa bei *cenare* speisen aus *cena*), da *pugnare* seinerseits aus *pugnus* Faust stammt; vermutlich auch *planta* Setzling aus *plantare* festtreten (zu *planta* Fußsohle[11]); desgl. griech. ἧττα Niederlage < ἡττάομαι (zu ἧττων schwächer), viell. νίκη Sieg < νικάω siege[12]. Mundartlich geht die in § 78 f. behandelte Bildungsweise zum Teil viel weiter, etwa schlesisch (und zur Zeit Logaus schriftsprachlich): *der Gall* Ruf (< *gellan*), *Glamm* heller Ton, *Hau* Hieb, *Heiß* Befehl, *Heisch, Kruch* (< *kriechen*), *Fühl, Schlurf, Belieb, Verdrieß, Vergelt* u. ä.[13] In der Aachener Gegend sind Bildungen wie *Back* 'das auf einmal Gebackene', *Schab* Räude (< *schaben*), *Hinder* 'das Hindern' „fast zu jedem Verb noch heute möglich"[14], während andere Mundarten die Nomina postverbalia wieder weniger begünstigen[15].

80. Neben den Maskulinen gibt es auch neutrale aus Verben abgeleitete *a*-Stämme, z. B. got. *dragk* Trank, ahd. *malz* (zu ae. *meltan* sich auflösen), *grab, sloz*, got. *juk*, ahd. *joh* (zu einer Wz. *ieug*- verbinden), got. *usluk* Öffnung (falls N., zu *uslukan*), ahd. *loh*, ahd. *lid* (zu ae. as. *hlīdan* verschließen), *bleh* (zu *blīchan* glänzen), als eigentliche Postverbalia etwa auch *opfar* (< *opfarōn*), *lob* N. und M., got. *sildaleik* Staunen (< *sildaleikjan*); nhd. noch *Deck, Verhör, Abbild*. Doch sind die Neutra viel weniger zahlreich und dienen nicht mehr als Muster zu Neubildungen (bilden keine produktive Gruppe): älteres *gelt* zu *gelten* ist N. und M., aber *entgelt* zu *entgelten* nur M. Einige sind nachträglich zu Neutren geworden oder schwanken im Geschlecht; vgl. außer *gelt* und *lob* etwa ahd. *trank, hlōz* und *flōz* (§ 78), *trouf* Traufe (zu *triofan*), nhd. *Band*. Die Neutra sind Gegenstandsbezeichnungen. Man wird annehmen dürfen, daß maskulines Geschlecht

---

[10] Vgl. W. WISSMANN, Nomina postverbalia in d. altgerm. Sprachen, I, 1932 (Beih. z. ZfvglSprf.); DENS., Die ältesten Postverbalia des Germ. Berliner Hab.schr. 1938 (einige der obigen Beisp. nach ungedruckten Ang. d. Verf.s und aus NICHTENHAUSER, S. 14 ff.); DENS. *Skop* (s. § 7) 28 f.; ferner etwa MEYER-LÜBKE, Rom. Gr. § 397 ff. u. Frz. Gr. § 108 ff.; NYROP § 540 ff.

[11] Anders SÜTTERLIN, IF 45, 308 (*plantare* < *plānitare* neben *plānare*).   [12] Vgl. BRUGMANN, Grundr. ²II, 1, S. 18 f.

[13] Vgl. P. DRECHSLER in Mitt. d. Schles. Ges. f. Volksk. Bd. IX, Heft 18 (1907), S. 115 ff.

[14] Nach dem Auszug e. Diss. von L. MÜNSTER im Jahrb. d. Phil. Fak. Bonn, 1924, 1. Halbbd., S. 34 ff.   [15] Vgl. GLATTES, S. 27.

mehr die Tätigkeit, neutrales das Gegenständliche bezeichnet [16].
Geschlossener stehen alte *a*-stämmige Kompositionsbildungen
mit *ga-/ge-* da: got. *gafilh* Begräbnis (zu *gafilhan* begraben), ahd.
gibet, gifleht, giwet Joch (zu *wetan*), *gispan, giswer, gisang, giwant,*
giscōz, mhd. *gebiet* usw. (neben Maskulinen: got. *gafāhs* Fang,
ahd. *giheiz*, mhd. *gebrach* Lärm, *gebrast, gebrüch*). Eine noch lebenskräftige Gruppe mit *ge-* bilden aber nur die kollektiven *ja-*
Stämme (§ 87, 4).

81. Feminina. Auf gleiche Weise wie die außerordentlich
wichtige und fruchtbare Ableitungsgruppe der maskulinen *a-*
und *i*-Stämme nach dem Typus *schlafen : Schlaf, rufen : Ruf, rei-*
ten : Ritt, brechen : Bruch, kaufen : Kauf entstanden feminine
Nomina actionis (*ō*-Stämme): got. *giba* Gabe (zu *giban*), got. ahd.
winna Leiden (zu *winnan* leiden), got. *graba* Graben, ahd. *helfa,*
fehta Kampf, *sceida* Scheidung, *houwa* Haue, mhd. *snīde, pflege,*
winlese, nhd. *Weiche, (An-)Leihe, Zwinge, Fresse,* nd. *Schlacke;* –
mit anderem als Präsensvokal: got. *wraka* Verfolgung (gegen ahd.
rācha; s. unten) *laiba* Überbleibsel (zu *[bi-]leiban*), *groba* Grube,
ahd. *waba, stanga* (zu *stingan*), *reisa, snita, fuora*, mhd. *troufe*
(neben *trouf* § 80), *ritze, gäbe* neben *gebe*, nhd. *Gosse.* Auffallend
zahlreich sind im Ahd. die mit -*ā*- (Vokal der Dehnstufe im Plur.
Prät.): *gināda* (zu got. *niþan* helfen), *māza* zugemessene Menge,
lāga, wāra, bāra, scāra Schere, *stāla* Diebstahl, *nāma, rācha,*
brācha, sprācha. – Zu schwachen Verben: got. *staua* Gericht (zu

---

[16] H. ZIMMER, Die Nominalsuffixe *a* und *ā* i. d. germ. Sprachen.
1875 (Quellen u. Forschungen 13), der die primären *a*-Bildungen erst-
mals eingehend dargestellt hat, faßt eine große Zahl als ursprüngliche
Nomina agentis i. w. S. auf, Personen oder Sachen bezeichnend, durch
welche der Begriff der Wurzel – aktivisch, passivisch oder reflexiv – vollzogen werde, z. B. got. *swamms* Schwamm = 'der Schwimmende' (?),
dags Tag 'der Leuchtende', ae. *spring* Sprudel 'der Aufspringende',
an. *blakkr* Pferd 'der Glänzende', *haugr* Hügel 'der sich Krümmende',
brynstingr Schwert 'der Brünnendurchbohrer', ahd. *huof* 'der sich
Hebende', *loug* 'der Leuchtende'; – Neutra: got. *juk* 'das Bindende',
ahd. *urhab* Sauerteig 'das Aufhebende', *salb* Salbe 'das Gleitende',
bleh 'das Glänzende' (S. 27 ff.). Viel bedeutender seien aber Nomina
actionis, die den sichtbaren Verlauf einer Tätigkeit darstellen: *trank-*
trunk, ae. *drinc* 'das Trinken', *wank* 'das Wanken', *sturz* 'das Stürzen',
desgl. *snit, scal, scīn, slih*, mhd. *blās, grīn* Geschrei, *far* 'das Fahren',
ris 'das Fallen' usw. (S. 116 ff.). Das Hypothetische dieser Deutungen
bleibt von Fall zu Fall vorbehalten.

stojan), daila Teilung, vielleicht *kara* Sorge (zu *karon*), ahd. *leita, saga, meina* Sinn, Meinung, *lougna, huota, eisca* Heischung, *forsca, laba, antfrista* Auslegung, *ordena, martra, prediga, lēra, frāga, wacha, haba, fasta,* mhd. wohl *bleiche, vuoge, lūre, vrōne, rāme* Ziel (zu ahd. *rāmēn* trachten), *schrūbe, trūre,* nhd. *Brause, Beichte, Kralle, Blende, Tunke, Tusche, Mache, Lache* (D.), *Schleppe, Schnauze, Zubehör* (zu mhd. *zuobehœren*) [17]; auch *Notzucht*; zweisilbige: *Hechel, Klingel, Schaukel, Wickel* usw. Das Verhältnis der *ō-stämmigen* Abstrakta zu den wenigen persönlichen *ō*-Femininen ist noch nicht geklärt [18].

Es muß bemerkt werden, daß im Ahd. die starken ō-Feminina sich leicht – nicht mit den *i*-Stämmen wie die Maskulina – mit den schwachen vermischen, da schon mehrere Formen der *ō*- und *ōn*-Deklination übereinstimmten [19]. So finden sich denn von den meisten der angeführten Bildungen auch schwache Formen, sofern sie nicht ganz zu den schwachen übergetreten sind (*frāga, geba, lēra, ēra, sunta* usw.). Wie bei den Maskulinen sind sodann erstens manche Vorgangs- zu Gegenstandsbezeichnungen geworden (*houwa, salba,* mhd. *snīde, schrūbe, klinge* u. a.; s. oben. Otfrid flektiert jene stark, diese schwach). Bezeichnenderweise mehren sich die direkten Gegenstandsnamen, je jünger die Bildungen sind. Im Nhd. ist ihre Zahl besonders groß: *Bahre, Lade, Breche, Binde, Schlinge, Wage, Walze, Gosse, Fresse, Weiche Zwinge, Blende* usw. Zweitens erscheinen viele davon (sowie von den ältern Vorgangsbezeichnungen) jetzt isoliert durch den Untergang des Grundwortes (*Bahre, Gnade, Qual, Reihe, Reise, Sache, Stange*), einige schon früh, wenn nicht von Anfang an (got. *boka* Buche, ahd. *zanga, sāga* Säge).

82. Auch aus Adjektiven bildet das Ahd. (starke und schwache) Feminina dieser Art [20]: *harta* Härte, *hēra, hwassa* Schärfe, *darba, gāha* Eile, *wīha, meina* Falschheit, *bōsa, forhta, hōna* Hohn, *wara* Aufmerksamkeit, *wāra* Wahrheit, *halba, luzzila* Kleinigkeit, *farawa* Farbe u. ä.; ablautend wohl got. *bota,* ahd. *buoz(a)* zu **batis, batiza, baz* [21].

---

[17] Vgl. WILMANNS, S. 214 ff.; zu got. *bota – botjan* § 82 mit Fußn. [21].

[18] Vgl. vorderhand ZIMMER, S. 244. 278 ff.

[19] Vgl. BRAUNE-MITZKA, Ahd. Gramm. § 208 Anm. 2).

[20] Vgl. FR. H. BAUMANN, Die Adjektivabstrakta im älteren Westgerm. Diss. Freib. 1914, S. 90 ff.

[21] got. *bota* Nutzen, Vorteil geriet unter den Einfluß von *botjan,* erhielt die Bedeutung Besserung und wurde so zum „Bedeutungspostverbale" nach WISSMANN, S. 14 ff.

83. Überblickt man alle diese durch starke Flexionstypen bestimmten Bildungen, so stellt sich heraus, daß es sich dabei sozusagen ausschließlich um Gruppen von Sachnamen handelt, meist um Nomina actionis, die dann gern als Gegenstandsnamen auf konkrete Geleise geraten. Die persönlichen Neubildungen dagegen treten – sofern sie nicht durch Suffixe geliefert werden, die über diejenigen des Deklinationssystems hinausgehen – als Konsonantstämme auf. Schon die oben § 76, 1 angeführten Verwandtschaftsnamen gingen konsonantisch; ihnen reihen sich an substantivierte *nt*-Stämme der Art von ahd. *friunt* Freund (got. *frijonds*, eig. 'Liebender', Part. Präs. von *frijon*), *fiant* Feind, *heilant, haltant* Hüter, *waltant* (s. § 105) [22]. Eigentlich fruchtbar wurden aber von jeher *n*-Stämme: unsere persönlichen sog. schwachen Maskulina und Feminina. Das hauptsächlichste Herkunftsgebiet der persönlichen *n*-Stämme bilden wohl die schwachen Adjektiva, welche Erweiterung durch ein *n*-Suffix und noch heute ja personifizierende Funktion zeigen. Vgl. griech. *οὐράνιος* himmlisch – *οὐρανίωνες* die Himmlischen und nhd. *lahm – der Lahme* [23].

Auch got. *hana,* ahd. *hano* Hahn läßt sich ja (wenn man das noch immer nicht aufgeklärte Verhältnis der Nominativausgänge übersieht) über germ. **han-an-* zurückführen auf ein idg. **kan-ōn* 'Sänger', zur Verbalwurzel *kan-* in lat. *canere* [24].

84. Schwache Maskulina, bes. Nomina agentis [25]:

a) aus starken Verben: mit Präsensvokal: got. *fauragagga* Vorsteher, ahd. *ezzo* Esser, *gebo, helfo, loufo, fāho, bremo* 'Brummer', Bremse, *trinko, trago* usw., besonders Komposita vom Typus *Liebhaber*: *manslago* Mörder, *lugiscrībo* pseudographus, *hūsbrecho* Einbrecher, *steinmeizo, ē-halto* Priester, *widarsacho, aftarquemo* Nachfolger, *furisprecho* (nhd. *Fürsprech* [D.]), *anasezzo* Vorsitzender; – mit Präteritalvokal (selten): ahd. *slango* Schlange (zu *slingan* winden); – mit Vokal des Partizips: got. *skula* Schuldner, *nuta* Fänger, Fischer (zu *niutan* treffen, erreichen), *unwita* Unwissender (zu *wait* weiß), ahd. *boto, herizogo,*

---

[22] Braune-Mitzka, Ahd. Gramm. § 236.

[23] In diesem *-n* hat Hirt, Idg. Gramm. III, S. 188 eine Art postponierten Artikel sehen wollen.

[24] Von den oben ins Auge gefaßten Fällen wird das *(j)an*-Suffix der Völkernamen (*Friesen, Franken, Ingaevones, Brugundiones* usw.) zu trennen sein, jedenfalls nachträglich; vgl. M. Deutschbein in ZfMaf. 16, 113 ff.; Bach, Namenk. I, 1 §§ 175,5,6 (mit Lit.). 260.

[25] Vgl. neben Kluge, § 12 ff. und Wilmanns. S. 195 ff. mit Lit. noch H. Falk, PBB 14, 14 ff.

magazogo Erzieher [26], *bettiriso* paralyticus u. ä. – Zuweilen stehen Bildungen mit zwei Vokalstufen nebeneinander: *erbinemo* / *-nomo* Erbe, *hûsbrecho* / *scifbrocho*, *hornbero* Hornisse / *muntboro* Beschützer, Patron. b) zu schwachen Verben: got. *timrja* Zimmermann, *haurnja* Hornbläser (wenn nicht zu *haurn*), ahd. *ferio* Ferge (zu got. *farjan* schiffen), *scenko* Schenke, *geltmacho* Eintreiber, *fuozfolgo*, *hewiscrecko* Heuschrecke (zu *screckōn* auffahren, aufspringen).

Auch von Substantiven werden früh schwache Maskulina mit persönlicher Bedeutung gebildet: got. *guma*, ahd. *gomo* Mensch, Mann ('der Irdische', zu einem Subst. mit der Bedeutung 'Erde'; vgl. lat. *humus* – *homo*), got. *heiwa* Gatte (zu **heiws* Haus; vgl. lat. *civis*), *waurstwa* Arbeiter (zu *waurstw* Werk), wohl auch *spilla* Verkünder, ahd. *wârspello* (neben ahd. *spel* Rede), ahd. *heimo* Heimchen. – Weitere Verbreitung erlangten Bahuvrīhibildungen wie ahd. *hund-houbito* und besonders die Zusammenbildungen mit *ga-*: got. *gadaila* Teilhaber, ahd. *gi-namno* Namensvetter usw.; s. § 45 Ende.

Neben den Bildungen mit persönlicher Bedeutung finden sich auch unpersönliche in geringerer Zahl, die sich wenigstens zum Teil als ursprüngliche Nomina agentis – bzw. als Personifikationen – auffassen lassen (vgl. § 80 Fußn.): got. *brunna*, ahd. *brunno* Quelle (wohl zu *brinnan* aufwallen, sieden), got. *gataura* Riß (zu *gatairan* zerreißen), ahd. *klobo* Kloben, gespaltener Stock zum Vogelfang (zu *klioban* spalten), *slito* Schlitten (zu *slīdan* gleiten), *sprozzo*, *tropfo*, *brāto*, *bresto*, *sterbo* Tod, *smerzo*, *recho*; – zu schwachen Verben: *giloubo* Glaube, *scado* Schade usw. [27]. Die *n*-Deklination hat sich vielseitig ausgewirkt, namentlich im Norden, wo in größerem Umfange Abstrakta oder Resultativa auftreten [28].

Immerhin haben die Nomina agentis nach der *n*-Klasse die Konkurrenz anderer Bildungsweisen auszuhalten:

1. der Erweiterungen durch *-j-*: der *ja*- und besonders der *jan*-Stämme (diese s. im folg. §).

Mit dem Suffix *-ja-* (ursprünglich einem Adjektivsuffix für Zugehörigkeit) erscheinen noch vereinzelte persönliche Maskulina wie got. *hairdeis*, ahd. *hirti* Hirte < germ. **hirdja-* 'der zur Herde Gehörige', got. *asneis*, ahd. *esni* Mietling < germ. **asnja-* 'der zur Ernte (got. *asans*) gedungene Knecht', ferner got. *lekeis*, ahd. *lāchi* Arzt, got. *guþblostreis* Opferer, *ragineis* Ratgeber, ahd. *firhios* Menschen [29].

---

[26] Zur Kontroverse SCHROEDER (Lehnwörter a. d. Got.) – MUCH (gemeingerm.-ahd. wegen des Ablauts) über diese zwei Bildungen vgl. die Lit.angaben bei CARR, S. 5; ferner etwa Trübners Wb. 3, 423.

[27] Weiteres bei v. BAHDER, S. 46 ff.; E. WESSÉN, Zur Gesch. d. germ. *n*-Deklination. Diss. Uppsala 1914 (in Upps. univ. årsskr. 1914), passim.   [28] Vgl. WESSÉN, S. 127.

[29] KLUGE, § 7. Häufiger nur im An.; vgl. W. SCHLÜTER, Die mit dem Suffix *ja* gebildeten deutschen Nomina. 1875, S. 32 ff. 67 ff.

2. der Bildungen mit dem späteren Lehnsuffix -*ārja*-, -*ări*, -*er*; s. § 98.

85. *jan*-Stämme [30]. Ebenso wichtig wie die *n*-Stämme waren für die Herstellung von Nomina agentis die mit -*jan*- erweiterten Bildungen: got. *arbja*, ahd. *arbeo, erbo*, mhd. *erbe*, nhd. *Erbe* M., zum *ja*-Stamm got. *arbi* Erbe N., doch auch got. *fiskja* Fischer, zum *a*-Stamm *fisks* Fisch, usw. Sie stehen als geschlossene Bildungsgruppe zeitlich und numerisch in der Mitte zwischen den älteren und selteneren *ja*-Stämmen und den *ārja*-Ableitungen. Die meisten sind offenbar denominativ [31]; nicht wenige gestatten jedoch zugleich Beziehung auf ein Verb, so daß der Ursprung des abgeleiteten Wortes nicht immer zu bestimmen ist. Im Hd. wird zudem die Grenze zwischen *an*- und *jan*-Stämmen früh undeutlich, da das *j* schwindet und nur noch durch seine bekannten Wirkungen (Umlaut, Aufhebung der Brechung, Gemination) auf die ältere Form weist.

Denominative: got. *arbja, fiskja* s. oben; *baurgja* Bürger zu *baurgs* Burg, *skattja* Wechsler zu *skatts* Geldstück, *liugnja* Lügner, *wardja* Wärter, *gudja* Priester, *kasja* Töpfer zu *kas* Krug, *wai-dedja* Übeltäter zu -*deþs* Tat, *ingardja* im Haus Befindlicher, vielleicht *laushandja* 'mit leeren Händen' (vgl. § 45), ahd. *scirno* Possenreißer zu *scern* Scherz, Spott, *scerio* Scharmeister und mhd. *scherge*, zu *scara* Schar, ahd. *wurhteo* Arbeiter, *einhurneo* Einhorn, *lantsidilo* Landbewohner, *giferto* Gefährte, *gisell(i)o* Geselle (§ 45). Ein Fall für sich ist *fetiro* < *fatureo* Vetter (vgl. lat. *patruus*).

Verbale Ableitung kann vorliegen in Fällen, die neben Verben stehen, z. B. in got. *swiglja* Pfeifer neben *swiglon* und ahd. *swegala* (vgl. *timrja* und *haurnja* o. § 84, b); ferner in got. *af-, weindrugkja* Trinker, *afetja* Esser (neben *itan* und ahd. *āz*), *arbinumja* Erbe, ahd. *becko* Bäcker, *(w)reckeo* (neben got. *wrikan* und *wraka*), *truhtsāzo*, mhd. -*sæze* Truchsess, *himilsāzo* Himmelsbewohner, *man-, muoter-, bruoderslecko* Mörder. Die Bildungen zu *j*-Verben s. § 84, 2.

Verdunkelte *jan*-Bildungen: got. *frauja*, ahd. *frao, frō* Herr, ahd. *grāfio* Graf (nhd. in *Gräf[e]*), mhd. *hiune* Hüne.

Zuweilen stehen *an*- und *jan*-Bildungen für dasselbe Wort nebeneinander (ob Suffixwechsel vorliegt, ist zwar von Fall zu Fall fraglich); vgl. got. *waurstwja – waurstwa* (§ 84), *gasinþja – gasinþa* Weggenosse, *fauragaggja – -gagga, frauja –* ahd. *frō*, got. *gudja –* an. *goðe*, got. *arbja* usw. (s. o.) – an. *arfe*, ahd. *nōtnumeo – -nomo, muntbureo –*

---

[30] SCHLÜTER a. a. O.; fürs As. bes. HUCKO (s. § 78) 42 f.
[31] Vgl. hierzu C. KARSTIEN in Beitr. z. germ. Sprachwiss. (Behaghel-Festschr. 1924), S. 290 f.

-boro, manslecko − -slago, wārsecko − forasago (wie *grāfio − grāfo, judeo −
judo*). Zu *frō* vgl. § 167, 1.

Eine lebendige Gruppe bilden die *jan*-Bildungen heute nicht
mehr; wohl aber haben sich mehrere erhalten: *Erbe, Bürge,
Kämpe, Recke, Rüde, Senne, Schütze, Scherge, Ferge* (§ 84 b),
Schurke, Schenk(e), Gefährte, Geselle.

Mundartlich etwa noch *Beck, Dachdeck, Bräu* Brauer (bair.), *Hinter-
säß* (neben *-saß* [D.]); als Namen ferner etwa *Kempf, Metz.*

86. Persönliche Feminina[32]. Für die idg. persönlichen
Feminina auf *-ā* (griech. *ϑεά* neben *ϑεός*, lat. *equa* neben *equus,
puella* neben *puellus* < *puerulus, domina, ancilla*) sind im Germ.
fast durchgängig schwache Stämme eingetreten, so daß sich von
Fall zu Fall nur schwer entscheiden läßt, ob urgerm. *ō-* oder *ōn-*
Suffix anzunehmen ist. Vgl. schwaches got. *qino,* an. *kona* usw.
Weib (gegen idg. *gu̯enā,* griech. *γυνή*), got. *widuwo* (lat. *vidua*), got.
swaihro Schwiegermutter (griech. *ἑκυρά*), ahd. *snura* (ai. *snuṣā́*)
Schwiegertochter, ferner got. *mawilo* Mädchen, *stairo* Unfruchtbare[33], ahd. *muoma, basa*[34] und die Tiernamen auf *-ōn-:* got.
dubo Taube, *malo* Motte (zu *malan*), ahd. *mucka, krā(wa)* Krähe,
flioga, spinna, mit Bezeichnung des natürlichen Geschlechts: got.
kalbo Kalbe, *fauho,* ahd. *foha* Füchsin (§ 76, 2). Insbesondere
dient das Suffix *-(j)ōn-* als Mittel, zu schwachen Maskulinen ent-
psrechende Feminina zu bilden. Als Beispiele seien angeführt die
Paare got. *garazna − garazno* Nachbar(in), *arbja − arbjo* (aber
umgekehrt *swaihra* Schwiegervater aus *swaihro* ?[35]), an. *arfe −
arfa,* got. *frauja* – ahd. *frouwa,* ahd. *herro,-a, wīzago,-a, becko,-a,
gastgebo,-a* usw. Neben starkem got. *hors* Ehebrecher steht
ahd. *huorra.* Namentlich gehen dann aber von den ahd. Masku-
inen auf *-ări* movierte Feminina auf *-ărra* aus (§ 101). Die Femi-
ninbildungen erhalten sich in der Regel länger. Vgl. *Frau, Magd,
Schwieger, Base*; s. unten *Mähre.*

Neben starken Maskulinen erscheinen einige *jō*-Stämme: ahd.
wulpa, mhd. *wülpe* Wölfin zu *wolf,* got. *mawi* Mädchen zu *magus,
frijondi* Freundin zu *frijonds, þiwi* Magd zu *þius,* an. *merr* Mähre

---

[32] Vgl. Kluge, § 34–38.   [33] Vgl. Zimmer, S. 241.
[34] Das Verhältnis zu nd. *Baas* ist unklar; s. Kluge-Götze 44.
[35] Vgl. W. Schulze, ZfvglSprf. 40, 400 ff.
[36] Vgl. Brugmann, IF 37, 249 ff. Nur westgerm. Bildung.

zu *marr*, während ahd. *mericha* neben *marah* schwach geht. Ahd.
henna < *han(e)nī*[36] hat in *hano* schon ein schwaches Gegenstück.

Andere als persönliche schwache Feminina treten außernordisch
kaum gruppenhaft hervor. Abgesehen von einigen Gerätenamen wie
scaba Schabeisen, *(mūr-)brecha*, mhd. *breche* Brechgerät, wo Personifikation denkbar ist[37], mehren sie sich im Ahd. lediglich durch Umbildung aus der starken Deklination, namentlich bei konkreter Bedeutung[38]. Gelegentlich stehen auch Maskulina und Feminina nebeneinander: ahd. *bizzo – bizza, smerzo – smerza, tropfo – tropfa*[39]. Noch im
Frühgerm. wurden mit einem *jōn*-Suffix zahlreiche Dingnamen aus
Stoffworten gebildet, insbesondere Namen für Geräte: got. *tainjo*,
ahd. *zein(n)a* ('aus Weidenzweigen gemacht') aus *tains* Zweig (vgl. ndl.
teen Weide), got. *snorjo* Korb ('aus Schnüren gemacht') neben ahd.
snuor Schnur, ahd. *rūssa* Reuse und *rōrra* Röhre neben got. *raus* Rohr,
ahd. *geitza* Pflugsterz neben *geiz* Geiß, *buhsa* < *buhsja* Büchse neben
buhs(boum), mhd. *bürste* neben ahd. *burst* u. a.; für Kleidungsstücke:
an. *hringja* mhd. *rinke* Schnalle neben *ring*, an. *skyrta*, ahd. *scurzea*
Schürze neben *scurz* (engl. *short*), ahd. *dwahil(l)a* Zwähle neben got.
þwahl Bad; für Räumlichkeiten: ahd. *smitta* Schmiede, *scūria* Scheuer
neben *scūr* Schauer. Hierher auch mehrere Baumnamen: älteres *Büche*,
engl. *beech*, neben *Buche, Linde* neben ae. *lind, Tanne* neben *Tann*,
Ilme neben ahd. *elmboum*, auch *Birke, Fichte* (ahd. *fiuhta* neben *fiohta*)
u. a.[40].

87. **Neutrale *ja*-Stämme.** An dauernder Wortbildungs-
kraft übertrifft neutrales *ja*-Suffix alles bisher Behandelte, besonders in Zusammenbildungen. Es umfaßt mehrere Bedeutungsgruppen, die hier nur angedeutet werden können[41]. Die Wörter
erscheinen, soweit sie durchsichtig sind, in den meisten Gruppen als nominale Ableitungen; nicht selten besteht dabei natürlich die Möglichkeit einer Beziehung auf Verba. Im Got.-Ahd.
lautet die Endung normalerweise *-i*, im Mhd. *-e*, das im Nhd.
meist abgeworfen ist (erhalten vorab nach den weichen Lauten
b d g s[42]).

1. Einfache Bildungen:
a) von Substantiven (seltener): got. *reiki* Reich, Herrschaft zu
reiks Herrscher, *þiubi* Diebstahl zu *þiufs* Dieb, ahd. *fingiri* (Finger-)
Ring (vgl. griech. *δακτύλιος* dass., neben *δάκτυλος*), *hefti* Heft, Griff zu
haft, stucki Stück zu *stoc*, mhd. *œre* Ohr zu *ōre* Ohr.

---

[37] WESSÉN, S. 8 f.; vgl. unten § 97.   [38] WILMANNS. S. 210.
[39] Vgl. WESSÉN, S. 129 f.   [40] Vgl. KLUGE, § 81–83.
[41] Ausführlicher WILMANNS, S. 237 ff. mit Hinweisen.
[42] Vgl. PAUL, Dt. Gramm. Bd. II (Teil III) § 15.

b) Etwas zahlreicher sind, namentlich im Got., Adjektivabstrakta: got. *galeiki* Ähnlichkeit, Abbild zu *galeiks, kunþi* Kunde zu *kunþs, frumisti* Anfang zu *frumists* primus usw., ahd. *flezzi,* mhd. *fletze* Flötz zu *flaz* flach, an. *deyfe* Taubheit zu *daufr* taub u. a. [43] (verdrängt durch diejenigen auf ahd. *-ī(n);* s. § 110).

c) Zu Verben: got. *fraþi* Verstand zu *fraþjan* verstehen, *andawaurdi* Antwort zu *andwaurdjan* [44], ahd. *wīzi,* mhd. *wīze* Strafe zu *wīzan,* wohl auch got. *hawi,* ahd. *hewi* Heu zu germ. **hawwan,* ahd. *houwan.*

d) Isolierte: got. *badi,* ahd. *betti* Bett, got. *basi,* ahd. *beri* Beere, got. *nati,* ahd. *netzi* Netz, got. *gawi,* ahd. *gewi, gouwi* Gau, got. *hauri* Kohle, *kuni,* ahd. *kunni,* mhd. *künne* Geschlecht, got. *wadi* Handgeld, ahd. *wetti* Wette, ahd. *endi, milzi, rippi, hirni, tenni, swelli, scirbi, kliwi* Kugel, von denen einige nachträglich in andere Klassen übergetreten sind. ahd. *tilli* Dill scheint M. zu sein (gegen Wilmanns, S. 239).

2. Zusammenbildungen (mit einem Nomen, Pronomen oder Numerale; vgl. § 19): got. *fidurragini* Vierfürstentum zu *fidwor* + *ragin* Rat, ahd. *wuntmāli* zu *māl, brust-, huf-, hruckibeini, tagading(i)* Tagsatzung, *niu-, volmāni, ebannahti, wuostwaldi, elilenti, sibunstirni.* Bei Bildungen mit (lokalen) Partikeln stehen diese zum folgenden Substantiv in der Regel im Verhältnis eines Attributs: got. *faurafilli* Vorhaut, *fauradauri* Vorplatz, *andaugi* Antlitz, *andanahti* Abend, *ufarmeli* Überschrift zu *mel* Mal, ahd. *abgrunti, antlutti* und *antlizzi, inādiri* Eingeweide, *ubarkniwi* Oberschenkel, vielleicht auch mhd. *vorherze* praecordia, ae. *smælðearme* Dünndarm [45].

Alle diese Gruppen, die im Ahd. noch verbreitet waren, sind erstarrt; den aus ihnen erhaltenen Wörtern sieht man die alte Bildungsweise kaum mehr an (*Elend, Antlitz, Dreieck, Brustbein*), wo sie sie nicht gar verleugnen (*Vorhaut, Abgrund, Antwort, Wundmal,* mhd. *vorherze* usw., ohne Umlaut!). Freilich bestehen schon ahd. hierneben sichere *j*-lose Bildungen: *ahsalbein, hantmāl* Handzeichen u. ä.). Produktiv blieben bis auf den heutigen Tag nur die Bildungen der folgenden Gruppe mit *ga-*.

3. Zusammenbildungen mit *ga-*. In den got. Wörtern tritt die ursprüngliche Bedeutung von *ga-* (des Zusammenhangs, der Verbindung; vgl. lat. *co-, con-*) noch überall mehr oder weniger hervor: *galigri* Beilager zu *ligrs* Lager, *gaskalki* Mitknecht zu *skalks, gaskohi* Paar Schuhe zu *skohs* usw. Sein früher Untergang als selbständiges Wort läßt diese Bedeutung sich in der Gesamtbedeutung der Komposita verlieren und die Partikel mit dem

---

[43] Vgl. KLUGE, § 111.

[44] Nicht umgekehrt nach JOHANNISSON (s. § 60) 356.

[45] Vgl. CARR, S. 244 ff.

Suffix zusammen als ein Ableitungsmittel erscheinen [46]. Im Hd.
tritt daher zunächst eine Gruppe von Bildungen auf, in der die
Ableitung die gleiche oder annähernd die gleiche Bedeutung hat
wie das einfache Grundwort, z. B. *adal* und *giadali* Adel, *bant*
und *gibenti*, *slahta* und *gislahti* Art, Geschlecht, *sterno* und *gistirni*, mhd. *hirne* und *gehirne*, *tranc* und *getrenke* usw. Siehe den
folgenden Abschnitt.

4. Neutrale *ja*-Stämme mit kollektiver Bedeutung.

Eine andere, überaus wichtige Gruppe von *ja*-Stämmen mit
ga- (gemeinahd. *gi*-) bilden die Kollektiva, die sich leicht aus dem
kopulativen Sinn der Partikel *ga*- und dem Begriff der Zugehörigkeit [47] ergab. Beispiele: ahd. *gibirgi*, *gifildi*, *giwitiri* Witterung,
gisindi, *giknihti* Dienerschaft, *gilenti* colonia, *gibeini*, *gidermi*,
*giswistiri und **gilihtri* (vgl. § 88, 1), mhd. *geædere*, *gebelke*, *ge-
böume*, *gestriuche*, *gestiude*, *gemiure*, *gedürne* zu *dorn*, *gehülze*,
genibele zu *nebel*, *gewülke*, *gewürme*, *gehünte* Meute, *geblüete*, *geæze*
Speise, *ungezibere* Ungeziefer zu ahd. *zebar* Opfertier, *gestüele*,
getevele usw., nhd. etwa *Gesäme*, *Gepäck*, *Gestrüpp*.

Lassen sich schon bei diesen Fällen im Verhältnis zu den Grundwörtern Schattierungen feststellen, so hat sich bei andern die
ursprünglich kollektive Bedeutung im Laufe der Zeit merklicher
verändert (bes. in der Richtung nach konkreten Gegenstandsbezeichnungen hin), z. B. in *Gemüse*, *Gesimse*, *Gewitter*, *Ge-
häuse*, *Gerät*, *Geschütz*, *Gelenk* (wohl unter dem Einfluß des Adj.s
mhd. *gelenke*; das Subst. *gelenke* bedeutete zunächst Taille, Kleid-
falte), *Genick*; anders *Gemüt*. Isoliert sind *Geweih*, *Geschmeide*,
Eingeweide, *Geschirr*, *Gefäß* (ahd. *gifāzi*, nicht zu *faz*!), *Geleise*
und *Gleis*, *Ungetüm* und *Ungeziefer* (s. oben); insbesondere *Glück*.

Oft ist bei den äußerst zahlreichen Bildungen, die zunächst
nur aus Substantiven erfolgten, Beziehung auf ein Verbum
möglich, z. B. bei ahd. *gistrewi* Streue (neben *strō* und *strewen*),
giredi Gespräch (neben *reda* und *red[i]ōn*), *gisalbi* Salbe (neben
salba, *salb* N. und *salbōn*), *gikōsi* Geplauder (neben *kōsi* oder *kōsa*
und *kōsōn*). Sie liegt besonders nahe, wo nominales Grundwort
untergegangen ist (in *Geleite*, *Gestell*, *Gesäß*, *Geschenk*, *Gedicht*
u. ä.). Das gab denn die Veranlassung, daß entsprechende Bildungen unmittelbar aus Verben abgeleitet wurden, besonders

---

[46] Wilmanns, § 190, 2.   [47] Vgl. bes. noch Schlüter, S. 107 ff.

Nomina actionis, und unter diesen namentlich solche, die mit
dem Tätigkeitsbegriff die Vorstellung einer wiederholten Handlung verbinden, aber auch einige Gegenstandsbezeichnungen:
mhd. *gebrūse, geriusche, geloufe, gebinde, getiusche, gehenke, ge-
zenke, gewimmel,* nhd. *Geschwätz, Gebrüll, Geheul, Gebräu, Gewühl,
Geschiebe, Geflüster, Gekicher, Gemetzel, Gerassel, Geschnatter, Ge-
donner, Geklimper, Gefunkel, Gefasel, Geplauder, Geriesel, Gemurmel, Getrommel, Gebimmel* usw. Die jüngsten dieser uns ganz
geläufig gewordenen Bildungen haben gern den Beigeschmack
von etwas Lästigem oder Verächtlichem. Dann zeigen sie,
sofern sie nicht auf *-el* oder *-er* ausgehen, gewöhnlich *-e* im Auslaut: *Gepfeife, Gesinge, Gefluche, Geschluchze, Geblase, Gerenne,
Genecke, Gespasse, Gehöhne, Gekratze, Getue, Getute, Geplärre, Ge-
ächze, Gequake* (D., wo viele ähnliche). Paul (S. 57) meint, man
empfinde deutlich eine Bedeutungsabschattung in *Gebrüll* und
Gebrülle, Geheul und *Geheule, Geschmeiß* und *Geschmeiße.* – Durchaus Sachbezeichnungen sind etwa *Gebäck, Gebläse* (gegen *Geblase!*), *Gebräch(e), -brech* mürbes Gestein (D.), *Geschlinge* (der
Schlachttiere), *Gefrisch* Regenerat (zu *frischen*).

Es gibt Mundarten, in denen sozusagen zu jedem inhaltlich prä-
disponierten Verb eine solche Bildung mit *Ge-* möglich ist[48]. Freilich
gilt in den Mundarten die eben erwähnte Doppelvertretung gewöhnlich
nicht. Maurer[49] bezeichnet die Gruppe als intensiv mit verächtlich-
mißbilligendem Nebensinn. Vgl. die § 88, 2 angeführten Gruppen.

Zur Form wäre zu bemerken, daß sich viele Bildungen schon durch
die Umlautlosigkeit als jung erweisen[50]. Der alte Wechsel von *o : ü* ist
im Nhd. meist ersetzt durch *o : ö* (z. B. in *Gehölz* für mhd. *gehülze, Ge-
hörn, Gewölk*). Infolge der erwähnten *e*-Apokope sind viele umlautlose
Fälle der Form nach mit *a*-Stämmen zusammengefallen. Vgl. nhd.
Gebein < ahd. *gibeini* und *Bein,* ferner oben 2. Umgekehrt haben sich
andere mit *ga-* gebildete Komposita den *ja*-Stämmen angeschlossen,
indem sie *-e* annahmen und z. T. auch ihr Geschlecht änderten, z. B.
ahd. mhd. *gelust* M. F. > mhd. *gelüste* N., ahd. mhd. *gemaht* F. Zeu-
gungsglied > mhd. *gemähte* N., ahd. mhd. *gespanst* Lockung > mhd.
gespenste u. a. Bezeichnend ist das Fehlen des Wandels *ë > i* in ahd.
giweb > mhd. *gewebe,* mhd. *gewerp* M. > *gewerbe,* ahd. *gifleht* > mhd.

---

[48] Vgl. H. Schudt (s. § 42) 33 f.; zutreffende (immerhin zu enge; vgl.
die Wörterbücher!) Sonderung der Gruppen bei R. Kurth, PBB 75,
314 ff.
[49] Volkssprache, S. 16.
[50] Nach v. Bahder, S. 207 verriete Umlautlosigkeit im Verein mit
Auslaut-*e* jedoch dialektisch-md. Gepräge.

gevlehte, gifeht > *gevehte* (neben *gefihte*). Jünger sind auch die umlautlosen *Gestade, Gefach* (D.) und *Gefolge*.

88. Weitere *ja*-stämmige Kollektivbildungen.

1. auf ahd. -*idi* (<germ. -*iþja*-) meist auch mit *gi*-: ahd. *hemidi* Hemde (neben *[lĭh-]hamo*), *jungidi* Junges (neben *jungĭ* F., -*ĭn* N.), *gimarkidi* Gemarkung (neben *gimarkida*, -*ĭ*, woraus auch -*idĭ*[51]), *gibūidi* Gebäude, *gifazzidi* Bündel, *gimachidi* Paar, *gimālidi* Gemälde, *gisemidi* Gesäme, mhd. *gelübede* Gelübde (wohl aus **gilubidi* neben *gilubida* F.), *gedingede* Bedingung, *gesetzede* Gesetz, *gejegede*, -*jeide* Jagd, *gescheffede*, -*schefte* Geschöpf, Geschäft, *gebeinde, gehünde*, -*te, geruoffede, gekleffede, geschickede, gesalbede* u. ä. – Mit persönlicher Bedeutung: *geswister(ĭ)de, gelihter(ĭ)de*[52], *geveter(ĭ)de, (ge)diehter(ĭ)de* Enkel, *geteil(ĭ)de* Teilnehmer, ferner etwa *vingerĭde* Fingerring (neben *vingerĭn*)[53].

2. auf mhd. (md.) -*eze* (oft neben solchen auf -*idi* / -*ede*!): *gebeinze, gevogelze, gehundeze, gejageze, geruofeze, gedingeze, gebūweze, gemælze, gestirnze, gemūrze* u. ä.[54]. Mit ihnen zu vergleichen sind jedenfalls die in md.-rhein., aber auch andern Mundarten geläufigen *Gebeinz, Gedärmze, Gesämze*, von Verben (s. § 87,4, auch für die Bedeutung): *Gebabelz* Geschwätz, *Gebettelz, Gerappelz, Gelamentierze* usw., und zunächst – jetzt mag sich infolge Erleichterung von *z* > *s* weitgehend partitiver Gen. unterschieben – wohl auch Fälle wie *Gesäms, Gekürns, Gebälks, Getäfels, Geläubs, Gesträuchs, Gestöffs, Gemöbels*, bzw. *Gelecks* (für übermäßiges Küssen), *Geschreibs, Geläufs*. ÖHMANN führt sie zunächst[55] über mnd. -*(e)te* (mnd. *gebēnte*, mndl. *gedermete* usw.) auf ahd. *gi*- + -*idi* (s. o. 1) zurück, erwägt dann aber[56] auch ahd. *gi*- + -*izzi* (vgl. ahd. *fiscizzi* Fischfang, *mālizzi* Klage) o. a.[57].

3. auf ahd. -*ahi* (< -*ahja*-) bes. süddt.-bair., eine Menge oder Orte mit einer Menge Dinge bezeichnend: ahd. *steinahi* Stelle voll Steine, Steinhaufen (neben got. Adj. *stainahs* steinig; s. § 130), *boumahi* Land mit viel Bäumen, *eichahi, dornahi, rōrahi* Röhricht, *aganahi, gifesahi* Spreu, d. h. Menge von Ährenteilen, Kornhülsen, *kindahi* Kinderschar (vgl. got. *barnahs* Kinder habend!)[58]. Das Suffix erscheint

---

[51] Vgl. KLUGE, § 125. Zu Kollektiva ferner unten S. 273.

[52] Vgl. E. HERMANN, IF 53, 101 f.; zum -*ĭ*- dieser Bildungen noch VAN HELTEN, PBB 20, 506; zu den Nebenformen -*git* Schwäb. Wb. 3, 292; Schweizerd. Wb. 9, 2235 f. 2239 f.

[53] KLUGE, § 70; WILMANNS, S. 350 f.

[54] KLUGE, §§ 71. 144; WILMANNS, S. 365.

[55] Neuphilol. Mitt. 29 (1928), 66 ff.

[56] Studia Germanica (Festschr. E. A. Kock). Lund 1934, S. 429 ff.

[57] Vgl. J. MÜLLER, Zs. d. Ver. f. rhein. u. westf. Volksk. 1 (1904), 113ff.; E. DAVID (s. § 9) § 23; SCHMELLER etwa 1, 201; Rhein.Wb.2, 1063.

[58] Vgl. KLUGE, § 67; WILMANNS, S. 376 f.; PH. LENZ, ZfhdMaa. 4, 202 ff.; LESSIAK, PBB 28, 104; WEISE (s. § 9) 74 f. mit Lit. Zu hess. *Sträuches* < *strūchahi* usw. vgl. SCHUDT, S. 23.

mundartlich etwa in *Staudach, Dickech, Kreutich, Kreuterich, Kinderach, Leutich, (G)Weiberech* Weibervolk, *Volkelech, Diernlech* u. ä. und lebt weiter in Flurnamen wie *Haslach, Eschach, Eibach* (wo es lautlich zusammenfallen kann mit Namen auf ahd. *-aha* 'fließendes Wasser' wie *Wolfach < Wolfaha* = Wolfsbach, *Kirnach* = Mühlwasser oder noch auf kelt. *-acum* in *Andernach, Kalnach* usw.[59]) und wohl auch in Namen für Apfelsorten wie alem. *Sauergrauech, Spitzohrech(er), Transparantech, Frenech* (Verena-), *Renettech* (Reinette) usw.[60].

Durch Antritt von *-t* an auslautendes *-ch*[61] erscheint nhd. gelegentlich *-icht*: *Dornicht, Röhricht, Tannicht* (mhd. *tannach*), *Weidicht*, (Goethe, ahd. *wīdahi*), *Kehricht* (Luther *Kehrich*), *(Ab-)Spülicht* (D.; Nietzsche braucht etwa *Wortspülicht, Höhlicht, Wurmicht*), wozu auf Umwegen auch *Dickicht* kommt; Ortsnamen: *Erlat, Obereicht, Landschlacht.* Vgl. § 131.

Diminutiva

89. Die Frage nach der Diminutivbildung, ihrem Alter und den Beziehungen der Diminutivbedeutung zu andern mit denselben Suffixen ausgedrückten Bedeutungsfärbungen ist ziemlich verwickelt. Während man früher aus den Diminutiven gewöhnlich weitere Abschattungen ableitete, besonders Koseformen – diese Möglichkeit wird etwa noch von E. Nörrenberg[1] erwogen – geht man jetzt mit F. Wrede öfters den umgekehrten Weg, der den Verkleinerungsbegriff als etwas von Haus aus Undeutsches und Ungermanisches hinstellt, dies gestützt sowohl auf die geographische Verteilung als auch auf das zeitliche Anwachsen der Diminutiva. „Ein großer Teil des deutschen Nordens ist mindestens diminutivarm, ja stellenweise ebenso wie Skandinavien und England so gut wie diminutivlos; nach Süden nehmen die Bildungen ständig zu, und in Oberdeutschland sind sie überaus häufig, ja die naive Alltagssprache scheint dort in Verkleinerungsformen zu schwelgen"[2].

---

[59] Vgl. A. HELBOK (s. § 103) 74; BACH, Namenk. II, 1 §§ 188 ff. 193 ff.

[60] Vgl. HODLER, S. 111; Schweizerd. Wb. s. vv. und 4, 224. 1427.

[61] Vgl. WILMANNS, Dt. Gramm. I, § 152, 2; BEHAGHEL, S. 380.

[1] Nd. Jb. 49 (1923), 37 (in einer Kieler Diss. über das westfälische Diminutivum, die sehr willkommenen nd. Stoff bringt).

[2] F. WREDE, Die Diminutiva im Deutschen. Dt. Dialektgeogr. I, S. 73. 129 ff. Zur Verbreitung der Diminutiva und zur Verteilung der Suffixe vgl. DSA, Karte 59. „schwelgen" ist jedenfalls übertrieben. Vgl. KRUISINGA (s. § 10) 6. 49 f.; zum Schillern der Bedeutung KATARA (s. § 92) 605 f. – Ergänzungen zu diesem Kap. s. unten S. 273.

In der Tat haben die Diminutiva im Laufe der Zeit erst zugenommen. Das Got. kennt nur einige wenige persönliche (s. u.), das As. einige unpersönliche in Glossen[3]; ebenso verwendet das Ae. und weitgehend das Engl. die Verkleinerung nur in geringem Umfange[4]. Im Ahd. zeigt sie die Glossenliteratur häufiger, sonst aber kennt sie das Ahd. kaum: Notker, dessen Vorlagen von Diminutiven wimmeln, übersetzt ihrer ein halbes Dutzend, Otfrid und Williram haben deren noch weniger, der Tatian einige mehr. Bis ins 11. Jh. herab machen die Diminutiva einen fremdartigen Eindruck, erst in der mhd. Übersetzungsliteratur entfalten sie sich. Daher hat A. POLZIN[5] die deutschen Diminutiva auf das lateinische Vorbild zurückgeführt. Ihm gegenüber läßt Wrede die diminutiven Appellativa des Deutschen ihren Ursprung bei den Eigennamen, bzw. deren Koseformen nehmen. Ein got. Wulfila habe ursprünglich den zu einem Wolfhart o. ä. Gehörenden, Wolfharts Sohn bedeutet. Da dieser Sohn sehr oft auch Wolf- im Namen hatte, sei Wulfila auf seinen Namen bezogen worden statt auf den des Vaters und zur Kose- oder Kurzform seines Namens geworden. Wredes Auffassung wird bekräftigt durch seinen Schüler F. HASTENPFLUG[6]. Gegen Polzin spreche vor allem der Umstand, daß im Mhd. Diminution gerade dem Volke geläufig gewesen sei, nicht den Geistlichen, und daß sie vor allem von Lebewesen (bei Sachnamen besonders von Körperteilen, Kleidung, Schmuck, Geräten) vorkomme.

J. SCHATZ[7] tritt Wrede gegenüber für die Unabhängigkeit der sächlichen Diminutiva von den Personennamen ein, während GÜRTLER (s. u.) noch anders zwischen Wrede und Polzin vermitteln möchte (lat. Ursprung für die dinglichen Diminutiva, die Appellativa diminutiva)[8]. Völlige Übereinstimmung ist hierin also noch nicht erzielt. ÖHMANN[9] vermutet in mhd. Zeit Einfluß vom Französischen her.

Das germ. Suffix -ilan- (Fem. -ilōn-) von got. Wulfila lebt weiter in got. ahd. Bildungen, unter denen got. magula Knäblein (zu magus), mawilo Mädchen (= an. meyla; zu mawi), barnilo Kindlein (zu barn), ahd. lihhamilo Körperchen, scalhilo Knechtlein, chizzila Zicklein, burgila kleine Burg, turila Türchen, niftila Nichte diminutive Bedeutung

---

[3] Vgl. HUCKO (s. § 78) 74 f.

[4] Vgl. KOZIOL, S. 142 ff. mit Lit., bes. EVA ROTZOLL, Das Aussterben alt- und mittelengl. Deminutivbildungen im Neuengl. Diss. Heidelberg 1909, u. DIESELBE, Die Deminutivbildungen im Neuengl. 1910 (= Angl. Forschungen 31).

[5] Studien z. Gesch. d. Diminutivs im Dt. (Quellen u. Forschungen 88), bes. S. 25 ff.

[6] Das Diminutiv in der dt. Originallit. d. 12./13. Jh.s. Diss. Marb. 1914, S. 42 ff.   [7] AfdA. 34, 7. 13 f.

[8] Daß Polzin zu weit gehe, hat bei grundsätzlicher Zustimmung auch M. H. JELLINEK ZfdPh. 35, 140 f. schon treffend betont. Nicht entscheiden möchte M. SZADROWSKY, Nomina ag., S. 91 f.

[9] Neuphilol. Mitt. 47 (1946), S. 115 ff.

zeigen. – Als stark flektierend gehören hierher wohl besonders Maskulina wie ahd. *seckil, kisil, stengil, bentil* Bendel (an. *bendell,* wie *kistell* Kistchen u. ä.), *buhil,* mhd. *knüchel* Knöchel, *büschel, bündel* (früher M.; daneben aber ahd. *gibuntili* !) *hügel* (hd. seit Luther), vielleicht auch die u. § 97 Anm. 1 angeführten Fälle (insbes. ahd. *nezzila, runzila* u. ä.), während die starken Neutra mhd. *bendel, büschel* neben *bendelīn, büschelīn* zu § 91 (Ende) zu stellen sind. Vgl. noch lat. *nodulus, rivulus, gladiolus, agnellus, castellum* [10].

Gleich wie *-ilan-* kann gegebenenfalls ein weiteres patronymisches Suffix zu diminutiver Funktion gelangt sein: germ. *-ika(n)-*. Es liegt vor in Eigennamen wie got. *Gibika,* ahd. *Gibicho,* an. *Gjuke,* in as. *Huniko, Attiko, Manniko* und vielen andern, sowie in den nd.-ostfries. Personennamen *Hiddik, Friddik, Nannik* (Wrede, S. 82) und vielleicht auch in *Reinick* u. ä., während für die *Rein(e)ke, Ger(e)ke, Gödeke, Radeke, Beneke, Veldeke, Nöldeke* weitgehend (nicht nur am Niederrhein, in Ostfriesland und östlich der Oder?) Suffixverbindung *-ikīn* > *-eken* > *-eke* (urkundl. etwa *rainekinus, radekinus, meinkinus* neben *reyneke, radiko, meyneco*; vgl. auch § 92) oder Genitiv (urkundl. *johannes wibeken* oder *tibbiken, -eken* neben *tibbikini* u. ä.) anzunehmen sein wird [11]. Unter den Appellativen mit *k*-Suffix [12] treten im Deutschen besonders Feminina hervor wie ahd. *snuricha* Schwiegertochter, *fulicha* Füllen, *wībicha* altes Weib, *armicha* armes Weib, mhd. *uraniche* Urahn(in), *sperche* Sperling (auch M.), die sich wohl in mecklenburg. *Swölk* Schwalbe (< *swal[w]ika*), westfäl. *Wiepske* Wespe, *Bulke* kleine Pflaume [13], brandenburg. *Bäseke* Beere, *Daseke* Dasselfliege [14], am Harz entsprechend *Schwaleke, Warzke* [15] und obersächs. *Schwalbche, Warzche, Wanzche, Wespche* (auch in Abstrakten wie *Bedeutche, Verlobche, Benehmche* ?) [16] fortsetzen. – Mecklenb. *-ing* in *Vating, Luising, Enning* Endchen, *Stücking* usw. ist Suffix für Kosewörter, aus der alten Adverbialendung *-ing(e)* hervorgegangen nach Teuchert [17], also von patronymischem *-inga-* (§ 103 f.) fernzuhalten. Dagegen erscheint *-ling* < germ. *-ila* + *inga-* häufig mit diminutiver oder verächtlicher Bedeutung (*Karling* = Sproß des Karl = der kleine Karl), z. B. an.

---

[10] s. KLUGE, § 56; über das Verhältnis der ae. zu den lat. Bildungen E. ECKHARDT in Engl. Studien 32, 359 ff., hier außerdem DENS. S. 324 ff. Vgl. den Erklärungsversuch für das *l*-Suffix bei SPECHT, S. 335.

[11] Vgl. NÖRRENBERG, S. 14 f.; G. MAHNKEN, Die hamburg. nd. Personennamen d. 13. Jh.s 1925, S. 16; HELENE BROCKMÜLLER, Die Rostocker Personennamen bis 1304. Diss. Rostock 1934, S. 22. 24. 38; BACH, Namenk. I, 1, §§ 103 f. 108.

[12] Vgl. hierzu KLUGE, §§ 45. 61.   [13] NÖRRENBERG a. a. O.

[14] Angaben von H. TEUCHERT.   [15] DAMKÖHLER, Nd. Jb. 32, 132.

[16] C. MÜLLER, ZfdMaa. 1907, 29 ff.

[17] H. TEUCHERT, ZfMaf. 21 (1953), 83 ff. gegen A. LASCH, Nd. Jb. 38, 81 ff., wo weitere Lit.

yrmlingr kleine Schlange, *ketlingr* Kätzchen, *mỹslingr* Mäuschen, ahd.
jungaling, sperling, engl. *duckling, deviling, kitling*[18].
Soviel wird feststehen, daß allmählich in den einfachen Suffixen
-ila(n)- und *-ika(n)*- das hypokoristische Moment zurücktrat und daß
auch ihre diminutive Kraft verblaßte. Ersatzmittel wurde das Adjektivsuffix *-īna*- (< idg. *-īno*-; s. § 128), das mit jenen verbunden bekanntlich unsere *-lein* und *-chen* ergab. Denn auch *-ina*- führte vom
Begriff des Hypokorismus zum Diminutiv wie *-ila(n)*-, *-ika(n)*- und
-(il)inga-. In dem Adjektivsuffix *-īn* wird auch die Wurzel des neutralen Geschlechts unsrer deutschen Diminutiva stecken: diese
sind letzten Endes nichts anderes als substantivierte Neutra von Adjektiven. Hastenpflugs Versuch[19], das neutrale Geschlecht der persönlichen Diminutiva auf das einzige Wort *kindelīn* zurückzuführen, das
nach seinen breitangelegten Untersuchungen fürs Mhd. weitaus das
häufigste Diminutiv darstellt (⅛ aller Vorkommnisse), darf man wohl
für überflüssig und verfehlt halten. Seine Listen zeigen ja, daß von
den · 10 nächsthäufigen seiner Diminutiva ⁹/₁₀ der Vorkommnisse
nicht neutrales Geschlecht aufweisen.

90. Suffix *-īn*. Innerhalb des Germ. werden aus diesem Adjektivsuffix (in lat. *divinus* usw.) selbständige Neutra geschaffen,
die, wie bemerkt, aus dem Begriff des Zugehörigen den des Jungen,
Kleinen ableiten. Das Alter dieser Bildungsweise wird durch die
got. persönlichen Belege angedeutet: zu got. *qino* Weib erscheint
das Adj. *qineins* weiblich, dann das Neutrum *qinein* Weibchen,
im verächtlichen Sinne; zu *guma* ein Adj. *gumeins* und *gumein*
Männchen, zu *gaits* Geiß ein *gaitein* Böcklein (s. § 167, 1). Am
weitesten verbreitet ist got. *swein*, ahd. *swīn* Schwein, das die
Zugehörigkeitsbedeutung zugunsten derjenigen der Gattung aufgegeben hat, dann ahd. *magatīn*, mhd. *mägedīn* Mädchen. Im
Ahd. tritt das Suffix übrigens in doppelter Form auf: fränk. gewöhnlich als *-īn*, obd. eher als *-ī*: *fugilī(n)* zu *fogal*, *fulī(n)* zu *folo*
junges Pferd (das vielleicht selbst ein älteres diminuierendes *an*-
Suffix aufweist), *jungī(n)* Junges, *murmuntī(n)* Murmeltier. Dieselbe Form und Flexionsweise zeigen einige Gefäßnamen[20] wie
embrī(n) zu *ambar* Eimer, as. *kūvīn*, ahd. **kūbī(n)* Kübel[21], bei
Luther *töpfen* < *tupfī(n)* Töpfchen. Auf das Lat. gehen zurück
beckī(n) Becken, *kussī(n)* Kissen, *kezzī(n)* Kessel, *chemī(n)*
Kamin.

---

[18] KLUGE, § 55; WEISE, ZfdWf. 10, 58 f.; KOZIOL, § 413.
[19] S. 79 f. Vgl. noch KRUISINGA, S. 59.
[20] KLUGE, S. 31 und Festschr. f. Weinhold. 1896, S. 21.
[21] Vgl. die Formen in DWb. 5, 2485; KLUGE-GÖTZE 422.

In alem. Mundarten lebt dieses Suffix weitgehend fort. Vgl. *Näsi*
Näschen, *Äugi, Füessi, Mülli, Häsi, Hüeti, Stübi, Tüpfi, Wäspi* oder
Wächsi, Hüri Eule, *Güggi* Gesicht, Fratze (zu *guggen*), *Rüssi* Stift am
Spinnrad (zu mhd. *rūzen* rauschen), *Fahri* kleine Reise usw., deutlicher hypokoristisch in *Mueti-Müeti, Tanti, Rōsi* zu *Rosa, Lēni, Lisi,
Stini, Käthi, Trēsi* usw. Fälle wie *es großes Chessi, Büchti, Stücki* beweisen, daß durch überhäufigen Gebrauch die Diminutivkraft teilweise
verblaßt ist. Im Alem. bestehen auch zahlreiche **maskuline Per-
sonalbildungen** auf -*i*: *Ruedi, Kueni, Hansi* (solche einigerorts auch
als Neutra: *ds Josi(n), ds Päuli(n)* usw.), *Ätti* Vater, *Götti* Pate, *Ähni,
Lōli* Narr, *Choli* Schwarzer, *Schwätzi* Schwätzer, *Redi, Zanggi* Zänker,
Stürmi, Brüeli usw. [22]. Nach E. ODERMATT [23] und SZADROWSKY [23a] hat
man es hier mit ursprünglich neutralen Diminutiven zu tun. BEHAG-
HEL [24] und WREDE [25] sehen in diesen persönlichen Bildungen auf -*i* die
Fortsetzer alter Koseformen, denen *ja*-Bildung zugrunde liege. Dafür
dürfte kaum eine Stütze sein die schon ältere, etwa von WILMANNS [26]
wieder aufgenommene Vermutung, in ahd. -*ī(n)* liege eine Mischung
vor von ursprünglichem Adjektivsuffix -*īn* mit *ja*-Suffix, an das
Wörter wie *fingiri* Ring zu *finger, kinni* Kinn, *netzi*, got. *nati* Netz erinnern dürften.

In der Schriftsprache zeigt -*ī(n)* allein keine Lebensfähigkeit
(vgl. noch *Kü[c]ken*), um so mehr aber in Verbindung mit den *l*-
und *k*-Suffixen (§ 91 ff.).

91. Suffix -*(i)līn*, nhd. -*lein*. Während im Ahd. auch die einfachen Bildungen auf -*ilo* (*Ezzilo, Hunilo* usw.) zurücktreten,
lehnt sich nun das besonders im Alem. noch lebendige -*īn* an die
zahlreichen *l*-Bildungen an, z. B. an Gerätenamen und Nomina
agentis auf -*il*: *meizil-īn, leffil-īn, griffil-īn, butil-īn, tregil-īn,*
mhd. *gümpel-īn,* an Wörter auf -*al*: *fogal – fugil-īn, sezzal – sezzi-
līn,* an Lehnwörter: *esil-īn, engil-īn* und wieder an Hypokoristika:
Ezzel-īn, Blœdel-īn. Es verschmilzt damit zu einem selbständigen
Suffix -*(i)līn,* das bisweilen – etwa in *kezzilin* – von dem einfachen Suffix -*īn* nicht mit Sicherheit zu scheiden ist. Immerhin

---

[22] Vgl. H. WISSLER, Das Suffix -*i* in der Berner resp. Schweizer
Mundart. Diss. Bern 1891, S. 8 ff. mit unhaltbar gewordener Erklärung; E. ODERMATT, Die Deminution in der Nidwaldner Mundart.
Zürich 1904; GLATTES, S. 36 ff.
[23] S. 62 ff. 71 ff. [23a] Nomina ag., S. 87 f.
[24] Lit.bl. 1908, 187 und ebenda 1921, 154.
[25] S. 113 ff. Reinen *ja*-Stamm könnte aber *Redi* ebensowenig fortsetzen wie alem. *Endi, Hirni, Milzi, Rippi.*
[26] S. 315 und bestimmter i. d. Festschr. f. Kelle, Prager Dt. Studien
8, S. 6 ff. des SA.s.

berechtigt das ahd. in einer engeren Übersetzungsliteratur schon sehr häufige Auftreten von -*(i)līn*, in Fällen wie *kindilīn, hūsilīn, lidilīn* das kombinierte Suffix anzunehmen; sichtbar steckt es in *kamarlīn, fingarlīn*.

Die Bildungen mit -*(i)līn* sind aufs Deutsche beschränkt und erst nach und nach zu der ausgedehnten Verwendung gelangt, die sie in der jetzigen Schriftsprache genießen. Im Mhd. erfahren sie reichliche Ausbreitung zunächst für Lebewesen, dann auch für leblose Gegenstände und gelegentlich sogar für Vorgangs- und Zustandsbezeichnungen in Wolframs *wunderlīn*, Walthers *trœstelīn, lobelīn, dankelīn; vröudelīn, zornelīn*; im Nhd. richten sie sich nach Stilgattung, Gegend und Wortform (§ 93f.). – In der mhd. Literatur herrscht die Form -*elīn*. Doch ist der Mittelvokal bei einsilbigen Stämmen bisweilen unterdrückt (*sünlīn, schiflīn*), regelmäßig nach Ableitungssilben (*mantellīn, tohterlīn, houbetlīn*); seltener erscheint obliques -*en*- der schwachen Deklination (*frouwenlīn*). Bei den Wörtern auf -*el* schwindet später ein *l*: *mäntelīn* < *mantellīn, vögelīn* < *vogellīn* (neben ahd. *fugil-īn*).

Wo -*ilīn* unmittelbar an die Stammsilbe tritt, verlangt diese ungebrochene Vokale, Übergang von *e* zu *i* und Umlaut von *a*: *trugilī(n)* zu *trog, luhhilī(n)* zu *loh, spirilī(n)* zu *sper, gerbilī(n)* zu *garba, estilī(n)*, doch auch etwa *nestilī(n), bachlī(n)*; später wird jedoch der Wechsel *e : i* und *o : u* aufgegeben, wogegen der Umlaut sich systematischer geltend macht (*gebelīn*, zu *gebe* Gabe, *hölzelīn, wörtelīn, züngelīn* neben *wortelīn, zungelīn* usw., wie übrigens in *wezzerlīn, töhterlīn, mäntelīn, vögelīn* [s. oben], *höubetlīn* neben *tohterlīn, houbetlīn* usw.). Im Nhd. ist dieser durchgeführt, der Vokal vor -*l*- aufgegeben.

In den Mundarten ist -*(i)līn* namentlich das Diminutivsuffix des obd. und teilweise des ostmd. Sprachgebiets. Es tritt in mannigfachen Spielarten und mit sehr verwickelter geographischer Verteilung auf[27]. Sing. und Plur. sind bald gleich, öfter verschieden. Im allgemeinen herrscht im südlichen Alem. (Schweiz) -*(e)lī(n)*, und zwar -*eli* bei zweisilbigen Grundwörtern auf -*el, -em, -en* und -*i* (als Assimilationsergebnis von -*el, -em, -en*, + *līn* > -*e(l)līn*): *Stifeli, Hüdeli, Nägeli, Gädeli, Bäseli, Fädeli, Bödeli, Chetteli, Muneli*; sonst erscheint zunächst -*li*: *Sternli, Chilchli, Bein(d)li, Müsli* (Plur. z. T. *Stifeleni*, bzw. *Sternleni*, Gen. auch *Sternline* usw.). Jedoch zeigt -*eli* mehr diminutive Kraft als

---

[27] Vgl. WREDE, S. 107 ff.; WEISE (s. § 9) 41. 76; DSA a. a. O.

-li; daher stehen neben regelrechten *li*-Bildungen wie *Meitli, Hüsli, Truckli, Seckli* – deren diminutive Kraft verblaßt oder deren Bedeutung spezialisiert ist – bisweilen neuere mit *-eli*: *Meiteli Hülseli, Trukkeli, Seckeli* [28].

In Schwaben erscheint *-le*: *Männle, Weible, Knöpfle, Blüemle, Hundle*, im Bair. *-el, erl*: *Mennel, Weibel, Hundel* oder *Hunderl* (wofür wohl von Formen auf *-er* wie *Fingerl, Ackerl, Wasserl* auszugehen ist). Das Elsaß hat *-le, -la, -li*, auch *-(e)l*; das Ostmd. z. T. *-el* (sächs.), *-la* (schles.) oder *-le* (in zweisilbigen Wörtern), *-l* (in einsilbigen Wörtern). *-la* des Sing., das sich ostmd. über ein Gebiet vom Thüringerwald bis in die bair. Alpen erstreckt, geht auf diphthongierte Form *-lain < -līn* zurück und wäre nach WREDE [29] streng zu scheiden von einem elsäß.-schwäb. Plur. *-la* = Kollektivsuffix *-lach* [30]. Weitere Varianten seien hier übergangen. Der beachtenswerte Umstand, daß gewisse Gegenden den Plur. der Diminutiva mit andern Mitteln als den Sing. bilden, andere überhaupt nur einen Sing., scheint Wrede seine Ansicht über die Herkunft der Diminutiva aus Koseformen zu erhärten.

Die Schriftsprache kennt *-le* und *-rl* gar nicht, wohl aber sind ihr einige Bildungen mit *-el* geläufig, die mit mundartlich *Mannel, Glasel, Hundel, Kleidel* auf eine Stufe zu stellen sind und Rückbildung aus *-(e)līn* zeigen, die nicht mit der primären Bildung wie in *Meißel, Löffel, Weibel* zu verwechseln ist: z. B. *Dünkel*, jetzt M., < mhd. *dunkelīn*, zu *dunk* schwache Vermutung, *Ferkel, Knäuel, Gesindel, Wickel*. Die Fälle erscheinen jetzt isoliert; darum konnten sie sich erhalten. Mehr solcher Rückbildungen auf *-el < -elīn* weist das Mhd. auf; vgl. *biuchel* N. zu *būch, brüstel, friundel, kindel, hundel, kirchel, rössel, bendel, büschel* (§ 89) u. a.

Kein Diminutiv ist das feminine *Forelle* (ahd. *forhana*, mhd. *vorhen, vorhe, vorhel*). In *Mündel* M.F.N. scheint *-el* ein *-eling* zu ersetzen (mhd. *mündelinc* zu ahd. *munt*).

Hierher wären endlich auch einige erste Kompositionsglieder zu stellen, so in *Rädelsführer* (< *Rädleinsführer*; *Rädlein* = kriegerischer Haufe [31]), *Bänkelsänger, Heinzelmänner, Wichtelmännchen*.

92. Suffix *-(i)kin, -(i)chin, -chen*. Wie im Obd. *-īn* pleonastisch und steigernd an das diminutive *l*-Suffix trat, so im Nd.

---

[28] H. STICKELBERGER, Die Deminutiva i. d. Berner Mundart. Festg. f. Sievers 1896; HODLER, S. 112 ff. Hochalem. erscheint auch ein Suffix *-elti*: *Dingelti* usw. durch Metathese < rom. Diminutivsuffix *-ett(a)* + *-li*, wonach *-ti* verselbständigt ist. Vgl. SZADROWSKY, Teuth. 5, 201 ff. Das Nebeneinander von *-li* und *-eli* in Flurnamen belegt SONDEREGGER (s. S. 273) § 116.   [29] S. 117. 126.

[30] Vgl. jedoch O. STOECKICHT, Sprache, Landschaft u. Gesch. d. Elsaß. 1942 (Dt. Dialektgeogr. XLII), S. 169 ff. mit Karte 9.

[31] B. PEPERKORN, ZfdPh. 60, 207 ff.

an das entsprechende *k*-Suffix got. *-ka,* and. *-ko,* ahd. *-cho.* Für diese Verbindung fehlen in älterer Zeit die Belege fast ganz (andd. etwa *skipikīn*); aber die mndl. und z. T. die mnd.[32] Literatur bietet ihrer viele: *manekin, wivekin, broederkin, hondekin, getkin, mulkin* Mäulchen bzw. *greseken, vürken, eppelken, dödeken* Tod, *willeken* usw. Im Md. entspricht *-chin, -chen* mit regelmäßig verschobenem *-k: beinichin, veldechin, vogelchin, fischechen, frouchen, kapelichen, schēfichen.* Diese Bildungen lassen sich bis ins 11. Jh. zurück verfolgen; seit dem 14. Jh. kommen sie in allen Landschaften vor. Vom Ndl. aus dringen sie auch ins Me. ein (*Tomkin, Mawkin, maidenkin, lambkin, devilkin*[33]).

Man wird annehmen dürfen, daß das Suffix in den Mundarten am Rhein und Main, in Oberhessen, einem Teile Thüringens und Frankens, wo es noch heute gilt, durch das ganze Mittelalter hindurch üblich war. *Schätzichen, Hänsichen, Häusichen, Küssichen* kommen bei Opitz und Zeitgenossen vor. Nachhaltigeren Erfolg hatten in der Literatur die farbigen Pluralbildungen auf *-erchen: Kinderchen, Dingerchen, Gläserchen, Räderchen* usw., begünstigt durch die *Brüderchen, Äderchen, Fensterchen,* und seit md. *jongelgen* usw. (§ 93) besonders die pleonastischen auf *-elchen: Ringelchen, Sächelchen, Löchelchen, Knöchelchen, Bödelchen, Fädelchen,* etwa bei Goethe[34]. Letztere werden sich auch an die zahlreichen Fälle mit ableitendem *-el* anlehnen (*Beutelchen, Täfelchen, Mäntelchen, Zettelchen*) und müssen wohl als eine willkommene Gelegenheit, auf diesem Wege das Suffix *-chen* auch hinter Guttural und *-en* verwenden zu können, betrachtet werden.

Die nd. und (west)md. Mundarten zeigen – soweit Diminution gebräuchlich ist – *-kīn* in den verschiedensten Spielarten als *-ke(n), -ike(n), -ske(n), -kes, -sche(n),* palatalisiert *-tje(n), -tsje(n),* im Plur. auch *-ker, (-t[s]jer), -kens, -erker, -erken(s),* (ost)md. bzw. *-che(n),-cher* usw.[35]; *-i* in md. *Gläsi, Häusi* usw. ist natürlich nicht dem *-i* in alem.

---

[32] Pekka Katara in AASF 84 (1954), S. 599 ff. (Johannes Veghe).
[33] Vgl. Koziol, S. 146.   [34] Vgl. H. Gürtler, ZfdWf. 12, 135.
[35] Erklärung und Verteilung s. bei Wrede, S. 80 ff.; Nörrenberg a. § 89 a. O. (*-t[s]jen* „ingwäonische Palatalisierung"); G. G. Kloeke, Nd. Jb. 55, 1 ff. (Einfluß von Utrecht her); W. Schulte, ZfMaf. 17, 158 ff. (*-t[s]jen* eine nd./hd. Mischform aus *-ken* + *chen*); zum Verhältnis von ndl. *-tje* (primär diminutiv) und *-(s)ie,* engl. *-y* (hypokoristisch) vgl. Kruisinga, S. 33 ff. 40 ff. 53 ff., doch auch schon Koziol, S. 144 f.; zu *-kes* noch Teuchert, ZfMaf. 18, 174 und a. unten Fußn. [69] a. O. S. 454; fürs Friesische Hofmann unten S. 270.

Gläsi < *glasī(n)* gleichzustellen, sondern stellt geschwächtes -*je* <
-*che*[36] dar.

93. Eine Streitfrage bleibt noch, ob zuerst -*(i)līn* nur für den
Süden und -*(i)kīn* nur für den Norden gegolten habe. Während
die einen behaupten, im Nd. und teilweise Md. sei -*(i)līn* nachträglich übernommen, vorab in Fällen wie mnd. *bockelen, ziegelen,*
„weil sich ein *bockeken, ziegeken, beckeken* übel ausgenommen
hätten"[37], meinen die andern, beide Suffixe müßten hier von
jeher bestanden haben[38]. Paul (S. 49) gibt eine mittlere Zone zu,
in der beide Suffixe heimisch gewesen sein konnten. Als Tatsache
hat nur zu gelten, daß das Suffix -*(i)līn* Heliand und Genesis un-
bekannt ist – wie überhaupt die Diminutiva, gegenüber den nd.
Glossen —, daß dagegen später dieses Suffix in der Literatur,
auch bei Mitteldeutschen und hd. schreibenden Niederdeutschen
stark überwiegt. Erst seit dem 14. Jh. werden die *chen*-Bildungen
bei den md. Schriftstellern häufiger. Damit scheint erwiesen, daß
-*(i)līn*, bzw. -*lein* nach Norden wandert, und zwar als literatur-
fähige Modeform.

Jedenfalls ist kaum anzunehmen, daß -*līn* nur aus euphonischen
Gründen – bei gutturalem Auslaut des Grundwortes – ins md. und nd.
Sprachgebiet eingedrungen sei. Denn das Nd. hätte sich da, nach Ausweis der plattdeutschen Volkssprache, anders zu helfen gewußt, nämlich durch Einschaltung von -*s*- (*jongsken, ringsken, böksken*) oder
durch die verbreitete Suffixbildung -*elchen* (*stuckilchen, jongelgen, ber-
gelgen, bruggelgen*).
Von nicht zu unterschätzender Bedeutung ist für die Schicksale der
beiden Suffixe das Verhalten Luthers. Luther waren die *chen*-Bil-
dungen von Haus aus geläufig (*sönichen, mäulichen, cappellichen, psel-
michen*[39]), aber in seinen Druckschriften, besonders in der Bibel, verwendet er überwiegend -*lin* (daneben anfangs einigemal -*le*: *kindle,
bündle*). Seinem Einfluß wird es zuzuschreiben sein, wenn -*lein* in der
Literatur noch lange das Übergewicht behauptet. H. GÜRTLER[40] ver-

---

[36] WREDE, AfdA. 34, 12.
[37] GRIMM, Dt. Gramm. 3, 678; ferner BEHAGHEL, Schriftsprache u.
Mundart. 1896, S. 10 und Gesch. d. dt. Sprache, § 155. Behaghel ließ
-*kīn* / -*līn* zu Unrecht mit der *pf*-Grenze zusammenfallen.
[38] WILMANNS, S. 320.f.; KAUFFMANN, ZfdPh. 30, 383; SEELMANN,
Nd. Jb. 46, 52 ff. 56, mit Lit. und Belegen für -*līn* aus as. Glossen (die
Bildungen mit -*līn* seien sogar die zahlreicheren gewesen).
[39] Vgl. FRANKE, S. 93. 109 f.; BERGER in Dt. Wortgesch. II, 73.
[40] Das Diminutivsuffix -*chen* im Frühnhd. Diss. Freib. 1909, S. 8 ff.;
weiteres Material von DEMS., ZfdWf. 11, 181 ff.; KLUGE, Abriß, S. 27 f.

folgt den langen Kampf zwischen *-lein* und *-chen*: 1500–1620 herrscht *-lein,* seit den letzten Dezennien des 16. Jhs. wird jedoch *-chen* häufiger; um 1700 erlangt es, nach einer Übergangszeit von 1620–1660, die entschiedene Vorherrschaft. Doch mit der Sturm- und Drangzeit, namentlich den Göttingern, macht sich eine Reaktion gegen *-chen* bemerkbar, gerade unter Einwirkung der Lutherbibel, des Volks- und Kirchenliedes, des Minnesangs und H. Sachsens. *-lein* wird nun teils für das Edlere, Gewähltere, teils für das Volkstümlichere angesehen[41]. Bei Schiller, der sich *-chen* als der wohl vom guten Ton und der Schriftsprache bevorzugten Form zunächst immer ausschließlicher zuwandte, glaubt man in einer letzten Periode einen Umschwung zugunsten von *-lein* feststellen zu können[42].

Heute stehen uns beide Formen zu Gebote. In der Prosa hat *-chen* alles in allem den Vorzug, und es ist möglich, daß die Wörter mit ableitendem *-l* den Anstoß zur Vorherrschaft des Suffixes *-chen* gegeben haben[43]. Denn die Wahl erfolgt vorab in der Richtung, daß nach Auslaut-*l -lein,* nach *-ch* (und *-g*) *-chen* gemieden wird: es heißt einerseits *Röllchen, Ställchen, Spielchen, Spiegelchen, Kügelchen, Beutelchen,* anderseits *Bächlein, Tüchlein, Ringlein, Äuglein* (wo nicht *Büchelchen, Sächelchen, Dingelchen, Jüngelchen* wie *jongelgen* usw., die nicht ohne weiteres schriftsprachlich sind), doch auch *Röckchen, Stückchen, Häkchen* neben *Röcklein* usw. Die Bildungen *Spiegelein, Kügelein, Vögelein, Engelein* werden mehr der poetischen Sprache vorbehalten.

Zur Form und Verwendung der beiden Suffixe ist noch folgendes zu bemerken:

a) Schwächung von *-chīn* > *-chen* hat sich früh durchgesetzt, während umgekehrt *-līn* seinen Vokal behält und unter gegebenen Bedingungen als Diphthong *ai, ei* erscheinen läßt.

b) Außer an Bildungen auf *-el* tritt Diminutivsuffix, besonders *-chen,* in der Schriftsprache ganz gewöhnlich an solche auf *-er* und an einsilbige Stämme an: *Väterchen, Fensterchen, Beinchen, Ländchen, Mündchen, Schäfchen, Bächlein, Tröglein* usw.; dagegen an andere Ableitungssilben selten oder gar nicht, z. B. nicht an *-in, -ling* und die Abstraktsuffixe *-nis, -sal, -heit, -keit, -tum.* Die Wörter auf heutiges *-en* werden verschieden behandelt:

---

[41] PAUL, S. 50.

[42] H. PFENNIG, Das Deminutivum bei Schiller u. s. Zeitgenossen, ZfdWf. 6, 1 ff., bes. 8. 32. Die Mundart scheint dabei nicht von Einfluß gewesen zu sein (S. 21).

[43] KLUGE, Abriß S. 28 f.

ursprünglich schwache Maskulina, die erst im Nhd. *-en* in den
Nominativ gezogen haben, bilden die Diminutivform nach alter
Regel mit Abstoßung des *-e*: *Bißchen, Gärtchen, Brünnchen, Käst-
chen, Zäpfchen, Knötchen.* Hiernach richten sich gelegentlich
dann auch *ana-* und *ama-*Stämme: *Fädchen, Öfchen.* Doch sind
solche Analogiebildungen nur in beschränktem Umfang aufge-
kommen; tatsächlich bleiben uns Diminutivformen von Wörtern
auf *-em, -en* ungeläufig, auch wenn die Bedeutung eine Verkleinerung wohl gestatten würde (z. B. von *Besen, Busen, Wagen,
Boden, Degen*), wenigstens schriftsprachlich [44].

c) Beide Suffixe bewirken im allgemeinen Umlaut, ausgenommen meist in Wörtern auf *-er* (verschiedener Herkunft) mit um-
lautlosem Plural: *Ankerchen* neben Plur. *Anker, Faserchen, Klaf-
terchen, Walzerchen, Talerchen, Malerchen, Dotterchen, Puffer-
chen, Puterchen, Luderchen, Ruderchen, Austerchen* (jedoch *Äderchen* neben Plur. *Adern, Pülverchen, Bäuerlein, Öpferlein*) gegen
Äckerchen neben Plur. *Äcker, Väterchen, Töchterchen, Mütterchen,
Brüderchen, Klösterchen* (aber *Schwagerchen* neben Plur. *Schwäger*;
namenhaft auch *Mutterchen* u. ä.).

d) Verbreitet ist in der Literatur der 2. Hälfte des 18. Jh.s die Form
-gen (*Mädgen* usw., z. B. beim jungen Goethe), die vom Mittel- und
Niederrhein seit dem 15./16. Jh. nach Osten vorrückt. Sie läuft neben
dem Übergang von *-ich* > *-ig (billig)* und *-icht* > *igt (rosigt)* einher [45].

e) Ein Gegenstück zu *-elchen* bildet die Suffixverbindung *-i(n)clīn,
-i(n)chlī(n)* in der ältern Sprache; vgl. ae. *hūsincel* Häuschen, *stānincel*
Steinchen, *scipincel* Schiffchen [46], ahd. *hōnchlī(n), huonichlī(n)* Hühn-
chen (vgl. *Hünkel-Hinkel*), as. *nessiklīn,* ahd. *-inchilīn* Würmchen,
tūbi(n)clī(n), gensi(n)clī(n), esili(n)chlī(n), lewi(n)chlī(n), eni(n)clī(n)
= nhd. Enkel (zu *ano* Ahn). Diese Bildungen sind den lateinischen auf
-(n)culus, -um (in *avunculus, homunculus, versiculus, monticulus, cor-
pusculum*) ähnlich, wenn auch damit nicht ohne weiteres identisch [47].

f) Suffixverbindung *-chen* + *-(l)ing* scheint die Unterzipser (Gründ-
ler) Mundart in *Mālchenk* Mädelchen usw. zu kennen [48].

---

[44] Gegen alem. *Wägelein, Beselein* u. ä. (s. § 91), die sich regelrecht
durch Assimilation aus *wägen-lein* usw. entwickeln konnten.

[45] Vgl. GÜRTLER, S. 6. 35; PAUL, Dt. Gramm. II § 182.

[46] ECKHARDT, S. 350 ff.

[47] Nach H. SUOLAHTI-PALANDER, ZfdWf. 9, 170 ff.; 10, 253 ff. wird
-inkil im Ahd. besonders von Glossatoren verwendet, um lat. Diminutiva auf *-inculus* und *-unculus* wiederzugeben. Suolahti sieht in *-inkil*
mit GRIMM, Dt. Gramm. 3, 681 und KLUGE, S. 34 Suffixverbindung.
KOZIOL, S. 143 neigt dem Erklärungsversuch POGATSCHERS (Anglia

94. Mag der Ursprung der Diminutiva nicht sehr geklärt erscheinen: den Diminutivbegriff können jedenfalls – da die Diminutiva sich vorab auf dem Boden einer vertraulichen und gefühlsmäßigen Sprache bewegen – sekundär wieder verschiedene Bedeutungsabschattungen begleiten, von der des Schmeichelnden (Ammensprache!) bis zu der des Vergröbernden, Abschätzigen (z. B. in Namen wie *Büebel, Bürschel, Jäggel*). Denn mit der Vorstellung der Kleinheit verbindet sich leicht das Gefühl des Mitleids oder der Verachtung[49]. Namentlich werden mundartliche Suffixe oft einen affektischen Beiton haben[50].

Umgekehrt büßen Diminutivbildungen, die ihr Grundwort verloren oder sich sonstwie gegen dasselbe isoliert haben, ihre verkleinernde Bedeutung wesentlich ein, z. B. *Heimchen, Veilchen, Kaninchen, Schnippchen, Frettchen, Mädchen, Maßliebchen, Rotkehlchen, Zipperlein, Nelke, Ferkel, Hermelin*. In anderen Fällen ist wenigstens die Bedeutung spezialisiert: *Fräulein, Ständchen, Kränzchen, bißchen*. Vgl. die Fälle von § 97 Anm. 1 und 2.

Abnützung der Diminutivbedeutung wie in *Mädchen* oder *Chessi, Stücki, Endi* u. ä. (§ 90) ist besonders eine den Mundarten geläufige Erscheinung. In der Zipser Mundart etwa ist *Nirnchen* schlechtweg die Niere, *Zwergl* der Zwerg, *Kapl* die Kappe[51], ähnlich wie etwa in der modernen griechischen Volkssprache, die eine ganze Menge von Diminutiven an Stelle ihrer Grundwörter gesetzt hat[52]. Vgl. auch franz. (und engl.) *angle, bassin, bataillon, chapeau, corbeau, nouvelle, banquet, cornet, billet, chapelet, pierrot*, franz. noch *oreille* (< *auricula*), engl. *maiden, pencil, stalk*, ital. *fratello* usw.

Es liegt an der Sache, daß Verkleinerung den Substantiven als Namen für Personen, Tiere und sinnliche Dinge eignet (Stoff-

---

23, 310 ff. u. Beibl. 15, 238 ff.) aus westgerm. **winkila-* 'Kind' zu. Vgl. noch WILMANNS, S. 324; KLUGE, Abriß, S. 25 f.

[48] J. GRÉB, ZfMaf. 1938, 224 f.

[49] Vgl. H. GUBLER, Liquid- u. Nasalsuffixe i. d. schweizerdt. Substantivflexion. Diss. Basel 1920, S. 108 ff.

[50] Was hier nicht weiter verfolgt werden kann. Vergröbernd ist z. B. ein bernisches *-(n)ggi* – das HODLER S. 128 zu Unrecht mit nd. *-kīn* zusammenbringt – in Eigennamen: *Luggi* zu Louis(e), *Miggi, -el* zu Emil(ie), *Schüggi* zu Julie, *(Ma)Runggi* zu Marie. Vgl. md. *-(l)itz* in *Dürrlitz, Kalblitzle, Kästnitz* u. ä. mit WEISE, ZfdWf. 10, 56 ff.

[51] J. GRÉB a. a. O. Vgl. noch SZADROWSKY, Theuth. 1, 25 ff.

[52] DEBRUNNER (s. § 47) 148.

namen nur ausnahmsweise). Doch sind auch **Abstrakta** von ihr nicht ganz ausgeschlosssen. Das beweisen neben den schon erwähnten älteren Bildungen wie *trœstelīn* (§ 91), *dödeken* (§ 92) Wendungen wie *sein Mütchen kühlen, ein Schnippchen schlagen, ein Lüstchen*. Einem mnd. *dödeken* entspricht G.Kellers *Tödlein*; ähnl. bei ihm *Glücklein, Sömmerchen* u.a. Sogar von Adjektiven und Adverbien tauchen gelegentlich Diminutivbildungen auf: *stillchen, sachtchen* (Schiller und Bürger); *ründchen* (Voß), von substantivierten Adjektiven: *Alterchen, Grauchen* und *Liebchen*.

Wiederum gehen hier die Mundarten viel weiter, sogar bis zum Verbum. In Cattenstedt a. Harz sind Bildungen geläufig wie *bāleken* bald, *ārmeken* arm, *schwinneken* geschwind, *schēneken* schön, *har(d)eke* hart, aber auch *grenneken* greinen, *siseken* zischen, *sīpken* saufen[53]. Mecklenburg.-pommerisch tritt pleonastisch *-ing* an Adjektiva: *säuting* süß, *reining, stilling, warming, swinning* geschwind[54]; alem.[55] ist häufig *sōli, sōdele* (schwäb.) zu 'so', *wāseli, wāsele* zu 'was'. Ndl. kämen zu Fällen wie *bittertje, stilletjes, watje* (Pron.), *bedankje* (Verb) u. a. noch Zahlwörter: *beidjes, dritjes*[56].

Movierte Feminina des Typus *Königin*

95. Wie schon angedeutet (§ 86), bildet das Idg. persönliche Feminina aus Maskulinen mittels reinen *ā*-Stammes (lat. *lupa, domina, puella*). Im Germ. würden ihnen *ō*-Stämme entsprechen; statt deren erscheinen *ōn*-Stämme: got. *qino* Weib (für idg. *$g^u_r(e)n\bar{a}$*), *dubo*, ahd. *basa, muoma* usw., deutlich moviert got. *garazno* Nachbarin neben *garazna* Nachbar, ahd. *hĕrra* Herrin neben *hĕrro* usw., ferner Nomina agentis auf *-ārra* neben männlichen auf *-āri* (§ 101): *lāhinārra* Ärztin usw. Dazu kommen idg. *ī-/iā-*, germ. *jō*-Bildungen (§86): got. *mawi* Mädchen (für *magwi*) zu *magus* Knabe, *þiwi* Dienerin zu *þius, frijondi* Freundin zu *frijonds*, und durch *n* erweitert als *jōn*-Stämme etwa ahd. *henna* zu *hano* (§ 86), *mericha* Mähre zu *marah*.

Während all diese Bildungsweisen im Deutschen nicht nachhaltig fortgewirkt haben, erwies sich eine Verbindung von *n*- und *jō*-Suffix als sehr lebenskräftig. Das *n* hat seinen Ursprung in der *n*-Deklination: idg. *-ī / -jā* trat gern an *n*-Stamm an, z. B. in

---

[53] Vgl. E. Damköhler in Nd. Jb. 32, 129 ff.
[54] A. Lasch, Nd. Jb. 38, 84 f.; Weise (s. § 9) 73.
[55] und sonst: s. Roedder (s. § 9) 149.   [56] Kruisinga, S. 38 ff.

ai. *rājan-* – *rājñī* König(in), griech. τέκτων – τέκταινα (< -*avja*)
Handwerker(in). Im Westgerm. geht dem *n* regelmäßig ein Vokal
voran, so daß wir ein germ. -*injō*- (nord. auch -*unjō*-) erhalten,
das got. regelrecht zu -*ini*, ahd. zu -*in* wird[57].

Im Got. erscheint als einziges Beispiel *Saurini* Syrerin neben
Mask. *Saur.* Größern Umfang hat das Suffix im Ahd. angenommen, zumal hier Suffixe, die im Ae. und Nd. beliebt waren (§ 96),
nicht auftreten. Beispiele: *kuningin, friuntin, māgin* Verwandte,
trūtin, birin Bärin zu *bero, henin* (s. u.). Allerdings erfährt das
Suffix bald eine Trübung; denn unser nhd. *Königin* kann natürlich nicht ein ahd. *kuningin* fortsetzen. Ahd. -*in* mußte zu -*en*
werden, schon bei Notker (z. B. in *guten* Göttin). Nhd. -*in* geht
zurück auf -*inna* der obliquen Kasus *(kuninginna)*, das in den
Nominativ eindrang, wie umgekehrt -*in* des Nom. in die obliquen
Kasus, bes. den Akk., eindrang. – Im Mhd. erscheint -*inne*, später
infolge von Apokope -*in(n)*. Daneben entwickelt sich eine ge-
dehnte Form -*īn*, die jedoch ebensowenig weiterwirkt wie das
Notkersche -*en*.

Bereits im Ahd. trat -*in* gern an das Suffix -*ắri* der mask.
Nomina agentis an; vgl. *weberin(na)* neben *webarra* (§ 101), *zuh-
tarin, zoubrarin, knetarin, (ir)wurgarin, kint-tragerinne* usw., z. T.
mit *r*-Erleichterung: spätmhd. auch *zouberin*, nhd. *Zaub(r)erin,
Abenteu(r)erin.* Heute begegnet -*erin* sogar, wenn ein Masku-
linum auf -*er* fehlt: *Sennerin, Näh(t)erin, Wöchnerin.*

Wie die Diminutiva *(fugilīn* usw.; § 91) verlangten auch die Feminina auf -*in(na)* zunächst Aufhebung der Brechung, Übergang *e > i*
und Umlaut; vgl. ahd. *birin, effin, henin*[58], *gutin, diubin*, mhd. *wül-
finne*, vereinzelt *gemehelin* (Diefenbach, Gloss. 548 b). Doch werden
diese Verhältnisse im Hd. früh durch den Einfluß des Stammwortes
gestört: es heißt etwa mhd. *berinne, botinne, gotinne* neben *gütinne, ge-
nözinne* neben *genœzinne*, nhd. *Gattin, Sklavin*, selbst ahd. auch *forasagin, affin, hanin*[59].

Die movierten Feminina auf -*in(na)* nehmen seit dem Ahd.
stark an Zahl zu; aber zu keiner Zeit sind die möglichen Ableitungen tatsächlich auch alle geschaffen worden.

---

[57] Got. -*i* als Auslaut der lang- und mehrsilbigen *jō*-Stämme; vgl.
BRUGMANN, Grundr. ²II, 1, S. 182. 211 ff.
[58] Über das Verhältnis zu *henna* s. BRUGMANN, a. § 86 a. O.
[59] Vgl. H. SUOLAHTI, Die dt. Vogelnamen. 1909, S. 229.

Natürlich sind anfangs diejenigen Fälle am häufigsten, wo sich das Suffix zu männlichen Appellativen mit persönlicher Bedeutung stellt: *friuntin, fiantin, gestin, grāvin, māgin, kuningin, keiserin, mannin* virago, *forasagin, scelkin* Dienerin, *wirtinna, êwartinna* Priesterin; Tiernamen: *birin, effin, henin, lēwin, brackin, drechin, wisentin, phāwin*; mhd. *arzātinne, vālandinne* Teufelin, *gefertinne, gesellinne, kempfinne, rātgebinne, nerrin, pfeffin, wīzaginne, hundinne, windinne, vühsinne, tiubin, krebezin* usw. auch etwa *dürftigin(ne)*; manche sind erst nhd.: *Gattin, Erbin, Enkelin, Gespielin, Heldin, Riesin, Sklavin, Zeugin, Spätzin* (älter *Kätzin*) und wohl zum zweitenmal *Genossin* (s. oben) zu *Genosse* Parteimitglied. – Dagegen ist Motion namentlich dort unterblieben, wo weibliche Wesen durch besondere Wörter oder Formen bezeichnet werden (*Mutter, Tochter, Schwester, Weib, Base, Muhme, Kuh, Stute, Sau, Geiß*). Anderseits sind viele ältere Feminina auf *-in* jetzt ungebräuchlich (*Gästin, Pfäffin, Schälkin, Kämpfin*); nicht selten dient für Frauen die männliche Form, auch wo eine Ableitung nahe läge (*Feind, Bürge, Zeuge, Dieb*; Hermes spricht sogar von einer *Laie*). Vgl. noch §§ 75 und 110.

In der Literatur waren früher – wie jetzt überhaupt mancherorts – movierte Eigennamen üblicher: *die Karschin, Gottschedin, Luise Millerin*. Vgl. zu den Fällen von § 75 noch etwa *Hauptmännin, Geheimrätin, Schulzin, Freiin, Müllerin, Müllern* neben *die Müller, Frau Müller* usf. Mundartlich belieben auch Ableitungen aus Vornamen: *Benediktin, Maxin, Engelbertin, Schreineraloisin* für die Frau eines Benedikt, Max usw. [60] An ungewöhnlichen Bildungen aus der Literatur seien noch erwähnt: *Flüchtlingin* (J. Paul), *Fremdlingin* (Schiller u. a.), *(An)Verwandtin, Bekanntin* (Lessing), *Nächstin, Gläubigin, Blindin* (Luther), *Heiligin* (Rückert) [61]; *Jünglingin, Lieblingin* (Rilke).

Auch die Zugehörigkeit zu einem Land, Stamm, einer Stadt wird von jeher moviert: ahd. *Frenkin, Uualahin, Suāpin, Sahsin, Duringin*, mhd. *Swæbinne, Franzoisinne, Waleisinne*, insbesondere in Namen auf *-er*: *Beierin*, nhd. *Italienerin, Spanierin, Berlinerin* usw.

Pleonastische Bildungen erscheinen schon ahd.: *brūtinna*, mhd. *briutinne*, ahd. *hennin, breckin* neben *brecka* Hündin, mhd. *gellin* für *gelle* Kebse, *wülpinne* für *wülpe* Wölfin, später: (*Gemahlin*), *Hindin, Buhlin, Hexin, Amazonin, Gouvernantin, Diakonissin, Prinzessin, Marquisin, Baronessin, Schwiegerin* (auch mißverstanden als Schwägerin); jetzt *Gesandtin, Beamtin*, für die Partizipien *die Gesandte, Beamte* [62].

---

[60] A. STAEDELE, Teuth. 6, 109 für Stahringen. Movierte Feminina als Namen s. BACH, Namenk. I, 1 § 159 ff.

[61] Nach PAUL, S. 55; FRANKE, S. 93, 106.

[62] Vgl. KLUGE, Abriß § 47. – Zur Ausbreitung der Bildungsweise im Nd.-Mndl. unter hd. Einfluß vgl. TH. FRINGS, PBB 56, 33 ff. und J. H. KERN, ebenda S. 366 ff; zur Praxis des Holländischen ferner J. H. SCHOLTE, Neophilologus 32 (1948), 61.

96. Zur Bezeichnung des weiblichen Geschlechts gab es noch andere Suffixe, so in ahd. *primissa* Bremse (zu *bremo*), *nicchussa*, mhd. *nickese* Nixe (zu *nicchus*), *scebissa* Räudige, *hagazussa* Hexe, *fuotirra* Amme, *zaturra* Hure, *kilbirra* weibl. Lamm (neben *kilbur*); ferner *kebis(a)*, ae. *cefes* Kebse, ae. *forleges* Ehebrecherin [63]. Hierher auch ahd. *itis, idis*, ae. *ides* Frau [64].

Ein hiervon zu trennendes weibliches *s*-Suffix begegnet im Ndfr.- Ndl. und Mfr. seit dem 11. Jh.: *pfaffenesse, beckerse, mēsterse*, usw., jünger auch -*sche* (*sundersche* Sünderin, *nābersche* Nachbarin, *mēstersche*). -*sche* erscheint als Motionssuffix im ganzen Fränkischen für -*in*. Man glaubte dafür vom Adjektivsuffix -*isc* ausgehen zu sollen. Doch hatte schon GRIMM in diesem Suffix richtig lat.-rom. -*issa*, franz. -*esse* gesehen, das in *baronesse, duchesse, prêtresse* usw. vorliegt. Es scheint, daß unter Umständen -*issa* und -*isc* zusammengefallen sind (z. B. in *mēstersche*) [65]. – Die starke romanische Einwirkung am Niederrhein scheint sich auch in zwei weiteren Lehnsuffixen geltend zu machen, für die KLUGE ein germ. -*astrjōn*- bzw. -*agjōn*- angesetzt hatte, nämlich in ae. nd. -*stre*, -*ster* (wahrscheinlich < lat. -*istria*): ae. *sangestre* Sängerin, *bæcestre*, nd. *sangstêr* usw. und in ae. -*icge* (< vulgär-lat. -*icam* für *icem*, etwa in *meretricem*): ae. *sealtiçge* Tänzerin, *huntiçge* Jägerin (zu *hunta* Jäger), mndl. *doorwerdigghe* Torwartin, *meesterigghe, troesterigghe* [66]. Dagegen sucht F. MEZGER [67] wieder Anknüpfungspunkte beim Germ., insbesondere beim religiösen Kult. Nach KOZIOL [68] heißt ae. *bæcestre* sowohl Bäcker als Bäckerin, *webbestre* Weber(in) usw., so daß -*stre* nicht (mehr) als spezifisches Feminin und infolgedessen eine Verbindung von -*str* + *issa* in Fällen wie engl. *songstress* Sängerin, mnd. *bindestersche* Kornbinderin nicht eigentlich als „Hypercharakterisierung" zu gelten hätte [69]. Vgl. unten S. 273.

Bildungen auf nhd. -*el* und -*er*

97. **Maskulina (und Feminina) auf -*el*.** Mit *l*-Suffix erscheinen namentlich drei Gruppen, die weder für sich ganz durchsichtig noch auch leicht auseinanderzuhalten sind: Diminutiva, Nomina agentis und Nomina instrumenti. Über die Diminutiva

---

[63] Vgl. § 76, 11 mit dem Hinweis auf FR. SPECHT.

[64] E. BRATE, ZfdWf. 13, 143 ff.

[65] Vgl. FRINGS, PBB 56, 28 ff.; fürs Roman. MEYER-LÜBKE, Rom. Gr. § 366; DENS. Frz. Gr. § 51 (zu unterscheiden von -*esse* in *noblesse* usw.; § 99).

[66] Vgl. E. SCHROEDER, Nd. Jb. 48, 1 ff.; FRINGS, a. a. O., S. 23 und KERN, ebenda S. 364 ff.

[67] Herr. Arch. 168, 177 ff.   [68] S. 156.

[69] Vgl. SCHWYZER in Abh. d. Preuß. Ak. d. Wiss. Phil.-hist. Kl. 1941, Nr. 9, S. 20; zu -*ster* jetzt noch TEUCHERT, Die Sprachreste d. ndl. Siedlungen des 12. Jh.s, S. 4. 455 ff.

s. § 98. Nomina agentis sind etwa ahd. *tregil* Träger (zu *tragan*), *biril* dass. (zu *beran*), *bitil* Bewerber (zu *bitten*), *wibil* Käfer (zu *weban*), *butil* Büttel (zu *biotan*), *tribil* Treiber, *weibil* (zu *weibōn* hin und her bewegen), *wartil* (zu *wartēn*, -*wart* oder *warta*), *wahtil, buohgoumil* Bibliothekar, *fuozgengil, drāhsil* Drechsler, mhd. *drǣhsel, schrōtel* Hirschkäfer, *gümpel* (zu *gumpen* hüpfen), *krüpel* (vgl. as. *kriupan* kriechen), *giudel, sudel.*

Aus Mundarten etwa *Tregel, Holztregel* (Wallis), *Läufel, Unterläufel* Unterhändler (bair.[1]), *Süffel* Säufer, *Zänkel, Hopsel* Frosch[2].

Hierneben stehen Gerätenamen (bes. für Handwerkzeuge), Namen für betätigte Körperteile u. a.. die zunächst wohl als Personifikationen zu den Nomina agentis gehören[3]: z. B. an. *meitell*, ahd. *meizil* Meißel ('Ab-, Einschneider', zum Verb got. *maitan*, ahd. *meizan*), an. *lykell* Schlüssel (zu got. -*lukan*), got. *stikls*, ahd. *stechal* Trinkgefäß, ahd. *zugil, stōzil, griffil, sluzzil, leffil* (zu *laffan*), *gurtil* (zu got. *gairdan*), *bentil* (zu *bindan*), *grebil, slegil, driscil* Dreschflegel, *fezzil*[4], *senkil, wirbil, snabul* (neben mhd. *snaben* schnappen), *wipfil* (mhd. *wipfen* hüpfen); *angul* (neben *ango* dass.), *haspil* (n. mhd. *haspe*), *knutil* (zu *knoto*), *sceffil* (zu *scaf* Gefäß), *stengil* (zu *stanga*), *stempfil* (zu *stampf* oder *stampfōn*), mhd. *swengel, bengel, bickel, brügel* (zu *brüge* Brettergerüst), *sprengel, rœtel, vlügel, stachel, rüezel* Rüssel (zu ahd. *ruozen* die Erde aufwühlen), *strudel* (zu ahd. *stredan* brausen), *zettel, zwickel* (zu *zwec*), *zipfel* (zu *zipf*), nhd. *Beutel, Bügel, Sprenkel, Deckel, Henkel* usw.

Beide letzten Gruppen konkurrieren mit den kräftigeren Bildungen auf -*er* (§ 98), die Nomina agentis überdies mit den ältern auf -*o*: vgl. einerseits ahd. *trago, tregil* und *tragari, steinbrecho*, -*bruchil*, -*brechari, hewiscrecco* und mhd. *höuscrickel*, mhd. *kempfe, kempfel* und *kempfer, vridebreche*, -*brechel*, -*brüchel*, -*brecher*, anderseits nhd. *Schlüssel* und *Schließer, Hebel* und *Heber, Schläger* und *Schlegel.*

---

[1] Schmeller 1, 1449.

[2] Vgl. Gubler (s. § 94) 120 f.; Müller, S. 201 ff.

[3] Die Schwierigkeit, hier in den altgerm. Dialekten zu scheiden, betont auch K. Kärre, Nomina agentis in Old English. Diss. Uppsala 1915 (Uppsal. univ. årsskr. 1915) I, S. 42. Über den Begriff Nomina agentis s. dens., S. 5 ff.; H. Brinkmann, AASF 84 (1954), 381 ff. (maskuline Subjektbegriffe mit Tätigkeitsvorstellung).

[4] Urspr. Mask.; s. jetzt etwa Trübners Wb. 2, 331 f.

JANE F. GOODLOE [5] nimmt beim Versuch, die verschwommenen Verhältnisse zu klären, wohl mit Recht an, daß bei den Gerätenamen dem Suffix -*er* mehr der Begriff des Aktiven (*Heber, Schläger, Drücker, Leuchter*), dem Suffix -*el* der des Passiven (*Hebel, Schlegel, Löffel, Stichel*) zukomme. Noch zutreffender könnte man vielleicht behaupten, daß bei den einen die Personifikation, bei den andern jetzt das Instrument hervortrete. Für die Nomina agentis glaubt Goodloe, daß Bildungen auf -*el* mit der Abschattung des Emphatischen, Charakteristischen, Individualisierenden sich – wenn auch in beschränktem Umfange – halten können [6]. Vgl. *Schlingel, Fressel, Lümmel, Tölpel* u. ä.

Neben starken Maskulinen stehen einige schwache: ahd. *hevilo* Hebel, *armilo* Ärmel (s. u.), *nabolo* (zu *naba*), gelegentlich auch -*tregilo*, -*tregele* u. ä., mhd. *knolle*. – Zahlreicher sind hier die Feminina auf ahd. -*ila/-ala* wie *sceitila* Scheitel, *scūfala* Schaufel (verwandt mit *schieben*), *spinnila* Spindel, *hāhila* Kesselhaken, *wintila* Windel, *driscila* (vgl. *driscil*), *gurtila* (vgl. *gurtil*), *achsala, eichila, nezzila, runzila*, mhd. *trumbel*, nhd. *Fuchtel, Waffel, Zottel, Runkel* [7].

Anm. 1. Das Verhältnis zu den alten Diminutiven mit demselben Suffix (§ 89) bleibt in Einzelfällen unklar, außer in solchen wie ahd. *seckil* Säckel < lat. *saccellus* (gegen Kluge § 56 a) oder *swertala* Schwertel (Pflanzenname), das *gladiolus* übersetzen wird. Gewöhnlich betrachtet man als Diminutiva ahd. *armilo* Ärmel und ae. *đymel* Fingerhut; ferner etwa ahd. *nezzila* Nessel (neben *nazza*), *eichila, ringila, runzila* (n. *runza*), *morhala* (n. *moraha*), *angul, ankal(a)-enkil* Knöchel (n. mhd. *anke* Gelenk), mnd. *scenkel* Schenkel (< **skanka-*), mhd. *büechel* Buchnuß, Wörter, denen ein synonymes Grundwort zur Seite steht. Doch zwingen zu dieser Annahme an sich weder Bildungsweise noch Bedeutung [8].

Anm. 2. Zahlreiche Bildungen (ahd. *knebil, sichila, dīhsala*, mhd. *hobel, kitel, kugele* usw.) sind verwaist; s. § 76, 7. – Zu ihnen gesellen sich, kaum weniger zahlreich, Wörter fremden Ursprungs: ahd. *flegil, scamal* Schemel, *tempal, titul, spiagal, ziagal, zirkel, amp(ul)la, facchala, fennichal* Fenchel, *fistul, kanzella, kervola* Kerbel, *perala* Perle, *regula, scintila, scuzzila, tavela*, mhd. *pinsel, sabel (sebel), sīdel(īn)* Seidel, *zetel, spargel, makel, videl, bibel, datel, fabel, vetel, infel* Inful, *insel, papel*, nhd. *Muskel, Nickel, Onkel, Pöbel, Skrupel, Trüffel, Fibel, Floskel, Formel, Kuppel*, u. a. [9].

[5] Nomina agentis im Nhd. 1929 (Hesperia 18), S. 55; vgl. SZADROWSKY, IF 49, 150 f.

[6] S. 73; dies aber wegen Anlehnung an Fälle wie *Teufel, Esel, Engel?*

[7] WILMANNS, S. 263 ff.; KLUGE, § 90 f.; JÓHANNESSON, Suffixe S. 62 ff.

[8] WILMANNS, S. 267.   [9] Vgl. WILMANNS, § 210.

Anm. 3. Die Lehnwörter *Esel, Kessel, Kümmel, Lagel, Orgel* zeigen
-l für *-n.* KLUGE[10] hatte Übergang von lat. *n* > *l* hinter *i* in unbetonter
Silbe angenommen. Eher kommt teils lat. *l-*(Diminutiv-)Suffix[11], teils
Dissimilation in Frage. Vgl. noch *Zirkel* (Gerät, lat. *circinus*); ferner
Himmel (got. *himins*), *Igel* (neben gr. *ἐχῖνος*) und *Ziesel* (ahd. *zisimūs*,
zu vgl. *mus citellus*).

98. Persönliche Maskulina auf nhd. *-er*.

Es handelt sich
in der Hauptsache um Nomina agentis des Typus *Fischer, Lehrer,
Zöllner, Bettler, Tischler, Brenner*, eine kräftige Gruppe, die in ahd.
Zeit die bisherigen Bildungsmöglichkeiten für Nomina agentis
überholt, nämlich die auf *-ila-* : *tregil, butil, wartil*, die auf *-an-* : got.
skula, ahd. *gebo, boto, ezzo* und die auf *-jan-* : got. *fiskja*, ahd. *becko,
gisello*, die wahrscheinlich noch ältere *ja*-Bildungen : got. *hairdeis*,
ahd. *hirti* Hirte, got. *lekeis* Arzt usw. erweitern; s. §§ 84 f. 97.

Auszugehen ist von einem germ. **-ārja-*, welchem got. *-āreis*,
ahd. *-āri*, mhd. *-ære*, nhd. *-er* entsprechen und das sich insoweit
mit lat. *-ārius* deckt, aus dem es endgültig herzuleiten ist.

Für ein Lehnsuffix spricht schon, wie etwa KLUGE § 8 bemerkt, daß
das Got. das Suffix *-areis* nur bei gelehrten Begriffen zeigt (*laisareis*
Lehrer, *bokareis* Schriftgelehrter, Schreiber, *sokareis* Forscher, *liuþa-
reis* Sänger, *motareis* Zöllner), und daß es an Hand von lat. Bildungen
wie *monetarius, molinarius, tolonarius, camerarius* ins Ahd. drang
(*munizzari, mulinuri, zolonari, kamarari*, wozu jüngere Lehnwörter
wie *scuolari, notari*). Allerdings bestehen Schwankungen in der Quantität des *a*. Mag got. *-areis* mit langem *ā* einem lat. *-ārius* genau entsprechen, so weisen die übrigen germ. Dialekte vielfach Kürze auf: as.
erscheint *-ari* und *-eri*, ae. *-ere*, an. *-are* und *-ere*, afränk. *-ere*. Länge ist
im Ahd. bezeugt durch Otfrids Vers, Notkers Zirkumflex und im mhd.
-ære, doch ist auch im Hd. Länge keineswegs allgemein (*-ari* > *-eri*,
-iri ist früh verbreitet, Is. hat immer *-eri*, O. und T. schwanken, N. hat
-âre und *-are*). Infolgedessen wurde auch angenommen, daß lat. *-arius*
mit gekürztem *a* ins Germ. aufgenommen oder im Germ. selbst gekürzt worden sei, und daß unter erneutem Einfluß des Lat. in jüngern
Lehnwörtern wieder ahd. *-āri*, mhd. *-ære* erschien[12]. Vereinzelte süd-

---

[10] Urgerm. § 50; ähnlich WILMANNS, S. 269.

[11] E. SCHRÖDER, AfdA. 24, 24; W. LUFT, ZfdA. 41, 241 ff. Noch
anders E. SCHWENTNER, PBB 44, 497; 48, 303.

[12] Vgl. hierzu und zum ganzen Paragr. OSTHOFF a. a. O.; SÜTTERLIN,
Gesch. d. Nomina agentis im Germ. 1887; WILMANNS, S. 283 ff.;
JELLINEK, Gesch. d. got. Spr., S. 163 f.; MEYER-LÜBKE, Rom. Gr.
§ 467 ff.; HUCKO (s. § 78) 61 ff.; SZADROWSKY, Nomina ag., S. 3 ff.
(Für Adelung steckte in dem Suffix noch ein altes Subst. *Er* Mann;
vgl. sein Wb. [2]I Sp. 1848 ff.)

bayr. und Walliser Mundarten liefern noch sichere Beweise für altes langes *ā*[13], freilich in so beschränktem Umfange, daß daraus für gemeinahd. Zustände nichts zu entnehmen ist. Im folgenden bleibt die Länge unbezeichnet.

Die älteren (got. as.) Bildungen gehen auf ein substantivisches Grundwort zurück (außer wohl *sokareis*). Dies muß zunächst auch fürs Ahd. angenommen werden, vielleicht auch in Fällen, wo neben der Ableitung ein Nomen und ein Verb bestand, z. B. *helfari* neben *helfa* und *helfan*, *mezzari* neben *mez* und *mezzan*, *teilari* neben *teil* und *teilen*, *toufari* neben *touf* und *toufen*, *salbari* neben *salb(a)* und *salbōn*, *suonari* Richter neben *suona* und *suonen*, *lōsari* Erlöser neben Adj. *lōs* und *lōsen*.

Bemerkenswert bleibt zwar, daß neben vielen Ableitungen auf -*ari* ältere nominale *(j)an*-Bildung steht, die wir auf ein Verbum beziehen können; vgl. *haltari* und -*halto*, *nemari* und *nemo*, -*nomo*, -*num(e)o*, *teilari* und *teilo*,. *wartari* und *warto*, *scepfari* und *scepfo*, *troumsceidari* und *troumsceido*. Mit einiger Wahrscheinlichkeit ist nominales Grundwort anzunehmen, wenn ein Verb daneben ungebräuchlich oder wenigstens seltener ist, z. B. in *gartari*, *stuotari* Pferdezüchter, *sweigari* Rinderhirt (zu *sweiga* Herde), *lērari* (s. o.), *mūrari* – während Bildungen neben geläufigeren Verben sich immer mehr zu diesen stellen, so etwa *jagari* Jäger (zu *jagōn*), *betari* (zu *betōn*), *setzari* Ordner, *spehari* (zu *spehōn*), *sprangari* Springer (zu *sprangōn*), *swīchari* Verführer (zu *swīchan*) usw. Eindeutig sind Fälle wie *snīdære* (gegen *snitære*), *riuwesære* Büßender, zu *hriuwisōn*, *ruome*-, *rüemesære* Prahlhans.

Jedenfalls nimmt die Neigung, Nomina agentis auf Verba zu beziehen und direkt nach Verben neu zu bilden, im Verlaufe ihrer Geschichte sehr zu. Sind wir heute doch oft geneigt, sogar solche Bildungen als deverbativ zu empfinden, deren Form dies geradezu ausschließt, z. B. *Sänger, Täter, Lügner, Mähder, Wächter, Redner*.

Oft ging dem Suffix -*ari* ein anderes, schon zum Stammwort gehörendes Ableitungselement voraus, namentlich -*r*, -*l*, -*n*: ahd. *aher-ari* Ährenleser, *zoubar-ari*, *bluostr-ari* Opferer, *lastr-ari*, *betal-ari*, *vogal-ari*, *satal-ari*, *swegal-ari*, *firin-ari* Verbrecher, *luginari*, *wagan-ari*, *hafan-ari*. Durch Verschmelzung ergaben sich die erweiterten Suffixe („Wuchersuffixe"; vgl. § 73) -*ler*, -*ner*. So entstanden nach der Gruppe *Vogler, Fiedler, Sattler, Gürtler,*

---

[13] Vgl. LESSIAK, PBB 28, 107. In Lötschen wird der Vokal in *Müller, Schreiner, Lehrer* nicht nur anders behandelt als in *Vater, Fenster, Käfer*, sondern auch als in *Keller, Söller, Trachter* (§ 100). Ähnlich im Südbayr,; s. E. KRANZMAYER in Festschr. f. D. Kralik. 1954, S. 254.

Gaukler die *Tischler, Künstler, Häusler, Dörfler, Sommerfrisch-
ler, Davidsbündler, Heimatschützler,* die in älterer Sprache teils
noch ohne *-l-* auftreten, nach *Lügner, Redner, Hafner, Wagner,
Büttner, Kürschner* die *Schaffner, Söldner, Gleißner, Klempner,
Blechner, Bildner, Gurtner, Gantner* (neben *Schaffer, Bilder, Gurter*
usw.).

Andere, z. B. *Glöckner, Hübner, Blütner, Klausner* werden ihr *-n-*
aus den obliquen Kasus haben (vgl. noch ahd. *kelnari* cellenarius, mhd.
portenære portenarius, *valkenære* falconarius).

Treten Ableitungen auf *-ari* im Ahd. schon sehr zahlreich als
Nomina agentis i. w. S. auf (vgl. *heilari, fuogari, rūnari* Rauner,
irrari Häretiker, *slihtari, slingari, betari, āhtari* Ächter, *scāhari*
Schächer, *fārari* Versucher), so halten sie sich in der Folge am
festesten in eigentlichen **Gewerbe-** und **Berufsbezeich-
nungen** für die *Maurer, Schneider, Metzger, Wurster, Käser,
Küfer, Krämer, Köhler, Sattler, Lederer* (D.), *Hafner, Förster,
Schiffer, Kutscher, Pfarrer.* Umgangs- und volkssprachlich kommen dazu die *Bahner (Bähnler), Poster (Pöst[e]ler), Grenzer,
Fabrik(l)er, Mariner, Violiner, Huter (Hütler), Staller, Schweiner,*
ausgesprochen pejorativ *Trinker, Hehler (receleur, concealor, nas-
conditore), Aufschneider, (Hortungs-)Gewinnler*[14] u. a. m.; mhd.
sind z. B. *schrīnære* Schreiner, *gademære* Zimmermann, *eselære,
obezære* Obsthändler, *slüzzelære.* Das gewöhnlichste – und heute
allein lebendige – Suffix zur Bildung von Nomina agentis bleibt
aber *-er,* wohl dank der steigenden Zunahme der deverbativen
Bildungen, ähnlich wie im Engl. (wo mit unserm *-er* lautlich noch
lat.-franz. *-er, -our, -or* zusammenfiel[15]).

Das Suffix tritt sogar pleonastisch an, z. T. wohl unter Anlehnung
an Verben: mhd. nhd. *Vormunder, -münder, Fürsprecher, Barbierer,
Kassierer,* mhd. *köufelære* Makler neben *köufel* dass., mundartl. auch
Pfuscherer, Trinkerer, Glaserer, Bahnerer, Hüterer, und sonst vereinzelt:
Hahnreyer, herzlieber Schatzer, Fremdlinger (Luther), *Officierer* (Reu-

---

[14] MÜLLER, S. 35 ff. 143 ff. Vgl. nun auch P. RAABE, Zum Suffix *-ler*
i. d. Gegenwartssprache, PBB/Tüb. 78 (1956), 45 ff.

[15] Vgl. KOZIOL, S. 149 f.; fürs Ae. die Hinweise in HOLTHAUSENS
Ae. etym. Wb., S. XVI. Aufteilungsversuche nach der Bedeutung der
Verba wie der F.W. STROTHMANNS (JEGP 34, 188 ff.) haben zu keinem
wesentlichen Ergebnis geführt. – Eigennamen s. bes. BACH, Namenk.
I, 1 §§ 133. 245 ff.; SCHWARZ (s. § 51) 1, §§ 74 ff. 111.

ter)[16]. Kommt hier gelegentlich auch ein Reaktionsvorgang zu Dissimilationsfällen wie mundartl. *Sicher* < mhd. *sicherære* Vormund, *Lopper* < *Lopperer* Name für einen Wind, *Mager* < *Magerer* Krankheit, *Heiser* Heiserkeit[17] in Frage, so beweist die Erscheinung die lebendige Ausdruckskraft des Suffixes *-er* doch nicht minder als die gewagten Nietzscheschen *Zürner, Schauer, Anstauner, Beschmutzer, Stolperer, Untergraber, Kettenlöser, Herzerfreuer, Wehetäter* (Gegenstück zu *Wohltäter*), *Spinneweber des Geistes* u. ä.[18].

Immerhin sind keineswegs alle möglichen Bildungen üblich. Zu *lieben, fliehen, eilen* z. B. gibt es heute, wie § 11 schon bemerkt, keine Substantiva auf *-er*. Von andern Verben erfolgt Ableitung gemeinhin nur bei Zusammensetzung: *Einbrecher, Nach-, Verfolger* (mhd. *volgære*), *Vorsteher, Nachtreter, Umsteiger, Wahr-, Ansager, Nutznießer, Hungerleider,* mhd. *dienstbietære* (Parz. 767, 27), so daß hier zum Teil eigentliche Zusammenbildungen entstehen. Auch bei *Besen-, Blumen-, Buchbinder* handelt es sich nicht um Zusammensetzungen mit (speziellerem) *Binder*.

Mit dem Aufschwung der verbalen Bildungen erlischt allmählich die Lebenskraft der nominalen. Zwar sind zu den ältern Bezeichnungen für Handwerker immer wieder einige Neubildungen aus Substantiven hinzugekommen: *Köter, Urheber* zu *urhab, Eigentümer, Burschenschafter, Gesellschafter, Skier* (D.), *Landser* (ebenda)[19], aber im ganzen erscheint die denominative Gruppe als abgeschlossen.

Zu beachten die Bildungen „ohne stehende Eigenschaft": *Überbringer (der Nachricht), Stifter (des Klosters)* u. ä. (§ 10).

Noch sei hingewiesen auf die Ableitungen aus Zahlwörtern: *Neuner, Vierziger* (die älteste ist *hunteri* centurio), auf Bildungen aus Adjektiven: *Gläubiger, Schuldiger* (16. Jh.), auf männliche Geschlechtsnamen wie *Witwer, Tauber,* auf *Verweser, Zelter, Säumer, Kreuzer, Heller, Taler* und was dergleichen Bildungen mehr sind. Vgl. § 102.

---

[16] Vgl. BEHAGHEL, ZfdWf. 1, 63 und Von Dt. Sprache. 1927, S. 194 f.; LESSIAK, PBB 28, S. 106; J. SCHIEPEK, Satzbau d. Egerländ. Mundart II (Prag 1908), S. 242. Diese Nomina agentis auf *-erer* sind also nicht zu verwechseln mit Personennamen wie *Pfisterer* (= Nachkomme eines *Pfister*), *Locherer, Hoferer*. – Zur Kontroverse ROSENQVIST-ÖHMANN über die Herkunft von mhd. *crīgierre* Ausrufer, *patelierre* Krieger, *floitierre* u. ä., bes. bei Wolfram, vgl. jetzt Neuphilol. Mitt. 55 (1954), 81 ff. 272 ff.

[17] Vgl. SZADROWSKY, S. 9 f. und o. § 7.

[18] Vgl. R. M. MEYER, ZfdWf. 15, 119 f.

[19] Jedoch kaum *Imker*; s. OCHS, PBB 53, 304.

Zum **Umlaut**: Primärumlaut vermochte -*ari* nicht zu bewirken
(vgl. ahd. *wartari*). Auf Sekundärumlaut hatten – abgesehen von
Fällen wie *luginari* – die Wörter Anspruch, in denen -*ari* unmittelbar
auf die Stammsilbe folgte, z. B. *Wärter, Bürger, Krämer*, aber nicht
Hafner usw. In frühnhd. Zeit stehen besonders (w)md. umgelautete
bezäler, teucher, meurer, -sächer, -mächer obd. *trager, kaufer, mader,
rauber* usw. gegenüber [20]. Die Verhältnisse schwanken beträchtlich, auch
in der Literatur; vgl. *Rauber* (Gryphius), *Trager, Häfner* (Simplicissi-
mus), *Weiberhässer* (Wieland), *Abläder* (Goethe), *Mäurermeister* (Schiller), *Täucher* (J. Paul). Umlautlose Form erstarrte namentlich in Familiennamen: *Schafer, Forster Kohler, Rauber, Burger* neben *Schäfer,
Förster, Köhler, Krüger, Hübner, Denzler* und *Schlösser*.

99. Nach den Nomina agentis haben sich durch Personifikation
aus Verben vielfach Bezeichnungen für **Werkzeuge** entwickelt:
*Bohrer, Drücker, (Dauer-)Brenner, Klopfer, Puffer, Schalter,
Leuchter, Wecker, Schweller* (an der Orgel, D.), *Lutscher, Schieber,
Feldstecher, Eisbrecher, Fernsprecher, Korkzieher, Behälter, Stän-
der* usw., aber auch verschiedenartige andere wie *Steinbrecher*
(Pflanze; vgl. § 97), *Tausendfüßler, Selbstlauter, Einsilber, Dampfer,
Dünger, Schmöker, Gassenhauer, Brenner, Treffer*; vgl. engl. *stea-
mer, cutter, roller*. Mehrere haben ausgesprochen passive Bedeutung (*Dünger* ist was düngt und womit gedüngt wird): *Überzieher,
(An-)Stecker, Ableger, Hocker, Wälzer, (Druck-, Sicht-)Füller*, wie
übrigens im Mhd. schon persönliche Bildungen: *ächter* bezeichnet
auch den Geächteten, *ankleger* auch den Angeklagten [21]. Eine
Sonderstellung darunter nehmen **Tätigkeitsnamen** wie *Seuf-
zer, Schluchzer, Krächzer, Schnaufer, Jodler, Triller, Walzer, Hop-
ser, Schneller, Schnitzer, Nasenstüber* ein (von Behaghel als ,,Pro-
duktionsobjekte'' bezeichnet: *Jodler* = was gejodelt wird).

Fruchtbarer als in der Gemeinsprache ist das Suffix -*er* mit über-
tragener Bedeutung in den **Fachsprachen**[22]– ein *Läufer* z. B. kann
hier alles mögliche sein – und in den **Mundarten**. Vgl. *Schöpfer*
Schöpfgerät, *Reiber, Feger, Sauger, Glätter, Wischer, Klepfer* (Wurst),
Würger Krawatte, *Beißer* das Beißen, *Kratzer, Fresser* (Krankheit),
Dünner Durchfall, *Möger* Lust, *Verleider, Rachenputzer, Wetterverteiler*
großer Hut, *Bodenstreicher* (Wind), *Himmelsteiger* (Pflanze), *Vorsteller*
und *Aufsteller* (am Wagen), *Abendmahler* Abendmahlsrock, *Schüttler*

---

[20] Vgl. V. Moser, Frühnhd. Gramm. 1, S. 87 ff.

[21] Behaghel, Von Dt. Sprache, S. 182 f.; Szadrowsky, Nomina
ag., S. 14 ff. 70 ff.; Fr. Kainz, Zs. f. Deutschk. 53 (1939), S. 17 ff.

[22] bes. technischen: *Verstärker, Entlüfter, Abscheider, Aufklärer,
Bandförderer, Preiszuordner, Kaltformer, Lotrechtstarter* usw.; Mackensen (s. § 181) 297.

Sturm, *Lacher* ein Lachen, desgl. *Schreier, Huster, Gluckser, Plumpser,
Geiger* (Käfer), *Schmecker* Nase, *Gucker* Auge, *Schlecker* Zeigefinger,
z. T. erweitert: *Plätzert* Schlag auf die Hand, *Pfeiferts, Nieserts* [23]. In
alem. Mundarten konkurrieren mit Nomina agentis auf -*er* Maskulina
mit Suffix -*ina*-, besonders Deverbativa mit unangenehmem Beigeschmack: *Frāgi* wer beständig fragt, *Mūli, Schlāfi, Schlīchi, Salbi*
Schmierfink (neben *Salber*), *Fahri* Herumziehender (neben *Fahrer*),
Gifti Spötter (neben altem *Gifter* Verbreiter des Pestgiftes). Hierneben
die primären *Götti, Ätti, Ähni, Fredi, Kari;* s. o. § 90 [24].

100. Eine andere Bewandtnis hat es mit Wörtern auf ahd. -*ari,* die
von Anfang an sächliche Bedeutung hatten. Es sind lat. Lehnwörter, meist aus solchen auf -*ārium* (bes. für den Ort, an dem sich
eine Sache befindet, nach Meyer-Lübke, Frz. Gr. § 61): *spīchari* <
spicarium, wīwari Weiher < *vivarium, solari* Söller < *solarium, trah-
tari* Trichter < *trajectorium, bechari* < *bicarium, kellari* < *cellarium,
karnari* Beinhaus < *carnarium* (mhd. *karnære, kerner, gerner*), mhd.
pfīlære < mlat. *pilarius, zentenære* < *centenarius, sester* < *sextarius,
morter* < *mortarium;* oder mit Umgestaltung anderer lat. Wörter:
altari < *altare, karkari* < *carcer, sacchari* Scheiterhaufen < *saccus.*

101. Von den maskulinen Nomina agentis gehen im Ahd. nicht
selten Feminina auf -*ar(r)a* aus; *lāchinarra* Ärztin (neben Mask.
lāchinari und *lāchi*), *scaffarra* Schaffnerin, *salbara, folgara, zuh-
tara* u. a.; sie werden dann aber durch die auf -*arin(na)* ersetzt
(§ 95), außer gelegentlich in Mundarten (etwa alem. teilweise:
Webera, Schnīdere u. ä.). Im Gegensatz zu engl. *teacher* Lehrer(in),
singer Sänger(in) usw. ist im Deutschen nicht moviertes -*er* fürs
Feminin nur ausnahmsweise gebräuchlich; s. § 75.

Anm. Von den movierten Femininen sind zu trennen alte Örtlichkeitsnamen (für das Vorkommen einer Sache oder den Wohnort einer
Familie) auf Lehnsuffix schweiz. -*era, -ere* < lat. -*aria: Steinera* Flur-
name für steiniges Gelände, ähnl. *Lauchera, Flachsnera, Dachs(l)era,
Schafera* Wohnort einer Familie Schafer [25].

102. Die persönlichen Ableitungen aus Orts- und Ländernamen der Art von *Berliner, Schweizer, Inder, Babenberger* stellen
eine von den Nomina agentis von Haus aus völlig verschiedene Bildungsweise dar. -*er* ist hier der letzte Ausläufer eines wesentlich plura-
lisch auftretenden Suffixes für Völkernamen -*warja*-, lat. -*uarii,* das
jedoch mit -*ārja*- (§ 98) kontaminiert erscheint, z. B. in *Baiuvarii* für
**Baiwariōz,* ahd. *Beiera, Ripuarii, Chatuarii.* Erst nachträglich sind

[23] Vgl. etwa SCHUDT, S. 28; SCHIEPEK, S. 236; GLATTES, S. 28 ff.;
SZADROWSKY, bes. S. 25 ff.; ROEDDER (s. § 9) 140 ff.
[24] SZADROWSKY, S. 81 ff. mit Lit.
[25] Vgl. SZADROWSKY, Zs. f. Namenf. 14 (1938), 31 ff.

diese Bildungen mit denen auf -*ari* zusammengefallen. Der Gote sagte
Rumoneis für lat. *Romani*; ahd. heißt es im Sing. *Rōmari* (< **Rōm-
wari?* vgl. ae. *Rōmware*), ferner etwa *Costinzeri* Konstanzer, *Waldkir-
ihari, Burguntare, Tenimarkare, burg(w)are*, mhd. *Ouwære, Bernære*[26].
Wo sich der Ländername aus älterem Völkernamen gebildet hatte,
bleiben solche Ableitungen vorerst ausgeschlossen (*Franke, Sachse,
Russe* oder *Düring*, wonach dann freilich *Thüringer*). Zum § 98 stellen
sich auch Fälle wie *Gruber, Hofer, Platter, Nußbaumer, Königer, Hein-
richer.*

er-Ableitungen aus Ortsnamen belieben jetzt bekanntlich adjektivisch in Fällen wie *Berliner Kind, Leipziger Straße, Aachener Tor,
Nördlinger Ries, Schaffhaus(en)er Wolle*, von den Substantiven in
Berlinerart (Art der Berliner), *Wienerblut, Bernermarsch* (Marsch der
alten Berner), *Burgunderkriege* auch in der Schrift geschieden (nicht
folgerichtig daher *Burgunderwein, Böhmerwald* neben *Böhmer Wald*
u. ä.); vgl. *Römerbrief* mit *Römer Brief* (Brief aus Rom)[27].

Pleonastisch tritt -*er* an Ableitungssuffixe aus dem Lat. in Fällen
wie *Europäer, Afrikaner, Florentiner, Athenienser, Italiener* (vgl. franz.
italien), danach auch in Wörtern mit deutschem Grundstock: *Baden-
ser*[28], *Hallenser, Hannoveraner*. Es schließen sich an Personennamen
wie *Franziskaner, Lutheraner, Hegelianer, Jesuiter* u. ä.

Zugehörigkeits- und Herkunftsbezeichnungen auf germ. -*inga-*/-*unga*-

103. Das Suffix -*inga-*/-*unga*-, seltener -*anga*-, von dem schon
bei den Diminutiven (§ 89) die Rede war, bezeichnet im allgemeinen die Zugehörigkeit von Personen (*Otting[e]*) oder Sachen
(*Modus Ottinc*; *Schützling* Flur an der Schütze); insbesondere
dient es seit alters zur Bezeichnung der Abstammung als Patro-
nymikon zu Personennamen.

Im Beowulf finden sich geläufig Bildungen wie *Sigemund Wælsing*
Siegmund, der Abkömmling, Sohn des Wælse, Plur. *Scyldingas* die
Nachkommen, Leute des Scyld. Vgl. an. *Volsungar*, mhd. *Nibelunge,
Balmunc*. In solcher Eigenschaft erscheint es in Namen für Dynastien,
Stämme und Bewohner einer Landschaft (Stadt): *Merowingi, Lotha-
ringi, Carolingi*, ahd. *Kerlinga*, mhd. *Kerlinge, Thuringi, Juthungi,
Greutungi, Salingi, Flāmingi*, mhd. *Vlæminge*, ae. *Scyldingas* Dänen,
an. *Islendingar, Grœnlendingar, Finnlendingar, Nord-, Sunnlendingar*,
bibl. as. *Sodomingas, Gomorringas, Moabitingas*.

---

[26] Vgl. KLUGE, S. 19 f.; Abriß, S. 30; BACH, Namenk. I, 1 § 173;
II, 1 § 217 ff.

[27] Zu *Gießen-er* neben *Erlang-er* u. ä. vgl. BEHAGHEL, Zs. d. Allg.
Dt. Sprachver. 19 (1904), S. 9 ff. u. Von dt. Sprache, S. 323 ff.

[28] KLUGE, ZfdWf. 1, 60 ff.; P. P. ALBERT, ebenda S. 102 ff.

Daher die zahlreichen Ortsnamen auf -ing(en) (Dat. Plur.) wie *Mei-
ningen (-ungen)*, *Bözingen*, *Sigmaringen*, *Freising* [29], die *Elbingerode*,
Wernigerode, *Zollikon* und *Zollikofen* (< -ing + hoven) oder die auf
-ingheim, -inghausen, -ingdorf, die ursprünglich besagen sollten, daß
sich hier ein *Meino, Bozo* usw. mit seiner Sippe angesiedelt hat. Auf
romanischem Gebiet entsprechen die Ortsnamen auf -ens und -ins,
soweit sie nicht ein anderes Suffix enthalten. Während für die ältern
Ortsnamen aus der Zeit der Völkerwanderung Kurzformen von Personennamen charakteristisch sind, weisen jüngere seit dem 8. Jh. eher
Vollformen auf (*Bischofingen, Pfäffingen*).
   Als Sippennamen wurden *ing*-Bildungen noch im 16. Jh. etwa in
Westfalen, den Niederlanden und der Schweiz verwendet (vgl. die
Familiennamen *Göring*, *Klasing*, *Frederking*, *Everding*, *Nölting*, *Wil-
ling*, *Brünning*; schweiz. *Spichtig*, *Nadig*, *Elsig*). In der Schweiz lebt
das Suffix in Fällen wie *Schmidig(e)* für Angehörige einer Schmied-
familie noch heute weiter; in der ältern Walliser Mundart tritt es durchaus frei an alle Familiennamen: *Sigiga*, *Rubiga* für Mitglieder einer
Familie Siegen, Rubin usw. Sogar der Sing. läßt sich belegen: *(er ist
ein) Schmidig*. Beschränkt soll sich diese Verwendung in Mecklenburg
und Pommern noch finden. Der Hauptgrund für den Zerfall der *ing*-
Namen im (östl.) Obd. und Md. liegt nach BACH in der zu vielseitigen
Bedeutung des Suffixes. So tritt auch ein Siedlungsname wie *Sigmaringen* zurück gegen *Sigmarsheim* und *Sigmarsleben* [30].

   Appellativ bezeichnete das Suffix seit alters männliche Personen nach entsprechenden Eigenschaften oder sonstigen Merk-
malen für die Zugehörigkeit; hieran schließen sich andere, die

---

[29] Zu gleichlautendem Ortsnamensuffix anderer Herkunft vgl. BACH,
Namenk. II, 1 § 197 Ende, auch WASSERZIEHER-BETZ, Woher ?, [13] S. 87.
   [30] Vgl. jetzt BACH, Namenk. I, 2 § 434, zur Sache DENS. I, 1 § 169 f.,
2 § 424 ff.; II, 1 §§ 91. 95. 196 ff., 2 § 578 ff., (wozu KUHN, AfdA. 68,
153 ff.; hierzu BACH, Antwort an H. Kuhn. Arbeitsgem. f. Namenk. Bonn
1956, S. 21 ff.) und E. SCHWARZ (s. § 51) 2 (1950) § 40 ff., beide mit Lit.,
insbes. KLUGE, § 22 ff.; BOHNENBERGER in Germanica, Sievers-Festschr.
1925, S. 145 ff. 187 ff.; DENS., GRM 17, 321 ff.; FR. STEINBACH, Studien z. westdt. Stammes- und Volksgesch. 1926 u. die dort verz. Lit.;
W. KASPERS, Zs. f. Ortsnamenf. 3; 8; 10 u. 11 (rhein. *ingen*-Ortsn.);
R. H. CARSTEN, die *ingen*-Namen d. südl. Ostseeküste, 1937; A. HEL-
BOK, Die Ortsn. im Dt. 1939 (Slg. Göschen), S. 14 ff.; E. MURET,
Romania 37, 1 ff.; E. GAMILLSCHEG, Romania germanica, Bd. 1,
S. 63 ff.; Bd. 3, S. 71 ff., wozu FRINGS, AfdA. 55, 17 ff.; J. U. HUB-
SCHMIED in Mélanges Duraffour. 1939 (= Romanica Helvetica 14),
S. 211 mit Lit.; W. v. WARTBURG, Die Entstehung d. rom. Völker.
1939, S. 108 ff. 118 ff.; FR. MAURER, Oberrheiner, Schwaben, Süd-
alemannen. 1942, S. 316ff.; WILL, BOESCH, SONDEREGGER unten S. 273;
zu *Schmidig(e)* usw. A. BACHMANN in Festg. f. A. Kaegi. 1919, S. 218 ff.

z. T. schon etymologisch unklar sind (für Tiere, Pflanzen, Körperteile, Kleidung, Stoffe, Schmuck, Speisen, Münzen, Waffen, Ge-
messenes). Im Nhd. sind erhalten *Hering, Pfennig, Schilling,
Messing, Wirsing* (18. Jh.) u. a.[31].
Fürs Got. ist belegt *skilliggs* Schilling, westgot. latinisiert *gardingus*
Palastbeamter; an. ist *vitringr* und *spekingr* Weiser, *mildingr, blindingr,
meisingr* Meise, *ǫldungr, konungr, sēttungr* Sechstel, *betrfeðrungr*
besser als der Vater[32], ae. *cyning,* ahd. etwa *keisuring* Drachme,
pfenning, helbling, fiordung (engl. *farthing*), *arming* Armer, *būring*
Bauer, *kuning, herting* Held, *hintring* Betrüger, *hūsinga* Hausgötter,
mahting, truhting, berting Klosterbruder, *grīsing* Graukopf, *zehaning*
decanus, ferner *hornung, honang* Honig und das *sunufatarungo* des
Hildebrandliedes (§ 42); mhd. *nīdinc* und *nīdunc* Neider u. a.[33].

104. Während dem appellativen *-ing* keine Zukunft beschieden
war, wurde kombiniertes *-(i)ling* um so fruchtbarer. Es hat seinen
Anfang in Ableitungen aus Stämmen, die auf *-l* ausgingen: ahd.
edil-ing, lantsidiling, wihseling filius suppositus, *smerling* und
sticheling Fischnamen, *zwineling* neben *zwinel(īn)* Zwilling, wonach *Drilling,* u. a. So entstehen unmittelbar Ableitungen auf
-ling: mhd. *enger(l)inc, vrisch(l)inc, hels(l)inc, amer(l)inc* Ammer.
Zu den ältern Bildungen scheinen die aus Adjektiven und Substantiven zu gehören (vgl. noch ahd. *jungiling, hoveling, kamar-
ling, sarling* Söldner, *fūstiling, silubarling, kebisiling,* mhd. *becke-
linc* Backenstreich, *fingerlinc, sperlinc*), aber auch solche, die
schon an Verba angelehnt werden können: ahd. *niuquemeling*
Neuling, mhd. *after-, nächkumelinc* (< **quemal*?), *ūzwurfelinc*
Verworfener, *snitelinc.* Hierzu zunächst nhd. *Säugling, Pflegling,
Impfling, Täufling, Firmling, Findling, Setzling, Sterbling, Spröß-
ling, Zögling, Ankömmling, Liebling, Bückling* Verbeugung (anders *Bückling* geräucherter Hering, zu *pökeln*[34]). Den meisten
dieser Bildungen mag irgendwie diminutive Bedeutung inne-
wohnen; jedenfalls wuchert das Suffix jetzt mit einem kleinlichen und verächtlichen Nebensinn[35]: *Emporkömmling, Ein-*

---

[31] Vgl. R. MEISSNER, ZfdA. 70, 25 ff.

[32] Neuisl. als *-ingur/-ungur* noch lebenskräftig; JÓHANNESSON, Suffixe, S. 43 ff. 111 ff.

[33] Vgl. WILMANNS, S. 370 f. u. unten S. 273

[34] Vgl. Trübners Wb. 1, 459; 3, 415; G. SCHOPPE, GRM 1938, 73.

[35] So bes. auch im Neuisl.; JÓHANNESSON, Suffixe, S. 68 f. Material
und Arten im Nhd. jetzt bei MÜLLER, S. 55 ff.; zu den inhaltl. Unter-
gruppen („semant. Nischen") L. WEISGERBER, Vom Weltbild d. dt.
Sprache ²1 (1953), S. 160 ff.

dringling, Flüchtling, Sträfling, Feigling, Frömmling, Rohling, Sonderling, Schläuling, Klügling, Weichling, Lüstling, Wüstling, Höfling; in *Schreiberling, Dichterling* u. ä. steht *-ling* als sog. Modifikationssuffix (ein bestehendes Wort bloß semantisch modifizierend; vgl. *Gänserich* § 106, *Poetaster, Kerles* § 107). Herauszuheben sind die Namen für kleinere Tiere und Pflanzen (s. § 103): *Sperling, Engerling, Schmetterling, Schierling* u. a., für Maßeinheiten: *Vierling, Fädling, Helbling*; ferner etwa *Spätling* (neben *Frühling* für frühes Lamm u. ä.), *Frühling* (neben *Spätling* für Herbst; DWb. s. vv.), *Füßling* (am Strumpf, D.).

Vgl. engl. *authorling, courtling, kingling, princeling, hireling.* Weniger verbreitete und mundartliche: *Müdling, Bleichling, Blondling, Kleinling, Düsterling* (Nietzsche), *Kältling, Frühreifling, Selbstsüchtling, Milchbärtling, Äffling, Weinling, Freßling, Geltling, Kriechling, Frierling, Brülling, Serbling* (zu *serbeln* kränkeln), *Spritzling, Schlötterling.* Im 18. Jh. findet man auch *Kennerling, Leserling, Frömling*, bei Goethe *Andringling, Abhängling*, bei Voss etwa *Blendling, Dänkling, Dienstling, Ämtling*, bei Jahn *Übersteigling* für Transzendentalphilosoph, bei Keller *Heranwüchsling* [36]. Geläufiger ist *Mehrling* (nach *Zwilling* usw.).

Weitere Personalbildungen [37]

105. Substantivierte Adjektiva und Partizipia: a) got. *fijands*, ahd. *fiant* Feind, got. *frijonds*, ahd. *friunt* Freund, got. *fraujinonds* Herrscher, *allwaldands* Allmächtiger, as. *hēliand*, ahd. *heilant, wigant* Kämpfer, mhd. *vālant* Verführer, Teufel (§ 83); ferner unbestimmte Substantivierungen einer jüngern Stufe mit adjektivischer Flexion (sehr wichtig im Ae. [38]): ahd. *lebēnte* Lebende, *sēolīdante* Seefahrer, *sciozante* Schützen; aus passivem Partizip: as. *thegan* 'das Geborene', Knabe (griech. τέχνον) [39], ahd. *haft* Gefangener (got. *hafts*, lat. *captus*), mhd. *trūt* M. N. Geliebte(r), Gemahl. Hierher gehören auch *Zahn, Mund, Strand, Stunde* u. ä. (§ 76).

b) Substantivierte Adjektiva mit schwacher Deklination (die personifiziert und individualisiert): ahd. *armo, lamo, blinto, toubo, kundo,*

---

[36] Vgl. noch die Listen bei PAUL, S. 65 f.; KLUGE, Abriß S. 36 f.; C. MÜLLER, ZfdWf. 2, 186 ff.; J. E. WÜLFLING, ebd. 2, 300 f.; Ch. G. DAVIS, ebd. 4, 161 ff.; FR. BRANKY, ebd. 5, 270 ff.; W. FELDMANN, A. GOMBERT, A. GÖTZE, ebd. 12, 115 ff.; O. SCHÜTTE, ebd. 12, 269 ff.; K. MÜLLER-FRAUREUTH (s. § 33) 198 ff.; KOZIOL, S. 144; GLATTES, S. 40; LESSIAK, PBB 28, 103; KAINZ in Dt. Wortgesch. ²II, 247f.

[37] Vgl. KLUGE, S. 17 ff., Abriß, S. 30 ff.

[38] Vgl. KÄRRE (s. § 97) 77 ff., bes. 81. 126. 131 ff. 214.

[39] WALDE-POKORNY 1, 715; KLUGE-GÖTZE 128.

heilago, giloubigo, durftigo usw. (auch *mennisco* Mensch); Komparative
und Superlative: *hĕrro, jungiro, furisto* Fürst, *nāhisto*.

106. Genusbezeichnungen auf *-rich*: *Enterich, Gänserich, Tauberich-
Täuberich*, mundartlich und scherzhaft auch *Katzerich-Kätzerich,
Bräuterich, Hexerich, Eidechserich, Mauserich, Ratterich, Wanzerich*.
Sie leiten eine Maskulinbezeichnung aus femininen Grundwörtern ab
(teils pleonastisch: *Ganser* + *[r]ich*) und scheinen ihre gemeinsame
Wurzel in *Enterich* zu haben, das aus **anut-tracho, *anet-trache (trache
= engl. ndl. drake* Enterich) umgestaltet sein wird [40]. Hierzu gesellen
sich, wohl unter Anlehnung an den Eigennamentypus auf *-rīch (Diet-
rich, Friedrich, Heinrich)*, ahd. *wuotrĭh*, mhd. *wüeterich*, sudrich Gar-
koch, frühnhd. *fän(d)rich, füllerich, lächerich, schlenkerich*, dann
Ämterich, Stänkerich, Flatterich, Schnatterich, Streberich, Schweberich
(Fr. Th. Vischer), *Reklamerich, Demagogerich*, neuestens scherzhaft
Senderich Rundfunkansager [41]. Gesondert anzuführen sind die Pflanzennamen *Wegerich*, ahd. *wegarĭh, Hederich* (Umbildung aus lat. *hede-
raceus* unter Einwirkung von vorigem?), mhd. *wüeterich* Schierling,
sowie das Lehnwort *Estrich*.

107. Personalbezeichnungen mittels fremder Suffixe [42]: a) griech.-
lat. *-ista*: got. *aiwaggelista*, mhd. *ēwangeliste, lēgiste, juriste*, frühnhd.
papist, romanist, sophist, dann *naturalist, diskantist, drogist* (17. Jh.),
artillerist, botanist, chemist, physiognomist, biographist (18. Jh.), *Spiri-
tist, Anarchist, Anglist, Germanist, Novellist, Nihilist, Dentist*. Das Suffix tritt auch an deutsche Wörter: *Eselist, Fibelist, Blumist, Lagerist*;
dann *Flötenist, Harfenist, Lautenist, Zinkenist* (neben *Flötist, Flautist,
Cellist, Hornist* usw.). Zu *Eselist* vgl. nun unten S. 276.

   b) *-ant* (seit dem 16. Jh.): *bachant, predikant, vagant*; *Musikant,
Duellant, Konkneipant, Paukant, Dillettant, Intrigant, Lieferant*.

   c) *-aster* (nach lat. *philosophaster, parasitaster, filiaster*, ital. *medi-
castro, poetastro, figliastro, Sarastro*) mit herabsetzender Bedeutung:
Poetaster, Kritikaster, Philosophaster, Grammatikaster, Medikaster.
Auch engl.: etwa *politicaster* (vgl. franz. *gentillâtre* usw.).

   d) *-ian* (Mischbildung aus der Humanistenzeit): *Grobian* (1482),
*Schlendrian, Stolprian, Dummrian, Schmierian, Schmutzian, Schlufian,
Ludrian, Stänkrian* u. ä. [43].

   e) *-ikus* (studentisch) [44]: *Pfiffikus, Luftikus* (*-ibus*, nach in *floribus,
schwulibus?*), *Fazikus, Schwachmatikus* u. ä. – Sonst erscheint lat. *-us*

---

[40] KLUGE-GÖTZE s. v.; vgl. die Mundartformen in DWA 2, 7 ff.

[41] Vgl. WEISE (s. § 9) 75 mit Lit.; O. SCHÜTTE, ZfdWf. 11, 309; zu
den im Ripuar. häufigen Bildungen, namentlich aus Verben auf *-ere(n)*,
J. MÜLLER in Zs. d. Ver. f. rhein. u. westfäl. Volksk. 1, 111 ff.

[42] Vgl. SEILER (s. § 8) Bd. 3 (²1924), S. 52 ff.; NYROP § 332 ff.

[43] Vgl. K. ALBRECHT, Leipziger Mundart. 1881, S. 35; PH. KEIPER,
ZfdMaa. 1903, 222 ff.; zu *Schlendrian* jetzt Trübners Wb. 6, 115 ff.

[44] Lit. etwa bei BACH, Gesch. § 169; zu *Schwachmatikus* K. SCHREI-
NERT, AASF 84 (1954), 179 ff.

abgeschwächt: *Kasis* für *casus*, *Korpis* für *corpus*; wohl auch in rhein.-schwäb. *Lumpes, Kerles,* alem. *Binggis* Knirps u. ä. [45].
Über die Feminina auf *-issa, -istria* und *-icam* s. § 96.

108. Für Personenbezeichnungen hat eine Anzahl von Wörtern im zweiten Glied Suffixcharakter angenommen. Neben § 106 genanntem *-rich* wäre hier anzuführen *-bold* (nach Namen wie *Heribald, Humbold*) in mhd. *trunkenbolt, wankelbolt, diebolt* Dieb, *hetzebolt* Jagdhund, nhd. *Witzbold, Raufbold, Lügen-, Schimpf-, Neid-, Schmücke-, Spiel-, Streit-, Tugendbold* (Müller, S. 234 ff.). – Ähnlich die Namen auf *-hart* im Renner des Hugo v. Trimberg: *Gebehart, Nemehart, Nagehart, Lügehart, Kratzhart*; mhd. ferner *nīthart, surthart* Luderkerl, nhd. *Faulhart,* mndl. *beggaert* = engl. *beggart* Bettler, *slabbaert, lechaert,* mnd. *gabbert, mallert* u. ä., frz. *-ard (renard, gaillard* u. ä.) [46].
Alt sind Appellativa nach Namen auf *-ulf | -olf* < *-wulf*: ahd. *rīholf, nahtolf,* ae. *fēondulf* „Galgenstrick", mhd. *wānolf* Leichtgläubiger, *triegolf* Betrüger, *ammolf* Pflegevater, *bischolf* (österr.), sowie auf *-ild* < *-hilti*: ae. *fostrild* Amme, *sunjild* Sünderin, *beggild* Bettlerin.
Hier seien auch genannt ältere Bildungen mit *-mann*: ahd. *dionōstman, dingman, sprāhman* Redner, *houbitman, reitman, spiliman, trūtman* Liebling, an. *kaupmaþr* und ae. *cēapmon* Kaufmann, ae. *lādmon* Führer, *sæmon, hyrmon* Mietling, *drȳmon* Zauberer u. a.; hypokoristisch in Namen wie *Hanselmann, Lüdemann, Konemann,* engl. *Harriman* (wohl zunächst Kindernamen = der kleine Hans, Ludwig usw. Auch ahd. *Karleman?*). In Fällen wie ahd. *gomman,* ae. *wifmon* = engl. *woman,* ae. *cearlmon,* an. *karlmaþr* Mann hat *man* jedoch noch die Bedeutung 'Mensch';
ferner die mit *-hans*: *fabel-, faul-, groß-, klein-, polter-, kalt-, macht-, pracht-, schnarchhans* (16. Jh.), *maul-, gaff-, sauf-, scharr-, schwein-, sauhans,* heute besonders *Groß-, Prahl-* und *Schmalhans*;
endlich die auf *-meier, -berger* und *-huber*: *Biedermeier, Schlaumeier, Angstmeier, Drückeberger, Schlauberger, Krafthuber, Wühlbuber* u. ä. Weiteres s. § 124.
Zu den alten Völkernamen auf *-warja- (Baiwarii, Ripuarii*; s. § 102) gesellt sich ein anderer Typus, auf germ. *-sētjan-,* besonders im Ae.: *Sumorsǣte,* Pl. *Sumorsǣta, Dorsǣte, Wiltsǣte* und in ahd. *Elisāzeun* Elsässer, mhd. *Holzsǣzen.* Vgl. ahd. *ūzsāzeo* Aussätziger, *himilsāzeo* Himmelsbewohner.

Abstraktbildungen

109. Es handelt sich hier darum, daß mit den betreffenden Suffixen zunächst gruppenhaft Namen für Tätigkeiten, Eigenschaften, Zustände, Gedanken gebildet werden, die dann nicht nur im einzelnen zahlreich gegenständliche Bedeutung aufweisen (z. B. *Sänfte* § 110 a,

---

[45] E. HOFFMANN-KRAYER, ZfhdMaa. 1902, 26 ff.; J. MÜLLER (s. § 106) 167 ff.; WERNER (s. S. 270) 251 ff.   [46] MEYER-LÜBKE, Frz. Gr. § 45.

Kleinod § 112, *Gefängnis* § 114, *Kleidung* § 115, mnd. *ēgenheit* Grundbesitz u. ä. § 121), sondern sich – wie überhaupt die Abstrakta – in
mannigfachen Abschattungen zwischen den Polen abstrakt und konkret bewegen. Szadrowsky[1] hat fürs Schweizerdeutsche eingehend
diese Stufen der Konkretisierung belegt, etwa an *Bösi*, ahd. *bōsī* (reiner
Eigenschaftsname – [individuell:] Bezeichnung einer Anlage, eines
Wesenszuges – [konkreter:] Äußerung derselben, etwa als 'Zorn, Un-
wille' – oder vorübergehender Zustand, z. B. eines Weges – oder
'Krankheit' – Krankheitserscheinung, -art, -fall – 'kranke Stelle,
Wunde' – oder 'schadhafte Stelle im Tuch, Fehler im Gewebe' u. ä.).
Für die Lockerung des reinen Abstraktbegriffs zeugt auch die Ver-
wendung des Artikels und der Pluralform (*eine Gemeinheit, dunkle
Mächte, große Kräfte, zwei Längen*); mundartlich gibt's auch einen
Plural etwa von *Liebe, Kitzel, Zorn*[2], sowie Diminutivbildung (*Tänz-
chen, Schläfchen*, mundartlich auch *Kräftchen, Tugendchen, Ruhchen*).
Die Suffixe selbst, die zur Abstraktbildung dienen, haben letztlich
wiederum konkreten Ursprung, was aus zweiten Kompositionsgliedern
wie *-lich, -bar, -schaft* ja noch mehr oder weniger ersichtlich ist[3].

110. **Bildungen auf ahd.** *-ī(n)*, **nhd.** *-e*. In dieser Gruppe
sind im Ahd. zwei Bildungsarten zusammengefallen:

a) **Eigenschaftsbezeichnungen aus Adjektiven**, ab-
geleitet mittels eines Suffixes *-īn-*[4]: got *mikilei* Größe zu *mikils*
groß, Gen. *mikileins* (schwach flektierend wie *tuggo*, Gen. *tug-
gons*), *managei* Menge, *hauhei* Höhe, *braidei* Breite, *godei* „Güte",
Tugend, *hlutrei* Lauterkeit, *bairhtei* Helle, als Dekomposita (vgl.
die dt. Beisp. unten) *filu-, lausawaurdei* u. ä., s. § 45; ahd. (as.)
ferner *wītī* (Nebenform *witīn* usw.), *eltī, jungī, folli, blintī, scōnī,*

---

[1] Abstrakta, S. 22 ff. Zum Ganzen vgl. auch GRUNEWALD, S. 233 ff ;
E. GAMILLSCHEG, Franz. Bedeutungsl. 1951, S. 73 ff.

[2] Vgl. auch ROEDDER (s. § 9) 203; zu den Übergängen bes. noch
SCHIEPEK (s. § 98) II, S. 252 ff.

[3] Zum Problem der Abstraktion und ihrer Übergänge vgl. ferner
PAUL, Prinz., S. 94 ff. 363 f.; BRUGMANN, Grundr. ²II, 1, S. 626 f.;
SPECHT, S. 386 ff. (Abstrakta entstanden aus 'belebt gedachten Be-
griffen'); NOREEN (s. § 3) 379; SZADROWSKY, PBB 51, 41 ff.; DENS.,
Abstrakta, passim, bes. noch 113 ff. 118 ff.; W. PORZIG, Bl.f.dt. Philos.
4, 66 ff.: DENS. IF 53, 224 ff.; DENS. in d. Streitberg-Festschr. 1924,
S. 138 f. 146 ff.; WESSÉN (s. § 84) 127 ff.; A. WAAG, Bedeutungsent-
wicklung unseres Wortschatzes usw. [5]S. 106 ff., [6]S. 73 ff. (= FR.
DORNSEIFF, Bezeichnungswandel usw. 1955) u. unten S. 273 f.

[4] Lit. bei F. MEZGER, Language 22 (1946), 348 ff., der die Bildung
als fem. adj. *ī- / iā*-Stamm (entsprechend ai. *devá- devī-*) + *n*-Erweite-
rung faßt.

suozī, grāwī, slihtī, kleinī, snellī, drātī Schnelligkeit, *baldī* und *beldī* Kühnheit, *gāhī* Eile, *festī, lūtī, liabī, tiurī, argī* und *ergī, tōtī, finistrī, kindiscī* usw. Im An. entspricht der Ausgang -*e(-i)*: *greme* Zorn zu *gramr* zornig, *milde* Wohlwollen zu *mildr*, im Ae. -*u*, -*o* (Übertritt in die ō-Klasse): *hǣlo* Heil zu *hāl, yldo* Alter zu *eald*, im Mhd. -*e*: *güete, breite, tiure* usw. Bis dahin ist die Bildungsweise durchaus lebendig, da grundsätzlich zu jedem beliebigen Adjektiv ein Abstraktum gebildet werden konnte.

Doch bleibt die Lebensfähigkeit bei zwei- oder mehrsilbigem Grundwort nur im Ahd. größer, weil nach minder betonter Silbe die Endung in mhd. Zeit der Apokope ausgesetzt ist, die Bildung daher undeutlich und durch andere Mittel, namentlich durch Ableitungen auf -*heit* und -*keit* ersetzt wird [5].

Ahd. *sūbarī, tunkalī, muotigī, trūrigī, wēnagī, zītlīchī* Gelegenheit, *einhaftī* Einheit, *gimeinsamī, arbeitsamī, scamahaftī, wizzilōsī, ein-, mannagfaltī* (got. *ainfalþei*), *(er-b)armherzī* (got. *armahairtei*), *die-, gimein-, michil-, widarmuotī, antwurtī* (neben *antwurti* N.), *flusprāchī*, mhd. *gemeinsame, (erb)armherze, diemüete, ēr-, danc-, dienestbǣre,* auch *vinstere, bittere, heitere, nidere,* aber *sūberheit, trūrecheit (-keit), wēnecheit, zītlīcheit* u. ä.

Hier sind namentlich zu erwähnen die alten Ableitungen aus Partizipien: got. *drugkanei* Trunkenheit, ahd. *ubartrunkanī, bisezzanī* Besessenheit, *bislozzanī, irhabanī* Erhebung, *untargrabanī* Untergrabung, *firwāzanī* Verfluchung, *firlāzani, irslaganī, wesinī* Natur, Beschaffenheit, *gihabetī*, mhd. *gelegene* Lage, *wolgetæne* Wohlgestalt; aus Part. Präs.: ahd. *fartragantī* Verträglichkeit, mhd. *unwizzende* Unkenntnis u. ä.

Im Mhd. leidet die Bildungsweise auch infolge der Abschwächung des Suffixes zu -*e* (§ 7). Im Nhd. ist sie auf eine Anzahl überkommener Fälle eingeschränkt: *Größe, Länge, Höhe, Blässe, Glätte, Fülle, Kälte, Schärfe, Schräge, Schwere, Schwüle, Strenge, Süße, Würde* u. a. [6]; aus Mundarten: *Genossame, Tranksame, Kundsame* (D.; vgl. u.); nur poetisch: *Schöne, Heitere, Feuchte;* aus Adverbien: *Nähe, Ferne, Bälde.* Einige haben mehr konkrete Bedeutung erlangt: *Ebene, Höhle, Feste, Bräune, Morgenröte, Runde, Fläche, Sänfte, Weiche.* In *Zier, Gier, Schmach, Huld* ist -*e* abgefallen; *Frevel* (ahd. *fravalī* zum Adj. *frafali*, mhd. *vrävele*), *Gehorsam, Gewahrsam* sind zu den Maskulinen übergetreten, *Demut* und *Antwort* umgedeutet.

---

[5] Vgl. WILMANNS, S. 253 und unten § 121.   [6] PAUL, S. 67 f.

In (alem.) Mundarten mit erhaltenem -*i* ist[7] die *in*-Abstraktion noch durchaus produktiv, d. h. sie kann nach Bedarf jeweils frei aus Adjektiven erfolgen: *Ärmi, Hübschi, Jungi,Völli, Blindi, Ründi, Täubi* Zorn, *Fůli* Faulheit, *Rūchi, Schůchi* zu *scheu, Brāvi* usw. neben *Wīti, Dicki, Wermi, Nässi, Rŏti, Liebi* u. ä.; auch zweisilbig: *Fi(n)steri, Sūberi, Mägeri, Trūrigi, Vertüenigi* Verschwendungssucht, *Narrochtigi, Meisterlōsigi, Tůfelssüchtigi, Kundsami, Rasendi, Kropfeti* usw.[8]. Sie hat sich mundartlich aber auch sonst kräftiger erhalten als schriftsprachlich[9].

b) **Tätigkeitsbezeichnungen aus Verben** abgeleitet mittels eines Suffixes -*ni*-. Hier kommen nur die Ableitungen aus schwachen Verben in Betracht, die je nach der Flexionsklasse des Grundwortes als *i*-Stämme auf -*īni*-, -*ōni*-, -*aini*- erscheinen, d. h. im Nom. auf α) got. -*eins*: *laiseins* Lehre < *laisjan, naseins* Rettung, Heil < *nasjan, galaubeins* Glaube < *galaubjan*; – β) got. -*ons*: *mitons* Gedanke < *miton, frijons* Liebe < *frijon, lapons* Ladung < *lapon*; – γ) got. -*ains*: *pahains* Schweigen < *pahan* (ahd. *dagēn*), *pulains* Dulden < *pulan* (ahd. *dolēn*), *libains* Leben < *liban* (ahd. *lebēn*).

Im Got. haben diese Bildungen eine gewisse Ausdehnung erlangt, namentlich auch Dekomposita aus zusammengesetzten Verben: *usfulleins* Erfüllung, *faurlageins* Vorlegung, *gamitons* Gedanke, *birunains* Nachstellung, *anakunnains* Lesung[10].

Im Ahd. fehlen Bildungen, die denen auf got. -*ons* und -*ains* entsprechen (vielleicht weil sie im Ahd. auf -*ōn* und -*ēn* ausgehen mußten und daher mit den Infinitiven der *ōn*- und *ēn*-Verben zusammengefallen wären[11]). Dagegen haben sich solche zu *jan*-Verben erhalten; sie sind aber durch Abfall des -*n* mit den unter a) behandelten Adjektivabstrakten zusammengefallen. Vgl. ahd. *toufī(n)* Taufe = got. *daupeins* mit *tiufī(n)* Tiefe = got. *diupei*; ferner ahd. *leitī* Leitung, *welī* Wahl, *restī* Rast, *werī* Wehr, *urlōsī* Erlösung, *wenti* Wendung, *mendī* Freude, *sezzī* Lage. Der Typus wird abgelöst durch den mit -*ungō*- (§ 115)[12].

Die Verschmelzung der beiden Bildungsweisen mag durch Vermischung der ihnen zugrunde liegenden Vorstellungsweisen wenig-

---

[7] Wie im Neuisl. (bes. solche auf -*frœdi: dyrafrœði* Zoologie, *grasafrœdi* Botanik usw.); JÓHANNESSON, Suffixe S. 32 f.

[8] Vgl. HODLER, S. 131; SZADROWSKY, Abstrakta a. a. O.; GLATTES, S. 38f.; für Örtlichkeitsnamen wie *Engi, Eb(e)ni* sowie *Ledi* 'Ladeplatz' usw. SONDEREGGER (s. S. 273) § 256f.   [4] Vgl. WEISE (s. § 9) 73.

[10] Vgl. H. GREWOLDS, ZfvglSprf. 60, 27 ff.   [11] v. BAHDER, S. 89.

[12] Siehe BRAUNE-MITZKA, Ahd. Gramm. § 230 f. mit Lit.

stens begünstigt sein[13]. Im Schweizerdeutschen kann *Lähmi* Lähmung
oder Lahmheit bedeuten, *Schwärzi* auf den Schuhen könnte – trotz
dem sonst wachen Gefühl für den Unterschied der Adjektiv- und Verbalabstrakta – gelegentlich deverbativ gemeint und denominativ verstanden sein oder umgekehrt[14].

Mitunter stehen schon im Got. Adjektiv- und Verbalabstrakta des-
selben Stammes nebeneinander: *hrainei* Reinheit zu *hrains* und *hrai-
neins* Reinigung zu *hrainjan*, *hauhei* Höhe zu *hauhs* und *hauheins* Er-
höhung zu *hauhjan*. Desgl. kennt das Got. einige wenige Abstrakta aus
Substantiven: *magaþei* Magdtum zu *magaþs* Magd, *liuhadei* oder *-eins*
Helle (Erleuchtung) zu *liuhaþ* Licht. Vgl. die Reihe *weitwoþs* Zeuge,
weitwoþjan zeugen und *weitwodi* (neutr. *ja*-Stamm) Zeugnis, *weitwodei*,
weitwodeins und *weitwodiþa* Zeugnis(ablegung)[15]; ferner ahd. *toufa* und
toufī, *reda* und *redī* u. ä., mundartlich *Brugg*, *Brügg* Brücke und *Brügi*
< ahd. *brugī(n)* Hürde, *Lug* und *Lugi*, *Säge* und *Sägi* Säge[16]. Fälle wie
schweiz. *Ȫli* Ölmühle, *Mosti* Mosterei, *Papīri* Papierfabrik erscheinen
neben *Ȫl* usw., sind vieleicht durch *Ȫlmüli*, *Mostrībi* veranlaßt; jedenfalls ist hier virtuell ein Verb übersprungen.

111. auf got. *-iþa*, ahd. *-ida*. Mit den Adjektivabstrakten
auf got. *-ei* konkurrieren solche auf *-iþa* (< germ. *-iþō-* / *-iðō-*,
ein idg. fem. Sekundärsuffix *-tā*, das im Germ. an Wortstämme
mit *i*-Auslaut antrat).

Beispiele: got. *hrainiþa* Reinheit (neben *hrainei*, ahd. *reinida* neben
reinī), *unhrainiþa* Unreinheit (neben *unhrainei*), *diupiþa* Tiefe (neben
diupei), *hauhiþa* Höhe (neben *hauhei*), *hlutriþa* Lauterkeit (neben
hlutrei), *mildiþa* Milde, *fairniþa* Alter, *manwiþa* Bereitschaft (zum
u-Stamm *manwus* bereit), *auþida* Öde (zu *auþs* öde; *d* im Wechsel mit
voraufgehendem *þ*[17]), *wairþida* Tüchtigkeit usw., auch *weitwodiþa*
Zeugnis (s. o. § 110). Allein die Adjektiva mit deutlichen Suffixen
bevorzugen *ei*-Ableitung (*managei*, *mikilei*). Im Ahd. entsprechen
ferner etwa *beldida* (neben *beldī* § 110), *tiurida* Herrlichkeit (neben
tiurī), *spāhida* Weisheit (neben *spāhī*), *heilida* Heil (neben *heilī*), *girida*
Begier (neben *girī*), *frewida* Freude, *sālida* Glück, *gimeinida* Gemeinschaft, *mārida* Kunde, Ruhm, *gimachida* Verbindung usw., as. *sālda*,
ae. *yrmð* Armut, an. *dȳpð* Tiefe.

Was das Verhältnis der Bildungen auf *-ida* und *-ī* betrifft, so scheinen
im Laufe der ahd. Periode die zuerst zahlreicheren auf *-ida* denen auf

---

[13] SZADROWSKY, PBB 52, 1 ff. mit Lit.; DERS., Abstrakta S. 12 ff.
[14] Vgl. außer SZADROWSKY a. a. O. L. WEISGERBER, Muttersprache
und Geistesbildung. 1929, S. 95 ff.; DENS. in Wörter und Sachen 12,
197 ff. für die mhd. Farbenbegriffe.
[15] KAUFFMANN, ZfdPh. 48, 212; KLUGE, § 116; WILMANNS, S. 179.
[16] SZADROWSKY, PBB 52, 398 ff.
[17] Vgl. BRAUNE-(HELM-)EBBINGHAUS, Got. Gramm. § 79 Anm. 4.

-*i* die erste Stelle zu überlassen[18]. Massenhaft erscheinen beide immerhin bei Notker[19]. Die wurzelhaften Bildungen auf -*i* und -*ida* haben in der ältern Zeit noch keinen Umlaut von -*a*[20].

Während nun im As. Ae. An. die Ableitungen aus Adjektiven überwiegen, treten sie im Ahd. auch immer mehr zurück hinter deverbativen, die, wie immer begünstigt durch doppelte Beziehungsmöglichkeit (*reinida* auf *reini* Adj. und *reinen*), zunehmen. Anknüpfungspunkte liefern vor allem *jan*-Verba durch den Bindevokal -*i*-.

Beispiele: *gisezzida* Festsetzung, *gihōrida* Gehör, *hōnida* Verhöhnung *irlōsida*, *ursuochida* Erforschung, *antsegida* Widerrede, ferner *pfligida* Gefahr, *giscihida* Geschehnis, *gilubida* Gelübde (zu *gilobōn*), *girātida*, *antfangida*, *anastandida*, *gahantreichida*, *wuntarscouwida*, *fogalfangida*. Das Obd. kennt auch Bildungen auf -*nissida* (§ 114).

Im Mhd. lautet das Suffix -*(e)de*, teilweise mit Unterdrückung des Mittelvokals durch jüngere Synkope. So stehen hier nebeneinander *vüllede* Fülle, *hœhede* Höhe, *vrümede* Bravheit, *ermede*, *dünnede*, *sterkede*, *versmæhede*, *betrüebede*, *gehügede* Erinnerung und *gebærde* (< *gebære* angemessen), *geværde* Hinterlist, *trūrde*, *nerde* Nahrung, *pīnde* Qual, *lemde*, *schœnde*, *gemeinde*, *gæhede* und *gæde* Schnelligkeit, *erbermede* und *erbermde*, *bevilhede* und *bevilde* Bestattung.

Die infolge Synkope des Mittelvokals noch verringerte Lautkraft mag dazu beigetragen haben, daß das Suffix mehr und mehr dem voller tönenden -*ung* und -*heit* den Platz räumen mußte. So haben sich bis herab zu uns nur wenige Bildungen auf ahd. -*ida* erhalten: *Gemeinde*, *Begierde*, *Zierde*, *Gefährde*, *Beschwerde*, *Behörde* (neben *Gemeine*, *Begier*, *Zier*, *ungefähr*, *Beschwer*, *Zubehör*), *Freude*, *Fehde* und *Liebde* (in *Ew. Liebden*), wohl auch *Hälfte*.

Mundartlich findet sich -*ida* besonders auf md. und nd., -*i* auf obd. Boden – wie schon in der mhd. Literatur im großen ganzen. Verbreitet sind dort Fälle wie *Dickde, Dünnde, Längde, Höchde, Wärmde, Dürde, Reinde, Kränkde*, bzw. (s. die Hinweise in der Anm.) *Längt*,

---

[18] F. BAUMANN (s. § 82) 35. 43; E. ÖHMANN, Zur Gesch. d. Adjektivabstrakta auf -*ida*, -*i* und -*heit* im Dt., in AASF, Bd. XV, 4 (1921), S. 13; H. GÜRTLER in Neuphilol. Mitt. 24 (1923), 106 ff. (-*i* auf Kosten von -*ida* durch die kirchlich-religiöse Gebrauchssphäre gefördert). Fürs Got. vgl. H. GREWOLDS, ZfvglSprf. 60, 41.

[19] IDA FLEISCHER, Die Wortbildung bei Notker. Diss. Gött. 1901, S. 24 ff. 32 ff.

[20] BAUMANN, S. 17. 42. Zur Konkurrenz von -*i* und -*ida* auf mnd. Gebiete vgl. GRUNEWALD, S. 3 ff. 12 ff.

Höcht, Stärkt usw. Beiden Gruppen macht jedoch wie in der Halb- und
Stadtmundart das Suffix *-heit* scharfe Konkurrenz [21].

112. **auf got.-*oþus,-odus*, ahd. -ōd, -ōt.** Neben primären Bildungen auf idg. *-tu-* (lat. *ductus, fructus, status*, griech. γραπτύς, ai.
mántu-; s. § 76, 3) erscheinen auch solche zu abgeleiteten Verben (vgl.
lat. *ducātus, ornātus*), die im Germ.-Got., entsprechend dem lat. Suffix
-ātus und nach den *ōn*-Verben, aus denen sie hauptsächlich entstanden
sind, auf *-ōþus / -ōdus* ausgehen: got. *gaunoþus* Trauer zu *gaunon, wra-
todus* Reise zu *wraton* und wenige andere. Im Ahd. endigen die verbalen
Ableitungen gewöhnlich auf *-ōd, -ōt*, die nominalen auf *-ōdi, -ōti*. Vgl.
einerseits *arnōd (arnōt)* Ernte zu *arnōn, klagōd, weinōd, sūftōd, screiōd,
scouwōd, wegōd* Hilfe zu *wegōn, mērōd* Vermehrung; mehrsilbige: *beta-
lōd* Betteln, *swintilōd* Schwindel, *opfarōd, bibinōd* Beben, *rīchisōd*
Herrschaft, *sprungezōd* Hüpfen zu *sprungezzen, wintemōd* Weinlese,
hant-, herzeslagōd, gastwissōd Herberge – anderseits *armōti* (und di-
phthongiert *armuoti*) Armut, *heimōti* Heimat, *einōti* Einöde, *managōti*
Menge, *mittilōti* Mitte, *dickinōti* Gebüsch. Im Ae. entsprechen etwa
langoþ Sehnsucht, im An. *unaðr* und *fagnaðr* Freude (zu *una, fagna*)
und besonders viele auf *-naðr*, neuisl. *-nadur* [22].

Dem Nhd. sind davon einige Splitter geblieben (vgl. ihr Geschlecht!):
Heimat [23], *Kleinod, Armut, Zierat, Einöde, Gegend*. – Abseits stehen
Bild (nördl. ahd. *bilidi* gegen unabhängige südl. Bildung *bilōdi/-adi*? [24])
und *Monat* (wozu *Brachet* Juni, älter auch *brachodo, Heuet* Juli?).

113. Im Ahd. tritt auch ein Suffix *-āta, -āt*, mhd. *-et(e)* auf:
miscellāta Gemisch, *scizzāta* Kot, *bliuwāta* das Schlagen, *screiāta, snuderāta* Nasenschleim. Auch schwache Maskulina auf *-ado, -ido* u. ä.
kennt das Ahd.: *jukido* Kitzel, *swebido* Taumel, *irrido* Irrtum, *stechedo*
Stechen, *swerado* Schmerz, *holodo* Loch (zu *holōn) anado, anto* Zorn.

Die genannten Gruppen scheinen im Alem. beliebt gewesen zu sein.
Mundartlich leben jedenfalls Suffixe *-et, -eta, -ete (-ede)* und *-ets*
weiter, die noch einer nähern Untersuchung bedürfen. Vielleicht liegt
z. T. Vermischung oder Verwechslung zweier verschiedener Suffixe vor.
Auf *-ete* (südalem. noch *-eta*; aus rom. *-ēta* oder *-āta*?) gehen Feminina
aus, die das Ergebnis einer Tätigkeit, namentlich aber eine **gewisse
Menge**, die auf einmal erscheint, festhalten: *Kochete, Backete* was auf
einmal gekocht, gebacken wird, *Läutete* Geläute, *Lachete* Gelache,

[21] Vgl. ÖHMANN, S. 37 ff. 54 u. ö.; E. DAVID (s. § 9) 44; A. GEBHART,
Gramm. d. Nürnberger Mundart. 1907, S. 128; HODLER, S. 131; ferner
etwa Rhein. Wb. 1, 1346 f. 1567; 3, 730; 5, 106; Hess.-Nass. Wb. 2,
825; Obersächs.- erzgeb. Wb. 1, 217. 520; 2, 135; Schles.-Holst. Wb.
1, 721; 2, 820; 3, 407; 5, 530 u. ä. BACH, Namenk. II, 1 § 230 ff.
[22] KLUGE, § 135 f.; JÓHANNESSON, Suffixe, S. 9 f.
[23] Zum *-a-*in *Heimat* vgl. PAUL, Dt. Gramm. I, S. 231; *-o-*in *Kleinod*
scheint beeinflußt von mlat. *clenodium, allodium*, vgl. ebenda, S. 229
und KLUGE-GÖTZE s. v.
[24] Vgl. E. KARG-GASTERSTÄDT, PBB 66, 291 ff.

Rechete das mit dem Rechen Zusammengeraffte, *Gablete* Gabel voll,
Zeilete Zeile voll, *Rechnete* Abrechnung, Rechnung, *Strickete* Strickzeug, *Scheissete, Kotzete, Schnud(e)rete* Nasenschleim wie ahd.
scizāta, snuderāta, screiāta[25]. Im Hess. z. B. erscheinen *Kochets, Tragets* u. a.[26].
Fälle wie md. *Freiet* Werbung, *Taufet* Taufe schließen sich wohl an die
zahlreicheren alem.-obd. Bildungen auf mask. (neutr.) *-et* und fem.
-eta, -ete an, die eine gemeinsame Betätigung substantivieren, die
mask. (neutr.) ausgesprochener – aber nicht etwa nur sie! – auch für
damit verbundene ländliche Feste oder Spiele: *Kletterete* Kletterei,
Stechete, Messerete Stecherei, *Sichlete* Erntefeier, *Schwinget(e)* Hanf-,
Flachsschwingen, auch anschließende Belustigung, Ringfest, -spiel,
*Sackgumpet, Weggliesset, Fass-, Kässtechet(e), Eier(ūf)leset(e), Hornus-
set* (alles Volksfeste). Die Maskulina dürften sich an den Typus von
§ 112 anlehnen, wie insbesondere *Wīleset* Weinlese und vollends *Blü-
(j)et* Blütezeit (und *Emdet* Zeit der zweiten Heuernte neben *Emdete* F.
Ernte[fest], gehalten an *Brachet, Heuet*, ahd. *arnōd*)[27].

Anm.: Im Mhd. bestehen Stoffnamen auf *-āt: palmāt, tribelāt, zen-
dāt, zindāt* (neben *zindāl*, ital. *zindalo*), *ziklāt* (mlat. *cyclātum*), *brūnāt,
-īt, -et, rōsāt, violāt* (aus mlat. *tunica violata, pannus violatus* oder der
ital. Spielart dieser Partizipien verselbständigt)[28].

114. auf got. *-assus, -inassus*, ahd. *-nissi* usw., nhd.
-nis. Es handelt sich wieder um das idg. Suffix *-tu-* (§ 112), das
hier zusammengesetzt erscheint als *-at + tu-*. Als Grundstock
dieser Gruppe hat man *tu*-Ableitungen aus Verben auf germ.
-atjan angenommen[29]; doch tritt ein solcher Zusammenhang im
ganzen Germ. nirgends hervor. Im Got. hängt sich das Suffix
-assus < -at + tu- außer in dem einen Fall *ufarassus* Überfluß
(zu *ufar*) regelmäßig an einen *n*-Ausgang, meist an ein Verbum
auf *-nōn: fraujinassus* Herrschaft zu *fraujinon, horinassus* Ehebruch zu *horinon, þiudinassus* Königreich zu *þiudanon* oder
þiudans König, *ibnassus* Gleichheit zu *ibns* eben oder *ibnjan*.

---

[25] Vgl. KLUGE, § 123 Anm. 1; WILMANNS, 346 unten; HODLER,
S. 141 ff.; L. JUTZ, Mundart von Südvorarlberg, S. 251 ff.; SZADROW-
SKY, PBB 52, 448 ff.; GLATTES, S. 42 ff.; A. STAEDELE, Teuth. 6, 117;
R. HOTZENKÖCHERLE (s. § 64) 257 ff.; Schwäb. Wb. 4, 563. 660; 5, 1866
mit Hinweisen; außeralem. etwa SCHMELLER 1, 1220; 2, 475. 809;
ROEDDER (s. § 9) 144 f.; WEISE (s. § 9) 74 und 212 Anm. 25 f. Das Suffix in Flurnamen bei SONDEREGGER (s. S. 273) § 251.
[26] Vgl. *Blüets* N. Schwäb. Wb. 1, 1220; E. OCHS, AfdA. 53, 141.
[27] Vgl. bes. die Angaben im Schweizerd. Wb. 1, 214; 3, 1125. 1419;
5, 53 f.; 9, 1989 f.; 10, 1283, und etwa Schwäb. Wb. 1, 1220; 2, 110.
[28] Vgl. E. ÖHMANN, PBB 53, 42 ff.
[29] Vgl. v. BAHDER, S. 111; KLUGE, 137.

Daraus ergibt sich ein doppelt zusammengesetztes *-nassus*, das
im Ahd. als *i*-Stamm *-nas* auftreten müßte. Statt dessen erscheint
ähnlich wie bei *-ōd, -ōt*, eine *ja- / jō-*Erweiterung in mehreren
Spielarten: *-nassi, -nessi, -nissi, -nussi* mit vorherrschend neutralem Geschlecht und *-nissa, -nissī, nessī, -nussī* mit feminimem:
gotnissi, -nessi, -nissa Gottheit, *suoznissi, finstarnissi, reinissa,
drīnissa* trinitas, *fūlnussi, sūbarnessi, irsuochnissa, gihōrnissī*
Gehör, *unwerdnissa* Verachtung usw.

Vgl. ferner as. *efnissi* F., ae. *emnes* Ebene (got. *ibnassus*), as. *dōgal-
nussi* F., ae. *dēagolness*, zu ae. *dēagol*, ahd. *tougal* verborgen, as. *farle-
garnessi* F. Ehebruch, *īdalnussī, grīmnussi* Strenge, *gōdlīknissea* Herrlichkeit, afries. *skepnesse* F. Zustand, *undhētenisse* Verheissung, *wrief-
nisse* Übergabe, *wernisse* Sicherheit, *thiūfsternisse* Diebstahl, anfrk.
brocnussi N. Verderben, *fagarnussi* N. Schönheit, *stēdinussi* N. Be-
ständigkeit, *farhugnissi* N. Verachtung, me. *courteousness, innaviga-
bleness* usw. Wie schon die wenigen Beispiele beweisen, werden die got.
Ableitungen aus Verben auf *-nōn* im Ahd. und As. von den nominalen
überholt, so deutlich bei Isidor gegenüber Tatian. Im Afries., das wie
das Anfrk. mit unserer Bildung verhältnismäßig gut vertreten ist,
überwiegen nach E. SCHWENTNER [30] die verbalen. Doch läßt sich mehrmals, wie so oft, von beiden Seiten ausgehen. – Hierzu stellen sich noch
Bildungen aus Partizipien: *firloran(n)issa, ziworfnessi, bilochnessi*
Klausur (zu *bilūchen* schließen), *irstant(an)nessi* Auferstehung, *forlāz-
(an)nessi* Erlassung, *bihaltnissi* u. ä.

Neben den genannten Formen ist obd.-bair (z. B. in den W. Ps. Notkers [31]) eine weitere Zusammensetzung *-nissi + -ida > -nissida,
-nussida, -nisseda* usw. gebräuchlich: *fūlnissida, lūtnussida, firlora-
nissida*.

Die Formen verteilen sich auf die einzelnen Denkmäler in einigermaßen charakteristischer Weise (z. B. Isidor: *-nissa, -nissī* F.; Otfrid:
-nissi N.; Tatian: *-nessi* F. N.; Notker seltener *-nissa* F., *-nisse* N.;
-nassi nur in einigen der ältesten Quellen). Eine zwingende Erklärung
der Vokalabschattungen steht noch aus (Betonung bzw. Tonlosigkeit
oder Assimilation?) [32].

Im Mhd. ist *-nisse* N. und F. zur Herrschaft gelangt; daneben
finden sich aber auch *-nüsse* und *-nusse,* besonders im Obd. (sonst
genießt das Suffix gerade im Obd. des 12./13. Jh.s geringere Ver-

---

[30] Nd. Jb. 74 (1951), 1 ff. mit Lit.; zum gramm. Geschlecht S. 10.

[31] Vgl. FLEISCHER (s. § 111) 38.

[32] Vgl. v. BAHDER, S. 117; WILMANNS, S. 356 f.; zur Form und
Verteilung noch FR. H. BAUMANN (s. § 82) 52 ff.; E. GUTMACHER,
PBB 39, 49; fürs Ae. H. WEYHE, Zu den ae. Verbalabstrakten auf *-nes,
-ing, -ung*. Leipz. Hab.schr. 1910, S. 5 ff. (*-i*- nach Kürze erhalten).

breitung, wohl aber erscheint es in theologisch-philosophischen
und mystischen Schriften des 14. und 15. Jh.s [33]).

Dieses *-nuss, -nüss* lebt in der Literatur noch weiter bis ins 18. Jh.:
*Gefängnuss, Verzeichnuss, Gedächtnuss, Begräbnuss, Zeugnuss, Bildnuss,
Finsternuss* (noch bei Schiller vereinzelt) und *Gefängnüss, Finsternüss,
Verzeichnüss, Bedrängnüss, Ärgernüss, Betrübnüss* (Goethe), *Geheim-
nüss* (ders.). Mundartlich ist *-nuss* etwa noch im alem.-bair. Süden
anzutreffen [34].

Das Schicksal hat unser Suffix im Laufe der Zeit einem starken
Wechsel unterworfen [35]. Viele ahd. Bildungen sind verschwunden;
noch mehr sind aber neu hinzugekommen. Seltener werden besonders diejenigen, bei denen dem Suffix eine andere Ableitungssilbe voraufgeht (heute etwa noch *Ärgernis, Finsternis, Hindernis*).
Nur die Ableitungen aus Partizipien erfreuen sich nach wie vor
einer gewissen Beliebtheit. Die Bedeutung ist, abgesehen vom
Übergang ins Konkrete (*Gefängnis, Verzeichnis,* z. T. *Zeugnis,
Hindernis;* s. u.), uneinheitlich: nominale Ableitungen bezeichnen im großen ganzen einen Zustand, verbale insbesondere das
Ergebnis einer Tätigkeit.

Nach PAUL, S. 70 sind aus schwachen Partizipien gebildet
Betrübnis (< *Betrübtnis;* s. DWb. 1, 1721), *Befugnis, Gedächtnis, Bekenntnis, Erkenntnis, Vermächtnis, Bewandtnis.* Bei Verlust des *-t* des
Partizips kann Anlehnung an den Infinitiv erfolgen, was eine Reihe
jüngerer Bildungen direkt aus Verben (z. B. *Fahrnis, Fördernis, Wagnis, Gelöbnis, Hemmnis, Verzeichnis*) erklären dürfte.

Ein unbedingtes Richtmaß für feminines oder neutrales Geschlecht ist heute wie in der älteren Sprache weder durch die
Bildung noch durch die Bedeutung gegeben. Auch das Nhd.
kennt beide Geschlechter, hat aber in der Regel für eines entschieden, mehrteils für das Neutrum, besonders wo ein Konkre-
tum oder ein konkreter Hintergrund in Frage steht; Femininum
ist mehr an abstrakten Sinn gebunden. Dieser Differenzierung
entspricht neuerdings etwa das Wort *Erkenntnis,* das als Neutrum
behandelt wird, wenn es 'Urteil' bedeutet, als Femininum im
Sinne von 'Einsicht'.

---

[33] FR. KARG (s. § 8) 10 f. 38; K. RUH (s. § 8) 195.
[34] Vgl. bes. Beitr. z. schweizerd. Gramm. Bd. VI, S. 139; X. S. 162;
XVI, S. 126; LESSIAK, PBB 28, 104.
[35] Über die Umlautverhältnisse s. MOSER (s. § 98) S. 99 f.

Wie sehr das Geschlecht jedoch in neuerer Zeit noch schwankt, beweist wiederum Pauls (S. 71 f.) lehrreiche Zusammenstellung von Fällen aus der klassischen und nachklassischen Literatur, der einige Beispiele entnommen seien. Als Neutra erscheinen: *Bedrängnis* (Schiller), *Seelenbedrängnis, Bekümmernis, Betrübnis* (mehrmals), *Erkenntnis* in abstraktem Sinne (sehr oft, z. B. bei Herder, Goethe, Iffland, Claudius, J. Paul), *Verderbnis* (Schiller), *Sittenverderbnis* (ders., Herder, Kleist); – als Feminina: *Bedürfnis* (Schiller), *Ereignis* (ders. u. a.), *Begräbnis, Bekanntnis, Ärgernis* (Frau Rat, Tieck), *Wagnis* (Tieck, Grillparzer), *Erfordernis* (Lessing), *Gefängnis* (Goethe), *Hindernis* (alle Klassiker), *Verständnis* (Lessing, Heine).

Bildungen auf -nis aus der neuern Literatur, die wieder untergegangen oder niemals in allgemeinern Gebrauch gekommen sind [36]: *Anerkenntnis, Bedauernis, Bedingnis, Bedrohnis, Bedrücknis, Begabnis, Bewegnis, Bezeichnis, Erfindnis, Erschaffnis, Schlechtnis* (Goethe), *Störnis, Unbehagnis, Verbündnis, Vergrämnis, Vorbedeutnis, Zagnis, Zerstörnis.*

115. Germ. *-ungō-, -ingō-* ist in den westgerm. Dialekten das verbreitetste Suffix zur Herstellung von Tätigkeitsnamen geworden. Sein Ursprung ist ungeklärt; doch wird es, gleich wie maskulines *-inga- / -unga-* (§ 103), durch Verbindung von idg. *k*-Suffix mit *n*-Auslaut entstanden sein [37]. Das läßt vielleicht auf ursprünglich denominative Verwendung schließen, trotzdem uns von Anfang an überwiegend, im Hd. fast ausschließlich, Deverbativa begegnen. Fürs Got. sind zwar auch diese nicht belegt. – Im An. Ae. und Nd. wechselt die Form *-ing-* mit *-ung-* ab [38]; im Hd. behält *-ung-* die Oberhand [39].

Beispiele: an. *djǫrfung* Kühnheit zu *djarfr, víking* Kriegszug zu *vík* Bucht, *kenning* zu *kenna* (er)kennen, (be)nennen, *sending* Botschaft, ae. *leorning* zu *leornian, dofung* zu *dofian* toben, ahd. *kleinunga* Kleinheit, *werdunga* Würde, *zehanunga* Dekurie, *korunga* Versuchung, *ladunga, hantelunga, manunga, ächtunga* Ächtung, Acht, *beitunga, sceidunga, warnunga, zeigunga, pīnunga, kostunga, heilunga, īlunga, findunga, stechunga, sceltunga, spīunga, irstantunga* Auferstehung, *teilnemunga.* Die meisten der ahd. Bildungen schließen sich also an

[36] Nach PAUL, S. 72; Einzelheiten dazu s. DWb. s. vv.

[37] Wenn auch v. BAHDERS Versuch (S. 185 f.), das Femininsuffix auf männliche Nomina appellativa zurückzuführen, als unbefriedigend abgewiesen wird.

[38] *-ing-*, wie es scheint, zunächst zu Verben der ersten, *-ung-* zu solchen der zweiten schwachen Klasse; vgl. H. WEYHE a. a. O., S. 15 ff. mit Lit.; ferner JÓHANNESSON, Suffixe, S. 39 ff.; KOZIOL, S. 162.

[39] Über ahd. *-unga,* mhd. *-unge* > nhd. *-ung* s. BEHAGHEL, § 295, 4. 5.

ōn-Verba an. Hier namentlich zeigt sich auch die Lebenskraft des Suffixes, indem nicht selten ein anderes Suffix vorangeht. Vgl. *heilagunga* zu *heilagōn, bezzirunga, frouwilunga* Exaltation (zu *frouwilōn*), *samanunga, murmulunga, festigunga, redinunga, līchisunga* Heuchelei (zu *līchisōn*), *wīzagunga* (zu *wīzagōn*).

Auch in hd. Mundarten erscheint verschiedentlich *-ing* neben *-ung*. Im badischen Frankenland zeigen *-ing* z. B. folgende schriftsprachliche Wörter: *Einrichtung, Haushaltung, Quittung, Auszehrung, Zeitung,* ferner die Adjektivabstrakta nach Art von *Blässing* Blässe, *Ebening, Nässing, Säuering, Finstering, Kühling, Fäuling* usw., *-ung* die Wörter *Ladung, Hoffnung, Meinung, Lieferung, Pfändung, Ziehung, Zahlung, Wohnung, Sitzung, Lungenentzündung*[40]. Da eine genaue Übersicht über die Verbreitung von *-ing* noch aussteht, ist schwer auszumachen, inwieweit man darin die Ablautform[41] oder Vokalreduktion unter dem Schwachton[42] zu sehen hat. Bair. ist der Übergang *-ung > um(b)*[43].

Im Laufe der Jahrhunderte entfalten sich zahllose Substantiva auf *-unga*. Wenn die poetische Literatur sie im allgemeinen spärlicher zeigt[44], so finden sie einen um so geeigneteren Nährboden in der gelehrten Prosa. Wie bei keinem andern Suffix dienen Verba aller Klassen und Gestalt hier als Grundwörter. Immerhin sind auch heute Ableitungen aus einfachen Verben eher beschränkt, zumal wo diese andere Abstraktbildungen neben sich haben. Es heißt *Verdrängung,* aber *Drang* und *Drängen* (nicht wohl *Drängung*), *Verbannung,* aber *Bann, Erholung,* aber *Holen, Genugtuung,* aber *Tat, Tun, Erreichung, Verabreichung,* aber nur (noch) seltener *Reichung* oder *Bannung,* wie *Tötung, Streichung, Klärung, Rainung* (D.), *Peilung* usw. Es ist jedenfalls wahrzunehmen, daß heute Ableitungen auf *-ung* vor allem von zusammengesetzten Verben beliebt sind nach dem Muster von *Erbauung, Verrohung, Behebung, Beantwortung, Entlastung, Zersetzung, Mißachtung, Vollendung, Überlegung, Durchstechung, Umrahmung,*

[40] Nach ROEDDER (s. § 9) 146.

[41] So PAUL in PBB 6, 236; PH. LENZ in ZfhdMaa. 4, 208 f. Vgl. noch K. R. JAKOB in Theuth. 3, 12.

[42] Vgl. Beitr. z. schweizerd. Gramm. XVI, S. 126; XIX, S. 262 f.

[43] Vgl. BEHAGHEL, § 331, 3.

[44] Abgesehen natürlich von der mystischen; vgl. KARG a. § 8 a. O.; für Mechthild bes. noch KUNISCH (ebd.) [2]I, S. 261 f.; ferner E. HEILBRONN, Der Wortschatz der sog. ersten schlesischen Dichterschule, I. Diss. Berlin 1890, S. 7 (mit zahlreichen Neubildungen). 18 ff. – Zum folg. (Bildung u. Gebrauch heute) vgl. jetzt noch R. KURTH, PBB 78 (Halle). 307 ff.

Abtretung, Auslösung, Einhauchung, Einpferchung, Auferstehung, Ankurbelung, sowie von abgeleiteten, z. B. auf -*igen*: *Würdigung, Steinigung,* auf -*ieren*: *Regierung* (s. u.), *Gruppierung, Einquartierung, Laisierung* und auf andere Suffixe oder noch von syntaktischen Verbindungen (§ 161): *Linkswendung, Menschwerdung, Schadloshaltung, Instandhaltung, -setzung, Grundsteinlegung.* Bei Nietzsche begegnen Fälle wie *Anmenschlichung, Entselbstung, Vermittelmäßigung.* Eine Menge von weniger gebräuchlichen Bildungen verzeichnet Duden: *Befingerung, Behackung, Beleihung, Besamung, Bestreikung, Bewetterung, Entaschung, Entfuselung, Entgötterung, Entwesung* u. v. a. (in die neueste Aufl. nicht mehr aufgenommen etwa *Beklotzung, Entheimung, Entschandelung, Entstädterung, Entsündigung*).

Die abstrakten Bildungen auf -*ung* sind überwiegend transitiver Natur. Das können Parallelen wie *Übertretung* (zu *etwas übertreten*) – *Übertritt* (zu *übertreten* intrans.), *Umgehung* (zu *etwas umgehen*) – *Umgang* (zu *umgehen* intrans.), *Verstoßung* (zu *jemand, etwas verstoßen*) – *Verstoß* (zu *verstoßen* intrans.), *Umkehrung* (zu *etwas umkehren*) – *Umkehr* (zu *umkehren* intrans.) veranschaulichen. Intransitiv sind besonders die aus Inchoativen (§ 143) abgeleiteten: *Erlahmung, Erkrankung, Verwaltung, Verelendung, Veralberung* (D.), *Abmattung*; beides: *Verkohlung, Verknappung* u. a. Als Nomina actionis erscheinen ferner und ohne weiteres reflexive Verba substantiviert, z. B. *Mäßigung* (das Sich-mäßigen), *Bewerbung* (das Sich-bewerben), desgl. *Ergebung, Erholung, Anstrengung, Überhebung, Erinnerung, Versündigung* usw. für den Dativ des Reflexivs: *Einbildung, Vorstellung,* für ein reziprokes Verhältnis: *Beratung, Begegnung, Verständigung, Verschwörung, Versöhnung, Trennung.* Vgl. § 164.

Zur Bedeutung dieser Bildungen ist zu bemerken, daß oft Bezeichnungen des Tätigseins zu Bezeichnungen eines Zustands (Nomina acti) werden, wenn nämlich das Ergebnis des Vorgangs gemeint ist wie in *Bildung, Stimmung, Verwirrung, Verzweiflung, Lähmung, Neigung, Ab-, Zuneigung, Begeisterung, Ordnung, Verfassung, Gesinnung, Gesittung* (Mischbildungen aus *gesinnt* und *Sinn, gesittet* und *Sitte*). So entstehen aus Abstrakten wieder Konkreta, Namen für Gegenstände (oder Personen), die als Mittel bei einer Tätigkeit dienen oder wiederum deren Ergebnis darstellen: *Kleidung, Erfrischung, Nahrung, Rüstung, Ladung,*

Sammlung, Sendung, Lieferung, Verbindung, Wohnung, Siedlung, Gemarkung, Ansamung, Versammlung, Regierung, (Vereins-) Leitung, Bedienung[45].

116. got. *-sl*, ahd. *-(i)sal*. Die Herkunft dieses Suffixes, das in den germ. Sprachen weitere Verbreitung gefunden hat als in den verwandten, ist umstritten. Nach Wilmanns[46] wäre auszugehen von Formen, in denen *-s-* Wurzeldeterminativ war, z. B. idg. *ag* (oder *ak*) + *s* (in lat. *ax-is*, griech. ἄξων Achse, ahd. *achsa* und *uochisa*[47]) + germ. *(a)lō-* > *ahsala*; idg. *tek* + *s* (ahd. *dehsa* Hacke, Rocken) + *(a)lō-* > *dehsala* Axt. Jedenfalls fragt es sich, ob dies der einzige Ursprung des Suffixes sei[48]. Das Suffix liefert (Verbal-) Abstrakta und Konkreta. Im Got. erscheint es ohne Zwischenvokal in Neutren: *þreihsl* Bedrängnis (zu *þreihan*), *hunsl* Opfer, *swum(f)sl* Teich; im Ahd. als *-sal*: *wehsal* M.N. (mit Ablaut zu *wichan*), *knuosal* N. Geschlecht (ae. *cnōsl*, zu got.*knoþs* Geschlecht; vgl. lat. *(g)nāti-ō*). Hierneben stehen sächliche Abstrakta mit Bindevokal: *harmisal, irrisal, truobisal, uobisal* Übung, *āhtisal* Acht, *gruozisal* Belästigung, sodann konkrete Feminina auf *-sala*: *ahsala, wîhsala, amsala, zwisala* Zweig, abstrakt: *wartsala, -salî* (neben *wertisal* N.) Bestechung, *ruomisala* (neben *ruomisal* N.) Prahlerei. — Im Mhd. tritt entsprechend *-esal* < *-isal* und *-sel* auf: *labesal, trüebesal, riuwesal, müejesal, āhtesal*; *amsel* usw.

Vgl. noch an. *smyrsl* N. Salbe zu *smyrja, hermsl* Ärger, *rennsla* zu *renna* laufen lassen, jagen (neuisl. *brennsla* Brennen, *hleðsla* Ladung u. ä.[49]), ae. *byrgls* Begräbnis, *sticels* Stachel, and. *dōpisli* Taufe, *kinisli* Riß, *mendisli* und *mendislo* Freude, *irrislo* Irrtum, *rādislo* Rätsel, afries. *lamelsa* Lähmung als Bildungen nach verschiedenen Stämmen, die ae. und afries. Beispiele mit Metathese.

Auch im Nhd. besteht doppelte Bildungsweise. Die eine, vielleicht nicht völlig erstarrte Gruppe bilden Feminina und Neutra auf *-sal* (sie setzen die mhd. Form *-esal* fort, wobei *-a-* durch den Nebenton geschützt und zudem gedehnt ist): *Drangsal, Mühsal, Trübsal, Labsal, Wirrsal, Rinnsal, Schicksal, Scheusal*. Die andere Gruppe vertritt die Bildungen auf *-sel*: *Amsel, Rätsel*, durch

---

[45] Vgl. PAUL, S. 75 f.   [46] S. 271.   [47] Vgl. WALDE-POKORNY 1, 37.
[48] Vgl. WILMANNS, S. 271 mit Lit., vorab OSTHOFF, PBB 3, 335 f. in seiner Kontroverse mit ZIMMER. KLUGE, § 142 f. und 98 knüpft an germ. *-þla-* < idg. *-tlo- (-thlo-)*, bzw. *-þlō-* an. SPECHT S. 348 sieht den Wechsel idg. *-tl-/-sl-* in größ. Zusammenhang mit einem solchen von *-t-/-s-*.
[49] JÓHANNESSON, Suffixe, S. 99 f.

neuere konkrete Neutra vermehrt: *Füllsel, Anhängsel, Überbleibsel, Aussprengsel* Exklave (D.), als Maskulin *Stöpsel*, schwankend *Häcksel, Streusel.* Die Schwierigkeit, Verschiedenartiges hier auseinanderzuhalten, bestätigt wiederum das schwankende Geschlecht, besonders in der Literatur. *Trübsal* und *Drangsal* erscheinen beispielsweise auch als Neutra, *Irrsal* und *Überbleibsel* als Maskulina [50].

117. *ti*-Abstrakta. Mit einem Suffix -*ti*- (-*tei*-, -*toi*-) wurden im Idg. Verbalabstrakta, insbesondere Nomina actionis zu starken Verben gebildet, die im Germ. je nach der Betonung auf -*þi*- oder -*ði*- ausgehen mußten [51]. Diese *ti*-Abstrakta sind ursprünglich Feminina.

Eine neuere Auffassung möchte in ihnen die gegebene Abstraktion neben konkreten *to*-Partizipien (§ 76, 10) erblicken, also got. *aihts* Eigentum neben einem Part. **aihts* (das in an. *áttr* auftritt) von *aih* ich habe, *alds* Menschenalter, Zeit neben ahd. *alt*, lat. *altus*, -*seþs* Saat neben lat. *satus, staþs* Stätte neben *status, στατός, hafts* Haft neben *captus*, got. Part. *hafts*; hierher ferner got. **skulds*, ahd. *sculd(-t)* Schuld, *þaurfts* Bedürfnis, *frawaurhts* Sünde, *mahts* Macht, *samaqiss* Übereinstimmung neben den gleichlautenden *to*-Partizipien [52].

Neben den *ti*-Abstrakten treten im Got. noch maskuline *tu*-Abstrakta hervor. Nach Gerckens handelt es sich bei diesen um eine ältere, im Germ. zurücktretende Bildungsweise, die ursprünglich aus den einfachen Verben abgezogen wurde, während die *ti*-Bildung für die zusammengesetzten Verba gegolten hätte. Wegen des engen Verhältnisses und nachträglicher Ausgleiche in bezug auf Akzent und Wurzelvokal hätte die *ti*-Abstraktion dann auch auf einfache Verba übergegriffen, z. B. in den eben angeführten Fällen. Dieser Vorgang müßte getrennt werden von dem bekannten Übertritt got. *u*-Stämme in die (ahd.) *i*-Deklination. Demnach setzte ein ahd. *lust* M. (*i*-Stamm) got. *lustus* M. fort, aber ahd. *lust* F. wäre – wenigstens theoretisch – aus dem Kompositum *gilust* F. gewonnen; ahd. *wahst* M. Wuchs ist got. *wahstus* M., ahd. *giwahst* ist F. wie got. *uswahsts* [53]. Jedenfalls bestehen

---

[50] Vgl. Paul, S. 73 und Dt. Gramm. Bd. II (Teil III) § 70 mit Anm. Zum verschiedenen Bedeutungsniveau der nhd. *sal*- und *sel*-Bildungen vgl. W. Porzig, Das Wunder der Sprache, S. 228 f.

[51] Die normale Vertretung ist wohl -*ði*-, so auch in got. *manaseþs* 'Menschensaat' gegenüber nachweisbarem *þ* in *nauþs* Not und *gabaurþs* Geburt (mit Gen. *nauþais, gabaurþais* gegen *manasedais*!); vgl. Kluge, § 127.

[52] Vgl. J. Gerckens (s. § 76) 36 f.

[53] Gerckens, S. 65. Zu *tu*-Bildungen für Nomina actionis neben solchen auf -*ti*- im Griech. vgl. etwa P. Chantraine, La formation des noms en Grec ancien. Paris 1933, S. 290 ff. 275 ff.; ferner Wackernagel-Debrunner, Altind. Gramm. II, 2 §§ 465 ff. mit Lit., bes. 469.

im Got. Oppositionen wie *wahstus – uswahts, kustus – gakusts* Prüfung (für dieselben griech. Vorlagewörter) und erscheint *ti*-Abstraktion besonders gern von zusammengesetzten Verben: vgl. *fragifts* Verleihung, *fralusts* Verlust, *andahafts* Antwort, *gahugds* Gesinnung, *ganists* Rettung, *gaqumþs* Zusammenkunft, *gaqiss* Verabredung, *urrists* Auferstehung, *uswaurhts* Gerechtigkeit, *framgāhts* Fortschritt, *innatgāhts* Eingang, z. T. im Gegensatz zur griech. Vorlage [54].

Was die lautliche Vertretung des Dentals betrifft, so ist er nach *f, s, h* lautgesetzlich unverschoben (*fragifts, fralusts*, ahd. *fluht*), mit voraufgehendem Dental erscheint er als *ss* (*gawiss* Verbindung, zu *-widan* binden, *samaqiss* s. o., zu *qiþan* sagen) oder – mit neuem analogischem *-t*? – als *st* (ahd. *last*, zu got. *hlaþan*). – Die geschlossenen Wurzeln verwenden meist Tiefstufenvokal (got. *sauhts*, ahd. *suht* Krankheit, got. *fralusts*, ahd. *firlust, zuht, fluht*), die offenen erste Hochstufe (*-se-þs, sā-t, gluo-t, bluo-t*).

Als Gruppe sind die *ti*-Abstrakta seit geraumer Zeit nicht mehr produktiv. Dagegen haben sich zahlreiche Einzelbildungen bis auf uns herab erhalten: *Saat, Tat, Naht, Glut, Brut, Fahrt, List, Last, Verlust, An-, Gestalt, Geduld, Trift, (Mit-)Gift, Notdurft*, das Suffix *-schaft* (§ 122), *Kluft, Schluft-Schlucht, Bucht, Flucht, Sicht, Sucht, Zucht, Anzucht* (D.), *Macht, An-, Verdacht, Verzicht* (letztere jetzt maskulin), *Beichte* (ahd. *bijiht, zu bijehan*), *Gesicht* (ahd. *gisiht* F.), *Geschichte* (ahd. *giskiht* F. Geschehnis) [55]. In *tüchtig* steckt mhd. *tuht* Kraft. – Einige haben, wahrscheinlich schon auf früherer Stufe, zwischen dem Nasal und Dental einen Gleitlaut: *Kunft*, ahd. *kunft* Ankunft (entsprechend got. *gaqumþs* Zusammenkunft, zu *qiman* kommen), desgl. *Vernunft* (zu *niman* nehmen), *Zunft* (zu ahd. *zeman* angemessen sein), *Brunft* (zu ahd. *breman* brummen). Ähnlich wird *-st-* in *Brunst, Gunst, Kunst, Gewinst, (Ge-)Schwulst*, mhd. *vernu(n)st* (neben *vernunft*) zu beurteilen sein, für das nun aber nach § 76, 14 wenigstens Beeinflussung durch altes *st*-Suffix in Frage kommt [56].

---

[54] G. GREWOLDS, ZfvglSprf. 60, 23.

[55] *Gewicht* erscheint mhd. als *gewiht(e)* N. Vgl. ferner mundartlich *Gschrift* F. (Schweizerd. Wb. 9, 1576/83; amhd. *gescrift*), *Glust* M. F. (ebenda 3, 1476), *Gvicht* N. Vieh (ebenda 1, 668; mhd.-österr. *gevihede, geviecht* nach DWb. 4, 1, 3, 4680 f.). *Beschlächt* (D.) weist vielleicht auf ein *slahti* neben ahd. *slahta* Tötung, das mit *unter-, überschlächtig* (D.) zu den *t*-Femininen in § 76, 10 gehört. Zu den verzweigten mundartl. Zusammensetzungen mit *-schlacht/-schlächt* vgl. Schweizerd. Wb. 5, 21ff.

[56] G. VAN LANGENHOVE, der in Linguistische Studiën I (Schr. d. Phil. Fak. Gent 77, 1936), S. 85. 95 ff. auch die Bildungen auf *-nft*

Im Gegensatz zu den *ti*-Bildungen haben die (maskulinen) *i*-Bildungen wie *Gang, Griff* (§ 78) mehr konkrete Bedeutung und partizipialen Charakter. Vgl. got. *slahs* Schlag und *slauhts* das Schlagen, Schlachten, *hugs* Verstand und *gahugds* Gesinnung, *staþs* Stätte und *afstass* Abstehen, Abfall, *drus* Fall und *(us)drusts* das Fallen, *baur* Sohn und *gabaurþs* Geburt, ahd. *zug* und got. *(us)tauhts* Vollendung, ahd. *gang* und got. *(fram)gāhts* Fortschreiten, ahd. *grif* und *bigrift* Umfang, ahd. *bruh* Bruch, Stück und *gabruht* Brechen, ae. *byge,* an. *bugr* Krümmung und ae. *byht,* an. *bōt* Biegung, usw.

118. mhd. *-īe,* nhd. *-ei*: ein Lehnsuffix, das in gewisser Hinsicht als im Deutschen heimisch zu betrachten ist, zumal es die nhd. Diphthongierung mitgemacht hat. Es dient zur Bildung von denominativen Abstrakten, seltener Kollektiven, zunächst in einer älteren Schicht von Lehnwörtern aus dem Lat. und Franz.: mhd. *profezīe* (wovon noch *prophezeien), nigromanzīe, vilānīe, temperīe* Mischung, bei Mystikern *consciencīe, contempläcīe, substancīe, memōrīe* [57]; nhd. auch *Melodei* und *Phantasei,* die dann durch neu entlehnte Formen auf *-ie* wieder zurückgedrängt wurden. Schon mhd. erfolgte eigene Ableitung auf *-īe,* besonders hinter *-er: buoberīe* (nach franz. *-erie* ? Vgl. *gaminerie), zegerīe* Zaghaftigkeit, *dörperīe* (wie *vilānīe*); vgl. nhd. *Schweinerei, Sauerei (cochonnerie).* Geläufig sind Wörter auf *-erei,* die den Ort bezeichnen, an dem ein Beruf (auf *-er*) ausgeübt wird: *Bäckerei, Molkerei, Schreinerei, Schlosserei, Käserei* (auch *Holländerei, Schweizerei), Brauerei,* wie franz. *boulangerie, serrurerie* usw.; hierzu ferner *Ziegelei* (franz. *tuilerie), Auskunftei, Kartei,* sodann allerlei andere Bildungen auf *-erei: Reiterei (cavalerie), Fischerei* (mhd. *vischerīe), Jägerei (jegerīe), Fresserei (vrezzerīe), Ketzerei (ketzerīe)* [58], *Malerei, Hehlerei, Kriecherei, Wortklauberei, Reimerei, Schwärmerei. Schwärmerei* kann auf *Schwärmer* und *schwärmen* bezogen werden: ebenso *Malerei, Hehlerei, Quälerei* u. ä. Infolgedessen entstehen tadelnde Bildungen direkt von

---

zusammenstellt und einer Neuerwägung unterzieht, denkt für *Brunst* usw. auch an Anschluß an *ti*-Abstrakta mit stammhaften *-s*: **listi-, *kusti-, hlusti-* u. ä. (S. 93).　　[57] ZIRKER (s. § 8) 29f., 73. 79.

[58] Bildungen auf *-erīe* dieser Art schon seit Anf. d. 13. Jh.s; vgl. E. ÖHMANN in Neuphilol. Mitt. 34 (1933), 125 ff. Zum Verhältnis *Plauderei, Faselei – Geplauder, Gefasel* usw. vgl. R. KURTH, PBB 75, 442 f.; zur Funktionsentfaltung von franz.-*(er)ie* MEYER-LÜBKE, Frz. Gr. §§ 91. 94. 126; NYROP § 377ff.; BALDINGER (s. § 10) 186ff.; zur Kollektivbedeutung ERBEN (s. S. 273) 222.

Verben: mhd. *raserie, Neckerei, Rauferei, Ziererei, Jagerei* (gegen *Jägerei*), *Lauferei*, umgelautet *Schlägerei* usw.; zu Verben auf *-eln*: *Bettelei, Frömmelei, Heuchelei, Liebelei.* Vereinzelt stehen *Wüstenei* (mhd. *wüestenie*), *Narretei* (nach *Narrenteiding*) und etwa *Blumisterei, Willelei* (Jahn, f. *Velleität*).

Anm. zu *Abtei, Probstei, Vogtei* u. ä. Neben mhd. *-ie* ist eine z. T. ältere Nebenform mit *-ei-* bezeugt: ahd. *abbateia*, mhd. *vog(e)teie*; ferner *privileie* (mit *ei* < *egi*). Vgl. vorderhand E. SCHRÖDER, ZfdA. 15, 193 ff. Jünger etwa *Polizei, Küsterei* (f. mhd. *sacristie*), *Pfarrei, Kaplanei*; neuer *Auskunftei, Kartei* u. ä. – Deverbativ: mhd. *arzenie* neben *arzatie*.

119. Nur angedeutet seien gelehrte Bildungen [59] auf *-tät*: *Gravität, Jovialität*, woneben hybride Bildungen wie *Grobität* (K. Scheidt 1551), *Schwulität* u. a.; – auf *-ion*: *Religion*; – auf *-tion*: *Portion*; – auf *-age*: *Blamage, Kontrahage, Stellage, Takelage, Fast-, Fustage* (D.), *Kleidage, (En)Silage* (D.) [60]; – auf *-(iz)ismus, -asmus*: *Klassizismus, Marasmus*; – auf *-ur*: *Natur, Tinktur, Mixtur, Zensur, Garnitur*, auch *Schraffur* (zu *schraffieren*); – auf *-enz*: *Pestilenz, Temperenz, Magnifizenz* [61]. Zahlreiche dieser Bildungen treten mit konkreter Bedeutung auf.

Als konkrete Sachnamen (die persönlichen s. § 107) erscheinen überhaupt viele Bildungen mit fremden (z. T. Adjektiv-)Suffixen. Vgl. *Stativ, Spital, Ventil, Metall, Element, Granat(e), Granit, Komet, Meteorit, Baldachin, Tamburin, Violine, Sirene, Amulett, Granulom, Narkotikum, Chemikalien*, hybrid *Lappalie(n), Schmieralie(n), -ia*.

Die wunderlichsten Schöpfungen bilden die Reklamewörter: *Luminol, Limonadol, Lanolin, Glättolin, Holzin, Zuckerin, Antilausin* (fürchterlicher noch *Exhaarsin*), *Brillantine, Somatose, Hautana, Federator* (Mittel zum Reinigen von Betten) u. ä. m. [62].

Zweite Kompositionsglieder als Mittel der Ableitung

120. Bisher sind, als Suffixe im engern Sinn, Ableitungssilben behandelt, die keine nachweisbaren Wörter darstellten oder enthalten. Ihrer wortbildenden Funktion gemäß wie dem Sprachgefühl nach müssen als Suffixe jedoch auch einstmalige Wörter

---

[59] Vgl. o. § 8; SEILER (s. dort und § 107) 2, S. 129; 3, S. 65 f.; ÖHMANN, Neuphilol. Mitt. 24 (1923), 157 ff. u. 32 (1931), 210 ff., hiegegen J. HOLMBERG, PBB 61, 116 ff.; ausführlich NYROP § 130 ff. u.ö.

[60] PAUL, Prinz. § 282; F. WEIDLING, ZfdWf. 2, 334; Schillern zw. Abstrakt- u. Kollektivbedeutung im Franz. MEYER-LÜBKE, Frz. Gr. §§ 87. 125. 129; BALDINGER (s. § 10) 29.   [61] Vgl. SEILER, 3, S. 56 ff.

[62] Vgl. R. M. MEYER, ZfdWf. 2, 288 ff.

betrachtet werden, welche die § 69 ff. vermerkten Bedingungen
der Ableitung erfüllen. Für das Substantiv gehören hierher unsere
Suffixe -*heit*, -*schaft* und -*tum*; doch sind diese auf uns gekomme-
nen Wortbildungsmittel nicht die einzigen ihrer Art. Das Ahd.
besaß z. B. als Scheinsuffix -*tago* die durch *n*-Suffix erweiterte
Form (§ 19) von *tag* in *siohtago* Siechtum, *nackottago* Nacktheit,
mhd. *siechtage*, -*tac* (mnd. *suke*-, *sükedage*), *lamtage*, -*tac* Lähmung,
wētage, -*tac* Schmerz, *irretac* Irrtum, *schelmetac* Pest, *sūmtage*
Versäumnis, *veictage* Tod.

Im Nhd., besonders im älteren und mundartlichen, begegnen etwa
noch *freudentage* Freude (Fr. v. Spee), *Mühetag* Mühsal (O. Ludwig),
Wettertag Wetter, *Zahltag* Lohn (elsäss. schweiz.), *Geltstag* Bankerott
(schweiz.), allgemeiner *Wehtag(e)* [1] und unser *Lebtag(e)*, z. T. plural.
gefaßt wie *freudentage*. Den deutschen Bildungen, die allmählich den
Konkurrenzgruppen auf -*heit*, -*tum*, -*sal* gewichen sind, entsprechen
vor allem altnordische: an. *māldage* Termin, Vertrag, Bestimmung,
raundage Untersuchung, Erfahrung, *bardage* Kampf (zu *berja* kämpfen)
gjalddage (vgl. ob. *Geltstag*), aschwed. *brændaghe* Hitze, Verlangen,
adän. *ardage* Pflügung. – Die Abstraktbedeutung dieses zum *n*-Stamm
erweiterten -*tag* ergab sich allenthalben aus einem Zeitbegriff: ahd.
siohtago = Zeit des Krankseins (wie an. usw. *eindage* 'besondrer Tag,
bestimmter Termin' [§ 19], das vielleicht die älteste derartige Bildung
darstellt), dann Siechtum [2].

Andere derartige Bildungen haben im Deutschen nur ganz schwache
Spuren zurückgelassen, so ein an. *leikr (leike)* 'Gestalt' in *sannleikr*
Wahrheit, *heilagleikr* Heiligkeit, auch ae. *rēaflāc* Raub, *wītelāc* Strafe
usw., ahd. *scīnleih* Zauber, *hīleih*, mndl. *hiwelek* Heirat, ae. *brȳdlāc*,
wedlāc dass., mhd. *weterleih* Blitz [3]; – ahd. *stab* (nach *eidstab*, as. *ēðstaf*
Eid) in *ruogstab* Anklage, ae. *endestæf* Niedergang, *sorgstæf* Sorge
u. ä. [4]; – mnd. -*tal* mit verschiedener Bedeutung: *ēntal* Einmütigkeit,
dinctal(e), *dingetal* Gerichtstermin, *börgetal* Bürgschaft, *wechtal* Maß
des Weges u. ä. (Grunewald S. 207 ff.). Vgl. an. *ātta* (entsprechend einem
altschwed, schwachen Substantiv *ātta* Eigentum, zum got. *i*-Stamm
aihts dass.): *vinātta* Freundschaft, *kunnātta* Kenntnis, *veðrātta* Witterung u. ä. [5]. Auch got. -*duþs* (= idg. lat. -*tūti*-, in *juventuti-s*) in *manag*-

---

[1] Vgl. Götze im DWb. XIV, 1 s. v.

[2] Vgl. A. Lindqvist, Urgerm. *ðagan*-, *ðaga*- in Lunds Univ. Årsskrift
N. F. Avd. 1, Bd. 14, Nr. 25, S. 1 ff. (gegen Götze zu *wītage* s. dens. S. 34);
zum Fortleben im Alem. etwa Hotzenköcherle i. d. Frings-Festschr.
1956 (s. o. S. 107) 226; Schweizerd. Wb. 12, 804 u. ö.

[4] Vgl. E. Gutmacher, PBB 39, 259; Carr, S. 362 f.   [3] Vgl. Carr, S. 361 f.

[5] Jóhannesson, Suffixe, S. 23 f. Auffallende abstrakte Parallel-
bildungen im Finnisch-Lappischen s. bei J. Szinnyei, Finn.-ugr.
Sprachwiss. 1910, S. 89 f.

duþs Menge, *mikilduþs* Größe u. a. ist wohl auf ein älteres Begriffswort 'Zustand' zurückzuführen. Aber auch heute neigen immer wieder zweite Kompositionsglieder zu suffixähnlicher Verwendung; s. §§ 108 f. 124. Mit Suffixen aus zweiten Kompositionsgliedern erscheint geläufig auch die schwache *n*-Fuge: *Christenheit, Menschentum, Studentenschaft, sagenhaft* usw. Seltener sind hier Ableitungen mit anderer Fuge, z. B. *Volkstum, Völkerschaft* (vgl. auch *Brüderschaft*), *geisterhaft*, die schon A. JEITTELES, Nhd. Wortbildung. Wien 1865, S. 77 als unorganische Bildungen hervorhebt. In solchen (jüngeren) Fällen ein Zeichen früherer Selbständigkeit der Suffixe sehen zu wollen, wäre jedenfalls zu gewagt.

121. *-heit*. Das selbständige Substantiv besteht noch in allen germ. Sprachen: got. *haidus*, an. *heidr*, ae. *hād*, as. *hēd* M., ahd. mhd. *heit* M. F. mit den Bedeutungen 'Art und Weise, Beschaffenheit, Eigenschaft, Person, Stand, Rang, Ehre' (zu einem idg. **kait-* o. ä. hell sein, wie in *heiter*) [6]. Zu einem Mittel der Abstraktbildung ist es nur in den westgerm. Dialekten geworden, und zwar bildet es hier im Ae. Maskulina, im Hd. Feminina (*i*-Stämme). Den ersten Bestandteil liefern zunächst Substantivstämme, naturgemäß Bezeichnungen für Lebewesen (s. §§ 1. 70): ahd. *got(e)heit, gomaheit, magadheit, wībheit, knehtheit, scalcheit, diubheit, gouhheit, tiufalheit*, mhd. *tierheit*; ae. *cildhād* Kindheit, *cnihthād* Jugend, me. *maidenhead, -hood, manhede* usw.

Bildungen mit unpersönlicher Bedeutung (ahd. *wehsalheit* Veränderlichkeit, *mortheit, kampfheit, tugentheit, trugiheit, lugiheit, zwīfalheit*) sind später wieder untergegangen.

Häufiger als die substantivischen Ableitungen sind aber schon im Ahd. diejenigen mit Adjektiven (*bōsheit, frīheit, snelheit, wisheit, zagaheit, wēnagheit, wizzantheit* usw.), immerhin nicht vor dem 9. Jh. [7]. Nunmehr wird *-heit* zum beliebtesten Mittel der Abstraktion von Eigenschaftsnamen, mit fortgesetzter Neubildung in der spätmittelalterlichen Literatur (wovon wieder außer Gebrauch etwa *tōtheit, armheit, guotheit, langheit* u. a.). Nament-

---

[6] Die öfter vermerkten mundartlichen Vorkommnisse zeigen es nur (halbfrei) in bestimmten Wendungen. Vgl. die Hinweise in Trübners Wb. 3, 395, ferner, für „einen Fall im ältern Nhd." und fürs Bair. im DWb. 4, 2, Sp. 920 f.; für die (rheinfränk.) Mundart von Verbász K. R. JAKOB in Teuth. 3, 12.

[7] Vor dem Jahr 800 tauchen nach BAUMANN (s. § 82) 73 ahd. nur drei Fälle auf: *gemeitheit* Leichtsinnigkeit, *tolaheit, giwonaheit*, as. zwei: *spāhēd* Klugheit, *lēfhēd*.

lich gerät es in Konkurrenz mit -*ī(n)* (§ 110); vgl. mhd. *schœne* und *schōnheit*, *kleine* und *kleinheit* usw. Wo jetzt noch beide Bildungen nebeneinander stehen (*Höhe* und *Hoheit*, *Schwäche* und *Schwachheit*, *Leere* und *Leerheit*), stellt die mit -*heit* die weniger sinnliche dar[8]. Schon früh siegt -*heit* über -*ī(n)* bei mehrsilbigen Stämmen: *touganheit*, *bitterheit*, *siechelheit*. Sodann erscheint -*heit* immer häufiger auch hinter Nominalformen des Verbs, namentlich dem starken Part. Prät.: ahd. *trunkanheit*, *firloranheit*, mhd. *volkomenheit*, *verlegenheit*, *bescheidenheit*, *betrogenheit*, nhd. *Beklommenheit*, *Gepflogenheit*, *Gebundenheit*, *Gediegenheit*, *Verschrobenheit*, *Zerfahrenheit*, *Ungezogenheit*, *Unverfrorenheit* usw.[9], neuestens auch *Gerissenheit*; an das schwache: *Gelahrtheit*, *Berühmtheit*, *Bewährtheit*, *Gereiztheit*, *Be-*, *Verstimmtheit*, *Verstörtheit*, *Verstocktheit*, *Verblüfftheit*. Bildungen wie *Wohlhabenheit*, -*redenheit*, (*Ab-*, *An-)Wesenheit*, *Unwissenheit* führen letztlich auf ein Part. Präs. zurück; vgl. ahd. *(un)wizzantheit* neben *diu unwizzende*, mndl. *welsmakenheit* neben *welsmakende*, ferner lat. *abundantia*, *eloquentia*, *essentia*, *absentia*, *scientia*. Der substantivierte Infinitiv ist sekundär[10].

Kein Umlaut („Rückumlaut") kam den langsilbigen ahd. *bōsheit*, *trägheit*, *kuonheit*, mhd. *schōnheit* neben *schœnheit* und *kiusch(e)heit* gegenüber den *ja*-Stämmen *bōsi*, *trāgī* usw. zu. Diesen Zustand hat im Nhd. nur *Bosheit* beibehalten, offenbar wegen seiner von *böse* abweichenden Bedeutung.

Insbesondere tritt -*heit* aber an Adjektiva auf -*ag/-īg* (ahd. *wēnagheit*, *gītagheit*, *enstīgheit-ensticheit* Gunst, mhd. *enstecheit*, *trūrecheit*) an, was bekanntlich (s. § 73) zu dem neuen Suffix -*keit* < -*ec* + *heit* führte[11]. Heute läßt sich die Verwendung von -*keit* gegenüber -*heit* einigermaßen festlegen. Es tritt an Adjektiva auf -*bar (Brauchbarkeit)*, -*sam (Biegsamkeit)*, -*lich (Ehrlichkeit)*[12], auf -*er* und -*el* (teilweise: *Tapferkeit*, *Bitterkeit*, *Eitelkeit* usw. gegen *Sicherheit*, *Minderheit*, *Dunkelheit*, *Einzelheit*) und

---

[8] Zum Verhältnis *Schöne-Schönheit* u. dgl. vgl. ÖHMANN (s. § 111) 23 ff.; hierzu KARG (s. § 8) 10, 25 f.; V. MOSER, Einf. ins Frühnhd., S. 218; PAUL, S. 68 f. 86.

[9] DWb. 11, 3, 2029 f.

[10] Vgl. L. WOLFF, AfdA. 64, 60 f.; NORDIN (s. § 34) 107 Anm.

[11] Über die Verteilung von -*cheit* u. -*keit* in den Urkunden s. GLEISSNER-FRINGS, ZfMaf. 17, 109,f.

[12] Vereinzelt auch an solche auf -*isch*; s. TH. STECHE in Wiss. Beih. z. Zs. d. Allg. Dt. Sprachver. 6. Reihe, H. 44, S. 303.

wiederum an -*ig* infolge nachträglicher Ausrichtung nach dem
Grundwort (*Ewigkeit, Traurigkeit* – vgl. die Aussprache! – für
mhd. *ēwecheit, trūrecheit* bzw. *ēwekeit, trūrekeit*). Daraus ergab
sich ein drittes unabhängiges Suffix -*igkeit* in zahlreichen Fällen
wie *Helligkeit* zu *hell, Leichtigkeit, Frömmigkeit, Müdigkeit, Ban-
gigkeit, Genauigkeit, Obrigkeit* (wie bereits mhd. *miltecheit* zu *milte,
kleinecheit* und schon ahd. *reinigheit, sūbarigheit*). Es bestehen
nun gelegentlich zweierlei Bildungen mit verschiedener Bedeutung: *Neuigkeit, Feuchtigkeit, Dreistigkeit* und *Neuheit, Feuchtheit,
Dreistheit*, wobei sich -*igkeit* konkreter auswirkt als -*heit* (vgl.
noch *Flüssigkeit, Süßigkeit, Unannehmlichkeit*, auch mit Plur.:
Flüssigkeiten usw., wie *Neuigkeiten*). Freilich ist dieser Bedeutungsunterschied nur allmählich seit dem 18. Jh. entstanden.

Einen besonderen Hinweis verdienen die von Grunewald S. 237 f.
verzeichneten mnd. Bildungen auf -*heit/-keit* mit konkreter Bedeutung
wie *ēgenheit* Grundbesitz, *schamelheit* Schamteile, *slīmlicheit* Schleim,
vrouwelicheit Gebärmutter, u. ä., z. T. mhd. *heimlīcheit*.

122. -*schaft*. Zu got. *skapjan*, ahd. *scepfen* und *scaffan* stellt
sich 1. ahd. *scaf* (an. *skap*, ae. *gesceap* N.) Beschaffenheit, Form,
z. B. in *scafalōs* ungestalt, *unscaf* unregelmäßig; 2. ein *ti*-Ab-
straktum got. -*skafts* in *gaskafts*, ahd. *giscaft* Erschaffung, Geschöpf, mhd. *schaft* Gestalt, Eigenschaft. – Im Ahd. begegnen [13]
zunächst nur Zusammensetzungen mit -*scaf*: *friunt-, fiant-,
bruoder-, wini-, ginōz-, gimeiniscaf* [14], entsprechend denen auf an.
-*skapr*, ae. -*scipe*, as. -*skepi* (*gumskepi* N. Männerschar, *māgskepi*
M. N. Verwandtschaft, *bedskepi* M. Beilager [15]); gegen das 10. Jh.
zu beginnen die Formen mit -*scaft*, die aber im Ae. schon von
Anfang an auftreten (ae. *frumsceaft* Anfang, *wansceaft* Leere, Elend,
neben *friondscipe*, me. *workmanship* usw.) und im Hd. bald die
gemeingültigen werden.

Wie -*heit* verbindet sich -*schaft* mit Substantiven und Adjektiven, doch bleiben hier die Adjektivabstrakta, die in der *heit*-
Gruppe immer mehr das Feld beherrschen, beschränkt. Im
großen ganzen hält die beiden Gruppen auch die Bedeutung auseinander insofern, als die auf -*heit* mehr Wesen und Eigenschaft, die auf -*schaft* mehr einen Zustand oder ein Ver-

---

[13] Nach WILMANNS, S. 390.
[14] BAUMANN a.a.O. verzeichnet ein vereinzeltes *frumiscaft* primordium.
[15] Vgl. HUCKO (s. § 78) 131 f.

halten bezeichnen[16]; vgl. *Bereitheit* und *Bereitschaft,* ae. *brōdor-hād* brüderliche Gesinnung und ahd. *bruodarscaf* Verhältnis eines Bruders. Verallgemeinern läßt sich dieser Unterschied freilich nicht. Besonders entwickelt sich aus den Ableitungen mit -*schaft* immer mehr eine kollektive Bedeutung[17]: *Bruder-, Diener-, Priester-, Genossen-, Gemein-, Gewerk-, Lehrer-, Studenten-, Juden-, Sipp-, Völker-, Bar-, Erb-, Mann-, Ritterschaft* (aber *Christenheit*). Aus kollektiver Bedeutung kann sich von jeher eine örtliche ergeben: *Ort-, Graf-, Landschaft* (ahd. *lantscaf*). Bildungen zu Partizipien: *Gefangen-, Errungen-*[18], *Bekannt-, Verwandt-, Gesandtschaft,* wohl auch *Ver-, Hinterlassenschaft*; zu Infinitiven: *Liegen-, Leiden-, Mitleiden-, Machen-, Rechen-, Wissen-, Anwartschaft.*

123. -*tum*. Es ist das got. Substantiv *doms,* an. *dōmr,* ae. *dōm* (engl. *doom*), ahd. mhd. *tuom* mit verschiedenen Bedeutungen (Sinn, Urteil, Satzung, Sitte, Ehe, Ruhm, Herrschaft), wofür man in Hinsicht auf unser -*tum* ein germ. Ideal *ðōma-* 'Würde, Stand' in persönlichen Bildungen anzusetzen geneigt ist[19]. Die Bedeutung läßt sich denn auch bei den Ableitungen mit -*tum* kaum in bestimmte Richtungen bringen. Sie schwankt vom Abstrakten zu Konkreten verschiedener Färbung, stets auch in das Revier der Suffixe -*heit* und -*schaft* übergreifend (besonders bei Eigenschafts- und Kollektivbezeichnungen), wie die folgenden Beispiele zeigen: *diornutuom* Jungfrauschaft (neben *magadheit,* engl. *maidenhood, -head*), *meistartuom* Magisterwürde (gegen *meisterscaf[t]*), *scalhtuom* Knechtschaft, mhd. *nac(ke)tuom* Nacktheit, *wētuom* Schmerz, *arzetuom, bis(cof)tuom* (und mhd. *bischofheit*), nhd. *Priestertum* (und mhd. *priesterschaft,* gegen nhd. *Priesterschaft,* engl. *priesthood*), *Irrtum, Siechtum, Wachstum, Weistum, Brauchtum, Deutschtum, Altertum, Rittertum* (mhd. z. T.

---

[16] Nach E. E. J. Messing, Neophilologus 2, 185 ff. 272 ff. wäre auszugehen von Nomina actionis, deren erste Glieder ein logisches Objekt zu den zweiten darstellen. Vgl. S. 274 (Hinweis auf G. Piltz).

[17] A. Götze, ZfdWf. 12, 93 ff. mit weiterer Lit.angaben; auch mundartl., vgl. A. Staedele, Teuth. 6, 112; Erben (s. S. 273) 221.

[18] H. Strigl, ZfdWf. 7, 258.

[19] Nach Kluge, § 165 wäre von der Bedeutung 'Ruhm', nach Carr, S. 358 von gemein-(west-)germ .'Urteil' auszugehen. Vgl. jetzt auch J. Trier, Lehm. 1951, S. 105 (Grundbed. [Volks-] Ding); zur Geschichte des Suffixes Chr. Tschentscher unten S. 274.

= *riterschaft*), *Christentum* (mhd. auch = *kristenheit*), *Strebertum*,
Menschentum, Judentum, Luthertum, Besitztum, Fürstentum (engl.
princedom, -hood; doch *Königreich,* engl. *kingdom,* gegen *König-
tum*), *Reichtum, Heiligtum, Eigentum* (engl. *ownership*). Vgl. noch
me. *falsehood, -dom, -ness* u. ä. [20]. Die Bedeutung von Bildungen
mit *-tum* erweist sich mit einem Wort als vielgestaltiger, aber die
Lebensfähigkeit ist geringer als bei denen mit *-heit* und *-schaft.*

Für ungewöhnliche Bildungen auf *-tum* wie *Halb-, Groß-, Alt-,
Lautum, Sinnen-, Seelentum, Denk-, Zwingtum, Innentum, Widertum,
Ichtum* sei hier verwiesen auf H. L. STOLTENBERG im 50. Wiss. Beiheft
d. Zs. d. Allgem. Dt. Sprachvereins. 1938, sowie auf DENS. in Dt.
Wortgesch. II, 158. 184 und FR. KAINZ ebd. [2]II, 246. Stoltenberg
schlägt etwa auch ein *Vernunftgemäßtum* vor. Von seinen weitern Abhandlungen über *-tum* und *-schaft* muß hier abgesehen werden.

124. An diese einstigen zweiten Kompositionsglieder, die jetzt
zu Suffixen verblaßt sind, müssen uns einige heutige gemahnen,
denen das gleiche Los droht. Denn obwohl wir die stets zahlreicher werdenden Bildungen auf -*werk* wie *Schuhwerk, Blätter-,
Laub-, Busch-, Ast-, Sparren-, Takel-, Riemen-, Spangen-, Fach-,
Mauer-, Bild-, Trieb-, Back-,* auch *Mundwerk* als Zusammensetzungen auffassen, nähern sie sich ihrer Art nach den Ableitungen, weil
das zweite Glied schon nicht mehr, wie in wahren Zusammensetzungen, das – oder wenigstens ein – Hauptgewicht des Wortsinnes
trägt, sondern in spielerischer Weise und mit verschwimmender
Bedeutung an das erste als den eigentlichen Kern des Wortes an-
gefügt wird. Schon im Mhd. bemerken wir für *-werc* diese Neigung;
vgl. *dingwerc* neben *gedinge, sarwerc* und *geserwe* Ausrüstung,
scuohwerc und *geschüehe(de),* ferner *holzwerc, mal-, stein-, vleisch-,
zouberwerc* [21]. Der Unterschied von den § 120 ff. behandelten Erscheinungen liegt darin, daß hier das neue Wortbildungsmittel
nicht Abstrakta und keine neuen Wortarten liefert.

Ähnlich steht es mit den Bildungen auf -*zeug*: *Feuer-, Spiel-,
Schreib-, Näh-, Strick-, Werkzeug;* auf -*vogel*: *Spaß-, Spott-, Galgen-,
Pechvogel;* auf -*geist*: *Frei-, Schön-, Plag-, Quälgeist,* und seit dem
Ahd. mit denen auf -*mann*: *Bieder-, Edel-, Fähr-, Fuhr-, Sä-, See-,
Forst-, Ackers-, Kriegs-, Kauf-, Handels-, Handwerks-, Amt-, Leier-,
Spiel-, Milch-, Obstmann* (wozu das neuere Gegenstück, die *Gemüse-,*

---

[20] KOZIOL, S. 141, 161 f.
[21] WILMANNS, S. 555. Vgl. F. GRAEBISCH in Glatzer Heimatbücher.
1937, S. 40 f.; PAUL-EULING, Dt. Wb. s. v. Werk.

Eier-, Wasch-, Aufwarte-, Putzfrau. Dasselbe findet sich schon öfters
mit *-junge* und *-mädchen*). Ältere Bildungen auf *-mann* sowie diejenigen mit *-hans, -meier, -berger* und *-huber* s. oben § 108 [22]. Behält
hier *-mann* auch noch seine volle Bedeutung bei, so erscheint es doch
schon ganz pleonastisch in *Bauers-, Bürgers-, Jägers-, Reiters-, Wanders-
mann* (s. § 25). Das Mhd. kennt auch bildhafte Zusammensetzungen
mit *-vaz: laster-, lüge-, schande-, tugentvaz, helvaz* verschwiegener,
wîcvaz kriegerischer Mensch. Mehr semantische Eigenkraft behält
jedoch *-jäger* in den nach dem Muster von *Kopf-, Schürzenjäger* sich
leicht vermehrenden *Autographen- (-gramm-), Konjunktur-, Mikroben-,
Witz-, Wortspiel-, Paradoxjäger*. Vgl. zu den Bildungen mit *-wesen, -gut,
-kram* unten S. 274, sodann Grenzfälle wie *Machthaber, Uhrmacher,
Schlafsucht* und die adjektivischen Bildungen § 137 f.

B. Adjektiva

125. Das beim Substantiv noch produktive Verhältnis zu
starken Verben nach dem Typus *reiten – Ritt, fließen – Fluß,
saufen – Suff, gehen – Gang* (§ 78) besteht beim Adjektiv längst
nicht mehr. Wohl aber gibt es noch eine beträchtliche Zahl von
suffixlosen adjektivischen Nominalbildungen neben Verben mit
verschiedenen Ablautstufen des Wurzelvokals.

Beispiele : *a*-Stämme: got. *gaþaurbs* enthaltsam (neben *þaurban*
bedürfen), *siuks* krank (n. *siukan* krank sein), ahd. *hel* hell tönend (n.
hellan), *girad* gerade (n. got. *garaþjan* zählen), *biheiz* versprochen (n.
biheizen), *lech* leck (n. *lechan*), mhd. *grel(l)* (n. *grellen* schreien); – got.
laus leer, los (n. *fra-liusan* verlieren), *froþs*, ahd. *fruot* verständig (n.
fraþjan denken, verstehen), *bleich, weich, hol* (n. *helan*), ndd. *flott* (n.
fliozan); got. *ganohs*, ahd. *ginuog* (n. *ganah* es genügt), got. *lats*, ahd.
laz träge (n. got. *letan* lassen), ahd. *slaf* schlaff (n. *slāfan*); mhd. *(un)gāz*
(nicht) gegessen habend (vgl. unten und § 126 *gæze*). – *i- (u-)* und *ja*-
Stämme (im Westgerm. nicht auseinanderzuhalten) ahd. auf *-i* ausgehend) [1]: got. *gadofs* schicklich (zu *gadaban* eintreffen), *unqeþs* unaus-
sprechlich (zu *qiþan*, an. *ūkvæðe* verstummt; vgl. ae. *uncwisse* sprach-
los), *unnuts*, ahd. *(un)nuzzi* (zu *niotan*), got. *andanems* angenehm, ahd.
ginâmi, mhd. *genæme*, ahd. *biquāmi*, mhd. *bequæme*, ahd. *gābi*, mhd.
gæbe annehmbar, ahd. *biderbi* (zu *darf*), *gifuori* passend, *kuoni* (zu
kan), *an(t)trunni* flüchtig, mhd. *abetrünne* abtrünnig (zu *trinnan*), ahd.
gengi gangbar, mhd. *geschîde* (zu *schîden*), *gæze* (nach *essen*) gierig
u. ä., ndd. *flügge*.

---

[22] Weitere germ. Parallelen s. bei KLUGE, S. 18; neuere mit *-mann,
-frau, -mädchen* bei BECKER (s. § 10) 65; Namen auf *-mann* bei BACH
Namenk. I, 1 §§ 143 f. 176. 233 b u. ö.; ferner BALLY (s. § 16) 244.

[1] Vgl. z. folg. SCHLÜTER (s. § 84, 1) 8 ff. 41 ff. 219 ff.; KLUGE, S. 178 ff.;
WILMANNS, S. 411 ff.

Neben schwachen Verben (wo oft nicht leicht auszumachen ist, welches Wort die Ableitung darstellt): got. *bruks*, ahd. *brūchi* brauchbar, ahd. *zam*, *gifuogi*, *gediene*, mhd. *merke* achtsam, ahd. *star* (n. *starēn*), mhd. *wirre*; mit Ablaut: got. *blinds* (n. einem Faktitivum ahd. *blenten*), ahd. *toub* (n. *tobēn*), *dunni* dünn (n. got. *þanjan*, ahd. *dennen* dehnen), *spähi* klug (n. *spehōn*), got. *triggws* treu (n. *trauan* und *triggwa* F.). Unklar ist auch das Verhältnis von got. *faurhts* furchtsam und *faurhtjan* fürchten [2]. Nachmhd. Rückbildungen aus Verben sind *schlicht, schmuck, gluh-glüh, rege, schrill* (nach Kluge-Götze s. vv. und S. 929). Neubildungen direkt aus Verben wie *girr, schmieg, schlaf* liebt der Expressionismus; *wank* ist schon älter, ebenso *gell* (C. F. Meyer).

Als (eigentliche oder analogische) Postverbalia (§ 78 f.) hätten nach T. Johannisson [3] Scheinkomposita mit verstärkender Partikel wie schwed. *utarm* ganz arm (aus Part. *utarmad*), *uthungrig* sehr hungrig (aus Part. *uthungrad* ausgehungert + *hungrig*), ähnlich *utlat* sehr faul, ahd. *uralt* (nach *iraltēn* und *alt*), *urmāri* berühmt, *frabald* vermessen, *firwuot* wütend, mhd. *vürsnel*, nhd. *vorschnell, -eilig*, ae. *forswīð* sehr stark usw. zu gelten.

126. 1. Adjektiv neben andern Adjektiven. Nicht selten erscheint neben *a*-Stämmen eine *j*-Erweiterung.

Vgl. got. *alþeis* und ahd. *alt*, ahd. *firni* und as. *fern*, ahd. *gerni* und *gern*, *ginuogi* und *ginuog* (got. *ganohs*, s. o.), *wīhi* und *wīh* (got. *weihs*), *ubili* und *ubil* (got. *ubils*), *wāri* und *wār*, *giri* und *ger* begehrlich, mhd. *swinde* und ahd. *swint* (got. *swinþs*) stark, schnell, *gæze* und *gāz* § 125. Vgl. noch got. *niujis*, ahd. *niuwi* und lat. *novus*.

2. Adjektiva neben Substantiven. Got. *reikeis* oder *reiks*, ahd. *rīchi* mächtig stellt sich zu *reiks* Herrscher (wie ahd. *rīchi* N. Reich und *rīchan* beherrschen), got. *rums*, ahd. *rūmi* geräumig zu got. *rums*, ahd. *rūm* Raum, ahd. *edili* zu *adal*, *ziari* zu as. *tīr* Ehre, Ruhm, as. *twīfli* neben afries. *twīfil*, ahd. *zwīval*; sodann nhd. *wach* (aus *Wache* nach Kluge-Götze s. v.? Vgl. aber SINGER, Neidhartstudien, S. 46 und mhd. *wach-heit*; ferner die Postverbalia S. 220 Mitte), *schroff* (aus mhd. *schrove* Felsklippe).

Hier sei zurückverwiesen auf die einst bedeutende Gruppe der adjektivischen Bahuvrīhi von § 45: got. *gaskohs* beschuht, ahd. *giherz* beherzt, *gifedar* gefiedert, *michil-, langmuot(i)* groß-, lang-mütig usw.

127. Adjektiva mit Suffixen, deren Lebenskraft innerhalb des Germ. oder vorher erlosch, sind unter § 76 eingereiht, auch etwa die Farbadjektiva auf idg. *-ʮo-*, germ. *-wa-* oder diejenigen mit *l*- und *r*- Suffixen, für welche mit Hilfe außergerm. Sprachen sich ein einstiger Bildungs- und Bedeutungszusammenhang noch abzeichnet. Bis herab ins Deutsche haben einen solchen Gruppencharakter einzig

---

[2] Vgl. WALDE-POKORNY 2, S. 48.

[3] In ausführlichen Untersuchungen a. § 64 a. O. bes. S. 352 ff.

Adjektiva der Neigung auf germ. -ula- / -ala-, zunächst aus Verben abgeleitet, erhalten [4]: got. sakuls streitsüchtig (zu sakan streiten), slahuls, -als zum Schlagen geneigt, Raufbold, an. gjafall-gjǫfull freigebig (zu gefa geben), hugall aufmerksam, vokull wachsam (neuisl. häufiger -ull: hugull, gjöfull [5]), ae. slāpol schlafsüchtig, forgitol vergeßlich, ahd. ezzal gefräßig, lachal, swīgal, forscal neugierig, scamal, hazzal, sprungal, sprāchal, forahtal, wortal, zungal, andd. hatal feindselig, gitungal geschwätzig, mndl. wandel, vermetel vermessen, behaghel behaglich, stolz, md. genüegel genügsam, kriegel, steigel ansteigend (> nhd. steil) u. ä. Vgl. lat. credulus leichtgläubig, querulus gern klagend, griech. τροχαλός laufend, μιμηλός nachahmend, σιγηλός schweigsam.

128. Suffix ahd. -īn. Es ist das idg. denominative Suffix -īno-, das sich auch bei den Diminutiven (§ 90) vorfindet und das zunächst in Adjektiven die Zugehörigkeit bezeichnete: got. aiweins ewig (zu aiws Zeit, Ewigkeit), sunjeins wahrhaftig (zu sunja Wahrheit), galaubeins gläubig, silubreins silbern. Vgl. lat. divinus göttlich, matutinus morgenlich, caninus hündisch, griech. ἡμερινός zum Tage gehörend, ai. kanīna-, satīna- wahrhaft. Im Ahd. werden diese Bildungen mehr auf Stoffadjektiva eingeschränkt. Der im Got. ausschließlich bezeugten Länge des Vokals entsprechend, erscheint das Suffix als -ī(n), doch auch mit Kürze, worauf auch ae. und mhd. -en neben mhd. -in hinweisen: eichīn eichen, girstin gersten, hulzin, līnin, hanafin, guldin, hurwin kotig (zu horo, -wes), an. birkenn, ae. gylden, hyrnen, milcen usw., nhd. umgelautet irden, hären, gülden, doch meist mit Ausrichtung des Vokals nach dem Grundwort [6]: golden, holzen, wollen, tuchen, tannen (gegen ahd. tennin, aber auch etwa erdin neben irdin).

Mundartlich muß das Suffix in der Regel zu -e abgeschwächt erscheinen: eise, wule, hülze, teige (so etwa in der Allgäuer Mundart. Vgl. K. WEITNAUER, Teuth. 6, 119). Das wird der Grund dafür sein, daß es weitgehend durch -ig u. a. (§ 129) ersetzt ist. Das südliche Alem. hat aber noch -i[n] aus alter Länge: īsi[n], wulli[n], sīdi[n] usw.

Andere als Stoffbezeichnungen : ahd. wulfin wölfisch, huorin hurerisch, lugin lügnerisch, wībin weibisch, andd. strīdin, -en usw. Solches sind schon Adjektiva der Neigung, des Hanges, die besonders im Nordischen beliebt wurden: lygenn lügnerisch, fylgenn folgsam, hygenn verständig [7]. Im Ahd. trat hier -īn gern pleonastisch an die Neigungsadjektiva auf -al (§ 127) an: folgalin, slāfalin, forscalin, ruofalin, zartilin

---

[4] KLUGE, § 192; WILMANNS, S. 429.

[5] JÓHANNESSON, Suffixe, S. 16 f. 108 f.   [6] Vgl. MOSER (s. § 98) 85.

[7] JÓHANNESSON, Suffixe, S. 48 ff., auch neuisl.: rœtinn rötlich, rellinn launenhaft usw.

usw., andd. *hatilin*, Nicht selten begegnen sonst bloße Erweiterungen
zu älteren Adjektiven wie *wār – wārin, jung – jungin, luzzil – luzzilin*,
auch ae. *slīđe – slīđen* grausam, wie got. *sunjis – sunjeins* (s. o.). Westgerm. gibt es sodann auch Farbadjektiva auf -*īna*- (für undeutlich
gewordenes idg. -*u̯o*-; s. § 76, 12)[8], z. B. ae. *blǣwen* neben *blāw* blau,
ahd. *grāwin* neben *grao, weitin* bläulich, *snēwin, goldfarawin, purpurin*
oder Wolframs *spiegelin* (Parz. 703, 27) spiegelglatt oder bespiegelt.

Hierher gehören eigentlich auch die aus den Stämmen der Personal-
pronomina gebildeten Possessiva ahd. *mīn, dīn, sīn*, sowie *swīn* Schwein
(§ 90) aus **sū(w)*-, ahd. *sū* Sau.

Im Nhd. ist für Stoffadjektiva geläufiger das Suffix -*ern* <
-*irin*: *hölzern, bleiern, gläsern, beinern, steinern, hörnern*; es ist
aus Bildungen zu alten *s*-Stämmen wie ahd. *hrindarin, lembirin,
kelberin*[9] und dann aus Fällen wie *silbern, ledern* und *eisern* (das
auf got. ahd. *īsarn* Eisen zurückgeht!) übertragen. Zu den Schwankungen von -*en* und -*ern* in der Literatursprache vgl. Paul, S. 89.

Im Ndd. laufen mit diesem Suffix Neigungsadjektiva um:
arbeidern arbeitsam, *schemern* schamhaft, *bequämern, todringern* zu-
dringlich, *vergetern* vergeßlich, *behöllern* gutes Gedächtnis habend,
entsprechend der erwähnten ahd. Erweiterung auf -*alīn*. Hierher das
schriftsprachliche *lüstern* und wohl auch *schüchtern*[10].

129. Ahd. -*ag*, -*īg* (< idg. *ko*- / *qo*-Suffix; vgl. lat. -*īcus*, griech.
-*ικός*). Im Germ. weist es verschiedene Mittelvokale auf; neben
got. -*ags* und -*eigs* erscheint auch -*igs, -ugs-, -iugs*, im Ahd. -*ag* und
-*ig* mit teils unsicherer Quantität des Vokals, mhd. -*ec* und -*ig*,
nhd. nur -*ig*, das ahd. -*īg* fortsetzt[11].

Im allgemeinen tritt -*ag* an *a-, u-, ō*-Stämme, -*ig* an *ja*- und *i*-Stämme
an, doch nicht ohne Ausnahmen (vgl. *nōtag*, zum *i*-Stamm *nōt, ginādig*
zum *ō*-Stamm *gināda*, sowie Doppelbildungen vom selben Stamm:
einag – einig). Bildungsweise und Bedeutung können noch folgende
Beispiele beleuchten: got. *ansteigs*, ahd. *enstig* gnädig zu *anst*, got.
gredags, ahd. *grātag* hungrig zu *gredus* Hunger (oder *gredon* hungern?),
ahd. *flīzig, snēwag* schneeig, mhd. *mǣzec* mäßig, enthaltsam (zu *māze*),
bendec festgebunden, *unbendec* (zu *bant*), *slīmec* schleimig (zu *slīm*),

---

[8] Vgl. Schwyzer, Abh. d. Preuß. Ak. d. Wiss. 1941, Nr. 9, S. 21;
zum ganzen Abschnitt noch Kluge, § 198 ff.
[9] Vgl. Braune-Mitzka, Ahd. Gramm. § 197.
[10] Vgl. Wilmanns, S. 439; Schlesw.-Holst. Wb. 1, 278; 5, 384 u. ö.
Unklar bleibt *nüchtern*, ahd. *nuohtarn(in)*.
[11] Vgl. Kluge, S. 100 f.; Wilmanns, S. 455 f.; Jóhannesson, Suffixe, S. 107 f.; Ph. Lenz, ZfhdMaa. 4, 198 ff.

ahd. *sālig* selig (zu got. *sels* gut), mhd. *früetec* eifrig (zu *fruot* weise), got. *andanemeigs* neben *andanems* angenehm, ahd. *spātig* und *spāti, wirdig* und *wert, rihtig* und *reht,* mhd. *güetec* und *guot, reinec* und *reine,* ahd. *birig* fruchtbar (zu *beran*), *mandag* munter (zu *menden*), mhd. *mīdec* vermeidend, *gültec* (zu *gelten*), *innec* (zu *inne*), *mornec* morgig, *überec,* auch *ænec* ledig (zu *āne*), ahd. *ebanfartig* dieselbe Fahrt habend, *sibunjārig,* mhd. *niunherzec, grōzspræchec* (s. § 45), *wurmæze(c)* wurmstichig oder noch Wolframs *vischec* von Fisch beschmutzt, *geltic, brinnendic, anrætec, riuwebærec* kummervoll, *nasesnitec* o. ä. Mit unklarer Bildungsweise: got. *manags,* mhd. *ledec, lidec.*

Nhd. *-ig* ist das gebräuchlichste Suffix zur Bildung von Adjektiven. Vgl. aus Substantiven: a) aus Abstrakten, Vorgangsund Zustandsbezeichnungen: *eilig, geizig, grausig, anmutig, freudig, hastig, müßig, wuchtig, vorsichtig, notdürftig, hoffärtig, gegenwärtig* (§ 137); b) aus Konkreten zur Bezeichnung der Eigenschaft, Ähnlichkeit usw.: *bärtig, dornig, neblig, felsig, bergig, fündig* (D.), *knotig, breiig, fettig, eisig, bauchig, riesig, gesellig, knauserig;* aus Adjektiven: *niedrig, stetig, emsig* (zu ahd. *emiz* fortwährend), *gehässig, untertänig, lebendig;* aus Verben: *fällig, findig, ausfindig, gehörig, beliebig, gelehrig, ergiebig, erbötig, abwendig, abschüssig, unterwürfig, ehrerbietig, unablässig, schläfrig, holprig, zappelig, mäk(e)lig* (D.), *schäbig, schlampig, schleunig* (zu anhd. *schlaunen*); aus Adverbien: *dortig, jetzig, gestrig, baldig, sonstig, einmalig, beiderseitig, anderweitig, derzeitig, jeweilig, allenfallsig.* Beliebt sind von jeher Zusammenbildungen der Art von *leichtlebig, widerhaarig, erstklassig, bundbrüchig* (s. § 161), wohl ausgehend von dem erweiterten Bahuvrīhityp *einougi* – *einäugig, langlebig, weitherzig* § 45; vgl. die oben erwähnten Fälle *ebanfartig, niunherzec* u. ä., sodann die auf *-artig* und *-far(big)* § 137 oder noch isolierte wie *fahrläßig* (zu mhd. *varn lāzen*).

Die Schriftsprache wird an Bildungen mit *-ig* teilweise noch von den Mundarten übertroffen. Hervorzuheben ist die Verwendung von *-ig* für hochsprachliches Part. Präs.: *kochig, rasig, fürchtig, glänzig, stinkig, faulig, großtuig* usw. (einige Mundarten haben von solchen Parallelen aus das Part. Präs. überhaupt durch *-ig* ersetzt) oder für Stoffadjektiva auf *-īn: buchig* buchen, *eisig* eisern, *holzig, leinig, tuchig, erdig* usw. und besonders pleonastisch: *totig, grossig, bosig, feuchtig, süßig* (schlesw.-holst. *sötig*), *blauig, verfluchtig, infam(t)ig, apartig, lachhaftig, boshaftig, ekelhaftig, dornachtig, bitterachtig, schwarzechtig, holzechtig, grasochtig, naßlochtig, glühnig* (schles.; < *glühendig*), *rasnig, stehnig, spielnig* u. ä., wie ahd. *lebentīg,* mhd. *brinnendec, glüendic.* Von einem Versuch, örtlich aufzuteilen, kann hier nicht die Rede sein. Versprengte

Fälle all dieser Bildungsweisen reichen übrigens weit über ihre Vorzugsgebiete hinaus[12].

Hiervon ist wohl nicht zu trennen thür.-hess. und sonst md. *-(n)ing* in *fülning* faulig, *rāning* regnerisch, *lachening* lachend[13].

Vorherrschend md. und nd. sind Neigungsadjektiva auf *-erig* (zunächst aus Verben auf *-ern*; vgl. die auf *-erisch* § 132, *-ern* § 128, *-icht* § 131): *regnerig, lächerig, singerig, heulerig, gumperig, kotzerig, esserig, dreckerig, blüherig, pisserig, seigerig* dass., nd. *schieterig* 'scheißerig', blaß, *behöllerig* gutes Gedächtnis habend[14].

Bei den Stoffadjektiven stehen bisweilen, z. B. im Markgräflerischen, *in*- und *-ig*-Formen im Wettstreit: *sīde* — *sīdig, wule* — *wulig* usw.[15]. Einigerorts ist *-g* geschwunden, so etwa in mbair. *gnēde* nötig, *hante* bitter gegen südbair. *gnēdeg*[16], alem. *hurti*[17].

Die umstrittenen *hiesig, dasig* erklärt GÖTZE[18] ansprechend aus **hiewesec, dawesec* (in Übereinstimmung mit nndl. *aanwezig, afwezig*). Über *billig, völlig* u. ä. s. § 133.

Über Umlaut und Brechung etwas Bestimmtes zu sagen, hält schwer, weil unsere Bildungen auf die konkurrierenden Suffixe *-ag* und *-ig* zurückgehen. Beide Gruppen sind zu Mustern für Neubildungen geworden; vgl. *bärtig* und *artig, häufig* und *grausig, faltig* und *-fältig, mutig* und *-mütig*. Auch in der Literatur herrscht in dieser Beziehung Schwanken, so gut wie bei mundartlich *glasig* und *gläsig, holzig* und *hölzig* etwa. Heute zeigen die aus den Wörtern auf *-sal* abgeleiteten (ahd. *wartasalig*, zu *wartisal[a]* u. ä. S. 182; mhd. *müesalic, müejeselic, sümesalic, -selic*) das Suffix *-sal* umgelautet, vielleicht unter Anlehnung an das Adjektiv *selig*: *mühselig, saumselig, trübselig, armselig, redselig,*

---

[12] Vgl. etwa DAVID (s. § 9) 16; SCHIEPEK (s. § 98) I (1899), S. 196; GLATTES, S. 23; Schweizerd. Wb. 1, 547; 2, 1266; 3, 1284; 4, 984; 7, 308; 8, 1350; Beitr. z. Schweizerd. Gramm. X, S. 160; Schwäb. Wb. 2, 1845; 5, 144. 754. 1677. 1776 u. ö. mit Hinweisen; Rhein. Wb. 1, 727; 2, 241. 1440; 3, 798; 4, 1104 *(kochig)*; Hess.-Nass. Wb. 2, 771 *(rasig)*; Obersächs.-erzgeb. Wb. 1, 505; 2, 33. 533; Schlesw.-Holst. Wb. 2, 999; 3, 397; 4, 715; Preuß. Wb. 1, 740; ferner WEISE (s. § 9) 72. 211 mit Lit.; BEHAGHEL[5], §§ 331, 3. 424. 448; für Luther FRANKE, S. 129 ff.

[13] Gegen K. HENTRICH, ZfhdMaa. 1905, 372 ff.; 1906, 274 f. (Verschmelzung von Gerundial- und Partizipialform: *-n-* + *-inde* > *-[n]ing*). Vgl. WEISE a. a. O., und FRINGS-SCHMITT, ZfMf. 18, 57.

[14] Vgl. WEISE, S. 71; ALBRECHT (s. § 107) § 174; Rhein. Wb. 1, 1451; 2, 202; 3, 798; 4, 1295; Hess.-Nass. Wb. 2, 4. 640. 813; Preuß. Wb. 1, 673; Schlesw.-Holst. Wb. 1, 278; 4, 348.

[15] GLATTES, S. 25. Zur Verteilung im Schweizerd. vgl. bes. Schweizerd. Wb. 7, 308, ferner noch SCHMELLER 1, 1105.

[16] Vgl. W. SCHÖNBERGER, Teuth. 10, 75.

[17] Vgl. Schweizerd. Wb. 2, 1653; Schwäb. Wb. 3, 1921.

[18] PBB 64, 204 f.

rührselig, schreibselig, soweit nicht direkt Zusammensetzung mit *selig* in Frage steht (vgl. mhd. *lobesælec, sigesælec, wīpsælec, wünnesælec* [19]). Unumgelautet bleibt – wenigstens schriftsprachlich – dagegen *-artig* in den § 137 angedeuteten Bildungen.

130. Neben *-eigs* und *-ags* erscheint im Got. die Form *-ahs*, besonders in Ableitungen aus konkreten Substantiven mit der Bedeutung des Versehenseins, die man mit Schlüter, Kluge u. a. als im grammatischen Wechsel zu *-ags* stehend auffassen wird: *stainahs* mit Steinen versehen, steinig, *bairgahs* bergig, *waurdahs, unbarnahs* kinderlos. Für ihr Alter sprechen die aus ihr abgezogenen Kollektiva auf *-ahi*: *bairgahei* F. Gebirge, ahd. *boumahi, dornahi* N. usw. (§ 88, 3). Das Deutsche kennt hier fürs Adjektiv nur das folgende Suffix *-aht*, dessen Verhältnis zu got. *-ahs* nicht völlig klar ist. Wahrscheinlich liegt Erweiterung dieses letztern durch *-t* vor.

131. Ahd. *-ht, -oht* (und *ja*-Stamm *-ohti*) setzt, wie bemerkt, got. *-ahs* fort (got. *stainahs* = ahd. *steinaht*) und verhält sich in seiner Rolle zu *-ag / -īg* ungefähr wie got. *-ahs* zu *-ags / -eigs*. „*g*-Suffix erscheint als das allgemeinere, *ht* das beschränktere, bestimmtere. *g* verbindet sich mit allen Wortarten, *ht* fast nur mit Substantiven; *g* vorzugsweise mit Abstrakten, *ht* nur mit Konkreten. Es bezeichnet zunächst und im allgemeinen das Versehensein mit etwas, weiterhin auch Übereinstimmung in einer wesentlichen Eigenschaft", danach eine Ähnlichkeit, Verwandtschaft, Menge oder Fülle überhaupt [20]. – Im Mhd. gelten neben *-oht* die geschwächten Formen *-eht, -ëht*, im Md. *-icht*. Beispiele: ahd. *boumaht, -oht(i)* baumreich, *hornaht* gehörnt, *holzoht, wurmoht, bartoht, hanthaboht* mit Handhabe versehen (aber auch *leimag* lehmig, *dornag* usw.), mhd. *velseht, bücheht* bauchig, *lockeht, moseht, stuckeht* zerstückt, *tōreht, tœreht, narreht* usw. [21]; ae. *stāneht(e), stæniht(e)* steinig, *ðyrniht(e)* dornig, an. *hrīsōttr* strauchig. Nhd. erscheint *-icht*: *blumicht, bucklicht* usw., daneben zunächst auch *-echt*: *kropfecht* (Gengenbach), *bartecht* (Fischart), *steinächt* (Simpl.).

Heute ist *-icht* beinahe ganz von *-ig* oder andern Suffixen verdrängt, wie *felsig, lockig, moosig, närrisch* zeigen; schriftsprachlich bleibt eigentlich nur *töricht* außer Sonderfällen wie den von Nietzsche geliebten *faulicht, lauicht, schamicht* [22]. Dagegen hatte *-icht* im 17. und 18. Jh. auf Kosten von *-ig* weit über sein ursprüngliches Gebiet hinausgegriffen, z. B. in *blumicht, schatticht, nervicht, runzlicht, zotticht, gelblockicht*. Seine Glanz- und Blütezeit geht von 1725–1800 [23]. Dabei hat

---

[19] WILMANNS, S. 467 und unten § 138; zu ndl. Bildungen auf *-zalig* vgl. VAN LESSEN, S. 125 mit Lit.

[20] WILMANNS, S. 467 f.; vgl. J. HALTENHOFF, Zur Gesch. d. nhd. Adjektivsuffixes *-icht* u. seiner Verwandten. Diss. Heidelb. 1904, S. 75 ff.

[21] Neuisl. verbreitet als *-öttur*; JÓHANNESSON, Suffixe S. 82 ff.

[22] Schon ae. steht *-ig* neben *-iht(e)* und verdrängt dieses im Frühmengl. ganz; vgl. KOZIOL, S. 172.

[23] Von Brockes und Bodmer aus, nach HALTENHOFF, S. 44 ff., be-

sich infolge einer Kontamination der beiden Suffixe neben *-icht* die
Schreibweise *-igt* festgesetzt, von der auch Goethe und Schiller in
ihren frühern Schriften reichlich Gebrauch machen [24].
Mundartlich erscheint *-icht* bair.-fränk.-alem. weitgehend als *-et*,
teilweise so zusammenfallend mit *-et* des schwachen Part. Prät.:
kropfet, mhd. *kropfeht* mit einem Kropf versehen, *bucklet, bauchet,
ecket, drecket, bausbacket, großkopfet, einauget* usw. [25] Dieses *-et* zeigen
auch volkstümliche Schriften des 16./17. Jh.s.
    Sehr oft geht dem Suffix eine **leichte Ableitungssilbe** des
Grundworts vorauf (ahd. *masaroht* gemasert, zu *masar, houbetoht*, zu
houbit), am häufigsten *-l* [26]: ahd. *runziloht* runzelig, mhd. *buckeleht*
(s. o.), *swebleht, ringeleht*. Daher das selbständige Wuchersuffix *-loht,
-leht, -lich(t)*, das dem 18. Jh. noch geläufig und in obd. Mundarten
noch heute gebräuchlich ist: *gelbloht, stumpfeleht* (neben *stumpfeht,
süezleht, süßlich(t)* u. ä. Diese adjektivischen Ableitungen, die besonders eine Ähnlichkeit angeben, gleichen nun ganz den übrigen Adjektiven auf *-lich* (vgl. § 133 zu *gelblich, süßlich* u. a.); die zu Substantiven
gebildeten haben jetzt *-ig*: *schweflig, schimmlig, haarig*.

    132. Got. *-isks*, **ahd.** *-isc* (ein ursprünglich wohl zusammen-
gesetztes germ. *-iska-* [27], verwandt mit griech. *-ίσκος*, dem es der
Bedeutung nach jedoch nicht mehr entspricht (s. u.); entlehnt in
ital. *-esco*, franz. *-esque*). Es bezeichnet zunächst die **Abstammung, Herkunft** und zeigt hier noch gelehrten (Übersetzungs-)
Charakter: got. *gudisks* göttlich, *mannisks* menschlich, *barnisks*
kindlich, *judaiwisks* jüdisch, ahd. *heidanisc* heidnisch, *himilisc,
irdisc, langbartisc, diutisc*. Da sich mit der Abstammung leicht
der Begriff des Charakteristischen verbindet, schwenkt die Bedeutung auf das **sittliche** Gebiet hinüber; vgl. ahd. *kindisc*
kindlich und unser *kindisch, dorfisc* dörfisch, *unadalisc* unedel,
mhd. *tœresch*; an. *heimskr* heimisch-einfältig, *ylfskr* wölfisch-
treulos, ae. *ceorlisc* bäurisch. Der abschätzige Sinn des Suffixes

günstigt durch die Natur- und Homerbegeisterung (S. 60 ff.); über die
Gründe des Verfalls s. dens. S. 77 ff.   [24] PAUL, S. 97.
    [25] Vgl. etwa LESSIAK, PBB 28, 104; E. GÖPFERT, ZfhdMaa. 1905,
27 f. („ein dem Westerzgebirg. eigentümliches Suffix"); Obsächs.-
erzgeb. Wb. 1, 163. 243. 275 u. ö. (mit weiterer Ang.); ROEDDER (s. § 9)
158; Schwäb. Wb. 1, 1502 f.; 2, 345. 535 f. 588 u. ö.; Elsäss. Wb. 1, 27;
SCHMELLER 1, 50. 201; Hess.-Nass. Wb. 2, 813 *(regnericht)*; WEISE
(s. § 9) 71. 211. Ausgangspunkt für *-et* < *-eht* die Fälle mit Guttural-
ausgang? Anders K. WEITNAUER, Teuth. 6, 127. Vgl. nun fürs Schweizerd. bes. K. MEYER (s. S. 270) 136 ff. 149.
    [26] Letzteres betrifft die Hälfte der 195 von Lexer verzeichneten
mhd. Bildungen mit *-iht*; HALTENHOFF, S. 112.
    [27] Vgl. § 76, 13; ferner F. MEZGER, Zfvgl Sprf. 79, 38 ff.

tritt also früh auf, bildet sich aber erst im 18. Jh. voller heraus [28].

In seiner heutigen Verwendung treten noch hervor Ableitungen aus Personen- und Tierbezeichnungen, meist mit herabschätzender Bedeutung: *diebisch, weibisch, teuflisch, pfäffisch, schurkisch, läppisch, närrisch, bäurisch, lügnerisch, dichterisch, malerisch, heuchlerisch, buhlerisch, verräterisch, kriegerisch, turnerisch, ringerisch* (D.), *wählerisch, zeichnerisch, buchhändlerisch, haushälterisch, tierisch, viehisch, hündisch, schweinisch*; zu anderen Substantiven: *irdisch, höfisch (hübsch), städtisch, spöttisch, neidisch, launisch, seelisch, zänkisch, abergläubisch, biblisch, paradiesisch*; an ein Adjektiv (Adverb) oder Verb angelehnt: *linkisch, heimisch, hämisch, selbstisch, mürrisch, neckisch*; auch *wetterwendisch*; – aus Eigennamen, Orts-, Länder-, Stämmenamen: *kantisch, goethisch, senecisch, zwinglisch, fritzische Gesinnung, kölnisch* (vgl. *Kölsch*), *aachenisch* (spätmhd. *eisch*), *erfurtisch (erfsch), wienerisch-wienisch, staufisch, hohenzollerisch, griechisch, römisch, romanisch* (ahd. *rōmisc*, andd. *rōmānisc*), *dänisch, schottisch, spanisch, portugiesisch, grönländisch, österreichisch* (doch *schweizerisch*), *fränkisch, alemannisch, rheinisch* (mhd. *rīnesch*), *ostelbisch* [29], insbes. *deutsch* und *welsch* [30]. Ein eigenes Suffix -*erisch* zeigt *regnerisch* und wohl auch *mörderisch*. Vgl. hierzu noch § 102.

In Ableitungen aus Fremdwörtern steht -*isch* regelmäßig für lat. -*icus*, griech. -*ικός*: *historisch, politisch, physisch, tragisch*. Gerne tritt es an fremde Suffixe an: *egoistisch sozialistisch*, pleonastisch (!) in *bestialisch, physikalisch, orientalisch, theatralisch, sentimental(isch)* [31], *ideal(isch), kolossal(isch), kollegial(isch), grammatikalisch* (neben *verbal, formal, nominal*), *summarisch, solidarisch, vegetarisch, lapidar(isch), amerikanisch, puritanisch, neapolitanisch, asiatisch, europäisch, pharisäisch* (auch etwa *merkantilisch, monotonisch, antikisch*; Behaghel § 33). Hiermit sind aber

---

[28] Vgl. A. Götze, PBB 24, 464 ff.; E. Lerch, Das Wort Deutsch. 1942, 74 ff.; Fr. Kainz in Dt. Wortgesch. ²II, 231 mit Hinweisen.

[29] Vgl. Götze a. a. O. bes. noch 480 ff. 509; Dens. ZfdWf. 3, 183 ff. Zur Kontroverse *wilhelminisch-wilhelmisch* W. Andreas, Hist. Zs. 161, 324 gegen R. Hennig u. K. Jacob, ebenda 162, 111 bzw. 556. Für Luther s. Franke, S. 132 f.; Bach, Namenk. II, 1 § 259.

[30] Zur Erforschung dieser Namen vgl. jetzt L. Weisgerber, Deutsch als Volksname, 1953 mit Lit., bes. S. 97 f. 160. 279.

[31] Vgl. E. Erämetsä, AASF 84 (1954), 659 ff.

die Möglichkeiten keineswegs erschöpft; vgl. *modisch, faktisch, gigantisch* u. ä. Fälle.

Die beträchtliche Zahl der mit Adjektiven auftretenden **fremden Suffixe** mögen folgende Beispiele andeuten: *formal, formell, subtil, elementar, regulär, human, mondän, genuin, delikat, dekrepit, diskret, komplett, morbid, dubios, skandalös, rasant* (D.), *blümerant (bleumourant), dezent, virulent, stupend, operativ, antik, grotesk, diskutabel, disponibel*[32]; hybrid: *burschikos, pauschal* (in *Pauschalsumme* u. ä.; über neulat. *pauschalis*, zu *Bausch*[33]).

Zweite Kompositionsglieder

133. Got. *-leiks*, **ahd.** *-līh*. Mit einem germ. Substantiv *līka-*, got. *leik*, an. as. *līk*, ae. *līc*, ahd. *līh* N. 'Leib, Körper'[1] wurden ursprünglich eigentliche Bahuvrīhikomposita gebildet. Im Got. und An. ist jedoch das zweite Glied normalerweise als Adjektiv *-leiks* bzw. *-ligr* behandelt (§ 45). Infolgedessen bleibt ungewiß, wieweit hier schon „Grammatikalisation" (womit man nach dem Vorgange A. Meillets das Herabsinken eines ursprünglichen Wortes mit selbständiger Bedeutung zu einem bloßen grammatischen Hilfsmittel bezeichnet) angebahnt ist.

Anm. 1. Man hat aber auch auf das Verbum got. *leikan* 'gefallen' und einen mit dem Substantiv gleichlautenden Adjektivstamm mit der Bedeutung 'gleich, glatt, passend' hingewiesen, der eine für unsere Bildungen natürlichere Grundlage geboten habe[2].

In den westgerm. Dialekten erscheint *-līka-* als das beliebteste Adjektivsuffix neben ahd. *-ag* / *-īg*, namentlich für Bildungen aus Substantiven und Adjektiven. Vgl. ahd. *ēlīh* gesetzlich, *dinglīh, fridulīh, namolīh, gibūrlīh* (zu *gibūro* Nachbar), *naturlīh, ōstarlīh, mittitagalīh, fiantscaflīh, bōslīh, frīlīh, gifuoglīh, einhartolīh* beharrlich, mhd. *arbeitlich* mühselig, *gelückelīch, wolkenlīch, slōzlīch* mit Schloß versehen, *altlīch, genzlīch, küenlīch, kostbærlich* usw.[3]

Seine Rolle ist anfänglich, auf das dem Stammwort Natürliche, Gemäße hinzuweisen: *königlich* = nach Art des Königs, *gütlich* = von guter Art. Von innern geht es zu äußern Eigenschaften und Attributen (namentlich auch possessiven) über: neben die

---

[32] Vgl. Koziol, S. 176 ff. und o. § 119.   [33] Trübners Wb. 1, 246.

[1] Als Neutrum älter mundartl., s. Schweizerd. Wb. 3, 1013.

[2] Vgl. Wilmanns, S. 477.

[3] Vgl. Gröger, S. 28 f. Hierzu und zum folg. noch unten S. 274 (Wissmann, Schröder) und Dt. Wortgesch. [2]I, 170. 265; [2]II, 394 f.

mütterliche Liebe, väterliche Ermahnung stellt sich das *mütterliche, väterliche Erbteil*, neben *königliche Gnade* der *königliche Gast* und der *königliche Hoflieferant.* So entstehen bald mit Hilfe des Suffixes *-lich* die verschiedensten Ableitungen aus Substantiven aller Art, zunächst aus persönlichen, dann aus Gegenstands-, Zeit-, Vorgangs- und Zustandsbezeichnungen: *feindlich, bräutlich, brüderlich, fürstlich, päpstlich, jungfräulich, leiblich, herzlich, bildlich, staatlich, klösterlich, abendlich, herbstlich, weihnachtlich, ängstlich, augenscheinlich, glimpflich, lästerlich, zuversichtlich, einheitlich, obrigkeitlich, leidenschaftlich, volkstümlich* usw. [4], alle irgendeine Abschattung der Beziehung auf das Grundwort ausdrückend. Dagegen meinen die Ableitungen von Adjektiven gewöhnlich eine Annäherung an den Begriff des Grundwortes oder eine Neigung, zum Teil wieder hinüberspielend ins Moralische: *länglich, ältlich, weichlich, gütlich, kleinlich.*

Anm. 2. Nach H. SCHWARZ [5] erwiesen sich zahlreiche Fälle wie *länglich, gelblich, süßlich, gröblich, laulich* (D.) als Rückbildungen aus Ähnlichkeitsadjektiven auf *-licht* (s. § 131). *-licht* zeigte mehr „eine der Sache oder dem Stoff verwandte Beschaffenheit, *-lich* die Art und Weise einer Handlung, einen Zustand" an (S. 17). Als Vermittlung hätten Bildungen wie *ärmlich, reichlich, kränklich* dienen können.

Im Mhd. hat sich bekanntlich ein eigenes Suffix *-lĭche(n)* für Adverbien herausgebildet, das auch bei Wörtern Anwendung findet, für welche *lĭch*-Bildungen sonst ungebräuchlich sind. Ferner liebt das Mhd., namentlich wieder für die Adverbialbildung, ein freies Suffix *-eclĭch(e)* [6] – da besonders die Adjektiva auf *-ec* zur Erweiterung durch *-lĭch* neigen: *inneclĭch (innig* ist erst nhd.!), *snelleclich, milteclĭch, gemeineclĭch, güeteclĭch, vesteclĭch, vrühteclĭch, worteclĭch* usw., blühend namentlich in der Kanzleisprache [7]. – Von diesen Adjektiven auf *-iglĭch* ist zu trennen *männiglich* (< *manno gilĭh* jeder der Männer). Dies führt auf die Fälle, in denen *-lĭh* mit Gen. Plur. verbunden war, wie ahd. *dingo-lĭh* jedes Ding, *leido-gilĭh* jedes Leid, *allero ubilo gihwelĭh* jedes Übel. Hierher eigentlich *täglich* < *(allero) tago(gi)lĭh,* mhd. noch *allertegelich,* wonach dann *jährlich, stündlich, vierwöchentlich* (s. u.) usw. [8].

---

[4] Vgl. PAUL, S. 102.

[5] Das Suffix *-lich(t)* bei Adjektiven im Nhd. Diss. Freiburg 1905.

[6] Vgl. E. WOLFF, Die zusammengesetzten Adjektiva und Adverbia bei Wolfram v. E. Diss. Greifsw. 1913, bes. S. 111. 120 f.

[7] Vgl. L. E. SCHMITT (s. § 8) 120 f.; zum Aufleben im Sturm und Drang (*emsiglich, brünstiglich* usw.) LANGEN (s. § 34) 1103.

[8] Vgl. HORN (s. § 10) 61, für ae. *dæglic* < *dag(a gihwi)lic* und weitere englische Parallelen.

Beachtenswert sind ferner die Ableitungen auf *-en-lich* – zunächst aus Infinitiven und Partizipien –, die alle ein anorganisches *t* als Übergangslaut zeigen: *wesentlich, flehentlich, hoffentlich, wissentlich, versehentlich, (an)gelegentlich, geflissentlich,* bei Leibniz etwa auch *vollkommentlich,* dann *eigentlich, öffentlich, ordentlich, wöchentlich, namentlich,* wonach wahrscheinlich *freventlich* (immerhin neben mhd. Verb *vrevenen*), außer *ansehnlich* und *tunlich* (früher *tulich*), mhd. anscheinend *hof-, hoffenlīch* usw., Wolframs *grüezenlīche, küssenlīche, duzenlīche* duzensweise. Neben ihnen nehmen die Bildungen, die sich direkt an ein **Verbum** anschließen (*tauglich, schließlich, erhältlich, erbaulich, verderblich, vergeßlich, empfindlich, ersinnlich* usw.), dauernd zu. Sie bilden das jüngste Glied in der Kette. Für ihre Entstehung ist wie so oft auszugehen von älteren Nominalableitungen, die auch auf ein Verbum bezogen werden konnten. So ist ahd. *klagalīh* ohne Zweifel zu *klaga* gebildet, nachträglich aber auch auf *klagōn* bezogen worden. Hiermit sind zu vergleichen *fraglich, schädlich, gebührlich, sorglich, schmerzlich, glaublich, grämlich, tröstlich, verdrießlich* (zu mhd. *verdriez*) u. ä. Transitive Verba können aktivische oder passivische Adjektiva liefern, je nachdem, ob das Wort, auf welches sich das Adjektiv bezieht, Subjekt der Tätigkeit oder Zielobjekt ist. Vgl. einerseits *erbaulich, verderblich, vergeßlich* – andererseits *erklärlich, unergründlich, unvergeßlich* (aktivisch und passivisch zugleich ist z. B. *empfindlich*: *empfindlicher Mensch* – *empfindliche Niederlage,* desgl. *bedenklich, verbrennlich,* mhd. etwa *untrœstlich* = entmutigend und mutlos). Wie es scheint, neigen besonders Partikelverba zur Bildung mit *-lich*; vgl. noch *zerbrechlich* (aber *brechbar*), *begreiflich* (aber *greifbar*), *erträglich* (aber *tragbar*), namentlich auch negativ: *unzertrennlich* (neben *trennbar*), *unbegreiflich, unerforschlich, unersetzlich, unvergleichlich* usw. (doch auch *erreichbar, zerreißbar* u. a.; s. § 135).

Fälle wie *lächerlich, fürchterlich, mörderlich* mit einem kombinierten Suffix *-erlich* lehnen sich an *wunderlich, ärgerlich* usw. an; vgl. *-erisch* § 132. Andere erscheinen heute mehr oder weniger isoliert, z. B. *dämlich, gräßlich, niedlich, liederlich, scheußlich, plötzlich, weidlich, allmählich, unersättlich.*

Einige ältere Ableitungen auf *-lich* (mit Stammauslaut *-l*!) zeigen jetzt *-ig: billig, eklig, untadelig, völlig, unzählig* [9].

---

[9] Vgl. Paul, Dt. Gramm. Teil II, § 182.

Auch mundartlich erscheint weitgehend -*lig* für -*lich*, mit -*g* entweder aus flektierten Formen oder infolge Dissimilation: *rötlig, herrlig, ehrlig, fründlig, gmüetlig, glichlig, kommlig* bequem[10]. -*la* < -*lich* zeigt der Südosten in *namla* nämlich, *grausla, freila* usw.[11].

Für die Lebenskraft des Suffixes sind wohl mit bezeichnend die engl. Neubildungen auf-*like* aus Substantiven: *heartlike, godlike, ladylike, gentlemanlike* usw., die seit me. Zeit neben den alten, jetzt auf -*ly* ausgehenden (*heartly* < ae. *heardlīc*) auftreten.

Alter Umlaut kommt den Wörtern auf -*lich* nicht zu; der jüngere findet sich schon im Mhd., aber ohne Regel: im Nhd. ist er weitergeführt, jedoch auch ganz willkürlich, da die Ableitungen unter dem Einfluß des Grundwortes stehen. Vgl. *abendlich, folglich, staatlich, wunderlich, sommerlich, osterlich* und *österlich*, mit Bedeutungsdifferenzierung etwa *sachlich* und *sächlich*; aus der klassischen Literatur umgekehrt *unbehäglich, gläublich, verträulich*, gegen *herkommlich, offentlich, ostlich, nordlich* (Paul, S. 106).

134. -*sam* setzt einen alten Adjektivstamm fort, der in got. *sama*, ahd. *samo*, an. *samr*, ne. *same* 'derselbe' (griech. ὁμός, ai. *samá*-), Adv. ahd. *sama*, ae. *same* 'ebenso' usw.[12] auftritt. Die Adjektiva auf -*sam* weisen daher anfänglich auf das einem Grundwort Entsprechende hin, um weiterhin namentlich Charaktereigenschaften, Fähigkeiten, Neigungen zu bezeichnen. Aus Substantiven: ahd. *fridusam* friedlich, *situsam* sittsam, *ērsam, lobosam, ginuhtsam* Genüge habend, *unweg(a)sam*, mhd. *forht(e)sam, tugentsam, gewaltsam*, an. *friþsamr*, ae. *lofsum* usw., got. nur *lustusams* ersehnt; aus Adjektiven: ahd. *heilsam, liobsam, holdsam, langsam, gimeinsam, gifuogsam*, mhd. *genuocsam, lïhtesam*, ae. *angsum* ängstlich. Erst nhd. sind etwa *mühsam, betriebsam, bedachtsam, sattsam*, neuerdings vorgeschlagen *tatsam* aktiv, *leidsam* passiv. Die Adjektiva auf -*sam* stehen also denen auf -*lich* zum Teil sehr nahe, besonders seit -*lich* – das ja von den Benennungen lebender Wesen ausgegangen war – wie -*sam* auch an Abstrakta antrat. Die beiden Suffixe konkurrieren denn auch; vgl. *friedsam* – *friedlich, lobesam* – *löblich, ehrsam* – *ehrlich, wundersam* – *wunderlich*, mit deutlicherem Bedeutungsunterschied *sittsam* –

---

[10] Vgl. etwa Beitr. z. Schweizerd. Gramm. X. 212; XVI, 153; GLATTES, S. 24; Schwäb.Wb. 3, 688 mit weiteren Hinweisen; jetzt bes. K.MEYER (s. S. 270) 253ff.

[11] Vgl. LESSIAK, PBB 28, 104; ferner PH. LENZ, ZfhdMaa, 4, 198 ff.

[12] Vgl. an. *sōmr* passend, *sōma* sich ziemen, as. *sōmi*, mhd. *suome*, ae. *gesōm* angenehm, lat. *similis* ähnlich; die weiteren etymol. Zusammenhänge bei WALDE-POKORNY 2, 488. 490.

sittlich, langsam (eig. *lange* dauernd) – *länglich*, auch *furchtsam* – *fürchterlich*. Allerdings bleibt *-sam*, das schon in der mhd. Literatur eine beschränkte Verwendung findet[13], in der Folge hinter *-lich* an Lebenskraft zurück.

Zu den alten denominativen Bildungen mit *-sam* kommen später mit Vorliebe deverbative hinzu, da schon Fälle wie ahd. *sorgsam, heilsam*, mhd. *schadesam, redesam, gevallesam* eine Beziehung auch auf Verba zulassen. Vgl. nun *biegsam, unbeugsam, lenksam, bildsam* (alle passivisch), *fügsam, strebsam, duldsam, kleidsam, schonsam, genügsam, enthaltsam, unaufhaltsam*. Hier besonders tritt Doppelbildung auf *-sam* und *-lich* hervor: *bildsam – bildlich, folgsam – folglich, fügsam – füglich, sorgsam – sorglich, ratsam – rätlich*. In solchen Fällen werden wir die Bildungen mit *-sam* gewöhnlich auf ein Verbum, die mit *-lich* auf ein Substantiv beziehen; doch geht dies nicht an bei *empfindsam – empfindlich, fördersam – förderlich* u. ä. Vgl. die Parallelen auf *-bar* § 135 und *-haft* § 136.

Für die diesen Doppelvertretungen anhaftenden Bedeutungsschattierungen sind beinahe keine Richtlinien ersichtlich. Außerdem begegnen umgangssprachlich und mundartlich Bildungen, die über die allgemeingebräuchlichen hinausgehen, z. B. *schicksam, handsam, gedeihsam*[14]. Nietzsche braucht auch *tragsam*. Undurchsichtig sind jetzt Fälle wie *beredsam, gehorsam* (schon ahd. Deverbativum *[gi]hōrsam* zu *[gi]hōrren*), *behutsam, gelehrsam*; *wachsam* steht für älteres *wachtsam, seltsam* ist Umbildung < mhd. *seltsæne*. – Die beachtenswerte Sinnesentfaltung von *einsam* skizziert Trübners Wb. 2, 161.

135. Ahd. *-bāri* ist ein Verbaladjektiv zu got. *bairan* (Frucht) tragen[15] mit der Grundbedeutung 'imstande zu tragen' (vgl. ahd. *unbāri* neben *unbārig*, mhd. *unbære* unfruchtbar). Das erste Glied bildete daher ursprünglich immer ein Substantiv: *ērbāri, trōstbāri, fluohbāri*. Freilich hat schon das ahd. *-bāri* seine Bedeutung ausgeweitet; das beweisen Fälle wie *hībāri* heiratsfähig, *liutbāri* öffentlich bekannt, mhd. *man-, magetbære, herzebære* oder mit Adjektiven, Adverbien, Partikeln: *offanbāri, suntarbāri, gibāri*, mhd. sodann *irrebære* erzürnt, *einbære, -bærliche* einhellig, *vrī-, lūt-, wār-, verholnbære* verborgen[16].

[13] WILMANNS, S. 493; WEINHOLD, Mhd. Gramm., [2] § 296.
[14] Vgl. SÜTTERLIN, ZfdMaa. 1906, 103.
[15] Vgl. E. KARG-GASTERSTÄDT, PBB 65, 207 ff.
[16] Vgl. A. NOLTE, AfdA. 25, 301; ZfdA. 52, 78 f. (für Wolfram, Hart-

Nachdem dann Wörter wie ahd. *dancbāri, gruozbāri*, mhd.
klagebære, siufte-, siufze(n)bære, redebære, lobebære auch auf Verba
bezogen waren, mehrten sich seit dem Spätmhd. die verbalen
Ableitungen stark, namentlich solche mit passivischem Sinn:
*hörbar, brauchbar, lenkbar, drehbar, eßbar, fühlbar, fahrbar, heiz-
bar, zahlbar, lieferbar* usw., besonders von zusammengesetzten
Verben: *vergleichbar* (neben *unvergleichlich*), *(un)erreichbar, (un)-
zerreißbar, entscheidbar, herstellbar, ausziehbar, anwendbar, an-
landbar* (D.), *unbeschenkbar, unerklärbar, widerratbar* (Nietzsche);
aktivisch etwa *haltbar, haftbar, unfehlbar*. In Deverbativen bezeichnet -*bar* mit einem Wort das Mögliche, eine Zugäng-
lichkeit. Sehr häufig und zum Teil allein gebräuchlich (*unnenn-
bar, unbeirrbar, unleugbar*) sind die negativen Bildungen. – Nicht
weniger bedeutend und für Fremdsprachige sogar noch bedenk-
licher als die Konkurrenz zwischen -*sam* und -*lich* ist die zwischen
-*bar* und -*lich* (und -*sam*); vgl. *kostbar – köstlich, strafbar – sträf-
lich, ertragbar – erträglich, vernehmbar – vernehmlich, lesbar –
leserlich* oder *wunderbar – wunderlich – wundersam, furchtbar –
furchtsam – fürchterlich* [17].

Nach FLURY (s. S. 274) 87 sind die neuen Ableitungen im 20.Jh. fast
ausschließlich – zu 98 % – deverbativ. Bildungen wie *gangbar, sichtbar,
sangbar, wandelbar* stellt das Sprachempfinden wohl neben Verba,
wenn ihnen auch alte Substantiva zugrunde liegen. – Verdunkelt sind
lautbar, ruchbar (für ndd. *ruchtbar* zu mhd. *ruoft* Ruf).

Nicht schriftsprachlich sind (alem.) *mangelbar, schmackbar, schreck-
bar* [18]. Mundartlich verliert *ẽrber* (< *ẽrbar*) gelegentlich sein -*er* durch
Rückbildung nach *schöner: schön*, z. B. in *en ẽrbs Kleid* ein anständiges
Kleid; desgl. wird *urbar* > *urbe* nach *gueter : guete* [19].

136. Ahd. mhd. -*haft* entspricht dem got. Partizip *hafts* zu
hafjan heben (= lat. *captus*; s. § 76, 10) und ist als Verbaladjektiv

mann, Gottfried). Die Zusammensetzungen mit -*bære* zielen nach
BENECKE, Anm. z. Iwein 116, S. 260 auf das hin, was das erste Wort
aussagt, während dem lat. -*fer* diejenigen mit -*bernde* entsprächen.
Zum umstrittenen Fall in Hartmanns aH. 225. 447 vgl. jetzt FR.
RANKE in ZfdA. 79, 178 ff.

[17] Zum Bedeutungsverhältnis d. Suffixe vgl. WEISGERBER (s. § 104)
1, S. 167 ff. (-*bar* bezeichnet das Betroffensein von einer Tätigkeit, -*lich*
die Möglichkeit ihrer Bewältigung) u. bes. FLURY S. 111 ff.

[18] Vgl. H. BLÜMNER, Zum schweiz. Schriftdeutsch. Zürich 1892,
S. 17 ff. und SCHÖNAICHS Neolog. Wb. hgg. v. A. Köster, 544.

[19] SOCIN, Herr.Arch. 83, 335.

noch bis ins Mhd. herab erhalten (vgl. etwa noch got. *liugom hafts* durch Ehe gebunden, verheiratet, ahd. mhd. *[kindes] haft* schwanger, auch subst. *haft* der Gefangene). Es bildet im Deutschen aus unpersönlichen Substantiven Adjektiva mit der Grundbedeutung 'mit etwas behaftet, versehen', deren Bereich sich zu der allgemeineren einer Eigenschaft namentlich dort erweitert, wo es an persönliche Substantiva und Adjektiva antritt. Die ursprüngliche Bedeutung könnte noch Goethes *flügelhaft* mit Flügeln versehen, *tränenhaft, liebehaft, musenhaft,* aber auch mehreren der hier folgenden Beispiele nachgehen.

Aus dem Got. liegen vor *audahafts* glücklich (zu **auþs,* an. *auðr,* ahd. *ōt* Reichtum, Glück) und *qiþuhafts* schwanger (zu *qiþus* Unterleib); ahd. etwa *sigihaft, ērhaft, ēohaft* gesetzlich, *ellenhaft* kühn, *nōthaft* bedrängt, *sunthaft* sündhaft, *wazzarhaft* wassersüchtig, *lugihaft, scadahaft,* mhd. *vrevelhaft, tugenthaft, zwivelhaft, tiuvelhaft, manhaft* usw., nhd. *ekelhaft, fehlerhaft, traumhaft, stammhaft, vorteilhaft, märchenhaft, romanhaft, grußhaft* (G. Keller). Aus Adjektiven (zunächst wohl substantivierten): ahd. *wārhaft, reinhaft, sālighaft,* mhd. *blinthaft, gesunthaft, zagehaft, geilhaft, swarzhaft,* nhd. *boshaft, krankhaft.*

Von Fällen wie *būhaft* (zu *bū* oder *būwan*), *klagehaft, geloubhaft* gehen Verbalbildungen aus: *leb(e)haft, lachhaft, schwatzhaft, habhaft, wohnhaft, naschhaft, flatterhaft, schmeichelhaft.* – Heute sind die Bildungen mit *-haft,* namentlich die Adjektivableitungen, beschränkt. Einigermaßen ragen hervor diejenigen aus persönlichen Substantiven: *knabenhaft, mädchenhaft, bubenhaft, schülerhaft, meisterhaft, riesenhaft, heldenhaft, stümperhaft, geckenhaft, geisterhaft, eselhaft, massenhaft, pöbelhaft, nonnenhaft.* – Schon das Ahd., besonders aber das Mhd. kennt die Erweiterung *-haftig*: ahd. *samanthaft(ig),* mhd. *sigehaftic, vrevelhaftic, tugenthaftic* usw., nhd. noch *leibhaftig, teilhaftig, wahrhaftig.*

Bildungen mit verschiedenen Suffixen (s. § 134 f.): *glückhaft – glücklich, meisterhaft – meisterlich, herzhaft – herzlich – herzig, grausam – gräulich – grauenhaft, bildlich – bildhaft – bildsam, gläubig – glaubhaft – glaublich, ehrbar – ehrlich – ehrsam – ehrenhaft, formhaft – formlich, förmlich – formbar –* wozu noch *formisch* (D.), *– . . . förmig,* mhd. *tugentbære – tugenthaft(ec) – tugentlīch(e) – tugentsam* (die sich alle etwa in der Bedeutung 'edel, fein gesittet' treffen).

Mehr oder weniger isoliert sind etwa *nahrhaft, bresthaft, seßhaft, statthaft, echt* (< mhd. *ēhaft*).

137. Mehrere ältere Wortstämme sind nicht als Mittel der Ableitung bis zu uns gelangt und z. T. in ihrer Rolle schon früh erloschen (vgl. § 120). Im Got. gab es Adjektiva auf -*kunds* 'herstammend' (eig. ein Partizip 'erzeugt', wie lat. *[g]nātus*): *(ufar)himinakunds* himmlisch, *airþakunds* irdisch, *gumakunds* männlich, *qinakunds* weiblich, desgl. ae. *heofoncund, eorðcund, woruldcund, godcund,* ahd. noch versprengt *got(e)kund* göttlich [20]. – Erwähnt seien ferner Bildungen auf westgerm. -*māti* 'in Form oder Umfang gleich' [21]: ahd. *fuodarmāzi* fudermäßig, *ebanmāzi* (dann auch *ebanmāzig*), ae. *pundmæte* pfundmäßig, *unmæte* unmäßig, me. *evenmete,* nhd. isoliert *gemäß* (ae. *gemæte*); – auf westgerm. -*wandi* 'sich wendend, gereichend zu' [22]: ae. *hālwende* heilsam, *lēofwende* freundlich, *hwīl(w)ende* zeitlich, im Hd. erweitert zu -*wentig*: ahd. **leidwentig, *argwentig, *missawentig* [23], mhd. *nōtwendec, nāchwendec* benachbart, *innewendec,* nhd. *inwendig, auswendig* (vgl. die Adverbien auf ahd. -*enti* § 159); – auf got. -*wairþs* 'gewendet, gerichtet auf': *andwairþs* gegenwärtig, im Deutschen neben den Adverbien auf ahd. -*wert,* nhd. -*wärts* (§ 159) erweitert als -*wärtig* in *gegenwärtig, widerwärtig*; – auf ahd. -*scaffan* 'beschaffen' (Part. Prät. zu *scepfen, scaffan*): *missiscaffan* ungestalt, desgl. mhd. *wānschaffen* ungestalt, *wintschaffen* verdreht u. ä., *rehtschaffen,* nhd. *rechtschaffen*; – auf ahd. -*luomi* 'häufig aufweisend' [24]; *gastluomi* gastlich, *scataluomi* schattig, *suhtluomi* verpestet (mundartlich erhalten in schweiz. *naß-, schad-, winterluom, -lüem* [25]).

Im Ahd. erscheinen schon einige Bildungen mit -*farwi, -faro,* nhd. -*farb(en)*; *rōtfarwi, glasfarwi, mūsfarwi, missafarwi, ruozfaro,* die dann im Mhd. so geläufig werden, daß -*(ge)var* geradezu ableitende Funktion mit der Bedeutung 'aussehend nach' erhält und Beschaffenheit oder Eigenschaften angibt; vgl. *riuwevar* schmerzlich, *sumervar, martervar, selpvar* natürlich, ungeschminkt, *ernstgevar, tœtlichgevar, ungevar* übel aussehend usw. und Goethes *rosenfarbes Frühlingswetter* (neben seinem *wolkenfärbig*) [26].

Erst nhd. sind dagegen die Adjektiva auf -*artig* (zunächst aus Substantiven auf -*art*) wie *offenartig, stein-, kalk-, gasartig,* dann *bös-, gut-, groß-, fremd-, gleich-, viel-, verschieden-, anders-, derartig.*

138. Wie bei den Substantiven (§ 124) finden sich auch bei den Adjektiven Grenzerscheinungen in dem Sinne, daß ein zweites

---

[20] Siehe über -*kunds* M. CAHEN in Mélanges Ch. Andler (Publ. Fac. Lettres Strasb. 21). 1924, S. 79 ff. (Verhältnis von **gudakunds-gotelīh*) und DENS. in Mélanges Vendryes. Paris 1925, 75 ff.

[21] KLUGE, § 244.   [22] KLUGE, § 245.

[23] Vorauszusetzen nach den Substantiven *leidwentigī* usw.

[24] KLUGE, § 246.   [25] Vgl. Schweizerd. Wb. 3, 1270.

[26] MARTHA BRANDT, Beitr. z. mhd. Wortforschung. Diss. Köln 1928, S. 55 ff.

Glied noch als freies Wort besteht, aber doch schon einigermaßen
mechanisch zu gruppenartigen Bildungen verwendet wird. Hierher stellen sich vor allem seit dem Got. zusammengesetzte Adjektiva auf *-los,* dann solche auf *-voll, -reich, -arm, -leer, -wert,*
aber auch mehrere andere.

In *endlos, grundlos, nam(en)los, heillos* u. ä. kann *-los* rein verstärkend fungieren, von hier aus seine eigentliche Bedeutung gar ins
Gegenteil umschlagen: mhd. *rīchlōs* sehr reich (Parz. 703, 12), schon
ahd. *muotilōsī* animositas (Graff 2, 269, Grimm, Gr. 2, 566)?

Vgl. got. *akranalaus* fruchtlos, *andilaus* endlos, *witodalaus* gesetzlos,
ahd. *ērlōs, (vröude-) helfelōs* (§ 31), *trōstlōs, ōrlōs, brōtlōs, gruntlōs,* mhd.
herzelōs, tugentlōs, hoffelōs, nhd. *hoffnungs-, ahnungs-, eltern-, kinder-,*
grenzen-, wahl-, ziel-, zinslos, rettlos (D.) usw., bei Goethe etwa noch
welt-, wirt-, zaum-, anmaßungslos[27]. (Noch weiter geht das Engl. mit
-less, was Ableitungen aus Verben wie *tireless* unermüdlich, *resistless*
unwiderstehlich zeigen[28]); ferner mhd. *loubes lære, sanges vol, ellens*
rīche, dankes arm, armuotes vrī, friundes wert, sanges müede, vingers
breit u. ä. mit nhd. *luft-, blut-, liebe-, freuden-, inhalt(s)leer, sinn-,*
trost-, jammer-, hoffnungs-, rücksichtsvoll, freuden-, segen(s)-, arbeit(s)-,
tränen-, wasserreich, regen-, sonnen-, pflanzen-, blutarm, gift-, salz-,
wolken-, fehler-, zins-, spesenfrei, dankens-, lobens-, lebens-, lesens-,
sehenswert, kampf-, kriegs-, semestermüde, hand-, fuß-, finger-, zim-
mer-, meterbreit, oder die Adjektiva auf *-recht: wage-, lot-, senkrecht,*
auf *-fertig: recht-, fried-, dienst-, leichtfertig,* auf *-fähig: un-, schreib-,*
leistungs-, zurechnungsfähig – alles Bildungen, die z. T. schon mhd.
Entsprechungen haben, endlich die Zusammensetzungen mit *-selig:*
un-, glück- (DWb. IV, I, 5, 333), *weinselig* (vgl. die Weiterbildung aus
-sal § 129), auch mit *-mäßig* (§ 31, 2).

C. Verba

139. Stärker und anders als beim Nomen ist – vom Standpunkt
einer praktischen Wortbildungslehre aus – beim Verbum zu scheiden zwischen Gruppen, die durch das bloße Flexionssystem bestimmt werden und solchen, die mit einem weiteren Ableitungsmittel versehen sind. Denn während einerseits bei den zahllosen
abgeleiteten Verben die erkennbaren Suffixe meist aus der nominalen Wortbildung stammen (s. § 146), gibt es anderseits genau-
genommen nur eine Klasse von Verben ohne suffixale Elemente,
die man als Mittel der Wortbildung noch ansprechen darf: die

---

[27] Vgl. Th. Bohner, ZfdWf. 6, Beih. S. 182 f.
[28] Koziol, S. 173. Zum Folg. noch Graebisch (s. § 124) 1938, 11 ff.

starken. Dem widersprechen innerhalb des Germ. auch die
starken *j*-Präsentia nicht.

Gerade die starken Verba bilden nun keine irgendwie wachsende
Gruppe mehr. Sie sind die althergebrachten Verba, die in weitem
Umfange alle ihre Vorgänger in den idg. Sprachen haben und
vorab die Grundtätigkeiten des menschlichen Lebens und Ver-
kehrs bezeichnen: das Essen, Schlafen, Gehen, Stehen, Sitzen,
Geben, Nehmen, Stehlen, Sterben usw. Sie nehmen im Laufe der
Zeit nicht zu, sondern ab, sei dies durch Untergang oder durch
Übertritt in die schwachen Klassen.

Nur ganz gelegentlich erhält die starke Klasse Zuwachs durch Neubildung (so mhd. *klimmen* pressen zu *klemmen*, ferner *schrecken, verderben*, nhd. *stecken*) oder infolge von Flexionsübertragung (mhd.
swīgen, wīsen, pfīfen, nhd. *dingen, (ver)gleichen, preisen, fragen-frug*,
mundartlich auch *kaufen-kief, speisen-gespiesen* u. ä.). J. Grimm hätte
sie in Hinsicht auf ihre eigene Unproduktivität ebensogut die schwache
nennen können. Dennoch bleiben die starken Verba für die Wortbildung
nach wie vor ausstrahlender Mittelpunkt, das einigende Band der
mannigfaltigen Wortsippen, wie sie eben durch ihre Urtümlichkeit,
durch den lebendigen Ablaut und eine weitverzweigte Verwandtschaft
als ehrwürdige Bindeglieder ins Idg. hinaufragen[1].

Nach Verschmelzung des Themavokals mit den Flexionsendungen
erscheinen die Stämme der starken Verba einsilbig. Zu ihrer Bildung
ist hier nur zu erwähnen, daß außer einem *j*-Präsens vereinzelt auch
sie nicht zur Wurzel gehörende Bestandteile, sog. Determinative (§ 76),
enthalten, z. B. -*n*- (got. *skeinan*, dt. *scheinen*, neben *skei-rs*, as. *skī-r*
klar, rein; *fraihnan* fragen, ahd. *giwahanen* erwähnen[2]), -*sk*- (ahd.
wascan waschen < *watscan*, neben got. *wato* Wasser, ahd. *lescan, dres-
can*), idg. -*t*- (got. *usalþan* alt werden, neben *alan* aufwachsen, ahd.
flehtan, wie lat. *plecto* neben *plico*), -*d*- (got. *giutan*, dt. *giessen*, lat.
fundo, fudi neben griech. χέω, ahd. *fliozan* neben lat. *pluo*, griech.
πλέω), -*dh*- (got. *waldan* neben lat. *valere* stark sein), -*s*- (got. *blesan*,
ahd. *blāsan* blasen neben *blāen* blähen und *bluoen* blühen), oder ein
Nasalinfix (got. *sigqan*, dt. *sinken* neben ahd. *sīgan* tröpfelnd fallen
und *sīhan* seihen, got. *stigqan* stoßen neben ahd. *stechan* und lat. *in-
stigo*, griech. στίγμα, got. *fraslindan*, ahd. *slintan* schlingen neben ahd.
slito Schlitten, mhd. *sliten* gleiten); dazu für die Präsensbildung got.
standan gegen Prät. *stoþ*.

140. Im Gegensatz zu den starken vermehren sich die **schwachen** Verba fortwährend. Sie allein decken den stets wachsenden

---

[1] Vgl. WILMANNS, S. 26 f.
[2] Vgl. BRAUNE-MITZKA, Ahd. Gramm. § 327 Anm.

Bedarf an neuen Tätigkeitswörtern; in der Ableitung aus anderen Wortarten liegt ihre Lebenskraft. Sie sind bis herab ins Ahd. durch verschiedene Konjugationen mit einigermaßen erkennbarer Bedeutungssphäre charakterisiert, mag auch eine enger umrissene Bedeutung nur bei gewissen Gruppen wahrzunehmen sein (s. u.). – Unsere Grammatiken halten fürs Westgerm. und An. drei Klassen auseinander: die *jan-*, *ōn-* und *ēn-*Verba. Zu den *ēn-*Verben sind die inchoativen *nan-*Verba der got. 4. Klasse übergegangen, im Ae. und As. sind außerdem die *ōn-* und *ēn-*Verba weitgehend zusammengefallen (§ 143). Wo weitere Ableitungssuffixe bestehen, treten sie nur im Rahmen der durch die genannten Suffixe bestimmten Klassen, namentlich der 1. und 2. Klasse, auf.

141. *jan-***Verba.** Ihre Präsensstämme enthalten die idg. Elemente -*i̯o*-, -*ii̯o*-, -*ei̯o*- und -*ā̆*, *ē̆*, *ō̆*, + *i̯o*-[3].

a) **Deverbative.** Eine der Bedeutung nach zusammenhängende Gruppe bilden die **Kausativa** und **Faktitiva** zu **starken Verben**[4], d. h. solche, die ein Bewirken der im Grundwort genannten Tätigkeit ausdrücken. In der Regel erscheinen sie mit dem Vokal der zweiten Vollstufe (des Sing. Ind. Prät. des Grundverbs): got. *lagjan* legen = liegen machen, zu *ligan, satjan* setzen, zu *sitan, dragkjan* tränken, zu *drigkan, nasjan* retten, zu *ga-nisan* heil sein. Im Westgerm.-Dt. tritt z. T. sog. *j*-Gemination (vgl. as. *leggian, settian,* ahd. *lecken, setzen*) und grammatischer Wechsel (ahd. *nerien, nern* für got. *nasjan, leiten* neben *līdan* fahren) hinzu.

Weitere Beispiele: got. -*baugjan* beugen (in *usbaugjan* fegen) zu *biugan, sagqjan* senken zu *sigqan* sinken, *sandjan* auf den Weg schicken, senden, zu **sinþan,* ahd. *sinnan* reisen, -*brannjan* zu *brinnan, urraisjan* aufrichten zu *urreisan* aufstehen, *frawardjan* zugrunde richten zu *frawairþan* zugrunde gehen, ahd. *irwerten* neben *ir-, firwerdan* dass., an. *fleygia,* mhd. *vlougen* fliegen machen zu *fliúga,* ahd. *beiz(z)en* zu *bīzan* beißen und wohl auch *reizen* zu *rīzan, kleiben* kleben trans. zu *klīban*

---

[3] WILMANNS, S. 44 f.; BRUGMANN, Grundr. [2]II, 3, S. 178 ff.; Kvgl. Gramm., S. 523 ff. 535 f.

[4] Vgl. bes. auch E. PERL, Die Bezeichnung d. kausativen Funktion im Neuengl. 1931 (Sprache und Kultur d. germ.-roman. Völker, Reihe A, Bd. IX). Nach Perl S. 25 besteht Grund zur Annahme, daß schon germ. gewisse Verba, z. B. *hāhan, ðrīban, skaiðan* kausative und nichtkausative Funktion in einer Form vereinigten.

haften, *sleifen* schleppen zu *slīfan*, *sceinen* zeigen zu *scīnan*, *troufen* träufeln zu *triofan* triefen, *stouben*, mhd. auch *stöuben* aufwirbeln zu *stioban*, *soug(g)en* säugen zu *sūgan*, *soufen* untertauchen, ersäufen zu *sūfan*, *sprengen* zu *springan*, *swenten* zu *swindan*, *rennen* jagen zu *rinnan*, *smelzen* trans. zu *smelzan* intrans., *sterben* töten zu *sterban*, *quellen* martern zu *quelan* Schmerz haben, *etzen* weiden, äzen zu *ezzan*, *irgetzen* vergessen machen zu *irgezzan*, *fuoren* zu *faran*, *fellen* zu *fallan*, *hengen* zu *hāhan* (< **hanhan*), mhd. *seigen* senken zu *sīgan* sinken, *steigen* steigen machen zu *stīgan*, *vlœtzen* flößen zu *fliozan*, *sengen* 'singen machen' zu *singan*, *swemmen* zu *swimman*, nhd. *quellen* abkochen zu *quellan* schwellen u. a. – Mit anderer Vokalstufe: got. *huljan* hüllen neben ahd. *helan*, *aljan* aufziehen neben *ŭlan*, *farjan* schiffen neben *faran*.

Zu schwachen Verben: ahd. *hleinen* anlehnen neben *hlinēn* sich stützen, *sweizen* schweißen neben *switzen* oder germ. **swaita* Schweiß. In anderem Bildungsverhältnis stehen got. *laisjan*, ahd. *lēren* und ahd. *lirnēn*, *lernēn* (< got. **liznan*).

Ohne ausgeprägten Bedeutungsunterschied: got. *draibjan* treiben zu *dreiban* dass., *wrakjan* verfolgen, wohl zu *wrikan* rächen, mhd. *weifen* schwingen zu *wīfan* dass., – got. *hleibjan*, ahd. *līben*, an. *hlīfa* schonen neben ahd. *hlīban* dass.

Hierher stellt sich noch eine Gruppe von Verben auf hd. Affrikata *pf*, *tz*, *ck* mit intensiver oder iterativer Bedeutung[5] und in der Regel schwacher Vokalstufe: ahd. *gripfen* fassen neben *grīfan*, *slipfen* gleiten neben *slīfan*, *slupfen*, mhd. *slüpfen* neben *sliofan*, vielleicht *strupfen* neben *stroufen*, *ströufen*, ahd. *ritzen* neben *rīzan*, mhd. *glitzen* glänzen neben *glīzan*, *slitzen* neben *slīzan*, *sprützen* neben *spriozan*, *blicken* glänzen neben *blīchan*, vielleicht auch mhd. *tücken*, *tucken*, *ducken* neben *tūchen* tauchen; ferner weitere Intensiva mit Affrikaten, die einer andern Erklärung bedürfen, z. B. ahd. *verscupfen* stoßen (neben *scioban*), mhd. *stupfen*, *stüpfen*, *snupfen*, *nupfen*, *lupfen*, ahd. *snūzen*, *sniuzen* schneuzen (neben *snūdan*), mhd. *snitzen* (neben *snīdan*), ahd. *nicken* (n. *nīgan*), mhd. *bucken*, *bücken* (n. *biegen*), *smücken* (n. *smiegen*), *renken* (n. *ringen*), *swenken* (n. *swingen*), *klenken* anschlagen (n. *klingen*), *nippen* u. a. Vgl. die Ausführungen über die intensiven *ōn*-Verba in § 142 c.

b) *jan*-Verba neben Adjektiven. Die meisten dieser zahlreichen Ableitungen haben wieder kausative oder faktitive Bedeutung[6].

---

[5] Vgl. G. GERLAND, Intensiva und Iterativa und ihr Verhältnis zueinander. 1869, bes. S. 43 f. 49 ff. (in manchem sonst veraltet); WILMANNS, S. 53 f. 86 ff.; PAUL, Dt. Gramm. Teil I § 33; II §§ 140, 2. 212 f. 247, 4.

[6] Vgl. KLUGE, ZfdWf. 7, 168 f. mit einigen zweifelhaften Fällen;

Beispiele: got. *fulljan* füllen (zu *fulls* voll), *hailjan* heilen, *gahardjan* härten, *lausjan* lösen, *hauhjan, mikiljan* verherrlichen, ahd. *tiuren* dass., got. *daupjan* taufen (zu *diups* tief), *gairnjan* begehren (zu *-gairns* begierig), ahd. *garawen* bereiten (zu *garo*), *bi-, gifesten* befestigen, *:lihten, strecken* (zu *strac*), *scenken* (zu **skanka-*; an. *skakkr* schief), *kurzen, snellen* (zu *snel*[7]), *hlüten* läuten, *feizen* mästen, *suozen, fuogen* 'passend verbinden' (neben *fagar*, got. *fagrs* passend). Im Mhd. erscheint Sekundärumlaut: *gärwen, kürzen, liuten, süezen, lœsen,* Wolframs *kreftelœsen* entkräften (oder *-lösen?* oder unter Einfluß eines *kraftilōsī?*) usw. – Subjektive: got. *biabrjan* außer sich geraten (zu *abrs* heftig), *balþjan* kühn sein (neben ahd. *bald*), ahd. *wuoten, sciuhen* scheu sein, *gastluomen* gastfreundlich sein, ae. *swæsan* lieb sein u. ä. – Zu Adverbien: got. *nehjan* sich nähern (zu *nehv[a]*), ahd. *furdiren* fördern (zu *furdir*), *ingaganen* begegnen (zu *gagani*).

c) Neben Substantiven (wobei oft nicht auszumachen ist, ob das Verb oder das Substantiv die Grundlage bildet; s. §§ 79. 144). Das Bedeutungsverhältnis ist hier sehr mannigfaltig[8].

Beispiele: got. *hunsljan* opfern (neben *hunsl* Opfer), *siponjan* Jünger sein (n. *siponeis*), *wargjan* ächten (n. *wargs* Missetäter), *haurnjan* ins Horn stoßen, ahd. *āhten* ächten (n. *āhta* Acht), *briafen* aufzeichnen, *bidurnen* mit Dornen krönen, *fluhten* vertreiben, *hegen* umzäunen, *merken* (n. *marc* Zeichen), *mieten, drewen* drohen (n. *drōa*), *zellen, stellen, scirmen, mesten, wäten* kleiden, *spuren, suonen, sidelen, zurnen, arabeiten, giwehsen* mit Wachs überziehen, mhd. *wihsen* dass., *rūmen, ziunen, bræmen* einfassen (zu ahd. *brāmo* Dornstrauch), *zwicken* (zu *zwec* Nagel), *tüngen* düngen (zu ahd. *tung[a]*), *verliumden* (zu ahd. *[h]liumunt*), ae. *byldan* bauen (zu *bold* Haus), *flœdan*, mnd. *vlöden* fluten (zu *flōd*), an. *hegla* hageln, *eygja* sehen, *kelfa* kalben usw.

Als Faktitiva stehen die *jan*-Verba von Substantiven in Konkurrenz mit der mächtigen faktitiven Gruppe der denominativen *ōn*-Verba (§ 142 a). Drum ist fürs Mhd., da nun die Endungen der beiden Klassen großenteils zusammengefallen sind, eine Scheidung oft schwer, wo wenigstens nicht besondere Anzeichen für die *jan*-Klasse (Umlaut, Folgen der Gemination) oder die *ōn*-Klasse (Mittelvokal) sprechen. Vgl. mhd. *mæzen* entfernen neben *māzen* abmessen (wogegen *unmāzen* viell. zu § 143 a), *müezen* Raum schaffen, nötigen neben *muozen* Zeit haben, ablassen; sodann *urborn* ausnützen, *unwīben, kurzwīlen* u. ä. oder Gottfrieds *amūren, ameiren.*

Über die Verhältnisse im Nhd. s. § 145 und H. KOLB (unten S. 275).

---

ferner bes. K. MICHEL, Die mit *-į-* abgeleiteten denominativen Verba im Altgerm. Diss. Gießen 1912, S. 39 ff.

[7] Vgl. BEHAGHEL. ZfdWf. 8, 368 f. und KLUGE-GÖTZE gegen PAUL, Dt. Wb. (auch [5] PAUL-BETZ) s. v.

[8] Vgl. MICHEL, S. 14 ff.; auch S. 8.

142. ōn-Verba. Die 2. schwache Konjugationsklasse gewinnt schon im Ahd. sehr an Umfang, namentlich durch die sich mehrenden Ableitungen aus Substantiven (entsprechend idg. athematischen Denominativen auf -ā- und thematischen auf -ā i̯o- / -ā i̯e-). Hier besonders wird dieser ōn-Typus zum geläufigsten Mittel der Verbalisierung. Die Bedeutung der Neubildungen ist eine faktitive im weiteren Sinn, sie läßt sich weder in sich einheitlich fassen noch gegen die der faktitiven jan-Verba streng abgrenzen.

a) ōn-Verba neben Substantiven. Sie drücken in irgendeiner Weise das Beschäftigtsein mit oder an der durch das Substantiv bezeichneten Sache aus: got. *fiskon* fischen, *liuþon* lobsingen (zu *liuþ* Lied), *karon* sorgen (zu *kara* Sorge), ahd. *lobōn, klagōn, redi(n)ōn* reden, *werkōn, mālōn, badōn, weidōn, eidōn, fluochōn, zwīfalōn, wīzagōn* (zu *wizago* Prophet), *ātumōn, ruodarōn, sunt(e)ōn* sündigen, *predigōn, martarōn, kruz(e)ōn*; öfter ergibt sich die Bedeutungsvariante 'etwas herstellen': *markōn* (s. u.), *nestōn, hūfōn* häufen, oder 'versehen mit etwas': *satalōn* satteln, *mistōn, wātōn* kleiden; deutlicher tritt jedenfalls instrumentale Bedeutung hervor: got. *swiglon* Flöte blasen (neben ahd. *swegala* Flöte), *salbon*, ahd. *steinōn* steinigen, *sagōn* sägen, *borōn, fīhalōn* feilen, *rigilōn* verriegeln. Nicht mehr ausgesprochen faktitiv sind etwa *reganōn, donarōn, krachōn, entōn* enden, *hazzōn, suftōn, wuntarōn*.

Das Verhältnis zu den Faktitiven der 1. schwachen Klasse wird beleuchtet durch Doppelbildungen, wobei sich namentlich zeigt, daß ahd. ōn-Verba got. jan-Verba ablösen. Vgl. got. *hatjan* – ahd. *hazzōn*, got. *meljan* – ahd. *mālōn*, got. *rignjan* – ahd. *reganōn*, got. *stainjan* – ahd. *steinōn*; innerhalb des Ahd. (teils mit deutlich verschiedener Bedeutung) *nemnen* – *namōn, nisten* – *nestōn, zuhten* – *zuhtōn, dingen* streben – *dingōn* unterhandeln, *merken* – *markōn* eine Grenze ziehen.

Zu Fällen wie *stōzōn* (neben *stōzan* und *stōz*), *grabōn, slagōn* u. ä. vgl. unten c.

b) Neben Adjektiven: got. *galeikon* vergleichen, *wairþon* würdigen, ahd. *einōn, bōsōn* Böses treiben, *sūbarōn, ebanōn, offanōn, heilagōn, nōtagōn, managfaltōn*, mhd. vermutlich etwa *hōveschen* sich höfisch gebaren, insbesondere Bildungen zu Komparativen: ahd. *bezzirōn, minnirōn, wirsirōn* verschlimmern, *līhtirōn* erleichtern, *argirōn, mērōn*, desgl. mhd. *(sih) lengern, næhern, bœsern, senftern*. Vgl. nhd. *lindern, mildern* und besonders die mit *ver-* (s. § 160): *vergrößern, verkleinern, verlängern, verschönern, vergewissern* usw., mit *er-*: *erleichtern, erweitern*.

Doppelbildungen: got. *mikiljan* – ahd. *michilōn* verherrlichen, got. *hrainjan* – ahd. *reinōn* (neben *reinen*), got. *tamjan* zähmen – ahd. *zamōn* (neben *zemmen*), ahd. *frewen* sich freuen – *frouwōn* frohlocken, *irren* irreführen – *irrōn* irren.

Zu Partikeln und Adverbien: ahd. *innōn* einnehmen, *ūzōn* ausschließen, *samanōn* sammeln, *widarōn* entgegen sein, -treten.

c) Neben anderen Verben. Hier sticht eine Gruppe von Intensiven hervor, die meist mit anderer (insbesondere höherer) Ablautstufe neben starken Verben stehen: got. *wlaiton* schauen (neben ae. *wlītan* sehen), *ƕarbon* umhergehen (n. *ƕairban* wandeln), ahd. *beitōn* harren (n. *bītan* warten), *brastōn* krachen (n. *brestan*), sowie eine weitere intensive (iterative) Gruppe mit Konsonantenverstärkung (vgl. § 141) und z. T. Ablaut: ahd. *snetzōn*[9] (n. *snīdan*), *tropfōn* (n. *triofan*).

Weitere Beispiele: ahd. *greifōn* (neben *grīfan*), *streichōn* (n. *strīchan*), *sweibōn* schweben (n. **swīban*), *screiōn* (n. *scrīan*), *zogōn* (n. *ziohan*), *korōn* versuchen, prüfen (n. *kiosan*), *stōzōn, brechōn* und *brochōn, stechōn, slagōn, grabōn, faltōn, loufōn, fangōn, scaffōn, sprangōn* (n. *springan*), *wagōn* schütteln (n. *wegan*), *ebanmāzōn* vergleichen (n. *mezzan*); *fantōn* forschen (n. *findan*), *wantōn* (n. *windan*), *stapfōn* (n. ae. as. *stupan*). Man muß aber beachten, daß Verba wie *stōzōn, grabōn, faltōn loufōn, sprangōn, sprechōn* und *sprāchōn, leitōn, reisōn* usw. auch neben Substantiven stehen! (Vgl. Wilmanns S. 68).

Vgl. ferner ahd. *klapfōn, klopfōn, stopfōn, kratzōn, nutzōn, zockōn, brockōn, lockōn, leckōn, steckōn* u. ä. Eine Reihe ahd. *ōn*-Verba mit solcher Fortis hat im An. ihre Entsprechung; vgl. *klapfōn* und an. *klappa, hupfōn* und an. *hoppa, ropfōn* und an. *ruppa, kratzōn* und aschwed. *kratta, lockōn* und an. *locka, zeckon,* nhd. *zicken* und an. *tikka*[10].

Nach Wißmann (S. 172) sind *ōn*-Verba auch die obd. *drucken, rukken, tupfen, zupfen.*

Die *ōn*-Verba mit Geminata wurden zunächst als *nōn*-Verba mit Assimilation des *n* aufgefaßt (so von Osthoff, Kluge, Brugmann); dagegen sehen andere (Wilmanns, Meillet, nun bes. Wißmann) in der Konsonantenverschärfung eine lautsymbolisch-expressive Erscheinung, während etwa Hellquist eine vermittelnde Stellung einnimmt[11].

---

[9] Zu dieser Sippe vgl. jetzt Schweizerd. Wb. 9, 1392 ff.

[10] Nach WISSMANN, Nomina postverbalia I (vgl. § 79), S. 160 ff.

[11] Vgl. WILMANNS, Dt. Gramm. I, 179 ff.; II, 86 ff. BLOOMFIELD in Germanica. Sievers-Festschr. 1925, S. 92 ff.; LOEWE, Germ. Sprachwiss., [3]I, S. 77 ff.; WISSMANN, a. a. O. und DENS. in ZfdA. 76, 1 ff.

143. *ēn*-Verba (3. schwacne Klasse). Die Geschichte der *ēn*-Verba liegt noch nicht klar da. Es handelt sich wahrscheinlich um ursprünglich primäre *ē*-Bildungen mit (medialer ?) z u s t ä n d - l i c h e r Funktion, die dann dadurch, daß sie immer mehr neben Nomina zu stehen kamen (z. B. ein got. *saurgan*, ahd. *sorgēn* neben *saurga* bzw. *sorga*, got. *fastan*, ahd. *fastēn* neben *fasta* oder *fasti*) von einem im Ahd. erst sich stark ausbreitenden Denominativtyp *altēn*, *tagēn* mit inchoativer Bedeutung überschattet wurden [12]. Im nördlichen westgerm. Gebiet erscheinen die *ēn*-Verba der *ōn*-Klasse einverleibt [13].

a) **Bildungen aus Adjektiven.** Sie stellen eine durchaus lebenskräftige ahd. Gruppe mit besonders i n g r e s s i v - i n c h o a - t i v e r Bedeutung dar. Aus sozusagen jedem Adjektiv kann, falls die Bedeutung es zuläßt, nach Bedarf ein *ēn*-Verb abgezogen werden. Beispiele: ahd. *altēn* altern, *fūlēn* faulen, *warmēn*, *kaltēn*, *leidēn*, *guotēn*, *bazzēn*, *bōsēn*, *hartēn*, *suozēn*, *rīfēn*, *follēn*, *feiztēn* fett werden, *swārēn*, *nazzēn*, *gruonēn*, *siohēn*, *muodēn* müde werden, *lazzēn* dass., *langēn*, *strangēn* stark werden, *baldēn* kühn werden, *weichēn*, *stillēn*, *(h)wīzēn*, *grāwēn*, *lamēn*, *strūbēn* stutzig werden, *rostagēn*, *gawārēn* wahr werden, *unwerdēn* an Wert einbüßen usw. Zur Hervorhebung des Übergangs in den betreffenden Zustand verbinden sich diese Verba – wie ausgiebiger im Nhd. – mit dem Präfix *ar-*, *ir-* (§ 64): *irfūlēn* faul werden, *irblintēn*, *irkaltēn*, *irnazzēn*, *irlārēn* leer werden. Vgl. für die Bedeutung lat. *senescere*, *rubescere* u. ä.

---

[12] Für die Geschichte der *ēn*-Verben und die Lit. zum Ursprungsproblem kann jetzt verwiesen werden auf H. WAGNER, Zur Herkunft der *ē*-Verba in den idg. Sprachen. Diss. Zürich 1950 (insbes. Skizze des Gegensatzes von SPECHT, ZfvglSprf. 62, 29 ff.: Durativa erst eine Schöpfung der Schnurkeramiker, ausgebildet im Germ., Balt., Slav., Lat. und FLASDIECK, Anglia 59, 1 ff.: Aus primären idg. Verhältnissen ergab sich im germ. zuerst ein Ausgleichstyp, der im nordwestgerm. Gebiet im *ō*-Typus aufgegangen ist). WAGNER: Grundlage ist eine idg. Bildung zur Bezeichnung des erreichten Zustandes in engem formalem und funktionellem Zusammenhang mit den alten Perfekten, weiterlebend in den Präterito-präsentien. Vgl. noch S. GROSSE, Durative Verben u. präfig. Perfektiva im Dt., in DU 15 (1963), 95 ff.

[13] Vgl. hierzu und zu den Wechselbeziehungen zwischen *ēn*- und *ōn*- (bzw. *jan*-) Verben H. BRINKMANN (s. § 52) 92 f.; J. SCHATZ in Germanica. Sievers-Festschr. 1925, S. 353 ff.; WILMANNS S. 72; zur Erhaltung im Süden W. HENZEN, PBB 64, 271 ff. mit weiterer Lit.

b) Neben Substantiven stehen *rostēn, rastēn, trūrēn, ērēn, irnarrēn* zum Narren werden, *irwaldēn* zu Wald werden (Graff I, 803) und besonders inchoative Zeitbestimmungen wie *tagēn* Tag werden, *nahtēn, ābandēn,* mhd. *lenzen, winteren, sumeren,* nhd. *herbsten.*

c) Neben starken Verben: got. *liban,* ahd. *lebēn* (zu got. *bileiban*), got. *hāhan,* ahd. *hangēn* (neben st. *hāhan*), got. *haban,* ahd. *habēn* (n. got. *hafjan*), ahd. *fragēn* (n. got. *fraihnan* und ahd. *frāga*), got. *gaþarban,* ahd. *darbēn* (n. *þarf* und Adj. got. *þarbs*), ahd. *manēn* (auch *manōn* und *monēn*; neben got. *man* ich meine), ahd. *kunnēn* (n. *kann* und *kunna* das Können), ahd. *wizzēn* klug werden, verständig sein (n. got. *wait* und ahd. *wizzo* wissend), ahd. *werēn* dauern (wohl neben *wesan* und *wer* Währ), ahd. *klebēn* (n. *kliban* und *klebo* Leim).

Die got. *nan*-Verba (4. schwache Konjugation), die, wie bemerkt, im Westgerm. nicht mehr als solche auftreten, kommen ihrer Bedeutung nach den *ēn*-Verben ziemlich nahe. Sie bezeichnen ebenfalls den Eintritt in einen Zustand „und können oft als ein Ersatz des Passivs dienen, jedoch nicht, wenn das Passivum durch die Person oder Sache, von der die Einwirkung auf das Subjekt ausgeht, näher bestimmt wird, also *fullnan* 'voll werden', aber nicht 'von einem gefüllt werden'" (Wilmanns S. 73). Vgl. ferner etwa *gablindnan* erblinden (zu *blinds*), *mikilnan* verherrlicht werden (zu *mikils*), *swinþnan* stark werden (zu *swinþs*), *minznan* geringer werden (zu Kompar. *mins*), *auknan* sich mehren (zu *aukan* dass.), *usluknan* sich öffnen (zu *uslūkan* erschließen), *fralusnan* verloren gehen (zu *fraliusan* verlieren), *fraqistnan* zugrunde gehen (n. *fra-, usqistjan* verderben trans. und ahd. *quist* Verderben), alle neben einem transitiven Verb stehend.

Im Ahd. erscheinen solche Verba mit -*n*- nur noch vereinzelt in der 3. Klasse, z. B. *storchanēn* vertrocknen (got. *gastaurknan*), *mornēn* trauern (got. *maurnan*), ferner *(h)linēn, lenēn, lirnēn, lernēn* (§ 141a).

144. Nicht alle schwachen Verba lassen sich jedoch als Ableitungen nachweisen. Eine beträchtliche Anzahl steht jedenfalls ohne greifbare Beziehung zu einem andern ihm zugrunde liegenden Wort oder ist wenigstens längst isoliert. Beispiele (z. T. schon erwähnt): got. *þagkjan* denken, *hausjan* hören, *warjan* wehren, *laþon* (ein)laden, *frijon* lieben, *haban, anasilan* verstummen (vgl. lat. *sileo*) und *þahan* schweigen (vgl. lat. *taceo*), *þulan* dulden, *trauan* trauen, *maurnan* sorgen, ahd. *decken, welben, kerren, meinen, riuten, machōn* (trotz *gimah* passend u. ä.), *jagōn, dionōn, meldōn, eiscōn* heischen, *firmōn, dōsōn* tosen, *sūsōn, klopfōn, leckōn, lockōn, swīgēn, (h)linēn, streben, stūnēn, lachēn, luogēn, losēn, flannēn* weinen, *gehirmēn* ausruhen, mhd. *anen* ahnen, *necken, ranken, īchen* eichen, *tūschen-tiuschen, giuden* prahlen, *rūschen, brūsen, rāsen, hoffen, raffen, gaffen, summen, lallen.* Im Nhd. kommen besonders weitere Schallverba hinzu: *pfuschen, schlürfen, stöhnen, haschen, lutschen, nutschen* (vgl. § 153), *blöken, dröhnen, klirren, schwirren,*

*klappen, hissen, zischen, schmoren, murren, surren, tuten, rasseln, klim-
pern* u. ä. (§ 147 f.)[14].

Auch in vielen Fällen, wo neben einem schwachen Verb (z. B. *toufen,
uoben* ausüben, *drucken, ruoren, stopfōn, sweibōn, forscōn, fastēn, borgēn*)
ein altes Nomen *(touf, uob* und *uoba* Feier, *ruora, druc(k), stopfa, sweib,
forsca, fasta, borga)* steht, ist jenes als die Grundlage, dieses als das
Postverbale anzusehen; vgl. §§ 79. 81, wo mehr Beispiele.

145. Gruppierung der schwachen Verba im Nhd. Mit
dem Ausgleich und Zusammenfall der Endungen, der zum größten Teil schon auf dem Wege vom Ahd. zum Mhd. erfolgt ist,
fällt die alte Einteilung in die drei Konjugationsklassen dahin.
Vom nhd. Standpunkt aus müßte zunächst geschieden werden
nach **umlautenden** und **nicht umlautenden** umlautfähigen
Verben; jene würden die *jan*-Verba fortsetzen, diese die *ōn*- und
ēn-Verba. Die *ōn*- und *ēn*-Verba lassen sich im allgemeinen auf
Grund ihrer Bedeutung auseinanderhalten. Aber für die nicht
umlautfähigen mhd. und nhd. Bildungen ergibt sich hier eine
erste Schwierigkeit, da schon im Ahd. *jan*- und *ōn*-Verba derselben Bedeutung miteinander rivalisieren (§ 142 a u. b). Sie vergrößert sich besonders dadurch, daß es auch umlautberechtigte
jōn-Verba gibt oder daß auch sonst, z. B. bei den Verben aus Substantiven, der Umlaut in verschiedener Weise analogisch, wo nicht
willkürlich behandelt wird, so daß aus den alten Klassen immer
mehr ein Durcheinander entsteht, das hier nur im großen und
ganzen überblickt werden kann. Hierzu kommen neuartige Ver-
balisierungen ohne Suffixe, Rück- und Zusammenbildungen,
insbesondere die mit **Präfixen**, für welche im voraus auf § 160
verwiesen sei.

Am eindeutigsten verhalten sich heute die Verba aus **Adjektiven**, wenigstens die umlautfähigen. Umgelautet, entsprechend
den alten *jan*-Verben, sind in der Regel die transitiven mit kau-
sativ-faktitiver Bedeutung, z. B. *töten, lösen, bräunen, fälschen,
schärfen, schwächen, schwängern, glätten, ergänzen, (er)klären, (er)-
öffnen, entblößen, (ver)ändern, vergüten* usw., ohne Umlaut, entsprechend den *ēn*-Verben, die intransitiven mit durativ-inchoa-
tiver Bedeutung, z. B. *veralten, (ver)faulen, (er)blassen, (er)grauen,
bangen, dunkeln, gesunden, verstummen, nahen* u. a. m. Für die

---

[14] WILMANNS, S. 81 ff. Über den Stammauslaut solcher Verba s.
L. HERTEL, ZfhdMaa. 1903, 356 ff.; E. VOLLMER, ebenda 1898, 208 ff.

nicht umlautfähigen erhellt die Zugehörigkeit zu dieser Gruppe gewöhnlich aus der Bedeutung; vgl. einerseits *leeren, heil(ig)en, ebnen, kühlen, verdünnen, vermehren, begleichen, sichern, befeuchten, nähern, verlängern,* anderseits *welken, siechen, grünen, feuchten, veröden* [15]. – Doppelbildungen: *heften – haften, bläuen* (aber nicht *[durch]bleuen*) – *blauen, erkälten – erkalten, lähmen – erlahmen, läuten – (ver)lauten, schönen* (D.), *verschönen – (ver)-schonen,* ohne Umlaut: *bleichen – erbleichen.* In Fällen wie *heilen, trocknen* (s. u.), *ermüden, verbittern* fallen beide Funktionen zusammen (wie etwa in franz. *grandir, raidir,* dän. *drukne* ertränken und ertrinken und bes. im Engl. [16]).

Auffallend ist der Umlaut in *erröten* (nach *Röte?*). Dagegen fehlt er vor Nasalverbindung gewöhnlich in *runden* (Goethe sagt auch *rûnden*), *verwunden, ermuntern, erkunden, verdunkeln, sondern,* oder in *trocknen, belustigen, ermutigen, verdoppeln,* in Bildungen mit schweren Ableitungssilben: *veranschaulichen, verlautbaren, vermannigfachen, -faltigen, vervollkommnen.* In der nhd. Schriftsprache sind übrigens gerade solche Zusammenbildungen mit *er-, ver-* und schweren Suffixen beliebt; sonst ist namentlich die Ableitung von Verben aus Adjektiven der ältern Sprache gegenüber sehr eingeschränkt. Dagegen hat sie sich lebenskräftig erhalten in einigen Mundarten des Südens [17].

In Fällen wie *starr, wirr, scheu, schmuck, graus* ist das Adjektiv aus dem Verbum entstanden (§ 125). Zu *wach* vgl. § 126, 2.

Lebendiger und zahlreicher sind die verbalen Ableitungen aus Substantiven; denn die Sprache braucht fortwährend neue Verba vor allem von Substantiven. Ein gewisser Gleichlauf mit denen aus Adjektiven tritt hervor, ohne daß sich jedoch dabei bestimmte Bedeutungsgruppen oder ein einhelliges Verhalten in bezug auf den Umlaut herausschälen ließe. Vgl. a) mit Umlaut: α) transitiv: *pfänden, ächten, häuten, hüten, büßen, lüften, zäumen, säumen, trösten, schätzen, schützen, schwänzen, (be)kränzen, knöpfen, knüpfen, wässern, hämmern, füttern, bemänteln;* β) intransitiv: *wüten, zürnen, wähnen, träumen, tönen, strömen, schäumen, säumen, argwöhnen, dämmern, gärtnern, schnäbeln;* γ) beides: *gründen, flüchten, stürmen,* früher auch *wässern* (H. Sachs: *mir wässern die Zähne);* – b) ohne Umlaut: α) transitiv: *adeln, achten,*

---

[15] Nhd. *heizen* (zu *heiß*) erklärt sich wohl nach *netzen, letzen* und vielleicht auch nach *beizen, reizen* u. ä.

[16] Vgl. PERL (s. § 141) 60 ff., zur psychol. Seite bes. 125 ff.

[17] Vgl. HENZEN a. a. O., S. 285 f. 289 f.

rauben, schlachten, tadeln, nageln, hobeln, laschen (D.), *schragen*
zu Schragen verbinden (D.; neben *schrägen* schräg machen),
stacheln, satteln, schaufeln, schaukeln, zuckern, fassen, narren,
propfen, pudern; β) intransitiv: *hasten, rasten, ruhen, rosten, zan-*
ken, zaubern, muffeln (D.; vgl. *müffeln* zu *Muff* § 147), *trommeln,*
stranden, verzagen, fluten, fruchten, wurzeln, hungern, maulen;
γ) beides: *baden, landen, funken.* Umgelautete Formen waren hier
früher gebräuchlicher; vgl. *bähnen, benen* neben *bahnen* und ähnlich etwa für *narren, rasten, zanken, fruchten, maulen.* – Jetzige
Doppelbildungen: *zählen – zahlen, dämpfen – dampfen, schneuzen*
– schnauzen, tönen – vertonen, münden – munden, spülen – spulen,
stemmen – stammen, schnellen – schnallen, scheren – scharen,
flicken – flecken; es versteht sich, daß sie in der Bedeutung zum
Teil erheblich auseinandergehen.

Verbalisierung aus Substantiven ohne besonderes Suffix bleibt ein
noch sehr wenig aufgehelltes Gebiet trotz Behaghels programmati-
schem Vorstoß [18]. Die semasiologischen Schwierigkeiten könnten beispielshalber schon die – volkssprachlich ziemlich häufigen – Verba aus
Tiernamen zeigen: *eseln, ochsen, tigern, mopsen, igeln, büffeln, dachsen,*
wolfen, eisbären, katzbalgen, hamstern, mit Umlaut das alte *äffen,* hierzu
die Gruppe *katzen, kalben, lammen,* diese allein mit einheitl. Bed.

Hervorzuheben sind folgende Arten von Verbalisierung:

a) die fortwährend zuwachsenden **einfachen Neuverba** wie
drahten, morsen, horten aufstappeln, *starten, spurten, stoppen,*
fönen (zu *Fön* D.), *tanken, kraulen* (D.), *kneippen* (D.), *mensen-*
diecken, röntgen, skien, flugtechn. *wassern, orten* (§ 8), *bluffen* usf.

Mühloser als etwa die mhd. Blümer (Kunisch Dt. Wortgesch. I, 239
mit Lit.) oder das Vernunftschrifttum (Stoltenberg, ebenda II, 178)
bilden die Expressionisten des Sturms (Dürsteler [s. § 8] 47 ff.) Verba
wie *schneen, handen, hirnen, kampfen, stadten, miedern, wieseln, stich-*
flammen, balkonen, funktionellen; Insel haust, tiert, blumt, steint, sonnt,
mondet, sternt, weibt, mannt, kindet weit aus mir (L. Schreyer, Meer).

Hingegen ist auch hier (vgl. oben und § 144) oft das Substantiv aus
dem Verb gebildet, so *Schluck, Dauer, Labe, Schwebe, Mache, Tünche.*

b) die sich ebenfalls stark mehrenden „Ornativa" mit *be-*
und die Typen *entmannen, beerdigen, vergöttern*; s. § 160.

---

[18] a. § 31 a. O. Zu Verbalisierung heute vgl. BRINKMANN, Die dt.
Spr., 232 ff. (semant. Gruppierung); M. KULAK, Die semant. Katego-
rien d. mit Nullmorphem abgel. desubstantivischen Verben d. heutigen
Engl. u. Dt. Diss. Tüb. 1964.

c) die Ableitungen aus zusammengesetzten Nomina.
Sie stellen die beträchtlichste Gruppe der sog. Dekomposita
oder Parasyntheta (Neu- oder Weiterbildungen aus Kompositen [19]) dar. Got. erscheinen etwa *fullaweisjan* überreden (aus
Adj. *fullaweis* vollkommen weise), *filuwaurdjan* (s. §§ 45.
110), *þiuþspillon* frohe Botschaft verkünden, *sildaleikjan* bewundern,
sildaleiknan bewundert werden u. a. [20], wohl auch *tuzwerjan*
zweifeln (aus **tuzwers*), entsprechend etwa griech. μονομαχεῖν
einzeln kämpfen (und μονομαχία Einzelkampf, beide aus μονομάχος
einzeln kämpfend); im Deutschen Fälle wie *wehklagen, wetteifern,
mutmaßen, ratschlagen, wetterleuchten, seitblicken* (s. § 52), mhd.
sinwellen rollen, *viuwerniuwen* neu entfachen (Trist.), neuerdings
auch *schleppstarten, dauerwellen* (anders *haarschneiden*!), *steg-
reifen*, ferner die wohl als Rückbildungen aufzufassenden *not-
landen, ehrabschneiden, kriegs-, ferntrauen*, namentlich als Partizipien: *notgeschlachtet, zwangsernährt, fehlgeboren, wassergetauft*
(Zwingli), *ausfuhrverboten* [21].

Eine Eigentümlichkeit des Nd., insbesondere des Ndl., bildet die
Ableitung faktitiver Verba aus sog. Satzkompositen vom Typus
Streckebēn (§ 47), die eine Neigung bezeichnen, so ndl. *stampvoeten* mit
den Füßen stampfen zu *Stampvoet*, mecklenb.ostfries. *nickköppen* mit
dem Kopfe nicken, *schüddeköppen* den Kopf schütteln (zu *Nickkopp,
Schüddekopp*); desgl. *blickōgen* blinzeln, *trānōgen* tränende Augen
haben, *ducknacken* den Nacken ducken (zu *Ducknack*) usw. Die Bildungsweise ist schon alt, wie Kilians Ndl. Wörterbuch aus dem 16. Jh.
beweist; vgl. auch mnd. *wēptageln*, mhd. *weibezageln* (und *zagelweiben*)
mit herabhängendem Schwanze gehen [22]. Auch die umgekehrte, an
ahd. *rātslagōn* usw. erinnernde Wortstellung kommt vor: mnd. *hand-
slagen, -recken, halswenden, kindōken* ein Tuch an das Kinn binden.

---

[19] Zu den Namen vgl. JELLINEK (s. § 1) II, 169 f.; DEBRUNNER
(s. § 47) 21. 204. 206. Der Begriff ist bei J. GRIMM, Dt. Gramm. 2
(Neudr.), S. 383 nicht eindeutig formuliert. Die Zusammensetzungen
mit Kompositen s. § 162. Verwandt sind auch die Gruppen ahd. *gruntfrosto* (§ 19), *Fußfall* (§ 79 f.), *Haushaltung, Nußknacker* u. ä. (§ 161).

[20] Immerhin seltener als in der griech. Vorlage; vgl. H. GREWOLDS,
ZfvglSprf. 60, 46 f.

[21] Vgl. DEBRUNNER, Neue Jahrb. f. d. klass. Altertum 50, 213 f. mit
Lit. u. unten § 163; ferner die vossisch-goethischen Bildungen von
§ 32 Ende.

[22] Siehe O. WEISE, Nd. Jb. 46, 32 ff.; J. VAN GINNEKEN, Zielkundige
Verwikkelingen IV, 3, S. 55 ff. („objectsinlijving"); H. GRIMME,
Plattdt. Mundarten (Slg. Göschen), § 274 u. oben § 7, Fußn. [41].

146. Verba mit ableitenden Suffixen. Neue, kräftige Ableitungsmittel erwachsen dem Verb besonders aus einer Verschiebung im Verhältnis zu seinen Grundwörtern. Dadurch, daß die
verbalen Ableitungen aus Wörtern auf ahd. -al, -ar, -is, -ag sich
von diesen entfernen, wirken die ursprünglich nominalen Suffixe
in den Verben selbständig weiter. Ahd. *stammalōn* ist zu beziehen
auf ein Adjektiv *stammal,* mag sich aber an gleichbedeutendes
stam(m) (got *stamms*) oder an *stammēn* angelehnt haben; desgl.
wacharōn zu *wachar,* neben *wachēn* (und jüngerem *wach*). Die Bedeutung der daraus entstehenden Verbalsuffixe ist teils ziemlich
einheitlich und ausgeprägt, teils weicht sie in Suffixbildungen
aber kaum von derjenigen des Stammwortes ab. Für die überragende Lebenskraft der *ōn*-Klasse in ahd. Zeit spricht wiederum
der Umstand, daß fast alle diese Gruppen mit Suffixen ihr folgen. Im Got. gilt hier zum Teil noch *jan*-Klasse [23].

147. **Ahd.** *-alōn, -ilōn,* **nhd.** *-eln.* Das Ahd. kennt Verba
auf *-alōn* und *-ilōn,* jene eine Neigung bezeichnend, diese eher
verkleinernd, beide mit iterativer Bedeutung. Im Nhd. haben
sich diese Verba auf *-eln* sehr vermehrt. Beispiele: ahd. *betalōn,*
wantalōn, hantalōn, wortalōn Worte machen (zu *wortal* § 127 und
wort), *mundalōn* gern sprechen, *mangalōn* fehlen, *miscelōn* mischen,
zabalōn, klingilōn, grubilōn grübeln, *prugilōn, scutilōn* schütteln,
kitzilōn, goug(g)olōn und *goukolōn,* mhd. *hiufeln, riseln, lecheln,*
blinzeln, smeicheln, snitzeln, winseln, wackeln, zerteln, ōugeln,
nhd. (oder früher) *sticheln, bröckeln, fädeln, funkeln, heucheln,*
lispeln, hüsteln, nörgeln, spötteln, frömmeln, wimmeln, frösteln,
kränkeln, erdrosseln, schnüffeln, schmuggeln, häkeln, rangeln, kün-
steln, tröpfeln, säuseln, kräuseln, rascheln, bimmeln, baumeln,
trampeln, purzeln, obd. etwa auch *(aus)förscheln* und *(aus)frägeln* [24].

Wie die Mischung der Beispiele beweist, ist ihre Entstehung in
jeder Hinsicht verschieden. Vieles wird aus denjenigen Mundarten
stammen, die diese Bildungen lieben [25]. Besonders zu erwähnen sind
etwa Bildungen wie *andreslen, kläuseln,* neben *thamsen* am Andreas-

---

[23] Vgl. E. HOFFMANN, Die ahd. u. mhd. Deverbativa mit ableitenden
Suffixen. Diss. Breslau 1921; zur Bedeutung der Suffixe bes. S. 29 ff.

[24] Vgl. etwa Trübners Wb. 2, 421 und D.

[25] Vgl. HODLER, S. 21 ff.; die einzelnen Beitr. z. Schweizerd. Gramm.,
ausführlich Bd. XIX, S. 182 ff.; GLATTES, S. 15 ff.; ROEDDER (s. § 9),
160 f.; fürs Schweizerd. jetzt bes. nóch KUHN a. S. 270 a. O.

tag usw. ziehen[26], sowie die obd. Verba mit der Bedeutung 'nach etwas riechen, schmecken': *böckeln, älteln, säuerlen, müffeln* (zu *Muff*; s. § 145), *räucheln, schweißeln, kuhdreckeln*, wozu *jüdeln, schwäbeln, französeln, (an)heimeln*[27], mhd. *tœteln*. Letztere sind alem.-schwäb.-bair.-österr. Nördlich davon entsprechen andere Suffixe, z. B. in ostfränk. *böckern*, rhein. *böcksen*; vgl. ferner §§ 149. 153. Bis zum 19. Jh. treten solche Verba auch in der Schriftsprache auf; das Mhd. kennt nur einige Ansätze[28].

148. Ahd. *-arōn, -irōn*. Neben den von jeher zahlreichen *ōn*-Verben mit stammhaftem *-r* (z. B. *lastarōn, hungerōn, sichorōn, fordarōn*) entstehen besonders Iterativa auf *-arōn*: ahd. *flogarōn* flattern, *gangarōn* umherwandeln, *ir-scabarōn* schaben, *uoberōn* üben, mhd. *glitzern, slenkern, slipfern, slot(t)ern, slummern*, nhd. *lodern, sickern, schillern, schimmern, zaudern, erschüttern, belfern, flunkern, klimpern, plappern, stottern, plätschern*. Sie stehen zunächst größtenteils neben einem einfachen Verb; die nhd. Verba dieser Art sind freilich – wo nicht überhaupt rein schallnachahmend – fast alle isoliert.

Bei den Schallverben erscheint meistens ein *-l-* im Stamm, so daß man mit Kluge (Abriß, S. 10) angenommen hat, *-arōn* stehe hier dissimilatorisch für *-alōn*. Doch vgl. auch die Bildungen mit *kn-*: *knittern, knattern, knistern, knuppern, knabbern, knuspern* und die Verba für Tierlaute: *gackern, meckern, schnattern, pipsern, kuckern, wiehern*, u. ä. [29]; für Mäuse braucht Brentano *pfiffern* zu *pfeifen*.

Gruppenhaft treten ferner auf: verstärkende Verba der Neigung (*schläfern, kotzern, speiern, tanzern, pissern*), Ableitungen neben Pluralen auf *-er* (*blättern, gliedern, löchern*; mit Präfix [§ 160] *begeistern, vergöttern, entvölkern*), von Komparativen nach ahd. *bezzirōn*, mhd. *smelern* usw. (bes. *ver-größern, -ringern, -gewissern, er-leichtern*; doch *kürzen, ver-dünnen, er-höhen* usw. nach § 142 b).

149. Got. ahd. *-inōn*. Im Got. besteht schon ein selbständiges Suffix *-inōn*. Von Bildungen zu *n*-Stämmen aus (*fraujinon* herrschen, zu *frauja* Herr, *gudjinon* Priester sein, zu *gudja* Priester) erscheinen

---

[26] A. BRETSCHNEIDER in Dt. Wortgesch. III, 103 f.

[27] Siehe KLUGE, ZfdWf. 2, 242 f. mit Lit.

[28] Nach d. Auszug e. Freiburger Diss. von A. FEUERSTEIN in d. Jahresheften d. Univ. Freib. 1920/21, S. 23 f.

[29] Siehe O. HAUSCHILD, ZfdWf. 11, 149 ff; 12, 1 ff. Weitere Fälle bei PAUL, S. 119 f.; O. WEISE, Zs. f. d. dt. Unterr. 19, 510 ff.; HIRT, Etymologie d. nhd. Spr., [2] S. 84 f.

lekinon als Arzt heilen (zu *lekeis*), *horinon* Ehebruch treiben u. a. Im
Ahd. finden sich (nach *festinōn* befestigen, zu *festina*, *luginōn*, zu
lugina) Fälle wie *truginōn* trügen, *altinōn* verschieben, *waltinōn* walten,
glitzinōn, *weidinōn*, *rātfrāgonōn*, mhd. *swechenen* duften, *klagenen*,
eichenen zusprechen, *nāhenen*, *wirsenen* verschlechtern. Die nhd. Verben
auf *-nen* haben *-n* schon im Grundwort: *regnen*, *rechnen*, *waffnen*,
ebnen, *(ent)eignen*, *(er)öffnen* (vgl. got. *rignjan*, *ibnjan*, ahd. *reganōn*,
ebanōn usw.).

Im Wallis gibt's heute noch Verba wie *blitzinon*, *glitzinon*, *strewinon*
streuen, *wīninon* wiehern.[30]. – Bair.-oberpälz. sind *bockeinen* nach dem
Bock riechen, *fauleinen*, *biereinen* (vgl. § 147).

150. Ahd. *-isōn*. Neben *ōn*-Verben aus *s*-Stämmen (got. *hatizon*
zürnen, zu *hatis*, ahd. *egisōn* erschrecken, zu *egiso*, *kebisōn* kebsen, zu
kebisa) gibt es im Ahd. (Ae., An.) auch solche auf *-isōn* (z. T. konkur-
rierend mit denen auf *-ilōn*, *-inōn*, allenfalls mit leichten Bedeutungsabschattungen): *klingisōn* neben *klingilōn* § 147 (dieses deutlicher ite-
rativ?), *altisōn* neben *altinōn* § 149 (und *altōn* Ahd. Wb. 306?), *waltisōn*,
harmisōn schmähen, *reinisōn*, *lustisōn*, *heilisōn* Glück wünschen, süh-
nen, *grūwisōn* grausen, *winisōn* winseln, *michilisōn* verherrlichen, *tiu-
risōn* dass., *rīchisōn* herrschen, *hērisōn* dass., *līchisōn* gleißen, mhd. *gelsen*
schreien, *glimsen* glimmen, *veilsen* feilschen, *gītesen* geizen, nhd. *grinsen*,
einheimsen. Einige Bedeutung kam dem Suffix zu für Weiterbildungen
auf *-isāri* (*-isāra*), *-isōd*, *-isunga*[31]. Das Nhd. läßt das Suffix meist
nicht mehr deutlich erkennen (vgl. *herrschen*, *feilschen*, *gleißen*, *grausen*
oder *winseln* aus *winsen*).

151. Ahd. *-agōn*, *-igōn*. Neben Verben aus Adjektiven auf
-ag-/-īg- (wie got. *gabigjan* bereichern zu *gab(e)igs* reich, *audag-
jan* selig preisen, zu *audags* selig, ahd. *heilagōn*, *nōtagōn*, *bluotagōn*,
rostagōn, *sēragōn* verwunden, *leidagōn* kränken, *sculdigōn*, *kūmi-
gōn* reizen, *duruftigōn* bedürfen) konnten sich solche mit selb-
ständigem Suffix *-agōn*, *-igōn* ausbilden. Im Ahd. fehlt ein entsprechendes Adjektiv auf *-ig* – es könnte auch zufällig nicht belegt sein – nur in einigen Fällen, z. B. bei *gimuntigōn* erinnern,
girehthaftigōn rechtfertigen. Weitläufigere Verwendung erlangt
selbständiges *-egen*, *-igen* jedenfalls im Mhd.[32], zunächst immer
neben einfachem Verb; vgl. *pīnigen* neben *pīnen*, *stetigen* neben

---

[30] W. HENZEN, PBB 64, 285.

[31] Vgl. GRIMM, Dt. Gramm. [2]2, 259 und o. §§ 98. 115.

[32] Nach J. VAN ZUIDEN, Die Verba auf *-igen* im Dt. Diss. Amsterdam,
Maastricht 1934, werden Verba auf *-igen*, wie im Ahd. häufig von Notker, im Mhd. besonders von Predigern bevorzugt (mehr als von Mystikern), direkte Ableitungen aus Nomina ohne *-ig* dann von der spätmhd. Rechtsprosa und der nd. Geschäftssprache.

steten befestigen, *steinigen* neben *steinen, bevridigen* neben *bevri-*
den, nōtzühtigen neben *nōtzühten, -zogen,* nhd. *ängstigen* neben
mhd. *angesten, begnadigen* neben mhd. *begnāden* und ebenso für
(be)endigen, beherzigen, bescheinigen, beschäftigen (neben mhd. *be-*
scheften), beteiligen, besichtigen, besänftigen, beschwichtigen (nd.
neben mhd. *beswiften), beschönigen, be-,* entschuldigen, *er-, ent-*
mutigen, vereidigen, erkundigen und wohl auch *genehmigen* [33].
Vorab wird da ein Adjektiv zwischen den Verben gestanden
haben (wie bei mhd. *kreftigen* neben *kreftic* und *kreften, gewaltigen*
neben *gewaltec* und *gewalten,* nhd. *belästigen* neben *lestec* und *be-*
lesten; vgl. noch *verflüchtigen* neben *flüchten, sündigen* neben obd.
sünden [34]), das jedoch untergehen konnte (*bändigen* neben mhd.
bendig [vgl. nhd. *unbändig]* und *banden, benden).* Infolgedessen
erscheinen einmal Verba auf *-igen* unmittelbar neben einfachen,
wie bei *(be)endigen* usw., und sodann direkt zu Substantiven
(oder Adjektiven), gewöhnlich mit der Vorsilbe *be-*: *beerdigen,*
benachrichtigen u. ä. (§ 160).

152. Ahd. *-skōn* (und *-chen,* s. Anm.). Auf ein *sk*-Suffix deuten
auch einige versprengte Bildungen, die zumeist wieder dem *ōn*-Typus
folgen: ahd. *eiscōn* fragen, mhd. *(h)eischen* (zu einer Wz. *ais-* + *-sk-* [35]);
forscōn forschen (< *forhskōn,* zu Wz. *pṛk-*); *gifalscōn* fälschen (woneben neu als Lehnwort mhd. *valsch?*); *loscēn* verborgen sein; mhd.
lūschen lauschen. Vgl. noch ahd. *miscen* mischen, *wunscen* wünschen.

Anm. Ableitendes *-k-* zeigen ahd. *hōrchen* (zu *hōren*; vgl. engl. *to*
hark neben *to hear,* ähnl. *to talk* n. *to tell*); mhd. *snarchen* (zu *snarren*);
kerchen knarren (zu *kerren), smirchen* nach Fett riechen (zu *smer*) [36].
Vgl. mundartl. md. *glurchen* tuscheln u. ä., nd. *slīrken* schleichen
(<*slīren), kartken* Karten spielen, *düseken* schmatzen usw. [37].

153. Got. *-atjan,* ahd. *-azzen* u. ä. Bedeutend ist eine
Gruppe von **Intensiven** und **Iterativen** auf germ.-got. *-atjan,*
ahd. *-a(z)zen, -e(z)zen, -i(z)zen* (entsprechend griech. *-άζω* für
-adjo-, ursprünglich in Verben zu Nominalstämmen auf *-ad-*:
λιϑάζω steinige, zu *λιϑάς, -άδος* [38]). Verstärkt erscheinen besonders

---

[33] Falls zu mhd. *genæmen.* Vgl. aber Trübners Wb. 3, 99. *befehligen*
ist ebenda 1, 255 auf obd. *befehlich* bezogen.
[34] DWb. 10, 4, 1139 f. Vgl. noch *abanst(ĭg)ōn* Ahd. Wb. 10 u. ä.
[35] WALDE-POKORNY I, 12. Vgl. das Präsenssuffix *-sk-* in ahd. *wascan*
§ 139.
[36] Vgl. WILMANNS, S. 113.   [37] O. WEISE, Nd. Jb. 46, 39 f.
[38] Vgl. WILMANNS, S. 106 ff.; ferner JOHANNA RICHTER, Ursprung
u. analog. Ausbreitung d. Verba auf *-αζω.* Diss. Münster 1909. Excurs
ü. die germ. Verba auf *-atjan / -itjan* S. 135 ff.; zur Bed. S. 154 ff.

Bewegungen, Schälle, Gemütszustände, z. T. in Anlehnung an ältere Bildungen.

Beispiele: got. *lauhatjan* leuchten, ahd. *lohazzen, louʒazzen* (neben *lohe[n]* und *loug*), got. *ahmatjan* atmen (zu *ahma* Geist), ahd. *ātumezen* dass. (neben *ātumōn*), got. *swogatjan* seufzen (n. *gaswogjan*), *kaupatjan* schlagen[39], ahd. *leidazzen*, ae. *lādettan* hassen, verwünschen, ahd. *fallezzen*, ae. *fallettan*, ahd. *heilazzen*, ae. *hālettan* begrüßen, ahd. *tropfezen*, ae. *droppettan*, ahd. *sprungezen*, ae. *sprangettan* zittern, ahd. *slagezen*, *rūnezen* raunen, *wārezen* versichern, *gackazzen*, mhd. *gagzen* gackern, ahd. *roffazzen*, mhd. *rofzen* rülpsen, ahd. *flogazzen*, ae. *flogettan* flattern und ahd. *flogarazen* dass. (wohl als verstärktes *flogarōn*), *blecchazzen*, mhd. *bliczen* blitzen, *smackezen, sluckzen, snalzen, achzen-echzen, gijāzen* bejahen, *spiutzen* speien (ae. *spīgettan*, zu *spīwen*), *blinzen* (für **blinkezen*), *scherzen* (für **schernzen*, zu *schernen*?[40]), *swetzen, siufzen* (für **siuftezen* neben *siuften*), *rutschen, rütschen* (für **ruckezen*), *swanzen, swenzen* (für **swankezen*, zu *swanken*[41], falls nicht aus **swangezen*, ablaut. Intensivum zu *swingan*), *brunzen* harnen (zu ahd. *brunno*), *ruckezen* girren, *jūch(e)zen*, nhd. *bäfzen, kotzen* (für **koppezen* n. mhd. *koppen*), *verhunzen*; ferner hierher unter Vorbehalten nhd. *hopsen, klecksen, pumpsen, mucksen* (ahd. *ir-muckazzen*), *rülpsen, quietschen, fletschen, glitschen* u. a. mit Erleichterung der dentalen Affrikata[42]. Die Bildungen sind dem *jan*-Typus treu geblieben, wohl weil -*azzen* von Anfang an als einheitliches Suffix empfunden wurde. Immerhin gehen nach der 2. Klasse einige denominative auf -*izōn*: ahd. *gramizōn, gremizōn* brummen (zu *gremizi, -za*), *swilizōn* glühen (zu *swilizo* Hitze), auch *roffazōn* und *sprungezōn* (s. o.). – Anders *duzen* (nach ital. tuizare), *irzen, siezen*. Unsicher bleibt mhd. *namsen* benennen.

Das Suffix hat bes. in der bair.-österr. M u n d a r t Beliebtheit erlangt, auch in der Form -*itzen*: *himmelitzen* wetterleuchten, *krachitzen, lallitzen, achitzen, munkitzen* munkeln[43]. – Eine namentlich ostmd. Nebenform von -*ezen* ist -*enzen* (obersächs.), -*inzen* (schles.) für ʻnach etwas riechen, schmecken': *bockenzen, fischenzen, ölenzen, fassenzen, weiberenzen, judenzen* (Luther), *mönchenzen* (Fischart), *kurtisanenzen* (Mathesius), *brittenzen* (Gottsched); *küchinzen, brändinzen, wetterinzen*. Schriftsprachlich ist *faulenzen*[44].

---

[39] Vgl. hierzu jetzt W. KROGMANN, ZfvglSprf. 67, 224 ff.

[40] Vgl. etwa Trübners Wb. 6, 57 gegen KLUGE-GÖTZE s. v.

[41] Nach den Wörterbüchern, zuletzt Trübners Wb. 6, 261 mit Lit.

[42] Vgl. J. WINTELER, PBB 14, 455 ff., bes. für Fälle wie *rutschen, klatschen* u. ä. Mundartliches s. bei KLUGE, Festschr. f. Weinhold. 1896, S. 26; SCHMELLER I, 192 und den einzelnen Beitr. z. Schweizerd. Gramm.; ahd. Bildungen ferner bei SCHATZ, Ahd. Gramm., S. 72.

[43] Vgl. KLUGE, Abriß, S. 7 f.

[44] Vgl. KLUGE, ZfdWf. 6, 40 ff., ZfdMaa. 5, 378; K. ROTHER, ZfdWf. 14, 219 f.; RICHTER a. a. O., S. 160 f. und o. §§ 147. 149.

Anm. An (überwiegend lautmalenden) Bildungen seien noch erwähnt: *labbeien* schwatzen, *jucheien* jubeln, *murmauen, miauen* usw.
und solche auf -*stern* in *flüstern, klabastern, knistern, rastern* rascheln,
laustern lauschen, *zaustern* schimpfen, *galstern* schreien[45].

154. Verba auf -*ieren***[46].** Seit dem 12. Jh. fanden ritterliche
Fremdwörter auf -*ieren*, entstanden aus franz. Verben auf -*eir,*
-*ieir, -ir* unter Einfluß des franz. Nominalsuffixes -*ier* und dann
mit dt. Endung versehen, in die mhd. Literatur Eingang: *tur-*
nieren, buhurdieren, loschieren, usw. (s. § 8). Die meisten von
ihnen sind wieder untergegangen, dafür aber nach und nach sehr
viele – zu viele! – neue nach demselben Muster übernommen
oder neugebildet worden. Man schöpfte auch unmittelbar aus
dem Lateinischen, namentlich Verba der gelehrten Sprache, und
schließlich kamen hinzu die hybriden Bildungen mit deutschem
Leib der Art von *amtieren, halbieren, buchstabieren,* so daß die
Verba auf -*ieren* heute eine sehr umfängliche und mannigfaltige
Gruppe bilden, für die einige Beispiele genügen können: *radieren,*
disputieren, dedizieren, deponieren, addieren, fingieren, kolieren,
molestieren, enrollieren (so D.). *embarrassieren* (D.), *hantieren* (aus
franz. *hanter* umgedeutet), *probieren, spazieren, stolzieren, schimp-*
fieren, grundieren, lackieren, glasieren, hofieren, kutschieren, hau-
sieren, schattieren, lautieren, gastieren, irrelichtelieren (Faust, Vers
1917), *schnabulieren, drangsalieren, redressieren, soulagieren, sham-*
poonieren (D.) – Einen schon älteren Untertypus stellen diejenigen
auf -*isieren* dar: *theologisieren, prophetisieren, spintisieren* u. ä. (Trübners Wb. 6,470 nach DWb.), *fräulisieren* (Dt. Wortgesch. II, 239),
Goethes *sternbaldisieren, klosterbruderisieren* (ebd. 254), *homerisie-*
rn, pulverisieren, pasteurisieren, amerikanisieren, polonisieren (aber
russifizieren). - Paare wie *dichten – diktieren, ordnen – ordinieren,*
opfern – operieren stehen in keiner strukturellen Beziehung, wohl
aber, mit Bedeutungsabschattung, *spenden – spendieren* oder bei
Goethe *grillen* (Faust 4247) neben älterem *grillisieren* (Ital. R.
10. Jan. 87). Schon im Mhd. begegnen synonym *hurten, justen,*
vloiten neben *hurtieren, tjostieren, vloitieren*[47]. Auch neuerdings

[45] Vgl. WEISE, Nd. Jahrb. 46, 31 f. 37 ff.
[46] Vgl. neben J. GRIMM, Kl. Schriften I, 343. 354 ff.; PAUL, S. 124 f.
u. a. A. ROSENQVIST in AASF 30 (1934), 587 ff.; ÖHMANN-SEPPÄNEN-
VALTASAARI, Neuphilol. Mitt. 54 (1953), 159ff. und o. § 98 Fußn. [16];
LANGEN (s. § 34) 971; ÖHMANN AASF 141 (1965), 33ff.
[47] Vgl. ÖHMANN (s. § 2) 40 f. Zum Verhältnis der „alternances déri-

macht sich eine gesunde Rückbildungstendenz bemerkbar: *schraffen* f. *schraffieren, lacken* f. *lackieren, chloren* f. *chlorieren.* Auch in die Mundarten dringt das Suffix (-*is)ieren* in zunehmendem Maße ein. In der Mundart von Wetterfeld allein hat man z. B. an die 100 Verben auf -*ieren* gezählt.

D. Adverbien

155. Die abgeleiteten Adverbien sind sehr zahlreich und ihre Bildungsmöglichkeiten im Laufe der Sprachgeschichte mannigfach. Doch stellen die beiden Hauptarten – abgesehen zunächst von den normalen Adjektivadverbien nach dem Muster ahd. *scōno* > *schon* neben *scōni* > *schön* – entweder isolierte Bildungen mit früher lebendigen Suffixen oder syntaktisch erstarrte Formen flektierbarer Wörter dar, deren Entstehung meist noch durchsichtig ist. Beträchtlich ist namentlich die Zahl der Adverbien, die in Hypostasierung alte Kasusformen fortsetzen.

Die folgende Zusammenstellung kann keine Vollständigkeit anstreben, auch nicht in bezug auf die historischen Formen der angeführten Beispiele.

156. Adverbien aus Pronominalstämmen (germ. *þa-, hwa-, hi-*): ahd. *dār, (h)wār, hiar* = nhd. *da, wo, hier*; mit Richtungsbedeutung auf die Frage 'wohin?': ahd. *dara, (h)wara, hera (hara)*, nhd. *dar, her*; auf die Frage 'woher?': a) ahd. *dana* (< *þa- + ablativischem Suffix -na*), 'von da aus', *dan(ne), denne*, nhd. *dann, denn*, desgl. *(h)wanne, (h)wenne, hina*, nhd. *wann, wenn, hin*; b) ahd. *dan(n)ana, dan(n)ān*, 'von einem bestimmten Orte weg', nhd. *dannen*, desgl. *(h)wanana, -ān, hinana, -ān*, nhd. *wannen, hinnen.*

dar- in Zusammensetzungen (*daran, -um*) kann ahd. *dara* und *dār* fortsetzen, ebenso *war-, wor-* ahd. *hwara* und *hwār* in *warum, worein* usw., die aber eher auf *(h)wār* zurückzuführen sein werden; vgl. § 54, 2.

Südliche Mundarten haben das dreifache ahd. System auch fürs Fragewort weitgehend erhalten; so gilt fürs ältere Wallis *wā(r)* wo? – *war* wohin? – *wana* woher? (wie *dāna, hiena* oder *obna, in(na)na* u. ä.; s. u.) Besser hat sich noch *dar* < ahd. *dara* behauptet und natürlich

vatives"; H. MARCHAND, Studia linguistica 5, 95 ff. Zunahme von -*iser* im Franz. nach NYROP, § 443 f.; ferner unten § 160 Ende.

das daraus abgeleitete obd. *dert, dört*, nhd. *dort* (ahd. *tharot* o. ä. dort-[hin], wie *warot* wohin?, *herot* hierher).

Das Got. zeigt hier vom Ahd. ziemlich abweichende Bildungen[1].

Mit *dana* zu vergleichen sind ahd. *obana, untana, innana, ūzana, hintana, nidana*, nhd. *oben* usw., während sich ahd. *ubar, -ir*, (amd. *obar*), *untar, innar, ūzar, hintar, afar* aber, *nidar, suntar* durch ihr *(t)r*-Suffix letztlich zu *dār, dara* usw. stellen[2]. Außerdem sind hier zu erwähnen ahd. *dō*, nhd. *da* (temporal), sodann *sō, sus, sonst* und die aus snytaktischer Isolierung von Pronominalkasus entstandenen *dass, (ent)weder, desto, etwa* u. ä.

157. Adjektivische Adverbien. 1. Im Got. gingen die Adverbien zu Adjektiven aus auf *-ba* (*raihtaba* recht, *ubilaba* böse, *andaugiba* offenbar, *hartuba* hart) und *-o* (*mundo* heilig, *andaugjo*), im Ahd. auf *-o* (*rehto, harto*). Die Herkunft der beiden Suffixe ist nicht völlig klar; am ehesten wird man darin erstarrte Kasuselemente sehen dürfen. Vgl. § 166.

Die *o*-Bildung ist uns erhalten in *schon, fast, lange*, ferner in *bald, kaum, sehr, gern, vielleicht, bloß, gleich, eben, gerade* (letztere neben gleichlautenden Adjektiven mit abweichender Bedeutung), mhd. noch in *dicke* oft, *harte* sehr, *ange, sanfte, suoze, spāte, swāre, fruo* u. a. In den meisten Fällen besteht jetzt schriftsprachlich kein Unterschied mehr zwischen Adverb und Adjektiv: *süß* (mhd. *suoze* und *süeze*), *still* (mhd. *stille*, ahd. *stillo* und *stilli*) usw.

Schon früh haben sich Adverbien auf got. *-leiko* > ahd. *-līcho*, wozu *-līchon* > mhd. *-līche(n)*, nhd. *-lich* (§ 133) beliebt gemacht. Der Adverbialcharakter dieses Gliedes geht daraus hervor, daß schon im Got. neben Adverbien auf *-leiko* (z. B. bei *aljaleiko* andersartig) gelegentlich kein Adjektiv auf *-leiks* besteht. Einige Bildungen auf *-lich* gehen auch heute nur als Adverbien: *schwerlich, wahrlich, füglich, neulich, bitterlich* (wie meist die engl. auf *-ly*).

Aus Mundarten: Obd. (wenigstens südschweiz.) Gebiete scheiden zum Teil noch Adv. *lang, fruo, spāt, fast* fest, *rāss* von umgelautetem Adj. *leng, früe, spät, fest, räss*. Nd. sind – abgesehen von den auch adverbiellen *reining, säuting, swinning* – *schēneken, liseken* (§ 94).

In niederer Volkssprache erscheinen da und dort auch hybride Bildungen mit *-mang* (= franz. *-ment* < *mente*, in *doucement*): *reinemang, grademang, festemang, sachtemang*[3].

---

[1] Vgl. etwa WILMANNS, S. 640 f.   [2] Ebenda, S. 648 f.
[3] Siehe KLUGE, Abriß, S. 47.

2. Häufig diente, wie bemerkt, eine Kasusform als Adverbial-
form. Der Ableitungsvorgang wird vor allem dort ersichtlich, wo
ein Kasusmerkmal analogisch übertragen ist auf Fälle, denen es
nicht zukommt (namentlich -*s* des Genitivs in *nachts, seitens*
[§ 158], -*seits* [§ 56], *hinterrucks* u. ä. [§ 161]). Der unflektierte
Akkusativ Sing. Neutr. steckt in *viel* (got. *filu*, substantivisch),
all, wenig, genug, gar, nach (ahd. *nāch* neben *nāho* nahe), *nein*
(< *ni ein*), mhd. *lützel* wenig, der flektierte in *allez* fortwährend
(mundartlich noch *als*). Seltener ist schwacher Akk. Sing. Mask.
(in ahd. *follon* völlig) oder Fem. (in *follūn, gāhūn* eilig)[4]. – Allmählich mehren sich die Fälle mit **Genitiv** -*s*: got. *allis, raihtis,*
ahd. *alles, rehtes* durchaus, doch, *nalles* durchaus nicht, *niuwes,*
niuwenes kürzlich, *gāhes* sogleich, *jārlīches* usw., noch heute:
anders, stracks, stets, vergebens, bereits, rechts, links, (be)sonders,
öfters, übrigens, unversehens, zusehends, eilends, vollends, mundartlich auch *liegends, kniends, schlafends, weinends* u. ä.[5] (wozu
die oben angedeuteten Fälle). – Das Ahd. kannte noch Adverbien
im **Dativ** Plur.: *luzzigēm* allmählich, *emiz(ig)ēn* unaufhörlich,
einzēn und *einzeln*; vgl. noch unsere *mitten* (s. u.), *gestern, selten.*

Unflektierter Akk. Sing. Neutr. galt auch für den **Komparativ**:
germ. got. **batis*, ahd. mhd. *baz* besser, got. *airis*, ahd. *ēr*, nhd. *eher,*
desgl. *mehr, seit, fürder*, got. *haldis*, ahd. *halt* mehr, got. *mins*, ahd.
min minder, *wirs* übler; vgl. noch mhd. *end* früher, *leng* länger, *diu min*
desto minder, *diu baz* neben *minner, minre* u. ä.

Der **Superlativ** zeigt endungslose Form in got. *maist, frumist* zuerst, ahd. *meist, bezzist, nāhōst*, nhd. *meist, nächst, höchst, längst, jüngst,*
(zu)erst, billigst, eiligst, baldigst, höflichst, gehorsamst, ergebenst, weit-
gehendst (oder *weitestgehend*) usw. neben *meistens, am meisten* usw.

158. Substantivische Adverbien (bzw. Präpositionen). Erstarrte **Genitive** (vgl. § 157): ahd. *dankes* gratis, Plur. *gizīto*
zeitig u. ä., mhd. *tages, ābendes, alters, fluges,* nhd. *flugs, rings,*
teils, falls, zwecks, behufs, betreffs, namens, angesichts u. ä., *diens-*
tags, mittags, seitens, vor-, oftmals (§ 159), *gleichfalls, halbwegs*
u. ä. Zusammenrückungen[6]; – **Dative**: ahd. *heim(e), morgane,*
dankum gern, *hwīlōm, wīlōn* bisweilen, *wīlōn-wīlōn* bald-bald,

---

[4] Vgl. Braune-Mitzka, Ahd. Gramm. § 269; Wilmanns, S. 609 ff.,
wo mehr Beispiele. Nicht alle hier in Betracht kommenden Fälle sind
sicher zu beurteilen.

[5] Vgl. etwa Obersächs.-erzgeb. Wb. 2, 64. 176. 432.

[6] Wie wohl schon got. *gistradagis* morgen.

triuwōn, mhd. *triuwen, trū(we)n* traun, in Wahrheit, *māzen* ziemlich, *unmāzen* sehr (ahd. *zi unmāze), nehten* (mundartl. *nächt[i])* gestern abend (nacht), *(en)mitten, wegen,* nhd. *jeweilen;* – Akkusative: got. *aiw* (zu *aiws* Zeit, Ewigkeit) je, ahd. *ēo, io* dass., *heim, dia hwīla* dieweil, *mīna halbūn* meinethalben, nhd. *je, heim, weg, hinweg, weil, alleweil.* Vgl. wiederum §§ 165 ff. 161. 166[7].

Eine gewisse Bedeutung haben die Adverbien auf *-lings* erlangt, das mit Substantiven und Adjektiven auftritt. Im Got. und Ahd. erscheinen noch solche mit dem Suffix *-inga-* (§ 103) ohne *-l-:* got. *unweniggo,* ae. *unwēninga* unvermutet, ahd. *gāhingūn* jählings, *suntaringon* gesondert, dann *blintilingon, chrumbelingūn,* mhd. *vinsterlingen, gæhelingen, rückelingen, vlügelingen, schritlingen, sunderlingen,* wie noch alem. und sonst[8] *rücklingen, bäuchlingen, füßlingen, blindlingen, ständlingen, bücklingen.* Im Nhd. (und Mnd.) drang die Gen.-Form *-lings* durch: *rittlings, mittlings, näslings, meuchlings, blindlings, finsterlings* u. a., die z. T. wieder außer Gebrauch sind[9]. Die zeitweise starke Verbreitung dieses Musters erklärt sich mit Paul vielleicht daraus, daß im Bair. *-ling(en)* aus *-lich(en)* entstehen konnte.

Mehrere Kasusadverbien haben hinter *n* und *s* ein anorganisches *-t* im Auslaut angenommen, so ahd. *wīlont* (neben *wīlōn),* mhd. *wīlent, wīlunt,* nhd. *weiland,* mhd. *nehtint, -unt, allewegent, mornunt* morgen, nhd. *nebst, (ver)mittelst, samt* (ahd. *samant), jetzund, nirgend, selbst, einst, sonst,* mundartlich auch *anderst, einest* (ahd. *eines* und *einēst), manchest, querest* usw.

159. Zur Ableitung übergetreten sind Adverbien mit **einem Nomen** als **zweitem Glied,** wo dieses wie ein Suffix analogisch weiterwirkt (vgl. §§ 56. 124. 138).

Hierher gehören die Adverbien auf *-weise: teil-, strich-, scherz-, paar-, kreuz-, schritt-, schluck-, meter-, liter-, scheffel-, beispiels-, ausnahms-, haufen-, törichter-, seltsamer-, glücklicher-, gleicher-, möglicher-, unbekannterweise* (desgl. engl., wo *wise* als selbständiges Wort immer seltener wird, *other-, some-, likewise.* Die Entstehung dieser Ableitungsweise muß man sich denken aus Wendungen wie *in kriuzes wīse,* ae. *on ōðre wīsan*[10]. Sie wird teils schon adjektivisch verwendet: *ein schrittweises Vorgehen* usw.); *-maßen: der-, solcher-, einiger-, gewisser-, folgender-, anerkannter-, unverdientermaßen; -dings: schlechter-, aller-, neuer-*

---

[7] Ferner bes. WILMANNS, S. 617 ff.   [8] Vgl. Rhein. Wb. 1, 784.
[9] Vgl. E. BAUMGARTNER, ZfdWf. 3, 53 ff. S. 131.
[10] Vgl. W. HORN (s. § 10) 97; BEHAGHEL, Beih. z. Zs. d. Allg. Dt. Sprachver., 5. Reihe, S. 175 und Von dt. Sprache, S. 276; ferner etwa H. MOSER, Dt. Sprachgesch. ²1955, S. 174 und Trübners Wb. 8, 96 (auch zur Adjektivierung von *-weise* unten § 167, 5).

dings (vgl. auch ahd. *dero dingo* deshalb, mhd. *aller dinge* gänzlich, *einer dinge* nur, nhd. *guter Dinge*); -*seits*: *dies-, meiner-, beider-, aller-, ander-, fremderseits*; -*weg*: *leicht-, kurz-, schlank-, schlechtweg*; -*halb (-en)*, *halber*: *des-, weshalb, sonnen-, schattenhalb, meinet-, allenthalben, krankheits-, beispielshalber*; -*lei* (§ 8) und -*art*: *der-, aller-, mancher-, dreierlei, -art*; -*wärts* (=got. Gen. -*wairþis*, ahd. -*wertes*): *tal-, land-, see-, himmel-, heim-, seit-, aller-, ander-, her-, aufwärts, flutwärts* (Goethe), *abgrundwärts* (Lenau), *wälderwärts* (Eichendorff), *landein-wärts, stromabwärts* (hierneben eine Akk.-Form auf got. -*wairþs*, ahd. -*wërt, -ort, -ert*: ahd. *ûzwert, widarort, -ert*, ae. *hām-, norðweard*, engl. *homeward*, ferner *nordert, sundert, östert, westert*. Ahd. gab es noch ein *oban-enti* < *wenti* usw.); endlich die Zeit- und Zahladverbien auf -*mal(s)*: *ein-, einst-, oft-, zu-, da-, je-, nie-, noch-, manch-, viel-, mehr-, keinmal* bzw. -*mals* (ahd. auch etwa *des māles* damals, *io gimalōn* im-mer, *stapfmālum* stufenweise, *undermālen*, mhd. *ze māle* zumal, *sint dem māle* usw.; vgl. *sintemal[en], dermalen* und mundartliches -*mālon* im Wallis [11]; daneben ahd. -*stunt*: *fimf stunt* fünfmal, *sehs stuntōn*, got. *sinþa*: *twaim sinþam* zweimal). Vgl. die auf -*fach* § 45.

Wie -*lei* und -*art* dient als suffigiertes zweites Glied auch -*hand* in *allerhand*, früher auch *mancherhand*, mhd. etwa *zweier hande* zweierlei, *maneger, aller, vier hande*. Diese Fälle gehen aus von der Bedeutung 'Seite' (vgl. *rechter, linker Hand*, mhd. *ze beiden henden* und Paul, Dt. Gramm. II, 78); anders *kurzerhand* (lat. *brevi manu*), *über-, vorderhand*.

---

[11] HENZEN, PBB 56, 132; SZADROWSKY, ebenda 61, 286.

Besondere Arten von Wortbildung

Verbalisierung mit Präfixen

160. Als Zusammenbildungen (§ 161 f.) bezeichnet man oft verbale Neubildungen, die nicht auf einfachste Art, d. h. durch Zusammensetzung oder durch die gewohnte Ableitung aus einem Grundwort mittels eines Suffixes allein entstanden sein können. *entmannen* z. B. läßt sich weder als *ent-mannen* noch als *entmann-en* hinstellen, trotz einem mhd. – und sonst etwa gebräuchlichen – Verb *mannen*[1]. Im gleichen Falle befindet sich eine fortwährend zunehmende Masse von Verben: *ermannen, erhitzen, entziffern, entkräften, entgleisen, entgiften, entmotten, enteisen, enteisenen, entmenschen, entmachten, entthronen, entnerven, entwurzeln, entlarven, enträtseln, versanden, vergolden, vergällen, vergaben, verpesten, verarzten, vertäuen, vertrusten, vermassen, vermöbeln, verschnörkeln, verkörpern, verschleiern, veranlagen, veranlassen, veranstalten, verabscheuen, vereinnahmen, verumständen, veruntreuen, verursachen, verbollwerken, verballhornen, verpalisadieren, zerklüften, zertrümmern, zerfasern, zerfleischen, zerfetzen, zerstücke(l)n,* als Partizipien: *zerlumpt, unentwegt.* Namentlich stellen sich hierher: die überragende Gruppe von „ornativen" Verben aus Substantiven mit *be-* (Ausgangsbedeutung 'versehen mit'), z. B. *beflügeln, beflecken, beseelen, besohlen, betonen, beblechen, beteeren, benebeln, bemänteln, betiteln, bemuttern, bemeiern, benummern, beauftragen, beanstanden, beeinflussen, bemitleiden, befürworten, bevorzugen, beurlauben, bewahrheiten, begutachten, beherbergen* (nur als Partizipien: *beleibt, beredt, betagt, bemittelt, bemoost, benarbt*); sodann solche auf *-igen* (§§ 73. 151): *beerdigen, beseitigen, be-, verköstigen, beglaubigen, beabsichtigen, berücksichtigen, benachrichtigen, bevollmächtigen, beaugenscheinigen,* ferner wohl *bewerkstelligen* (zu mhd. *ze werke stellen,* woneben nhd. *werkstellig*) und *vergewaltigen,* sowie

---

[1] Und somit auch gegen die Auffassung von Trübners Wb. 4, 549, das sich hier auf DWb. 6, 1573 stützen wird.

die auf *-ern*: *begeistern, begütern, vergöttern, verwässern, entblättern, entvölkern.*

Hier müßten auch erwähnt werden die Inchoativa mit *er-* und *ver-* wie *erkahlen, erschlaffen, verdummen, verflachen, verebben, vernarben, verkohlen,* soweit sie nicht (wie *erkalten, verfaulen* usw.; vgl. § 143a) auf ein einfaches älteres *ēn*-Verb zurückweisen, vielleicht aber auch diese; denn es ist uns verwehrt, mit Bestimmtheit auszumachen. ob ein ahd. *irfūlēn* nach *fūlēn* oder direkt aus *fūl* gebildet ist. Dasselbe gilt aber auch etwa von einer faktitiven Gruppe *erhöhen* u. ä. Sprachgeschichtlich stellt *erhöhen* zunächst ein Kompositum got. *us-hauhjan* neben *hauhjan* (mhd. noch *hœhen*) dar, doch lebt es jetzt – und vielleicht nicht erst seit dem Untergang des Simplex – in unserm Empfinden als Bildung aus dem Adjektiv *hoch,* gleich wie *erneuen, erschweren, erweichen, erfrischen, erübrigen, ergänzen, vertiefen, veredeln, verheimlichen, entledigen, ver-, zernichten* usw., neben denen allen einfache Verba standen (mhd. *niuwen, swæren, vrischen* usw., wie *hitzen, vlügeln* u. ä. neben *erhitzen, beflügeln*), wonach jetzt auch *vereinfachen, verlangsamen. verunmöglichen, vervielfältigen, vernachlässigen, vergegenwärtigen, entkirchlichen* usw.

Mit Recht betont Maurer[2], die Gruppe *entmannen* und verwandte seien als eigentliche Ableitungen zu betrachten nach Vorbildern, die dem Sprachgefühl als durchsichtig erscheinen. Ausgangspunkt bilden die alten Präfixverba (*entbinden* got. *andbindan,* usw.). Unter ihnen gibt es solche, die dann auf ein Nomen bezogen werden konnten (*enthüllen,* got. *andhuljan* neben *huljan, entstellen* u. ä.) und von denen nun diejenigen Bildungen, die direkt aus einem Nomen entstanden sein werden, formal – und oft tatsächlich – nicht mehr zu trennen sind (vgl. *entkleiden, entwaffnen, entfetten, entehren, entleeren, entschrotten, bereisen, bezweifeln, versalzen, vernageln, verformen, erlosen, erbitten*); aus dieser doppelten Beziehungsmöglichkeit erklärt sich die Fortsetzung des Typus mit *entmannen, beflügeln, vernarben* usw. Im Anschluß an die Parallelen *ängsten – ängstigen, peinen – peinigen, vereiden – vereidigen, begnaden – begnadigen* und besonders nach dem Muster von *benachteiligen* (neben *benachteilen*), *erkundigen* (neben *erkunden*), *ermächtigen, versündigen, vergünstigen,* wo ein Adjektiv und Substantiv vorschweben mochte, wird auch *beerdigen* usw. analogisch entstanden sein, nach *versinn(bild)lichen* ein *ver-, entstaatlichen* usw. Man könnte von einer Ableitung

---

[2] (s. § 12) 103 f. bzw. 173 f.; vgl. aber auch WILMANNS, S. 6 f. 126 ff.

zweiten Grades reden. Was jedoch die Sonderstellung des Typus *entmannen* u. ä. innerhalb der Ableitung rechtfertigt, ist die Tatsache, daß es sich bei ihm um genau denselben analogischen Vorgang handelt wie bei *abbeeren, auskernen, aushändigen, einbürgern, einmotten, unterjochen, übermannen, überlisten, übervorteilen, umarmen, umgarnen, aufmuntern* u. ä., wo deutlicher der Eindruck eines Mitteldings zwischen Zusammensetzung und Ableitung besteht.

Die heutige Lebenskraft der Bildungsweise findet ihren Ausdruck etwa darin, daß der Duden seit zwei Jahrzehnten viele Fälle neu aufgenommen hat, so *beschallen, begasen, betonnen, bezuschussen, entamten, entdunkeln, entgasen, (sich) entloben, entwesen, ver(baum)wollen, vernuten, vertorfen, verminen, verrohren, versotten, vergeilen, zerbomben, zerkörnen* und *anecken, anteigen, einschulen, ausbomben,* vorübergehend auch *begiften, beförstern, entheimen, entnorden, entschandeln, entstädtern, verrussen, aufarten, aufnorden;* als Partizipien *bereedert, verknallt* (verliebt), *zertalt, ausgebombt.* – Umgekehrt ist diese Bildungsweise nicht erst jung; denn wie *entmannen* lassen sich auch ahd. *binagalen, bidurnen* (zu *dorn*), *bigraban* mit einem Graben (*graba*) umziehen, *firōden* (trans,), mhd. *bemannen, bedachen, belegern* belagern, *beschatewen* beschatten, *behendigen, verblüemen, verbichen* mit Pech überziehen erklären, auch wenn im Mhd. das einfache Verb daneben steht; jedenfalls sind wie *entmannen* entstanden mhd. *enthoubeten, entlīben, entōren, enthenden, entdermen, entleiden* vom Leid befreien, *enthūsen* vom Hause entfernen, *entgeisten* den Geist aufgeben oder aufg. machen (daraus mystisches *entgeistunge*), sich *enthovewīsen* die Hofsitte übergehen, insbes. Gottfrieds *bemæren, ge-, entherzen, vernamen, -worten, geunsinnen* usw. (neben den Part. § 45); hervorzuheben dann die Barockbildungen *bekühnen, beklingen, entmauern, zerkugeln* u. ä. Hierzu noch Fälle wie ahd. *irnarrēn, irwaldēn* (s. oben § 143 b).

Vgl. noch die volkssprachlichen *bekochlöffeln, bejawohlen* u. ä. oben § 63 Fußn. Ungeläufige Bildungen aus der Literatur wie *beantlitzen, verweiben* (Herder), *entschnellkraften* (Goethe) s. bei Paul, S. 138 f. Adelung verzeichnet auch ein *beliebreichen.*

Geläufig ist der Typus dem Englischen (ae. etwa *unscogian* entschuhen); doch fällt er hier als Wortbildungsgruppe praktisch dahin, da ein Nomen ohne formale Veränderung auch als Verb erscheinen kann: vgl. Verba wie *unbody* (belegt 1548), *undevil* (1726), *undouble* bei Koziol § 275 f. und unten § 167 Ende mit Lit.

Außergerm. findet sich die Bildungsweise alt im Lat.: *effeminare, erudire* (zu *rudis*), *accordare* (zu *cor, cordis*), *decollare* enthaupten (zu *collum*), mlat. *devirginare,* afranz. *desvirginer, despointer, des(h)eriter* (wonach mndl. *ontpoenten, onthoiren* u. ä. [3]) und viel häufiger dann im

---

[3] Vgl. E. ÖHMANN, Neuphilol. Mitt. 53 (1952), 213 ff.

Franz.: *débarquer, enbaumer, embellir, s'enorgueillir, s'évertuer, aboutir, achever* (zu *chef*), *ravitailler* (zu *vitaille*), *souligner* usw. (Darmesteter, S. 96 ff.); hieneben nun der dt. Fremdworttypus *dehydrieren* (D.), *denaturieren* (D.), *demonetisieren* (D.), *desodorisieren* (D.). Gleich wie der verbale Typus *entmannen* ist aber auch etwa die Adjektivgruppe *unweigerlich, unentgeltlich, unablässig, unrettbar* usw. (§ 58) nach *unbegreiflich, unerfüllbar* usw. zu erklären, d. h. aus einem Verhältnis *begreifen: [begreiflich:] unbegreiflich.*

Zusammenbildungen

161. Neben diesen Ableitungen gibt es Zusammenbildungen in einem berechtigteren Sinne des Wortes, nämlich die Fälle, wo bloße (syntaktische) Wortverbindungen, die für sich noch nicht als Zusammensetzungen betrachtet oder empfunden werden, zur Grundlage von Ableitungen gemacht sind, z. B. *Gesetzgebung, Gesunderhaltung, Grundsteinlegung, Menschwerdung, Linkswendung, Nichtzahlung, -einhaltung* (s. § 115), aus Präpositionalverbindungen: *Außerachtlassung, Instandsetzung, Inangriff-, Inanspruch-, Inaugenschein,- Zuhilfenahme,* mit Übergehung der Präposition: *Grablegung* (analogisch nach *Grundlegung* o. ä.), *Schaustellung* (§ 52), *Verrufserklärung, Pausenturnen, Sackgumpet* (§ 113), sodann der Typus '*Liebhaber*': got. *arbinumja,* ahd. *manslago, lugiscrībo, geltmacho, fuozfolgo, wārqueto, forasago, afterquemo,* mhd. *bogenziehære, dienstbietære,* nhd. *Nußknacker, Buchbinder, Hungerleider, Eisbrecher, Halbkenner, Schwarzseher, Langschläfer,* ohne Präposition: *Landstreicher, Zechpreller, Bettbrunzer, Türsteher, Afrikareisender* (§§ 28. 35. 84 f. 98 f.), aber auch *Zehnpfünder, Vierundzwanzigflächner*; vgl. ital. *fruttivendolo* Obsthändler u. ä. [1]. Eine nennenswerte Gruppe stellen ferner Adjektiva dar wie *freigebig, gold-, kalkhaltig, kurzarmig, scharfkantig, blauäugig, breitspurig, weitschweifig, leichtlebig, kurzfristig, dreiwöchig, erstklassig, widerhaarig, wolkenfärbig, augen-, straffällig* (aus *in die Augen, unter Strafe fallen*), mhd. *teilnümftec, grōzspræchig,* ahd. *sibunjārig, ebanfartig* usw. (s. § 129), *eidesstattlich* (aus *an Eides Statt*), *außereuropäisch,* an. *litilhugaðr* mißmutig, neuisl. *finullaður* mit feiner Wolle, *grāblessöttur* mit grauer Blesse [2], lat. *pluscius, quinquennis,* wonach grundsätzlich

---

[1] MEYER-LÜBKE, Rom. Gr. §§ 541. 557 (unter Parasyntheta!).

[2] JÓHANNESSON, Komposita, S. 48 ff.

auch Bahuvrīhibildungen wie ahd. *hunthoubito, einhurneo, lant-sidilo*, got. *wairaleiks* männlich, *uslißa* gichtbrüchig, sowie die Typen got. *gadaila, galigri*, ahd. *gisello, giadali, gistirni, gifildi, folmāni, sibunstirni*, nhd. *Gebläse-Geblase* (§§ 45 f. 85. 87), ahd. *geswister(i)de*, mhd. *gebeinde, gebeinze*, mundartl. *Gesäms, Gelecks* (§ 88, 1. 2); ferner amhd. *uspunna* Werg, ahd. *halswerfōn*, mhd. *hōnlachen*, nhd. *liebäugeln* u. ä. (§ 52), und schließlich gehören hierher die verbalen Bildungen *übernachten* (trotz mhd. *nahten*), *überwintern*, mhd. *überjāren* (neben *überjœrec*), Adverbien wie *beiderseits, hinterrücks, unterwegs* (§ 158 f.) oder noch Fälle wie *Untergrundbahn* (§ 39; gegen *Überseeverkehr* § 162), *Hinterglasmalerei, Neusprachler, fahrläßig* (§ 129), *bewerkstelligen* (§ 160).

Es scheinen bei den genannten Fällen im Moment der Wortbildung Zusammensetzung und Ableitung zusammengewirkt zu haben. Dieser Eindruck ist aber durch die einzelnen fertigen Neubildungen erweckt; im Grunde bleibt auch hier der Vorgang der der analogisch um sich greifenden Ableitung (wobei es natürlich nichts verschlägt, daß gelegentlich scheinbare Komposita wie *Langschläfer* herauskommen!). Er strebt der Ableitung schon durch das unscharfe Verhältnis zwischen Kompositum und Verbindung (§ 16) zu. Denn sobald wir *schwarz sehen, instand setzen, (zur) Kenntnis nehmen* als Zusammensetzungen auffassen, stellen *Schwarzseher, Instandsetzung, Kenntnisnahme* normale Ableitungen dar, desgl. ahd. *frīlāza* Freilassung, *heiligmacha* Heiligung, nhd. *Fehlgriff* u. ä. oder noch *altjüngferlich* (engl. *old-maidish*).

van Lessen S. 133 braucht für die hier behandelten Zusammenbildungen den Namen „samenstellende afleidingen". H. Eichholz[3] stellt als Ursache der Zusammenbildung die Neigung zum Abstrakten hin.

162. Der Typus Sauregurkenzeit. Normalerweise erfolgt Zusammensetzung aus zwei Gliedern. Denn in Dekompositen (s. § 145 c mit Fußn.) wie *Zimmermannsaxt, Kurzwarenhandlung, Überseeverkehr, Hauptbahnhof, Bergabhang, Reichstagsmitglied, Schul(rund)funksendeplan, Mädchenhoffnungsbundgruppe, Vierwaldstätterseedampfschiffahrtsgesellschaft* oder *hochansehnlich, hochwohlgeboren* usw. verhält es sich natürlich immer so, daß eine

---

[3] Die Zusammenbildungen im Mhd. u. Nhd. Diss. Gießen (Auszug, 7 S.). Vgl. ferner W. HORN (s. § 10) 98; BEHAGHEL, Die dt. Sprache [10-12] S. 224 f. ([5] S. 282 f.); ROEDDER (s. § 9) 142; LEISI (s. § 16) 107.

Zusammensetzung wieder zu einem Glied einer zweigliedrigen Zusammensetzung wird: *Zimmermanns-axt, Haupt-bahnhof* usw.

Zunehmend begegnen Bildungen mit fugenlos „kolligiertem" erstem Glied: *Schwarzweißkunst, Hamburg-Amerika-Linie*, bes. in der Sprache der Technik: *Hoch-Tiefstromzähler* u. ä. [4]

Gelegentlich entschwindet uns die Kontrolle über die Zusammensetzungsgliederung; vgl. *Himmelslebenssaft* neben *Himmelsfreudensonne* (Chr. C. L. v. Pfeil), *dämmernachtverstohlen* (Spitteler), *goldkorngartenüberdacht* (O. J. Bierbaum), *Lichtbildaufnahmegerät* ([14]D. unter Kamera), *Baumriesenwipfelblütengigantenschmetterling* (A. Holz). In Fällen wie Platens [5] *Vorzeitsfamilienmordgemälde* ist sie durch das anorganische Fugen-*s* angedeutet.

Zusammensetzungen aus mehr als zwei Elementen stellen dar

a) Additionen wie *schwarzrotgolden, rotweißblau*;

b) in gewisser Beziehung auch eigentliche Zusammenrückungen mehrerer Glieder einer Verbindung, die selbst nicht zu Kompositen verschmolzen sind, also der Typus *Sauregurkenzeit*. Es werden hier in *Alt(e)weibersommer, Armesünderglöcklein, Liebfrauenkirche, Viergroschenbrot, Hundertfrankennote, Zweistärkengläser, Dreizimmerwohnung, neunrösserstark* (H. Watzlik) u. ä. sozusagen drei Wörter gleichzeitig zu einem zusammengesetzt [6] (In Wirklichkeit bleibt aber die Komposition zweigliedrig!).

Gelegentlich erscheinen solche Fälle noch getrennt geschrieben: *alletags Entschuldigungen* (Goethe, neben seinem *Schöneraritätenkasten*). Häufiger ist die Abtrennung des Adjektivs in *gebrannte Mehlsuppe*, seltener in *saure Gurkenzeit*. Sie ist unrichtig, da das Adjektiv sich nicht auf das ganze folgende Kompositum bzw. auf das letzte Glied als dessen Grundwort bezieht, sondern auf das Bestimmungswort (gebrannt ist nicht die Suppe, sondern das Mehl). Man zerlegt das Gebilde also gerade da, wo es am wenigsten angeht, d. h. man stellt durch diese Zerlegung das Adjektiv gerade zu dem Teil, zu dem es nicht gehört. Das Widersinnige dieses Vorgehens beleuchten drastisch die berüchtigte *reitende Artilleriekaserne*, der *wohlriechende Wasserfabrikant, geriebene Farbenhändler, blödsinnige Kinderarzt*. Ihr nachdrücklicher Sarkasmus ist einigermaßen gerechtfertigt, weil sich zahlreiche Bildungen dieser Art eingebürgert haben, ohne daß man sich daran stößt, ja ohne daß man das Schiefe daran ahnt. Denn Wendungen wie *deutsche Sprachlehre, französische Literaturgeschichte* (zumal wenn diese

---

[4] Vgl. hierzu § 42, Fußn. [3] u. unten § 184.

[5] Über diesen s. hier KAINZ in Dt.Wortgesch. [2]II, 369f.; BEHAGHEL, S. 66 f., wo mehr solcher ungewohnter Fälle.

[6] Zur Flexion vgl. LJUNGERUD (s. § 33) 224 ff.

deutsch abgefaßt ist), *römische Altertumskunde, Bayrisches Bierhaus,*
zu denen sich als Verwandter der *möblierte Herr* gesellt, sind an sich
nicht besser. Insbesondere gehören hierher Straßennamen wie *braune
Hirschstraße, fette Hennengasse,* die man besser zusammenschriebe. Es
blieben dann noch immer die *Richard Wagnerstraße,* der *Eyke von
Repkowplatz,* wo man sich über den Bindestrich zwischen den Namen
streitet. Da ein *Richardwagner-* dem Auge nicht recht eingehen will,
wäre trotz Einwänden – da es sich doch um ein Wort handelt – das
Zutreffendste wohl *Richard-Wagner-Straße* (vgl. D., S. 46 f.).

Rückbildung

163. Unter dem Namen Rückbildung (auch retrograde oder
inverse Ableitung, engl. backformation) vereinigt man verschiedenartige Ableitungen, die das Gemeinsame haben, daß sie
die kürzern Ausgangswörter zu andern Bildungen darzustellen
scheinen, während in Wirklichkeit das Umgekehrte der Fall ist [1].

Als solche Rückbildungen erscheinen zunächst die Nomina
postverbalia wie ahd. *kouf, opfar, wank,* mhd. *roup, grūs,* nhd.
Ärger, Handel, Erwerb, Fußfall, ahd. *zam,* mhd. *merke,* nhd.
schlicht, schroff, schwül usw. oder wie ahd. *uralt, frabald,* mhd.
vürsnel, nhd. *voreilig* usw., die oben §§ 79 f. und 125 f. unterge-
bracht sind. Hierzu noch *loh* aus *lichterloh* § 166. Zu got. *andawaurdi* Antwort vgl. § 87, 1 c.

Fürs Deutsche ist hier als umfänglichere Gruppe sodann ein
Typus *Freimut* zu erwähnen. Nach *hochmütig, übermütig, demütig* usw., die aus *Hochmut, Übermut, Demut* abgeleitet sind,
wurde zu *freimütig* neben dem zu erwartenden Abstraktum *Frei-
mütigkeit* nachträglich auch ein *Freimut* gebildet. Solche Scheinkomposita entstanden in schöner Zahl [2] mit *-mut, -sinn, -gier,
-sicht, -sucht: Einmut* aus *einmütig, Frohmut* aus *frohmütig,* ebenso
Groß-, Klein-, Mißmut, Sanft-, Schwer-, Stark-, Wankel-, Wehmut
(den Einfluß von *Demut* beweist wohl das teilweise weibliche Geschlecht!), *Blödsinn* aus *blödsinnig,* ebenso *Doppel-, Eigen-, Hoch-,
Kalt-, Leicht-, Scharf-, Tief-, Un-, Wahn-, Widersinn, Blut-, Geld-,
Lob-, Raub-, Ruhmgier, An-, Durch-, Scharf-, Vor-, Weitsicht, Ge-*

---

[1] Zur Abgrenzung des – elastischen – Begriffs vgl. WISSMANN, Die
ältesten Postverbalia (s. § 79) 1 ff., bes. 10; FR. BRENDER, Die rückläufige Ableitung im Lat. Diss. Basel 1920, beide mit weiterer Lit.

[2] Nach H. RUPPEL, Rückbildung deutscher Substantiva aus Adjektiven. Diss. Freib. 1911.

walt-, Gewinn-, Mond-, Rach-, Ruhmsucht; – aber auch sonst[3]:
Aussatz aus *aussätzig*, ebenso *Allmacht* (trotz ahd. *alamaht!*[4]),
Eintracht, Gottesfurcht, Gewalt-, Großtat (s. DWb.), *Großmacht,
Heißhunger, Mühsal, Sorgfalt, Unbestand, Ungebühr, Unwillkür*
(R. Wagner), *Übermacht, Vielfalt, Zwiespalt* (§ 164), *Zukunft,* ferner
wohl *Unband* (neben *unbändig,* mhd. *unbendec*), dann *Dreizack,
Zweirad* (§ 46), *Ausland, Ausländer* aus *ausländisch,* desgl. *Inland,
Kleinstadt, Über-, Unnatur* aus *über-, unnatürlich, Übermensch* aus
übermenschlich; franz. *diplomate* aus *diplomtatique*[5]. Vgl. noch
die Typen *Vormärz* aus *vormärzlich, Kleinkind* aus *Kleinkinderheim,
-pflege, Frauenkranke* aus *Frauenkrankheit, schwefelsauer* aus *Schwe-
felsäure* o. ä. sowie oben S. 100.

Dieselbe Erscheinung findet sich, vielleicht vom Deutschen beeinflußt, gelegentlich auch im Ndl., z. B. in *hoogmoed* aus *hoogmoedig*[6]).

Entgegen dem natürlichen und anerzogenen Sprachgefühl handelt es sich bei diesen Substantiven also um eigentliche Ableitungen. Sie erweisen sich als eine Sonderart der Analogiebildung;
Rückbildung ist nur aus Analogie denkbar[7]. In vielen Fällen ist
die Täuschung des Sprachempfindens weniger vollkommen, so
wenn aus Nomina agentis auf -*er* bisweilen Verba rückgebildet
werden wie in *nußknacken* aus *Nußknacker,* ebenso *handlangen,
kurpfuschen* (D.), *globetrotten* (s. u.), vielleicht auch *mixen* aus
Mixer (mag auch im Engl. das Verb das Primäre sein). Hierher
stellen sich besonders auch die Verben und Partizipien wie *not-
landen, wegleiten, ehrabschneiden, zwangsernährt, fehlgeboren* usw.
in § 145, zu denen noch § 32 zu vergleichen ist, dann die Gruppe
lacken, schraffen für *lackieren, schraffieren* (§ 154). Weitere Arten
von Rückbildung sind im Deutschen nur vereinzelt nachgewiesen,
z. B. in *Dünkel, Knäuel,* mhd. *brüstel, friundel* u. ä. (§ 91). Vgl.
noch *süßlich* u. ä. (sofern aus *süßlicht* usw.) in § 133 Anm. 2;

---

[3] Vgl. RUPPEL, S. 35 ff.

[4] Nhd. *Allmacht* tritt erst 1616 als Rückbildung aus *allmächtig* auf;
vgl. DORA NICHTENHAUSER, Rückbildungen im Nhd. Diss. Freib. 1920,
S. 23 f.

[5] W. v. WARTBURG, Einf. i. d. Problematik u. Methodik d. Sprachw.
1943, S. 79, wo weiteres.

[6] Vgl. VAN LESSEN, S. 71. 74; s. aber auch GÖTZE im DWb. 14, 1,
Sp. 117 f. zu *Wehmut* und *wēmōd*.

[7] Vgl. BRENDER, S. 22; ferner noch H. BRADLEY, The making of
English,[10] S. 42 ff.

mundartlich *urb(e)* aus *urbar, ērb* aus *ērber* § 135, schwed. *utarm,* wenn aus *utarmed,* § 125. Zu *traulich* aus *vertraulich* vgl. § 174.

Nach Dt. Wortgesch. ²II, 96 und 243 ist auch *anempfinden* aus Goethes *Anempfinderin* rückgebildet.

Es gibt auch eine grammatikalische Rückbildung, bei der aus einem gebräuchlichen **Plur.** ein **Sing.** abgeleitet wird, so nach dem Plur. *Abendländer* der Sing. *Abendland* [8], desgl. die Singulare *Zwölfbote, Siebenschläfer* und offenbar auch *Hohenstaufe.*

Eine viel größere Rolle spielt die Rückbildung im Englischen, namentlich beim (umgangs)engl. Verb [9]. Vgl. Fälle wie *to beg* bitten aus *beggar* Bettler, *to globetrot, to edit, to typewrite, to sidle* aus *sideling, to salve* aus *salvage, to laze* faulenzen aus *lazy, to ambish* aus *ambition, to excurse* aus *excursion,* oder *utter* vollständig aus *utterly, cycle* Fahrrad aus *bi-, tricycle* (unabhängig von *cycle* Kreis und nicht auf eine Stufe zu stellen mit dt. *Rad* für *Fahrrad*; vgl. § 174).

Aus dem Griechischen wären zu vergleichen das vermeintliche Kompositum ἀπελεύθερος Freigelassener aus ἀπελευθεροῦν freilassen, κόρος Jüngling aus κόρη Mädchen, aus dem Lat. *dammus* (> franz. *daim*) Damhirsch aus Fem. *damma, martus* Hammer aus Diminutiv *martulus* [10], *adulter* Ehebrecher aus *adulterare* (< *ad alteram se convertere* [11]) wie *pugna, planta* (§ 79), *accommodus* aus *accommodare* u. ä., *decemvir* aus *decemviri,* franz. *somnoler* aus *somnolent.* Hierzu Fälle wie griech. ψευδής lügnerisch, abgezogen aus ἀ-, φιλοψευδής lügenfrei, -liebend, die man mit Jespersen [12] innerhalb der Rückbildungen als „Subtraktionsbildungen" bezeichnen könnte, oder ἄποικος von Hause abwesend aus ἀπ'οἴκου (sc. ὄν), sog. „Konzentration" [13], etwas anders lat. *amanuensis* Schreiber aus *a manu (servus)*; ferner die oben erwähnte grammatikalische Rückbildung: griech. Typus ἄστρον zu Plur. ἄστρα u. ä.

164. In diesen Zusammenhang gehört auch die **Konkurrenz kürzerer Formen mit längeren,** namentlich solchen auf -*ung.* Die Abstrakta auf -*ung* haben nachgerade so sehr um sich gegriffen, daß man von einem eigentlichen, in allen Stillehren verpönten *ung*-Stil spricht. Es macht sich denn auch mehrfach

---

[8] Nichtenhauser, S. 29. 31.

[9] Siehe Koziol, S. 194 ff.; Leisi (s. § 16) 93 f.

[10] Vgl. Havers (s. § 6) 193.

[11] Brugmann, KvglGr., S. 291, nach M. Niedermann verschieden von *adulterare* fälschen; s. Brender, S. 47.

[12] Festskrift til V. Thomsen. 1894, S. 1 ff.

[13] Schwyzer, Griech. Gramm. 1, S. 430.

eine Reaktion dagegen geltend [14]. Neben älterem *Ausdrückung* (zu *ausdrücken*) erscheint jünger *Ausdruck*, neben *Auslesung, Befremdung, Betrachtung, Beweisung* stehen *Auslese, Befremden, Betracht, Beweis*, neben *Vollziehung, Hingebung, Reizung, Bewegungsgrund, Blutstürzung, Besuchung* jetzt *Vollzug, Hingabe, Reiz, Beweggrund, Blutsturz, Besuch*; für spätmhd. *zwispeltunge* gilt seit dem 16. Jh. *Zwiespalt* (dieses aber wohl rückgebildet < mhd. *zwispeltic*; DWb. 16, 1169); mit verschiedener Bedeutung: *Ein-, Ausführung – Ein-, Ausfuhr* (um 1800 noch *Ein-, Ausführung*), *Einziehung – Einzug, Fortsetzung, – Fortsatz, Unterhaltung – Unterhalt*, ähnlich franz. *détour – détournement*.

Es dürfte eine theoretische Frage bleiben, ob man ein Wort wie *Ausdruck* als Rückbildung aus *Ausdrückung* anzusehen habe oder als neue Ableitung aus *ausdrücken* (wie etwa mhd. *üztrac* neben *üztragen*) neben *Ausdrückung*. Tatsache ist, daß die Neigung zu kürzern Bildungen weiterbesteht, was jüngere Fälle wie *Unterbruch, Untersuch* (s. § 78 f.), *Beschuß* (im Sinne von *Beschießung*, nicht in speziellem) o. ä. zeigen. Vgl. noch *Einbug* (Immermann), *Auskruch* (Holtei), *Umgabe* f. *Umgebung* (J. Paul); *Abruf, Abrieb* (D.), *Einwand, Vollzug, Entzug, Bezug, Erreich, Erhalt, Verbund* (D.), *Verleih, Vergriff, Bedruck, Aufgriff, Überflug, Niederbruch, Rückbehalt* u. ä. [15]; als Feminina zunehmend auch *Schreibe, Werbe, Reibe, Ablöse, Hinterlage* (D.). Nach *Abteilung* hat wohl O. Sarrazin auch *Abteil* N. gebildet. Anders zu beurteilen *Ableitsilbe, Entbindkunst, Vorstellkraft* (Dt. Wortgesch. [2] II, 375).

Als Erleichterungsrückbildungen sind auch **Adjektiva** wie *nutzbar, wahrhaft(ig)* neben *nutzbarlich, wahrhaftiglich* und vielleicht (nhd.!) *elend* neben *elendiglich,* sowie *genial* neben *genialisch* u. ä. (§ 132) zu betrachten.

Übertritt in eine andere Wortklasse

165. Wenn Wörter oder Wendungen mit neuer Funktion und neuer Bedeutung in eine andere Wortart übertreten, indem sie in einer Flexionsform selbständig werden oder indem aus unflektierbaren Gebilden (namentlich Präpositionalverbindungen) flektierbare Wörter entstehen, spricht man von grammatischer

---

[14] Vgl. BEHAGHEL § 33; DENS. in Zs. f. Deutschk. 48, 261 ff. (gegen O. Briegleb u. K. Schneider); PAUL, MSB 1896, 710 ff.

[15] Die letzteren nach eigenen Aufzeichnungen; s. auch K. MÜLLER (s. § 174) 50 ff.; WUSTMANN, Sprachdummheiten, [10] S. 54. Vgl. ergänzend MOSER u. HENZEN unten S. 275.

Transfiguration oder Hypostasierung (Hypostase). Vgl. *selber, selbst* Adv. < flekt. *(ich) selber* und Gen. *selbes*; *Greis*, Gen. *Greises* < Adj. *greis* (§ 167, 1); Adj. *zufrieden*, flekt. *(ein) zufriedener (Mensch)* < Adv. *zufrieden*; *übernachten* < *über Nacht* (s. u.); got. *þai fadrein* die Eltern < *(þata) fadrein* Sing. N. Vater-, Elternschaft; lat. *obvius* begegnend < *ob viam* oder neugriech. Imp. Plur. δόσμοντε gebt mir < δός μου gib mir.

Der von H. USENER [1] angewendete Name Hypostase – in der neuern Philosophie etwa soviel wie Verdinglichung, gedankliche Erhebung einer bestimmten Erscheinungsform zur 'Substanz' – wird nicht ganz eindeutig gehandhabt, was begreiflich ist, da die Grenzen, besonders gegen die Rückbildung hin, zerfließen. Läßt z. B. lat. *triumvir(i)* deutlich einen erstarrten Gen. *trium (virorum)* erkennen, so waren wir hinwiederum geneigt, *decemvir* als Rückbildung zu betrachten (o. § 163). Diese Zweideutigkeit zeigen auch griech. ἀνάλογος aus ἀνὰ λόγον oder die Fälle der „Konzentration" (ἄποικος; s. ebenda). Anderseits stellt *übernachten* auch eine Zusammenbildung (§ 161) dar. Daher führt auch BRENDERS ansprechender Versuch, die Begriffe zu klären [2], nicht über eine allgemeine Feststellung hinaus (Hypostase = Verselbständigung eines Ausdruckes mit oder ohne Rückbildung infolge veränderter syntaktischer Funktion). Neuere Wendung des Begriffs im Sinne E. LEISIS und L. WEISGERBERS: Auftreten von Bestandteilen in Dingwörtern, „deren Gemeintes im Grunde gar nicht in diese Wortart hineinpaßt"; z. B. *Wind* mit sachlich „verbalem" Grundcharakter: ein *Wehen* [3].

166. Auf dem Wege der Erstarrung in einem bestimmten Kasus ist ein großer Teil der § 157 ff. behandelten Adverbien entstanden. Vgl. aus einem Genitiv etwa *flugs, rechts, zwecks, mittags, bestens, vormals, desgleichen, lichterloh* (< Gen. *liehter lohe*; so noch Luther); aus Dativ *wegen* (eigentlich 'auf Wegen'), *(in)mitten, morgen* (ahd. *morgane*; vgl. lat. *mane*, franz. *demain*, engl. *tomorrow*), *bisweilen*, ahd. *(h)wilōm* zu Zeiten (woraus *weiland*), *am, zum besten*, mhd. *unmāzen*, lat. *frugi* brauchbar (< *frugi est*, zu *frux* Frucht); aus Akkusativ: *nicht, meist, best, (heute) mittag*, ahd. *al*, mhd. *lützel, wēnec, (en)wec*,

---

[1] Neue Jahrb. f. Philol. u. Päd. 117 (1878), 71.   [2] a. a. O., S. 24 ff.
[3] E. LEISI, Der Wortinhalt. 1953, bes. S. 20 ff.; L. WEISGERBER (s. § 104) ²2 (1954), S. 34 ff. 51 ff. 134 ff. Zitat S. 135. Vgl. noch BRUGMANN, Grundr. ²II, 1, S. 33 ff.; DENS. KvglGr., S. 290 f. BALLY (s. § 16) 132 ff. 312 ff. zieht für die Hypostase auch Metaphern wie *Esel* in Erwägung. Zur Differenzierung des Begriffs schlägt EINO MIKKOLA in Arctos. Acta philol. Fenn. N. S. III (1962) 55 ff. weitere Termini vor (Apostase, Hypo-, Apo- und Metabase).

usw. Versteinert liegen andere Kasus vor in den ahd. Adverbien
auf *-o: lango* usw. (Ablativ); in ahd. *heimi*, as. *hēme* heim (Loka-
tiv); in *hiutu* heute, *hiuru* heuer (Instrumental; s. § 69); in den
got. Adverbien auf *-aba: ubilaba* usw. (Nom. oder Akk. Plur.?)[4].

Ein Vokativ steckt ferner im ersten Glied von *Ju-piter*. Bei W.
Scott heißt ein Hauslehrer *der Domine* (nach der Anrede im Vokativ).
Aus der Verbalform *ich geschweige* entstand die Konjunktion *ge-
schweige*. Mehr oder weniger erstarrte Genitive stellen – freilich ohne
Übertritt in eine andere Wortklasse – neben eigentlichen Familien -
namen wie *Sievers, Langen, Bernardi, Henrici* die Bezeichnungen für
Familienangehörige dar nach der Art von *Müllers, Arnolds, Franks,
Doktors, Stockprofessors* (= Professor Stocks), schwach flektiert bzw.
(s) Franken, Lorenzen, Roten, Wolfen[5]; sodann die substantivierten
Infinitive *(ein) Einsehens, Wissens, Kaufens, Blasens, (viel) Auf-
hebens, Wesens, Rühmens, Redens, Bedenkens*[6] oder etwa Wolframs
strītscheidens, sperbrechens (Dt. Wortgesch. I, 169); als Spielnamen
Fangens, Versteckens, Suchens usw. Ein Dativ steckt wiederum in den
Ortsnamen *München, Schwaben, Blatten* (< *auf der* oder *den Blatten*),
Zermatt (<*zur Matt*) u. ä.

167. Zahlreichere Gruppen liefert der Klassenwechsel von
Wörtern in ihrer Normalform (Konversion), der schon
mehrmals gestreift wurde. Es handelt sich dabei um ein Grenz-
gebiet der Syntax und der Wortbildungslehre; letztere berührt
es insofern, als dadurch neue Wörter mit großenteils neuer Bedeutung entstehen. Es gibt festgewordene Konversionen wie
Jammer, Glanz, Schurz, fromm, bei denen das zugrunde liegende
Wort im neuen aufgegangen ist, neben den häufigern „okkasio-
nellen", wo beide weiter bestehen wie bei *treffen – Treffen, Dank –
dank, das – daß*[7].

Auch die Verwendung von Eigennamen wie *Krösus, Zeiß, Havanna,
Brockhaus, Kalauer* als Gemeinnamen ist als Konversion angesprochen
worden. Dies beweist wiederum das enge und heikle Verhältnis zur

---

[4] Siehe HIRT, Handb. d. Urgerm. 3, S. 85 f.; WILMANNS, S. 605 f.;
BEHAGHEL, Syntax 2, 1 ff. mit Lit.; SCHIEPEK (s. § 98) II, S. 449 ff.;
R. M. MEYER, ZfdWf. 2, 39; für -o auch O. NICOLAI, Die Bildung des
Adverbs im Ae. Diss. Kiel 1907, S. 3 m. Lit.

[5] Beide Arten auch in ders. Mundart; s. K .l. JAKOB, Teuth. 3, 26 f.

[6] Vgl. A. KUNTZEMÜLLER, ZfdWf. 4, 58 ff; WEISE (s. § 9) § 79 mit
Lit.; für die Spielnamen E. HOFFMANN-KRAYER, ZfhdMaa. 1902, 41 ff.;
KLUGE, Abriß § 69 b.

[7] Vgl. PAUL, Prinz., S. 355 ff.; BEHAGHEL, Syntax 1, S. 2 ff. 6 ff.
(bes. zu den folg. Beispielen).

Semasiologie, insbesondere zum Bedeutungswandel. Es sei hierfür auf das in § 10 Gesagte hingewiesen.

1. **Substantivierung von Adjektiven**[8]. Wie schon (§§ 31. 33. 37) hervorgehoben ist, decken sich, namentlich vom Standpunkt der Wortbildung aus betrachtet, ursprünglich die Substantiva und Adjektiva weitgehendst. Immer wieder werden Adjektiva zu Substantiven (und umgekehrt; s. u. 2). Bei der Substantivierung (Individualisierung) aus schwacher Adjektivform bleibt die Deklination dieselbe, z. B. in got. *unhulþa* Teufel, ahd. *(ther) almahtigo*, nhd. *der Reisende, ein, unser Reisender.*

Beispiele. Neutra: got. *barn* Kind, eig. 'das Geborene' (vgl. τέχνον – *thegan* § 105 a), *rum* N. od. M. Raum (zu *rums* geräumig, nhd. sondersprachl. noch *raum* [D.]), vielleicht *guþ* Gott[9], *skuldo* Part. Perf. das Schuldige, die Schulden, ahd. *jāmar, reht, leid, guot, heil, finstar* Finsternis, auch *zwīfal, thaz alta, obera*, mhd. *tiutsch, rōt, kleine, daz süeze, ergere*, nhd. *Blau, Bleiweiß, Griechisch, Dunkel, Leck, Fett, das Schwarze, Spanische, Leere, Lächerliche, Bessere, Weitere, Klügste, im Stillen* usw. – Maskulina: got. *silubreins* Silberling (Adj. *silubreins* silbern), an. *haugr* Hügel (neben got. Adj. *hauhs* hoch), *haptr* Gefangener, got. *þarba* Armer, *unhulþa* s. o., *weiha* Priester, *frauja*, ahd. *frō* Herr ('der Erste'[9a]), got. *hauhista* der (Aller)Höchste, *blinda sums* ein gewisser Blinder, *usliþa* Gichtbrüchiger (§ 45), *frijonds* Freund, *fijands* Feind, ahd. *trōst* (neben an. *traustr* sicher), *zart, stumpf, trūt, (ther) lamo, snel(lo), heilago, almahtigo, goteleido, giloubigo, wīso, reinno* Hengst (zu *reini* geil), *hēr(o)ro, furisto* usw. (s. § 105 b), *wīgant, vālant, waltant, sēolīdante* u. ä. (s. §§ 83, 105 a), mhd. *glanz, gram, kölsch* (§ 152), *schurz, der volle* die Fülle, *reine, tumbe*, grammatikalisiert *ein dürftige, heilige* usw., nhd. *Stolz, Spitz* (als Hundename), *Muff* (n. ndl. *muf* verschimmelt), *Schottisch, der Schwarze, Junge, Gottlose, Glückliche, Sterbliche, Geistliche, Feldgraue, Abgeordnete (Delegierte), Angestellte, Verlobte, Reisende, Klügere, die Wenigsten, ein Elender* usf. – Feminina sind got. *mulda*, ahd. *molta* Erde ('die Gemahlene'), got. *taihswo*, ahd. *zes(a)wa* die rechte Hand, mhd. *lerze* und nhd. *die Linke, die Alte, Elektrische, Lokomotive* (aus *locomotive engine), Propaganda* (nach

---

[8] Vgl. Baumann (s. § 81) 77 ff.; die Dissertationen über die Substantivierung des Adjektivs im Ahd. von L. Diemer (Freib. 1911), im 15./16. Jh. von E. Gerber (Gött. 1895), im Ae. von W. Phönix (Berl. 1918); ferner W. Schulz, ZfvglSprf. 62, 198; J. Lohmann, Genus u. Sexus, ebenda Erg.heft 10 (1932), S. 18 ff.; K. Sundén, Contrib. to the Study of Ellipt. Words in Mod. Engl. Upsala 1904, S. 33 ff. Zur Flexion vgl. Ljungerud (s. § 33) 99 ff. 245. 565 ff. mit Lit.

[9] Als idg. *to-* Part.: vgl. die Wbb. (jetzt DWb. 4, 1, 5, 1017 f.).

[9a] Zu *frō* vgl. D. H. Green, The Carolingian Lord. Cambr. 1965.

Congregatio de propaganda fide). Alte Substantivierungen sind aber auch Fälle wie ahd. *bero* ('der Braune'), *metu* Met ('der Süße'), sowie *mannisco* Mensch; wie lat. *luna* ('die Leuchtende'), *femina* ('die Säugende'). Ungeklärt bleibt got. *dius* Tier ('Atmendes'? Vgl. lat. *anima* und *animal*) und sein Verhältnis zu ae. *dēor* wild [10].

Umgangssprachlich und mundartlich geht die Substantivierung von Adjektiven wohl noch weiter. So sagt man etwa *ein Altes, Krankes, Kleines* auch von Personen, oder *Unser Großer ist der kleinste und unser Kleiner ist der größte* [11]. Vgl. schlesisch (namentlich bei Logau) *das Frisch, Frei, Krank, Süß, Stark, Klug, Gesund, Grob, Klar* usw. [12].

Zu Substantivierung neigen gewisse Adjektivgruppen besonders. Außer den erwähnten **Partizipien** wie got. *frijonds*, ahd. *wīgant* usw. und der unerschöpflichen **Individualisierung durch *n*-Deklination** (got. *weiha, taihswo*, ahd. *wīso, toubo* usw.; s. bes. noch § 83 ff.) wäre hier zurückzuverweisen auf die Bildungen mit dem Adjektivsuffix -*īna*- wie got. *qinein* Weibchen, *gaitein*, ahd. *geizīn*, ae. *gǣten* Zicklein, ahd. *jungī(n)* Junges usw. (§§ 90. 128) oder auf die Adjektiva der Neigung auf -*al*/-*ul*: got. *slahuls*, ahd. *zungal, ezzal* usw. (§ 127).

2. **Adjektiva aus Substantiven** (soweit sich ein Ursprung festlegen läßt): as. ahd. *harm*, ahd. *durft, giwar, giwon, zweinzug – zwanzig* usw., mhd. *vrum* (< ahd. *fruma* Nutzen), *ernst, gewalt, schult, schade, angst, wette, wēnec, teig, schach (und) mat, vī(e)nt* feind (gesteigert *vinder, vindest*), *nōt* (Kompar. *nœter*), nhd. *brach, fehl, schmuck, schnuppe, wurst, wrac* (nd.), *ekel, esel (vil esler pauren* DWb. 3, 1148), *abrede, bank(e)rott, rosa, lila* u. ä.

3. **Substantivierung von Verben** ist geläufig: *das Leben, Essen, Sterben, Lachen, Lesen, Tosen, Brausen, Schimpfen* usw. oder noch – wenigstens volkssprachlich – *das Apfelgewinnen, Mistbereiten, Ballspielen, Spaßmachen* u. ä., jetzt insbes. techn.: *Metallkleben, Hartlöten, Kalteinsenken, Spritzgießen, Flammspritzen, Hochfrequenzschweißen, Kotflügellackieren* [13], mhd. *riemenstechen, ditze vlīzen, ein michel uoben*. Hierneben jetzt etwa fest *das Wesen, Dasein, Treffen, Treiben* [14].

Berüchtigt sind Nietzsches gewagte Bildungen wie *moralisches Auf-den-Hund-kommen, das An-und-für-sich-sein*. Vgl. noch griech. τό

---

[11] Mehr Beisp. etwa bei ROEDDER (s. § 9) 173.

[12] P. DRECHSLER in Mitt. d. schles. Ges. f. Volksk., Bd. IX (1907), Heft 18, S. 117 f.

[13] Vgl. A. STAEDELE in Teuth. 8, 100; MACKENSEN (s. § 181) 300.

[14] Vgl. R. M. MEYER, ZfdWf. 8, 152 ff.; A. GÖTZE, ebenda 313 ff.; BEHAGHEL, ebenda 329 ff.; zum subst. Inf. in der Mystik und im geblümten Stil KUNISCH in Dt. Wortgesch. ²I, 239. 264 mit Lit. und o. S. 24.

ἀποθανεῖν das Sterben, Tod; franz. *le savoir, pouvoir, devoir*, ital. *il dovere, l'affare, i viveri* u. ä.

4. Andere Substantivierungen. An sich können alle Begriffswörter substantiviert erscheinen, ohne daß man dabei eigens von Hypostase sprechen wird: *das Du (antragen), ein Nein, das Hin und Her, Auf und Ab, Wenn und Aber, A und O, Weh und Ach, das Jetzt* (griech. τό oder τὰ νῦν die Gegenwart, anders aber οἱ νῦν die Jetzigen, Zeitgenossen), *das (hohe) C* usw. Hypostasiert sind aber auch Suffixe: *ein Ismus*, Plur. *Ismen, Heit und Keit* (Spitteler) wie engl. *the teens* die Altersjahre zwischen 12 und 20 [15], ferner Namen wie *Jasomirgott*.

5. Adverbien als Adjektiva. Vorab ist hier die attributive Verwendung der Adverbien auf *-weise* (§ 159) zu erwähnen, gegen die man sich schon vor Wustmann – seit der 1. Hälfte des 18. Jh.s – ereiferte: *ein teilweiser Erfolg, schrittweises Vorgehen, eine zeitweise Unterbrechung, probeweise Anstellung, ein ausnahmsweises Kalb* (etwa oberhess. [16]), *ruckweiser Sturmwind* (Goethe), *wechselweises Vertrauen, bei stufenweiser Vergleichung* (ders.) [17]. Man muß bedenken, daß Adjektiva wie *zufrieden, vorhanden, behende, selten, bange* (zuerst bair.) denselben Weg gegangen sind.

Vereinzelt treten in der Literatur und mundartlich weitere Fälle auf [18]: *der jählinge Abschied, blindlinge Zufall, von mancherleien Krankheiten, mit kaumer Not, deine ofte Gasterei, ein weher Finger, das zue Fenster, der extrae Teller, ein ab-er Knopf, ein zwerches Haus, dein rechtser Fuß, werktagsne Hosen; gang und gäbe Ideen* (Th. Mann).

In keiner unsrer Sprachen ist Konversion so häufig wie wiederum im Englischen. Denn „der englische Sprachgeist hat heute im allgemeinen gar nicht mehr das Bedürfnis, verschiedene Funktionen durch besondere Formen zu unterscheiden, wenn die Funktion schon aus dem Zusammenhang ersichtlich wird" [19]. Namentlich hat der Endungs-

---

[15] Vgl. BRUGMANN, KvglGr., S. 281; KAINZ in Dt. Wortgesch. [2]II, 361. Dagegen stellt *Schaft(en)*, das schon Jahn für Studentenschaften vorgeschlagen hatte, wohl eigentl. Kürzung dar; s. § 176. Neuerdings will sich auch *-zig* als Zahlw. verselbständigen; s. Trübners Wb. 8, 400 f.

[16] Angabe v. K. Helm.

[17] Vgl. TH. BOHNER, ZfdWf. 5, 237 ff.; H. DUNGER, Zur Schärfung d. Sprachgefühls, [3]S. 32 f.; zur Erklärung L. WOLFF AfdA. 64, 62.

[18] Vgl. BEHAGHEL, Syntax, 1, 139; DEBRUNNER (s. § 145) 212; Schwäb.Wb. 1, 359; K. R. JAKOB, Teuth. 3, 172 (Mundart von Verbász).

[19] KOZIOL, S. 201 ff.; W. HORN (s. § 10) 97; E. LEISI (s. § 16) 94 ff. (Die Grenzen zw. Subst. u. Vb. sind im Engl. schon fast aufgehoben, die Wortarten zum mindesten latent oder neutral).

schwund im Infinitiv Verbalisierung aller Art begünstigt. Vgl. *to colour, to mother* die Mutter spielen, *to Zeppelin* mit dem Zeppelin fahren, *to lord* als Lord anreden, *to X-ray, to best* übervorteilen, *to in the crop* einbringen, *to shanghai* jem. betäuben und als Matrosen in ein Schiff bringen, *to coventry* eine Stadt durch Flugangriff zerstören wie Coventry (*coventrisieren*), *he up and awayed to London* er ging auf und davon nach London; ferner: *the ups and downs (of life), our sometime sister, a seldom pleasure, a horseback ride, a firsthand knowledge*. Aus dem Französischen: *une réserve vraiment femme, des habitudes province* [20].

Wortmischung

168. Einen eigenen Platz fordern in der Wortbildungslehre jetzt diejenigen Bildungen, die wir hier, eine Bezeichnung H. Steingers [1] aufnehmend, zunächst als Wortmischungen zusammenfassen. Von den Zusammensetzungen unterscheiden sie sich dadurch, daß nur Teile zweier Wörter (oder Wortstämme) zu einem neuen, meist unteilbaren, verschmelzen, sei es daß diese Teile in der Neubildung ineinandergreifen oder daß sie sich nach Art der Zusammensetzung folgen; von den Ableitungen sind sie dadurch getrennt, daß sie nicht zu analogisch weiterwirkenden Gruppen mit denselben Bildungsmitteln werden können. Immerhin ist die Abgrenzung der Gebiete nicht restlos durchzuführen [2]. Die psychologische Grundlage dieser neuen Wörter bildet in der Hauptsache, wie einleitend (§ 6) bemerkt, gleichzeitiges Auftreten zweier bedeutungs- oder formverwandter Ausdrücke im (Unter)-Bewußtsein.

169. Hierher gehören besonders die seit der Dialektgeographie bekannteren Wortkreuzungen oder Kontaminationen, die Maurer gesichtet hat [3]. Die Hauptarten seien hier angedeutet [4]:

1. Kreuzung des gleichen Wortes in verschiedener Lautform [5]: *Dorf* + *Derp* > *Derf* (im östl. Hochpreußischen [6]; *zwölf* + *twälf*

---

[20] Vgl. SANDFELD-JENSEN, Die Sprachwissenschaft, [2] S. 61 f.

[1] PBB 53, 311.   [2] Vgl. STEINGER, S. 392 ff.

[3] ZfdPh. 53, 180 ff. bzw. Volkssprache, S. 109 ff.

[4] Siehe die Beispiele und Hinweise bei MAURER a. a. O. und HENZEN (s. § 5) 211 ff.; außerdem etwa B. MARTIN, Die dt. Mundarten. 1939, S. 17 ff.; H. BRAUN, Wortgeogr. d. histor. Egerlandes. 1938, S. 157 ff.; KOZIOL, S. 32 ff.; E. DICKENMANN in Nadbitka z „Lingua Posnaniensis" t. IV/53, 294 ff.

[5] Von KOZIOL, S. 41 wohl zu unrecht in die Lautlehre verwiesen.

[6] Vgl. DSA, Karte 47.

> *twölf* oder *zwälf* (am Niederrhein); hd. *heiß* + nd. *heit* > *heitz* (Wredesche Additionsform; bei Waldeck-Kassel[7]).

2. Kreuzung von verschiedenen Wörtern: a) von zwei einfachen: *öch* + *ink* > *önk* (Niederrhein)[8]; *ech han* + *ech hebb* > *ech habb* oder *henn* (ebenda); *kainer* + *noimes* > *koimes* (in Westfalen); mhd. *trahen* (Träne) + *zaher* (Zähre) > *traher*. Vgl. got. *im* + **bheu*-Formen (ae. *bēo* usw.) > ahd. *bim, -n*, as. *bium*;

b) von einfachem und zusammengesetztem: *Wiede* + *Strohseil* > *Strohwiede* (bei Wetzlar); *Kartoffel* + *Erdapfel* > *Erdtoffel* (um Magdeburg); *senkrecht* + *grad* > *senkgrad* (Handwerkersprache);

c) von zwei zusammengesetzten: *Erdapfel* + *Grundbirne* > *Erdbirne* (verschiedentlich); *Buchweizen* + *Heidekorn* > *Heideweizen* (Saargebiet); *Postblatt* + *Correspondenzkarte* > *Postkarte* usw. Komplizierter sind schon Fälle wie *Sicherheitsnadel* + *Versicherungsnadel* > *Versicherheitsnadel* (egerländ.) oder noch *barfuß* + *barbēnig* > *barfbēnig* (berlin.)[9].

Einer Präzisierung bedarf noch der von Wrede als differentielle Kontamination („Subtraktionsformen") aufgefaßte Vorgang in ostmd. *Ferd* < *Pferd* und *Perd* u. ä.[10].

„Redemption" nennt H. Braun a. a. O. die Auslösung eines Wortteils aus Kompositen, z. B. *Bä(t)zel* < *Palmkätzel* und *Palmbäz*.

Anm. 1. Ausnehmen müssen wir von unserem Abschnitt Fälle wie *Hemme* + *Schraube* > *Hemmeschraube* Wagenbremse, *Läube* + *Boden* > *Läubeboden*, *Adel* + *Jauche* > *Adeljauche*, *Watz* + *Bär* > *Watzebär*, wo zwei ganze Synonyme zu einem dritten addiert werden und die, gestützt auf die sprachgeographische Situation, gewöhnlich auch zu den Kontaminationen gerechnet werden, so auch von Maurer[11]. Maurer trennt sie von den sog. tautologischen Kompositen des Typus *Maultier, Lindwurm, Damhirsch* (s. §§ 30. 43), wo ein allgemeineres zweites Glied die Rolle hat, das erste zu verdeutlichen. Auffallend ist immerhin, daß auch in obigen Beispielen durchweg das allgemeiner gültige Wort das zweite Glied bildet: es heißt nicht *Bodenläube, Hahngickel, Bärwatz*. Diese Bildungen werden – wie überhaupt die Kreuzungen – wohl nicht durch blinden Zufall aus einem Nebeneinander entstanden sein, sondern weil ein Wort (eine Wortform) von „sprachlicher Mehrgeltung" sich einem (einer) speziellen aufgedrängt hat. Der

---

[7] Ebenda, Karte 16.   [8] Ebenda, Karte 21a.

[9] L. MACKENSEN, ZfdPh. 51, 410.

[10] F. WREDE, ZfdMaa. 1919, 11 f.; K. WAGNER, Dt. Sprachlandschaften, S. 18. 41.   [11] S. 181 bzw. 112.

Zweck der Verdeutlichung ist auch bei ihnen da und der Hinweis, sie seien geeignet, ein ganz neues Licht auf die tautologischen Komposita zu werfen, daher sehr berechtigt; aber sie sind eben wie diese der Bildung nach Komposita.

Zusammensetzung zweier Synonyme aus verschiedenen Sprachen oder Schichten finden sich gern in Ortsnamen[12]: *Doncourt* < *dun-(um)* Stadt, Dorf + *cortem,* ferner *Bour(g)ville, Châteaudun, Castridunum, Montobriga, Tundorf, Lugenwiese* (< russ. *lug* Wiese), *Linguaglossa* (griech. Kolonie in Süditalien), *Aix-les-Bains, Mayenfeld* (in Graubünden), *Meyfield* (in Sussex, < kelt. *magos* Feld). Vgl. auch engl. *courtyard* Hofraum, *greyhound* Windhund (< isl. *grey* Hund). Ein nicht topographisches Beispiel bildet ripuar.-moselfränk. *Öllich* Zwiebel (< *unna* + *louch*[13]).

Anm. 2. Ob auch die von van Helmont nach χάος (mit der Bed. 'Luft') geprägte „Urschöpfung" *Gas* irgendwie kontaminiert ist?[14] Kaum aber *Lorchel* neben *Morchel* nach LOEWE, PBB 61, 224ff. 226[15].

Anm. 3. Nicht die Wortbildungslehre berührt die wichtige syntaktische Kontamination (Fälle wie *das gehört mein* < *das gehört mir* + *das ist mein*)[16].

Dagegen wäre hier wenigstens zurückzuverweisen auf T. Johannissons Ansatz ahd. *uralt* < *iraltēn* + *alt* u. ä. (§ 125), auf die Verknüpfung von Ableitungsmitteln in Fällen wie *leibhaftig* (§ 136), *dornechtig, rundlicht, gesteinicht, geknöpflecht* (s. § 131), *egoistisch, kollegialisch* (§ 132) oder auf Fälle wie got. *frumists* primus < *fruma* prior + Superlativendung *-ists* (vgl. lat. *extremissimus,* ital. *primissimo,* griech. πρώτιστος, lat. *pluriores,* franz. *plusieurs*), ahd. *mēriro* < *mēro* (got. *maiza*) + *-iro,* nhd. *ihrer* < *ir* + Adj.endung *-er*[17]. Das führt freilich zurück zur Analogiebildung, die oft nicht ohne weiteres gegen die Kontamination abzugrenzen ist. P. MENZERATH[18] läßt die Kontamination auf einer reproduktiven Hemmung (Interferenzwirkung zweier Reproduktionswirkungen) beruhen, die Analogie dagegen auf einer Art Formregel, einer allgemeinen Funktion also[19].

Auch die Bedingungen der Kompromißbildung haben sich durch die vermehrte Beschäftigung mit der Sache selbst etwas aufgehellt. Damit zwei Wörter sich in Kontamination treffen können, müssen sie zunächst in einem hierzu günstigen begriff-

---

[12] DEBRUNNER-SCHKLOWSKY, IF 49, 112 ff.

[13] FRINGS, Germania Romana. 1932, S. 103.

[14] Trübners Wb. 3, 22 gegen L. NAGEL, Zs. f. d. dt. Unterr. 26, 547ff.

[15] Vgl. DENS., ZfvglSprf. 63, 121. Anders Trübners Wb. 4, 673.

[16] Vgl. vorab PAUL, Prinz. § 116 ff.; HENZEN (s. § 5) 217.

[17] PAUL ebenda § 115.   [18] Zs. f. angew. Psychol. 2 (1909), 286.

[19] Vgl. noch DELBRÜCK, Einl. in das Studium d. idg. Spr., ⁴ S. 168f.; THUMB, IF 22, 11 ff. 32 (Kontamination = stoffliche Analogie).

lichen Verhältnis stehen. Maurers Forderung, die sich kreuzenden
Wörter müßten synonym oder nahezu synonym sein, ist zwar
noch etwas zu eng, diejenige Pauls, sie müßten irgendwie verwandt sein, zu weit [20].

Vgl. Fälle wie engl. *trins* Drillinge < *trine* dass. + *twins* Zwillinge
oder Kontaminationen aus Gegensätzen: lat. *grevis* < *gravis* + *levis*,
roman. *rendere* (franz. *rendre*) < *reddere* + *prendere*, vulgärlat. *octem-*
ber < *october* + *sept-, nov-, december*, alem. *har(a)* < *her(a)* + *dar(a)*,
engl. *often* < *oft* + *selden* (für *seldom*), *anormal* < *normal* + *anomal* [21].
Letzeren hat man zwar den Kompromißcharakter abgesprochen. Nach
E. HERMANN [22] ist *grevis* einfach Analogieform für *gravis* nach *levis*
oder *lenis*. Bei echter Kontamination müsse man von beiden Komponenten ausgehen können; *levis* könne aber dem *grevis* nicht zugrunde
liegen. Tatsache bleibt, daß hier zwei Wörter aufeinander einwirken,
was nicht der Fall ist bei Analogiebildungen wie *Trio* nach *Duo* u. ä.

Sodann ist in der Regel eine gewisse lautliche Übereinstimmung der sich kreuzenden Wörter erforderlich, und wäre sie noch
so geringfügig wie etwa in franz. *pirouette* < *pivot* + *girouette*.

Vgl. aber altfranz. *oreste* < *orage* + *tempeste*! Die Bedingung gilt
nicht für künstliche Kreuzungen in Kurzwörtern („Kofferwörtern" [23])
wie *citrange*, eine Frucht, gezüchtet durch Kreuzung von *citrus* (trifo-
liata) + *orange*, *Ester* < *Essig* + *Aether*, *Isotron* < *Isotop* + *Elektron*,
Osram < *Osmium* + *Wolfram*, amerik. *Texico* Stadt in *New Mexico*,
Texarkana < *Texas* + *Arkansas* + *Louisiana*, *Indocrats* < *Independ-*
ents + *Democrats* (vgl. O. SPRINGER, GRM 21, 145f.).

Damit Kontamination zweier Wörter möglich ist, müssen sich
diese endlich in der Sprache treffen können, d. h. gleichzeitig in
über- oder nebeneinander liegenden Sprachen lebendig sein [24].

Dem widerspricht nicht die Erscheinung, daß Kreuzungen, auch
unwillkürliche, von Wörtern aus verschiedenen Sprachen vorkommen,
z. B. in *barlatschen* < *parlare* + *blatschen* (s. den folgenden Paragraphen) oder in den oben Anm. 1 angeführten Ortsnamen.

---

[20] MAURER S. 182 bzw. 113; PAUL, Prinz. § 110. Siehe auch URSULA
BEHR, Wortkontaminationen i. d. neuengl. Schriftspr. Berliner Diss.
1936, S. 9. Auf ihre Ausführungen und das reiche Material ist (trotz
zahlreichen zweifelhaften Einzelansätzen) hier überhaupt zu verweisen.

[21] Vgl. PAUL, Prinz., § 114; SANDFELD-JENSEN, Die Sprachwiss.,
S. 11 f.; STOLZ-SCHMALZ, Lat. Gramm., [5] S. 193 f.

[22] a. § 5 a. O., S. 79. 130. Zur Sache noch F. KAINZ, Psychologie d.
Sprache I, S. 50 f. mit Lit.

[23] Auch „portemanteau-words". Vgl. hierzu § 177f. u. S. 275f.

[24] Vgl. MAURER a. a. O.; W. HORN, GRM 9, 342 ff.

170. Als Wortmischungen stellen sich immer mehr weitere Wortschöpfungen heraus, mit denen sich die Sprachwissenschaft bislang nur ungern beschäftigt hat, weil sie nicht klare Niederschläge aus der Sprachgeschichte bieten, sich oft nur aus der Psychologie des Sprechens erfassen lassen. Beim heutigen Stand der volks- und umgangssprachlichen Forschung würde die Wortbildung jedoch zu Unrecht an ihnen vorübergehen; sie kann daraus übrigens wichtige neue Gesichtspunkte gewinnen. Insbesondere seien erwähnt die zahlreichen, meist nicht erstbetonten Wörter der gröbern Umgangssprache und Mundart mit dem Nebensinn des Verächtlichen, Unordentlichen, Anstößigen, die hervorgegangen sind aus Anlehnung von Fremdwörtern an einheimische, zu denen aber auch der Großteil derjenigen zu zählen ist, die H. Schröder[25] als „Streckformen" betrachtet hat[26].

Beispiele: *Latüchte* < *Laterne* + *Lüchte, barlatschen* < *parlare* + *blatschen* (s. u.), *Futterage* < *fourage* + *Futter, bastánd (halten)* < ital. *bastanza* + *stand(halten), Morast* < *Moor* + mndl. *maras,* franz. *marais, kasprát* < *kaputt* + *desperat, Abonnent* < *abonné* + *Subscribent, Baselemente* < *Komplimente* + *baise(r)-les-mains,* viell. *Vondunsel* weibl. Kopfbedeckung < frz. *fontange* + *Dunsel* aufgeblasene Frauensperson, *Labummel* < *Labander* langer Mensch + *bummeln, Madäudel* einfältiges Mädchen < *Madame* + *Däudel, Kabūer* Käfig < *Kabuse* + *Būr, Magnifisalat* < *Andifisalat* + *magnificat*[27] oder noch *Putznelken* spaßhafter Mensch < *polichinelle* + *Putzel.* Nicht hierher scheint *Karnickel* zu gehören[28], wohl aber endgültig Schröders Musterfall[29] *scharwenzeln* < tschech. *červenec* Bube im Kartenspiel + *Wenzel* (oder auch *schwänzeln,* eher als *servente*)[30]. Unsicher bleibt nach wie vor *Salbader* (woraus erst *salbadern*)[31]. Vgl. noch *schatimbern* dämmern, doch wohl mhd. *schate* + *timber(n)*[32]. Die Beispiele zeigen, daß

---

[25] PBB 29, 346 ff. und Streckformen. 1906, wozu noch GRM 9, 323ff.

[26] Vgl. bes. FR. A. WOOD, Modern Philol. 9, 157 ff. und Journal of Engl. and Germ. Philol. 11, 293 ff.; H. STEINGER, PBB 53, 307 ff.; L. MACKENSEN, ZfdPh. 51, 406 ff.; KLUGE-BEHAGHEL, Lit.bl. 1906, 393 ff.; E. HOFFMANN-KRAYER, AfdA. 32, 1 ff.; CHR. ROGGE, etwa in ZfdPh. 51, 1 ff. u. 53, 189 ff. (mit unzuverlässigen Ableitungen bei trefflichen Gedanken.)

[27] Siehe Bad. Wb. 1, 46.

[28] Trotz ROGGE! KLUGE-GÖTZE: mit Adoptiv -*r*.

[29] Streckformen, S. 1 ff. 199 f.

[30] Vgl. A. KLUYVER, ZfdWf. 13, 90 f.; Trübners Wb. 6, 34.

[31] Vgl. V. MOSER, GRM 22, 62 ff.; dazu KLUGE-GÖTZE s. v.

[32] Gegen SCHRÖDER, ebenda, S. 77.

für Art und Grad der Mischung noch wenig Richtlinien hervortreten,
sowenig wie die Erklärung in Einzelfällen gesichert ist. Wie verwickelt
die Verhältnisse sich gestalten können, wird ersichtlich aus einem
Nebeneinander von *braschallen* 'viel und laut reden' und ungefähr
synonymen *brascheln, schallen, schallaren, brallen, braschallern, bra-
schadern, bladern, beladern, bradeln, bretschellen, bretzellen, pretzigen,
pra-, proleten, prälaten* usw. [33].

Zur Ableitung hinüber führt die Erscheinung, daß von einer der angedeuteten Bildungen aus mit einem charakteristischen Element
G r u p p e n bedeutungsverwandter Neubildungen entstehen. So erhält
der Wortausgang *-atschen, -ätschen* der auf dem deutschen Sprachgebiet weitverbreiteten Verben des Schwatzens *pa(r)latschen, polat-
schen, ballatschen, blatschen, blätschen* gleichsam die Rolle eines (aus
parlage stammenden?) Suffixes in andern Verben derselben Bedeutung:
*tratschen, tretschen, tralatschen, kalatschen, klabatschen, klawutschen,
plabatschen, prabatschen, bratschen, ratschen, rätschen, rätscheln* u. ä.
Desgl. erscheint *-ander(n)* mit der Bedeutung des Herumtreibens,
vielleicht von *k(a)landern* aus, in *kaschandern* (zu *kaschen*), *trabantern*
(zu *Trabant* oder *trabanten*), *flandern, maschandern, schlakandern,
rabandern, rawandern, plaschandern, Labanter* [34].

Ähnlich verhält es sich wohl mit den schwäb.-schweiz. Bezeichnungen für 'sich nachlässig, einfältig, possenhaft gebärdende Menschen'
auf *-(l)äli, -öli, -(l)äri, -öri, -ȍri, -ūri*, so verschiedenartig und verwik-
kelt die Entstehung dieser Elemente im übrigen sein mag. Die Bildungen greifen ineinander über. Vgl. schweiz. *Lábȯri, Lapȯri* < *Lab-ȯr*
herunterhängendes Ohr, *Gaggelȁri* < *gȁggen* stottern + *Lüri* oder *Lȁri*
langsamer, alberner Mensch (sofern zufällig dem ahd. *gouggalȁri*, zu
gouggolȍn § 147, ähnlich); *Gallȍli, Gallüri* < *gallen* täppisch spielen
oder *Galli* + *Lȍli, Lüri* täppischer Mensch, wonach auch *Galȁli, -ȍli,
-ȍri, Botschȍli, -ȍri,* schwäb. *Balȁre, -üre, Latschȁre, Schallȁre, -lȍri,
Ganggelȍri* (neben *ganggeln*), *-üri, Balȁri, -ȁli, -ȍri, -ȍli, Latschȁri,
Narrȁre* usw. [35].

An den sprachlichen Spieltrieb, auf dessen Rolle einleitend
(§ 7) hingewiesen ist, wäre auch hier mehrfach zu erinnern. Er
wirkt mit in Bildungen wie *schlampámpen, rampámpsen* u. ä.,
die Schröder [36] als Präduplikationsformen bezeichnet, die jedoch,
wenn O. Weise [37] recht sieht, aus der Verschachtelung zweier syn-
onymer Varianten (*schlampen* + *pampen*) geschaffen sind. Vgl.
immerhin § 173.

171. In diesen Zusammenhang gehören auch Kontaminationen,
bei denen ein in zwei Komponenten enthaltener g l e i c h e r oder

---

[33] STEINGER, S. 360.   [34] STEINGER, S. 363 ff. 379 ff.
[35] STEINGER, S. 367 ff.; H. GUBLER, ZfMaf. 1938, 193 ff.; anders
z. T. WOOD a. a. O.   [36] S. 204 ff.   [37] Nd. Jahrb. 40, 63 ff.

ähnlicher Wortteil in einen verschmilzt, z. B. ahd. *fledar(e)- mūstro < fledarmūs + mūstro* [38], und die nicht gleichzustellen sind den einfachen Haplologien (§ 175 Anm.). Wood hat eine Menge solcher Kreuzungen mit „haplologischer Silbenellipse" namhaft gemacht (worunter freilich recht unsichere), z. B. luxemb. *Barbuz* Haarschneider < *Barbier* (oder *barbe*) + *Butz(er)*.

Oder ist assimiliert < *Bar(t)butz* ? Vgl. noch schweiz. *vagőlen* herumschwärmen < *vagieren* + *gőlen* [39], schwäb. *robosteln* die Haare zerzausen < *robeln* raufen + *(ver)bosteln* zerzausen [40], engl. dial. *remetic* < *emetic* Brechmittel + *remedy, baffound* perplex < *baffle* + *confound*, auch *Badaudel* dummer Kerl < *Badel* + *Đäudel* und daneben obiges *Madäudel* < *Madame* + *Däudel* (S. 253).

Bewußt geht der Sprachgenius vor, wo er, um eine Sache schlagend zu treffen, Wörter miteinander verquickt, die ein gleiches oder ähnliches Glied haben. Wenn von einem *schaumweingeistreichen* Toaste die Rede ist, liegt eine geistreiche Verschmelzung von *Schaumwein* + *Weingeist* + *geistreich* vor. Vgl. ferner [41]: *Ehrgeizhals, Wetteifersucht, Faustrechthaber, Mittelalterschwäche, Verschwindsucht, Mutterseelenalleinsamkeit*. Der Erzzyniker Heine spricht von der beschränkten *Zeitgenossenschaft*. Bei R. Wagner liest man von einem *Meisterstückwerk*, das der auf einem *Entlehnstuhl* sitzende Dichter N. geschaffen habe. Über einem Modebericht fand ich den Titel *Modeschauerliches*. Einen für die Satire geeigneten Tummelplatz geben auch hier die Fremdwörter ab, namentlich in Verquickung mit einheimischen: *Maskenballade, Komporomißgeburt, Rewüterich* (Herausgeber von Revuen), *Labyrindvieh, Medizyniker, Epigonorrhöe, Postrestantalusqualen, alcoholidays* (Prohibition), *Piccolominister, Depositenlosigkeit, wesentiell* (Chr. Morgenstern). O. Ernst bricht über die *Marlitteratur* den Stab, und Heine, der auch der Schöpfer der *Melancholik* ist, läßt einen Morphinisten das *Kokainszeichen* an sich tragen. Aktuellere Scherzbildungen: *UNOrdnung, Bundesratlosigkeit, Fiaskominform* u. ä. m.

Als Wortmischungen mit gemeinsamem Glied sind wohl auch Adjektiva wie *mutterseelenallein, funkelnagelneu, pechkohlrabenschwarz* (§ 31, 1) zu betrachten. *Mutterseelenallein* muß man sich dann entstanden denken aus *mutter(s)allein* (bair.; vgl. mhd. *muoters eine*) + *seelenallein* (etwa altenburg.). Erst nach dem Muster von *mutterseelenallein, muttersteinallein* u. ä., können wei-

---

[38] Nach W. Krogmann, IF 50, 281 f.; zu *mūstro* vgl. Kluge, PBB 43, 146.

[39] So auch Schweizerd. Wb. 1, 686.

[40] Schwäb. Wb. 5, 379 als Schrödersche Streckform betrachtet.

[41] Die folg. Beisp. aus Müller-Fraureuth (s. § 33) 233 ff.

tere Bildungen wie *mutter(mäuschen)still*, *mutterfadennackt*, *stein-mutteralt* (H. Watzlik) u. ä. entstanden sein [42].

Kontamination im Suffix zeigt wohl mhd. *geswistergide* u. ä., später *Geschwistergit* und *Geschwisterigt*, < *-ide* + *-ing*; s. oben S. 139, eine ähnliche Erklärung noch im Schweizerd. Wb. 3, 349.

Volksetymologie

172. Zahlreiche neue Wörter verdankt die Sprache auch dem Vorgang, den Förstemann [1] Volksetymologie genannt hat, ein im Grunde nicht so übler, aber jetzt bisweilen beanstandeter Name, weil er den Sachverhalt nur unscharf bezeichnet. Zutreffender charakterisiert ihn Wundt [2], wenn er von lautlich-begrifflichen Wortassimilationen („Wortassimilation mit begrifflicher Umbildung des Wortes durch die assimilierenden Elemente") spricht; er hat damit Anklang gefunden [3]. Die Volksetymologie ist jedenfalls ein Assimilationsvorgang, entsprungen letzten Endes dem Bedürfnis oder der Freude zu verdeutlichen. Es gibt von ihr mehrere Arten [4], auch eine solche ohne Veränderung des Wortes, z. B. bei *Freitag*, *Vormund*, *weissagen* (< *wizagōn* § 142 a), mhd. *endekrist* (lautlich entwickelt < ahd. *antikrist*). Oft handelt es sich um Wörter, die als Ableitung von andern, mit denen sie nichts zu tun haben, betrachtet werden (*Laube* bezogen auf *Laub*, *Laute* auf *Laut*, *laut*, *lauten*, *verbleichen* auf *bleich*).

Zumeist erscheinen jedoch lautliche Umformungen unverstandener Wörter oder Wortteile unter Anlehnung an begrifflich

---

[42] O. Weise, ZfdWf. 3, 246 ff.; F. Berz (s. § 31) 106 f. Anders Trübners Wb. 4, 718.

[1] ZfvglSprf. 1, 1 ff. [2] Völkerpsychologie I, [2]1, 464.

[3] Siehe etwa J. Kjederqvist, PBB 27, 409 ff.

[4] Vgl. Paul, Prinz. § 150 f.; Koziol, S. 233 ff. Da hier die Haupterscheinungen nur angedeutet werden sollen, sei für alles weitere auf K. G. u. H. Andresen, Über dt. Volksetymologie. [7]1919 verwiesen, für das Problem der Entstehung noch auf E. Christmann, Volkssprache. 1938, S. 47 ff., für zahlreiche Mundartbeispiele auf H. Platz, Über lautl.-begriffl. Wortassimilationen. Diss. Münster 1905, für die Abhängigkeit der Volksetymologie vom (religiösen) Volksbrauch ferner auf A. Bertholet in Abh. d. Preuß Ak. d. Wiss. 1940, Phil.-Hist. Kl. Nr. 6 mit Lit.; ferner Bach, Namenk. bes. I, 2 § 496; II, 2 §§ 623d. 710 f. 732 ff.; H. Marzell, Wb. d. dt. Pflanzennamen (1937) 1943 ff. u. ä. Spezialwörterbücher passim.

durchsichtige, und zwar als Komposita aus einfachen (z. B. *Felleisen* < mhd. *velīs[en]* < mlat. *valisia*, franz. *valise, Leumund* < ahd. *hliumun-t*, zu got. *hliuma* Gehör, *Hebamme* < ahd. *hevianna* Hebende, *Einöde*, mhd. *einœde* < ahd. *einōti*, eine Ableitung auf -*ōti*, *Liebstöckel* < lat. *ligusticum, Abseite* < mlat. ahd. *absida* Apsis, *Hängematte*, ndl. *hangmat* < *hangmak* < indian. *hamáca* [5], *Küßnacht* Ortsn. < *Cussiniacum*, ahd. [mhd. as. ae.] *merigrioz* Perle < *margarita*, got. *marikreitus*, engl. *sparrow-grass* Spargel < *[a]sparagus, Charter-house* < franz. *Chartreuse*) oder aus andern Kompositen (*Armbrust* < lat. *arcuballista* Bogenschleuder, *Wahnsinn, -witz* zu mhd. *wan* leer, *Friedhof* < ahd. mhd. *vrīthof* Einfriedung, *Grasmücke* < *gras-smücke* oder *grā-smücke* zu *smücke* 'Schlüpferin', neben mhd. *smücken* Intensivum zu *schmiegen, Würgengel* < ahd. *wargengil* zu *warg* Rächer, *Leichkorb* < *Leichkar* Sarg, *Abzucht* < *āducht* aquaeductus, *Wonnemond* zu ahd. *wunnja* bebautes Land, *Windmond* zu lat. *vindemiae* Weinlese, *Huldreich* < *U[oda]lrich*, engl. *rosemary* < lat. *ros marinus, sandblind* halbblind < *sāmblind* [6], *anheischig* < *antheizec* durch Versprechen schuldig, *ereignen, Ereignis* < *[er]äugnen* vor Augen stellen, *anberaumen* zu ahd. mhd. *rāmen* trachten, ein Ziel setzen). Vgl. noch die Beispiele in §§ 7. 41; ferner Fälle wie *kuranzen* nach *carentia* oder hybrides *antackieren* angreifen. Hier sei auch hingewiesen auf die scherzhaften Wort(um)bildungen des Typus *Zuflöte* < *Souffleuse*.

Auch Volksetymologie und Kontamination sind bisweilen nicht leicht auseinanderzuhalten. Als Grenzfall, der für beide Gebiete angesprochen worden ist, könnte engl. volkstüml. *needcessity* Notwendigkeit < *need + necessity* gelten. Nach U. BEHR [7] liegt der Volksetymologie im Gegensatz zur Kontamination letztlich ein Willensakt zugrunde, das Bedürfnis, ein unklares Wort selbständig und durchsichtig zu machen (— eine Scheidung, die freilich gewollte Kontaminationen zum vornherein ausschaltet). KOZIOL S. 38 faßt den Unterschied wie folgt: bei der Kontamination werden „zwei Begriffe assoziiert und dann klanglich vermischt", bei der Volksetymologie wird „durch die lautliche Form eine andere Lautform assoziiert, die begrifflich mit der ersteren in keinerlei Beziehung stehen muß" (Die Schwierigkeiten einer durchgreifenden Erklärung sind hier durch „muß" ausgeschieden). Wie Umdeutung von Wortteilen und Wort-

---

[5] PH. M. PALMER, Neuweltwörter im Dt. 1939, S. 42 ff.; Trübners Wb. 3, 323.

[6] HOLTHAUSEN, Ae. Etym. Wb. 269.   [7] a. § 169 a. O., S. 13.

mischung zu den eigenartigsten Verwicklungen führen kann, mag
ein eindringliches Beispiel noch andeuten. Unser *Fisematenten* ist entstanden aus einer eigenartigen Vermischung von frühnhd. *fisipetenten*
(visae patentes) 'geprüfte Patente' und mhd. *visa-, visimente* (visa-
menta) 'Aussehen, Visierung'[8]. Das erste Glied ist aber vielleicht auch
angelehnt an *Fisel* Wisch, *fiseln* hin und herbewegen oder noch an
Physi-, Fisi- (in frühnhd. *Fisigunk[el]*, wonach *Fisiguck[er]*, *Fisibutz*
Narr), aus welchem wohl auch elsäss. *fisimeckern* pfuschen, *fisinickern*
aufschneiden u. ä. zu erklären ist. Schließlich wird sogar *Fisi-* umgedeutet in *Fitzematenterle* (schwäb., nach *fitzen* fuchteln[9]), *Fispermentli*
(schweiz., nach *fispern* sich hin und her bewegen[10]).

Aber auch weniger komplizierte Wörter mit einem dunklen Glied,
z. B. *Brombeere* § 41, 2, können durch lautliche und begriffliche An-
gleichungen auf beschränktem Gebiet volkssprachlich die größten Veränderungen erfahren[11].

Iteration, Reduplikation

173. Wiederholung eines Wortes oder Wortteils (Iteration, Reduplikation) ist ein der Sprache von jeher gemäßes Ausdrucksmittel für Begriffe, die in wiederholter Erscheinung gedacht
werden, z. B. ai. *annam-annam* 'Nahrung in einem fort', *divé-dive*
u. ä. 'Tag für Tag', *úttara(ḥ)-uttaraḥ* 'jeweils der obere' (der ind.
Typus Āmredita[1]), lat. *quis-quis* 'wer auch immer', griech. πϱο-πϱό
'fort und fort'. Aus ai. *uttara-* 'höher' konnte auch ein Adverb-
kompositum *uttarottaram* 'immer höher, weiter' erwachsen. In
andern Fällen diente Iteration einfach zur Verstärkung: ai. *mahā-
mahá-* 'großmächtig', lat. *mē-mē* 'gerade mich', serb. *nov-novcat*
'ganz neu', ahd. *selbselbo* 'gerade derselbe'[2]. So verwenden wir
sie noch heute: *jaja, soso, eiei, tagtäglich, ein weiter, weiter Weg,
Fortfortfort, Fortfortfort* (Liliencron; womit man freilich schon
von der Wortbildung weg zu syntaktischen Stilformen gelangt);
ferner *Schritt für Schritt, Glied um Glied, für und für*, aus der
Romantik *das Innerstinnere, geistiger Geist, Poesie der Poesie* u. ä.[3].

---

[8] Vgl. die Angaben in Trübners Wb. 2, 354; dazu noch L. BLOOM-
FIELD in Germanica. Sievers-Festschr. 1925, S. 105 f.

[9] Schwäb. Wb. 2, 1525. 1929.　　[10] Schweizerd. Wb. 1, 1111.

[11] Vgl. P. WAIBEL, Die Mundarten im rechtsrhein. Bereich d. ehem.
Fürstentums Speyer. Diss. Heidelb. 1932, S. 118 ff.

[1] Siehe WACKERNAGEL, Aind. Gramm. II, 1, § 59 ff. mit Lit. S. 143.

[2] WACKERNAGEL, § 61; BRUGMANN, KvglGr. S. 286 f.

[3] Vgl. bes. noch E. HOFMANN, Ausdrucksverstärkung. 1930 (Erg.-
Heft 9. z. ZfvglSprf.), S. 12 ff. mit Lit.; (R. Brandstetter); ferner lehr-

Darüber hinaus erscheint Wiederholung als Ausfluß eines sprachlichen Spieltriebs – man hat von einem Doppelungstrieb gesprochen – in Schall- oder Bildwörtern, die einer primitiven Ausdrucksweise, namentlich auch der Ammensprache, entstammen: *wauwau, Kuckuck, wehweh, Lili, Lulu, Mimi, Papa, Mama, mach bittebitte, liebesliebes Kind, nunu,* vgl. griech. *ὀλολύζω* lat. *ululo* ich heule, *ululatus,* ai. *ululi-* das Wehklagen, lat. *murmuro,* griech. *μορμύρω* murmeln, *turtur, Turtel*(taube), *Tam-Tam,* engl. *goody-goody* frömmelnd; mit Ablaut: *zickzack, ticktack, Singsang, Tingeltangel, Wirrwarr, Mischmasch, Krimskrams, lirumlarum, bimbambum, klungklingklangt eine Quelle* (Liliencron), franz. *cric-crac,* engl. *widdle-waddle, criss-cross* hin und her gehen. – Reimspielformen stellen hiegegen die Fälle mit Anlautwechsel dar: *Techtelmechtel, Hokuspokus, Hottentotte, Klimbim, Krambambuli,* franz. *pique-nique, pêle-mêle,* engl. *handy-dandy* kindersprachl. für Hand, *nosy-posy* für Nase, *willy-nilly* (vgl. *volens nolens*)[4]. – In nd. *Koppköpping* Köpfchen oder noch schweiz. *natüterlich* hat sich dasselbe Wort spielerisch verquickt.

Auch *(Fi-)Falter,* ahd. *fîfaltra,* das in Mundarten in verschiedenen Umbildungen und -deutungen auftritt, ist, wie verwandtes lat. *papilio,* ein bewegungsmalendes Iterativum[5].

Sodann gehören hierher ahd. *wiwint* Wirbelwind, *bibar* Biber, *sisua* Totenklage, *querchala* Kehle (vgl. griech. *γαργαρεών* Uvula lat. *gurgulio,* ahd. *gurgula*), wohl auch *muoma* Muhme. Endlich liegen reduplizierende Präsensstämme vor in einigen Verben, deren iterative Bedeutung in der Wiederholung der Laute einen natürlichen Ausdruck fand, so in ahd. *bibēn* beben (doch nicht direkt neben ai. sekundäres Präs. *bibhēti* 'er fürchtet' zu stellen), *zittarōn* (< germ. *ti-trō-mi*), got. *reiran* zittern (< *rī- rai-mi ?*)[6].

reich FRIEDA KOCHER, Redupl.-Bildungen im Franz. u. Ital. Diss. Bern 1921; für Goethe (Wortwiederholung) O. PNIOWER, Euphorion 30,189 ff.
[4] Vgl. PAUL, Prinz. S. 180 f.; WEISE, ZfdWf. 2, 1 ff.; KOZIOL, S. 211 ff.; HIRT, Idg. Gramm. IV, 1 ff. (wonach urspr. Reduplikationswörter mit Dissimilation etwa lat. *cancer,* griech. *δένδρον* Baum, *Tantalos*); WUNDT (s. § 10) ²I, 618 ff. Siehe noch zu *Bube, Kuchen, Kürbis, Wespe, zwitschern* KLUGE-GÖTZE s. vv. und S. 919 (-MITZKA 903).
[5] Vgl. JABERG (s. § 7) 73 ff. (mit Hinw. a. W. Oehl) u. unten § 176.
[6] Vgl. KLUGE, Urgerm. § 167; SCHWYZER (s. u.) 421 mit Lit. (V. Pisani); zu ai. *bibhēti* WACKERNAGEL, ZfvglSprf. 41, 305 ff. = Kl. Schriften (1956), 494 ff.

Soweit solche Bildungen erhalten sind, wird in ihnen die Reduplikationssilbe jetzt als Stammsilbe empfunden, die Wörter selbst als Ableitungen aus Wurzeln mit gleichem An- und Auslaut. Nach Wilmanns S. 23 wirkt dieser Wurzeltypus nach in spätern Schallwörtern wie *lallen, dudeln, plappern, quieken.*

Abgesehen von der naturgemäß-onomatopoetischen Wiederholung zur Bezeichnung des Mehrmaligen und des Nachdrucks ist die Reduplikation im Idg. nicht zu einem eigentlichen Wortbildungsmittel geworden, im Gegensatz zu andern Sprachstämmen, wo z. T. auch der Plural durch Wortdoppelung hergestellt wird.

Mechanisiert erscheint sie in der Verbalbildung[7], als z. T. verkümmerter Überrest einer alten iterativen Aktionsart, in idg. Perfekten (*πέφυκα, δέδορκα* = ai. *dadarśa* ich schaue, lat. *tutudi*), auch noch in germ. Perfektstämmen: got. *lailot* ließ, *saiso* säte, ahd. *hialt* hielt u. a.

Anm. Eine andere Art von Wiederholung liefert die „Dittologie", die darin besteht, daß ein Element zweimal hervorgebracht wird, weil sein Vorhandensein nicht mehr (genügend) gefühlt wird (bzw. weil es nicht mehr als charakteristisch genug empfunden ist: „Hypercharakterisierung"[8]), so in *Pfuscherer* u. ä.; s. § 98 (verschieden von der „grammatischen Dittologie": *es regnet Steine*).

Wortkürzung

174. Infolge Unbetontheit ihrer Teile verschmelzen zusammengesetzte Wörter oft zu einfachen. Unter diesem Gesichtspunkte beschäftigt die Erscheinung, die hiervor bereits mehrmals berührt ist, die Wortbildungslehre und mag sie hier durch einige Beispiele verschiedener Art im Zusammenhang angedeutet werden. Die Zusammenschrumpfung von Wörtern unter dem Akzent an sich (auch in krassen Fällen wie provenz. *n* < *domine* Herr, *na* < *domina*) geht die Lautlehre an.

Vgl. *Nachbar, Grummet, Schulze, Schuster, Adler* o. §§ 17. 41, 1; ferner *Wimper* (mhd. *wintbrā[we]*), *heute* und *heuer* (§ 69), *Junker* (mhd. *junc herre*), *Jungfer, Mannsen, Weibsen* (< *mannes, wībes name*), *alber(n)* (< *alwære*), *Drittel, Messer* (ahd. *mezzirahs* < *matisahs*), *Lerse* (< *Lederhose*), sodann etwa *bieder, Enkel, Epheu, Fracht, Frevel, Kiefer* F., *Wurzel* bei KLUGE-GÖTZE s. vv. und S. 931 (-MITZKA 915), *Samt, Fliete, Pferd, Priester* mit ihren roman. Vorformen ebd.; engl. *window* Fenster (an. *vindauga*), *daisy* (ae. *dæges ēage*), *lady* (ae. *hlǣfdīge* < *hlāf* + *dǣge* 'Brotteigerin'[1]), *lord* (< **hlāfweard*), *Frisco* (< *San Francisco*), isl.

---

[7] SCHWYZER, Griech. Gramm. I, 420 f. 646 ff.
[8] Vgl. SCHWYZER, Abh. d. Preuß. Ak. d. Wiss. 1941, Nr. 9.
[1] SIEVERS, PBB 34, 576 ff.; 50, 16; KOZIOL, § 136.

foringi Führer (< **foragangja*), *fjōs* Viehstall (< **fehu- kūsa* [2]), franz. *prône* Predigt (< lat. *praeconium*), *bénir* (< *benedicere*), *comme* (< *quomodo*); – Kontraktion formelhafter Verbindungen: *(gute)n Tag*, me. *doff* (< *do off*; dt. mundartl. *tūf*! 'mach auf', wonach Inf. *tüffen*), *nicht(s)* (§ 69), *nein* (< *ni ein*; lat. *non*, engl. *no*), engl. *neither* (< *ne either*), lat. *hospes* (< *hostipotis*), *potest* (< *potis est*), *posse* (< *potis esse* [3]), franz. *ici* (< *ecce hic*), *dans* (< *de intus*), *même*, ital. *medesimo* (< vulgärlat. *[ego, se] metipsimus*), span. *usted* Sie (Sing., < *vestra merced*).

Verkümmerung insbesondere der ersten Silbe infolge Unbetontheit zeigen *immer* (< *ie mĕre*), *neben* (< *in, en eben*; § 39), *wegen* (§ 158), *zwar* (§ 53), *dran, rauf, raus, naus, statt* (n. *anstatt*), *weder* (< *ni[deh]weder*), engl. *gainst* (n. *against*),*fence* (n. *defence*); vgl. noch engl. *strange* (< *estrange*), *Schaffot* (afranz. *eschafaut*), *Bischof* (< *episcopus*) u. ä.

Überhaupt fallen Präfixe und Partikeln, die keine Funktion mehr zu erfüllen haben, gern ab. Vgl. *fühllos* neben *gefühllos, fährlich* neben *gefährlich, schmeidig* (D.) neben *geschmeidig, reichhaltig* für *reichgehaltig, Widerhandlung* (D.) für *Zuwiderhandlung, rückhalten* (Goethe), *rücktaumeln* (Schiller), *rückführen* (Grillparzer), nd. *bannig* für *unbandig*, engl. *drawing-room* < *withdrawingroom* [4]. Siehe immerhin eine ältere Praxis u. § 180.

175. Der Typus Ölzweig. In Dreiwortkompositen ist ein für das Verständnis entbehrliches Mittelglied oft übergangen: *Ölzweig* steht für *Ölbaumzweig*. Doch stellt wohl nur der kleinere Teil dieser „elliptischen" oder „Schrumpfnamen" [5] tatsächliche

---

[2] JÓHANNESSON, Komposita S. 54 ff.

[3] HORN (s. § 10) 31; SOMMER, Handb.d. lat. Formenl., [2] S. 592.

[4] Vgl. BEHAGHEL, § 314, 4; DENS., Syntax II, S. 6; ÖHMANN, Neuphilol. Mitt. 1944, 104 f.; zum ganzen PAUL, Prinz. S. 344 f.; WUNDT (s. § 173) 664 f.; HORN, S. 18 f.; KOZIOL, S. 218 ff.; *Heimtücke* aber erscheint nicht für *Geheimtücke,* sondern stellt sich zu *hämisch-heimisch.*

[5] Siehe J. MIEDEL, ZfdMaa. 1919, 54 ff. mit einer schönen Zahl Beispiele. E. OCHS, ZfdMaa. 1920, 175 schlägt den Namen „Klammerformen" vor (s. aber die Klammerformen in § 71). Vgl. ferner BOHNENBERGERS Hinweis auf die Lit., GRM 17, 329 Fußn. 3; HORN, S. 5 f.; KARL MÜLLER, Wortkürzung, in Wiss. Beih. d. Zs. d. Dt. Sprachver., 7. Reihe, H. 45 (1930), S. 34 ff.; J. A. STORFER, Wörter u. ihre Schicksale. 1935, S. 273 f.; H. GÜNTERT, Grundfr. d. Sprachwiss., S. 32.; E. v. KÜNSSBERG in Heidelb. SBer. 1926/27, 39; L. TESNIÈRE, Les tricomposés elliptiques et le nom de l'Alsace (< **ali-lant-saz* ?), Publ. Fac. Lettres Strasb. 108. Paris 1947, S. 47 ff.; BACH, Namenk. II, 1 § 261 (zu *Elsass* < *alisāzo, Alesaciones* § 267 a mit Lit.).

Kürzungen dar (so wohl *Fernamt* für *Fernsprechamt, Kreuzbiblio-
thek* für *Kreuzschulbibliothek*), während in zunehmendem Maße
neue Fälle direkt elliptisch entstehen (z. B. *Klavierlehrer* für
Klavierspiellehrer, Kohlenferien für *Kohlenmangelferien*; vgl. *Heiz-
ferien*!). In *Ölzweig* u. ä. entfällt der zweite Teil des ersten Kom-
positionsgliedes. Das ist viel häufiger als der andere Fall: *Brief-
(schrift)steller,* wie Tesnière S. 48 zeigt.

Weitere Beispiele: *Licht(spiel)bühne, Eier(preis)abschlag, Bier(glas)-
deckel, Pappen(blumen)stiel, Pflicht(jahr)mädchen, Ger(hab)schaft, Poli-
zeihunde(züchter)verein, Hunds(sternbild)tage, Atlantik(pakt)länder,
korn(blumen)blau,* mhd. und mundartl. *wester(hemde)lege* = das Anlegen des Taufkleides (*westerhemde*; Parzival 818, 16), dann Paten-
geschenk, Taufschmaus, *Gottes(haus)träppeler* Leute, die eifrig zur
Kirche gehen[6]; in Ortsnamen: *Feld(berg)see, Reichen(bach)berg,
Bären(tal)bad, Salz(ach)burg, Gottes(haus)wald, Bodo(gast)haim* (Lex.
Sal.); engl. *fire(insurance)company, news(paper)boy* u. ä., isl. *kuernbĭtr*
für *kuernsteinbĭßer* 'Mühlsteinbeißer', das bekannte Schwert König
Hakons des Guten.

Mittelalter scheint aus *das mittlere Zeitalter* zusammengezogen zu
sein wie Zesens *Nachwelt* aus *die nachgeborene Welt,* wonach auch *Mit-,
Vorwelt.* Vgl. noch Fälle wie *Jetztzeit* § 33.

Anm. Haplologie (Silbenschichtung) nennt man die Erscheinung,
daß zwei gleiche sich berührende Elemente bzw. Silben bei der Zusammensetzung nur einmal auftreten, so in *tragikomisch* für *tragiko-
komisch, Mineralogie* für *Mineralologie,* franz. *idolâtrie* f. *idololâtrie,*
ital. *calendimaggio* f. *calende di maggio,* lat. *semodius* f. *semimodius,*
wohl auch in ahd. *swibogo* Schwibbogen f. **swibibogo,* mundartl. *ĭsi(n)*
eisern f. *ĭseni(n)*[7]. Vgl. *Zauberin* oben S. 153, *Sicher* f. *Sicherer* u. ä.
S. 161. Das Gegenstück, die Dittologie, s. § 173.

176. In der Umgangssprache, namentlich aber in Sonderspra-
chen (Schüler-, Gauner-, Soldaten-, Fachsprachen) werden Komposita und andere längere Wörter so gekürzt, daß nur der Anfang oder der Schluß bleibt („Kopf-", bzw. „Schwanzformen";
Ochs a. a. O.). Die Ursache dafür ist nicht in Tonlosigkeit, sondern in Bequemlichkeit und Spieltrieb zu suchen. Vgl. *Ober* für
Oberkellner, -leutnant usw., *Vize(präsident, -feldwebel), Labor(ato-
rium), Prope* für *Propädeutikum* oder *Pro,* Plur. *Pros* für *Propä-
deutiker, Repe(titorium), Bock(bier), Auto(mobil), Velo(ziped),*

---

[6] HODLER, S. 161. Für Ortsnamen neben BACH bes. noch SONDER-
EGGER (s. S. 273) § 298 mit Lit.

[7] Vgl. Schweizerd. Wb. 1, 547; zur psychologischen Erklärung noch
BRUGMANN, IF. 32, 370.

Kilo(gramm), Dezi(liter), Philo(sophie), fesch < fashionable,
engl. *ad(vertisement), caps* für *capital letters, choc(olate), exam-
(ination), gym(nasium),* franz. *gym(nase* oder *-nastique), math-
(ématiques), abs(inthe),* auch *sarc(ophag)us* > ahd. *sarc;* – *(fau)-
lenzen,* neuer wieder *Schaft, Schaftsführerin* aus *(BD)Mädelschaft*
(§ 167, 4), *(Omni)bus,* engl. *(tele)phone.* Hierher besonders Namen
(u. Koseformen): *Ben(jamin), Fred(éric), Alex, Sam, Theo, Inge-
(borg), (Ara)Bella, (Fride)Rike, (Char)Lotte, (Alex)Sander, -Xan-
der, (Ber)Tram;* ferner die romanischen Tonnamen *Re Mi Fa Sol
La,* die Anfangssilben von Wörtern darstellen (*Ut* würde zu § 167,
Si [< *Sancte Joanne*] zum folgenden Paragraphen gehören),
eigentlich auch *Abc* und *Alphabet* [8].

Aus diesen Kurzformen entstehen wieder Ableitungen: *oberhaft,
kiloweise, Gymeler* Gymnasiast, *Sami, Öttli, Zolli* zoolog. Garten, auch
alphabetisch, Solmisation usw. Namentlich schafft der Spieltrieb allerlei
Umbildungen: für *Elisabeth* erscheinen – außer *El(i)sa* und *Beth* –
etwa *Ella, Billa, Elsabe, Betti, Isa, Li, Lili, Liesel, Liska* [9]. *Lisa (Liese),
Isa Li(li)* müßte man folgerichtig als „Rumpfformen" bezeichnen.
In *Fritz, Götz, Heinz, Balz, Lutz* bzw. *Fritze, Götze* usw. steckt ahd.
Suffix *-(i)zo* (nach Bach a .a. O. § 100 f. mit Vorbehalten; vgl. noch oben
S. 21) wie in *Spatz, Ratz, Wanze* (nach Kluge-Götze, S. 601. 740 mit
Lit.) oder nach andern [10] ein ursprüngliches (Dental +) *s*-Suffix;
urkundlich etwa *Lanzo* f. *Landfredus, Kunza* f. *Kunigunde, Re(gin)zo*
und mnd. *Renso* [11]. Nur durch Flexionssuffix erweiterte erste Glieder
als Kurznamen wie ahd. *Heino, Otto* kennt auch das Griech.: *Φεἰδων,
Φεἰδας* f. *Φεἰδιππος.* Das Gegenstück: Erweiterung nach Art von
Fischart, Stockmar, Karlman, Heinisch u. ä. s. bei Gottschald a. a. O.

In die höhere Sprache sind eingegangen *Echse* aus *Eidechse*
(mit falscher Zerlegung des Kompositums), *Kerf* für *Kerbtier,
Falter* (§ 173), wozu wieder *Nacht-, Tagfalter*), alle jünger; neuer-
standen *Schrecke* neben *Heuschrecke, Schleiche* neben *Blindschleiche,*
die sich zum folg. stellen.

---

[8] Vgl. KOZIOL, S. 221 mit Lit.; K. MÜLLER, S. 30 ff.; BACH, Namenk.
I, 1 § 89 ff.; für neuere Kürzungen in der englischen Kriegssprache
noch G. MANN, Herr. Archiv 184 (1943), 53 f.

[9] Weitere bei BECKER (s. § 10) 52. Kurznamen s. auch bei SUNDÉN
(s. §. 167) 75 ff.; ahd. bei M. GOTTSCHALD in Dt. Wortgesch. [1] III, 181 ff.;
ST. SONDEREGGER in Namenforschung (Festschr. f. A. Bach), 1965,
S. 71 ff.

[10] INGEB. KLATT, Das *s-(z-)* Suffix als Bildungssuffix (Germ. Studien 204). 1938, S. 29 ff. 129 ff. Vgl. unten S. 275.

[11] Vgl. KRUISINGA (s. § 10) 48 f.; fürs folg. noch E. RISCH, Wortbildung d. homer. Sprache. 1937, S. 205 f.

Die Einschränkung längerer Wörter auf Wortteile hat ihr Seiten-stück in einer weiteren, wichtigen Neigung der Sprache, die über die Wortbildung hinaus in die Bedeutungslehre führt. Umgangssprachlich zunächst, dann auch hochsprachlich steht für ein zu erwartendes Kompositum oft nur wieder das zweite Glied (Grundwort), wenn mit ihm durch die Begleitumstände oder die Vorstellung die Sache hin-länglich charakterisiert wird: *Wagen* für *Kraftwagen*, ebenso *(Fahr)-Rad, (Bügel)Eisen, (Regen)Schirm, (Finger)Ring, (Kauf-, Krämer)-Laden, (Gieß-, Kaffee)Kanne, (Schleif-, Wetz)Stein, (Fern)Sprechzelle, (Rund)Funk(spiel)dichter, (Kranken)Kassenarzt* usw. *Leitungswasser* steht für das „Inselwort" *Wasserleitungswasser.*

Dagegen liegt nicht Wortkürzung – wie gelegentlich angenommen wird –, sondern vielmehr analogische Kurzbildung vor in Fällen wie *Eisenbahner* für *Eisenbahnbeamter, -angestellter, Zoller* (etwa elsäss., schon bei Murner) für *Zolleinnehmer, -beamter, Milcher, Glaser, Flei-scher, Huter, Staller, Schweiner* (s. § 98), auch etwa *Selbster* Selbstfahrer, woneben besonders hervorzuheben ein Typus nicht persönlicher direk-ter Kurzbildungen wie *Laster* Last(kraft)wagen, *Füller, Fülli* Füll-(feder)halter (entsprechend engl. *sleeper* sleeping car u. ä. [12]); desgl. wohl in *kneippen* eine Kneippkur durchmachen, *skien* u. ä. (§ 145a).

177. Initialwörter u. ä. Ganz neue Wörter entstehen auch aus künstlich-willkürlicher Einschränkung auf Anfangsbuchsta-ben oder -silben (die man [13] denn auch in das Kapitel der Ur-schöpfung verwiesen hat). Dabei werden diese Abkürzungen ent-weder selbst als Laute zu neuen Wörtern geformt, z. B. *Agfa, Ufa* (auch: Unterführeranwärter), *Fiat, Din* (Deutsche Industrie-normung), *Zas* (Zentrale f. d. Aufbau d. Stadt Stuttgart), *Kabal-*(*ministerium* Karls II. in England nach den Anfangsbuchstaben der fünf Minister), *Hapag, du* (dauernd untauglich), *Flak, Schupo, Stuka(s), Studrerpol, Komintern* (Kommunistische Internatio-nale), *Flei(per)verkehr* (Flug-Eisenbahn-[Personen-]Verkehr), *Sin-alco* (lat. *sine + Alcohol*) oder als Buchstaben mit ihrem Namen gelesen (was Noreen [14] Brachylalie nennt): *Hajot (HJ), Elemgee (LMG), Pebeko* Zahnputzmittel (P. Beyersdorf & Co.) und so auch bei *ZGB* (Zivilgesetzbuch), *USA* usw. Vgl. *Abc* (§ 176) mit *fuþark* Runenalphabet, benannt nach den ersten sechs Zeichen. Verwickelter sind Fälle wie *Mitropa* (Mitteleurop. Schlaf- und Speisewagen-A. G.), *Indanthren* (Indigo und Anthracen). Vgl. hier-zu wie zum folg. § 178 jedoch unten S. 275f.

---

[12] JESPERSEN (s. § 2) 260; LEISI (s. § 16) 92 f.
[13] MAURER, Volkssprache, S. 96.   [14] NOREEN-POLLAK (s. § 3) 33.

Auch die Initialwörter können wieder mit ableitenden Suffixen versehen sein; vgl. *Hakatisten, KZler*, franz. *un erpéiste* Anhänger der R. P. *(la Erpé* = Représentation proportionelle), *antierpéiste* deren Gegner, *Obral*druck (nach Oskar Brandstetter) [15].

178. Hier reihen sich weitere Stutzwörter (engl. clippings wie *bike* < bicycle) an, insbesondere die eigentlichen „Klappwörter" wie *Elt* für Elektrizität, *Miat* für mikroskopisches Präparat, *Krad* für Kraft(fahr)rad, wozu Plur. *Kräder, Kradschütze* u. ä., oder *Autobus* < Auto(mobil)omnibus, die jedenfalls zu trennen sind von sprachgesetzlich entwickelten Fällen wie *Lerse, posse* o. § 174; ferner der Typus *D-Zug, U-Boot*; schließlich wieder Handelsnamen verschiedener Art: *Telefunken, Niknitta* (nicht knitternder Stoff) usw. Vgl. die Kreuzungen wie *citrange, Osram, Texico* o. § 169.

179. Aphärese (Deglutination). Bisweilen werden Wörter gekürzt durch fälschliche Abtrennung des – als zu Artikel oder Präposition gehörend empfundenen – Anlauts; vgl. pfälz. *Ache(n)* ndl. *aak* für *Nachen, (die) Akonissin* für *Diakonissin* [16], siebenbürg. *Mäschen* Zwetschge für **Dmäschen* (< **damaskin* [17]); ferner *Azur* < *Lasur*, dann Ortsnamen wie pfälz. mundartl. *Dingwert, Dimbert, Diemert* < *Sankt Ingbert*, schweiz. *Erlach* statt *Zerlach* (< **Cereliacum?*, frz. *Cerlier*; früh aufgefaßt als *z'Erlach*). Alt ist *Otter* < *Natter*. Der Vorgang gehört zur Volksetymologie.

Vgl. noch franz. *la pendicite* < *l'appendicite* Blinddarmentzündung, *la Guyenne* < *l'Aguyenne (Aquitania)*, engl. *an auger* < me. *a nauger* (< *nafogār*, ahd. *nabugěr*; auch ndl. *avegaar*) Bohrer, *lone* für *alone*.

Bei dieser Gelegenheit sei auf das häufigere Gegenstück: falsche Hinüberziehung des Artikels zum Wort (Prosthese, auch Agglutination) hingewiesen. Vgl. *Nassau* < *in* oder *den Assow(e), Malmeshof* < *im*, aufm *Almoshof, Merlach* < *im Erlach, Meßbach* < *im Espach, Driburg* < *to der Iborg*, mundartl. *Nast* < *en Ast, Durchschlacht(en)* *Masern* < *diu* (die) *urslaht(i)* (bair.), *Drat* < *der At* Vater (bern.), *Morsch* < *am Arsch* (hamburg.), mhd. *lampriure* o. ä. Kaiser, engl. *newt* Eidechse < me. *an ewte*; ferner *Alcazar* 'die Festung', *Elmira* 'die Fürstin', *Eldorado, Oporto* 'der Hafen', *Lille* 'die Insel', *Alarm* u.ä. [18].

---

[15] Zur „Akü"-Wortbildung vgl. noch W. BRUCKNER i. d. Schriften d. Schweizer Lehrerver. Nr. 21 (Zürich 1943), S. 6 ff. Der Abschnitt über die Schutzmarken- und Reklamebildungen in A. SCHIRMERS Wb. d. dt. Kaufmannspr. 1911, S. XLIII ff. ließe sich heute noch aufblähen!

[16] KEIPER, Zs. f. d. dt. Unterr. 24, 249 ff.

[17] V. MOSER, ZfMaf. 18, 102.

[18] Vgl. WILMANNS, Dt. Gramm I, S. 211 mit Lit.; ferner KEIPER

Anhang

Über die Neigung zu kürzeren oder längeren Bildungen

180. Früheren kürzeren Bildungen stehen später oft solche mit
Prä- oder Suffixen gegenüber; weniger häufig ist das Gegenteil
der Fall[1]. Wie die verschiedenen Perioden des Deutschen in dieser Beziehung auseinandergehen, könnte man am Verhalten
Luthers andeuten, der hier natürlich in der Hauptsache dem
mhd. Sprachgebrauch näher steht als wir. Luther[2] verwendet
etwa:

Ohne Präfix: a) Substantiva: *deutung* Bedeutung, *schwee-
rung* Beschwerung, *ausburt, berde* Gebärde, *dancken* Gedanken,
rechtickeyt, ruch, schmack, stanck, bitterunge, dampniss, dewunge
Verdauung, *samlung* Versammlung; b) Adjektiva: *brechlich, bür-
tig, fehrlich, hessig, horsam, schefftig, schwetzig, vnschickt, (vn)-
treglich* (un)erträglich, *drewlich* bedrohlich; c) Verba: *abreden* ver-
abreden, *berden* gebärden, *baren* gebaren, *blößen, dawen* verdauen,
dammen, dencken bedenken, *dürffen* bedürfen, *einleiben, engern*
verengern, *sich eugen* sich ereignen, *faren* verfahren, *fernen, festen*
befestigen, *fetzen, feuchten, finstern, freien* befreien, *sich geben*
sich begeben, *gentzen, gifften, grimmen, halten* enthalten, *herber-
gen, sich keren* sich bekehren, *kleinern, leichtern, letzen* verletzen,
lösen erlösen, *lüsten, mögen* vermögen, *mühen, neiden, nidrigen,
nießen, orttern* erörtern, *ringern, scheren* bescheren, *sich schleiern,
schuhen, schuldigen, schuttern* erschüttern, *stechen* bestechen,
strecken erstrecken, *urlauben, urteilen* verurteilen, *wegen* bewegen, *weitern.*

Einfache Verba für zusammengesetzte: *bieten* darbieten, *brei-
ten* ausbreiten, *bringen* hervorbringen, *eignen* zueignen, *fallen*
wegfallen, *fechten* anfechten, *fertigen* abfertigen, *geben* übergeben,
hangen abhangen, *irren* abirren, *keren* umkehren, *legen* zurück-,

---

a. a. O. mit Lit.; W. SCHOOF, ZfdMaa. 1919, 66 ff. mit Lit.; KOZIOL,
S. 230 f.; NOREEN, Abriß d. urgerm. Lautl., § 57; SINGER, Wolframs
Willehalm, S. 13 (*Noupatris* < *un aup.*); BACH, Namenk. II § 58.

[1] Neuere präfix- oder suffixlose Bildungen finden sich namentlich
auch beim Expressionismus. Vgl. BEHAGHEL, S. 68; DÜRSTELER (s. § 8)
61 f.

[2] Sämtliche Beispiele für Luther aus FRANKE und in der dort an-
genommenen Schreibung.

beilegen, *omen* nachahmen, *scherffen* einschärfen, *setzen* festset-
zen, *stellen* nachstellen, *weisen* anweisen, *willigen* einwilligen,
wintern überwintern.

Vgl. die klassisch-romantischen *fernen* entfernen, *malmen, ruhigen,
sticken, schatten* u. ä. (Kainz in Dt. Wortgesch. ²II, 380, *malmen* auch
Erben ebd. ²I, 477; Bach Gesch., § 193) sowie die Fälle o. § 174 Ende.

Ohne Suffix (vgl. § 163 f.): a) Substantiva: *bedenck, bedunck,
gelecht* Gelächter, *Abwesen* Abwesenheit, *beding, gemurm* Gemurmel, *Prophezei*; b) Verba: *blinzen, erklugen* erklügeln, *schwentzen*
schwänzeln, *erlengen* verlängern, *erneuen, nehen* nähern, *beschönen*.

Vgl. die Beispiele für ältere suffixlose Verbalbildungen mit *ver-* aus
DWb. (*verängsten, vergewalten, vergröben* u. ä.) bei Henzen a. § 66 a. O.,
S. 179; zum folg. (bes. ältere Bildungen mit Präfix *ver-*: *verächten, ver-
füllen, verschänden, vertöten, verwissen, verkreuzigen, vermaskieren, ver-
geleiten* usw.) ebenda, S. 179 f.

Mit Präfix: a) Substantiva: *beradt* Rat, *gesturm, getzelt, ge-
zeug, gezeuge, getzeugniß, gezeit, gezwang*; b) Adjektiva: *berugig*
ruhig, *geschweblich* schwefelig (*gelieb, geblut* blutsverwandt nach
§ 45); c) Verba: *beferben* färben, *belestern, berhümen, berösten, beruhen* ruhen, *bescheren* scheren, *bewegen* wägen, *erclagen, erfod-
dern, erholen* holen, *erreitzen, sich erschwingen, gedienen, gehelffen,
geschwinden* schwinden, *gelernen, gewachsen* wachsen u. ä., *ver-
brechen,* brechen, *verfassen* fassen, *vorlamen* lähmen.

Verba mit Präfix für heutige Zusammensetzungen: *begeben* hin-
geben, *beklagen* anklagen, *bemauern* ummauern, *besuchen* durch-
suchen, *betzeygen* anzeigen, *entgehen* fortgehen, *sich enthalten* sich
aufhalten, *sich entstelen* sich wegstehlen, *ergeben* übergeben, *er-
schmücken* ausschmücken, *erholen* wiederholen, *vordrücken* unterdrücken, *verhauen* abhauen, *vervorteilen* übervorteilen, *verwenden*
umwenden, *verwerffen* hinwerfen, *verwilligen* einwilligen, *versprechen* tadeln. – Umgekehrt: *anlangen* verlangen, *ausgründen* er-
gründen, *auszwingen* erzwingen, *dahinwürgen* erwürgen.

Mit anderem Präfix als heute: a) Substantiva: *beschaffunge* Erschaffung, *enthalter, -ung* Erhalter, -ung, *erbitterung* Verbitterung,
getzirck Bezirk, *verlegung* Widerlegung; b) Verba: *beforschen* erforschen,
begnügen genügen, *bepflichten* verpflichten, *bescharren, beschrecken, beweisen* erweisen, *erbrennen* entbrennen, *entzittern, erlengern, erschlinden*
verschlingen, *erteuern* beteuern, *erschweren* beschwören, *erstocken* ver-
stocken, *geseligen* beseligen, *gerühren* berühren, *geniddern* erniedrigen,
geringern verringern, *vorkleren* erklären, *verneuern, verstören, verstürtzt*
bestürzt, *gewehnet* erwähnt.

Weitere verbale Präfixbildungen: *behängen* hängen bleiben, *beeitern* mit Eiter versehen, *beschmertzen* betrüben, *bepredigen* gegen jemand das Predigtamt ausüben, *beleuten* durch Läuten ehren, *bespeicheln, bestenckern* (vgl. zu diesen Fällen oben § 63 Fußn. 23; § 160), *entgentzen* zerstücken, *enthelffen* nicht helfen, *erieren* durch Verjährung erwerben, *erscheiden* zweifellos erweisen.

Andere Zusammensetzungen: *abhaben* anhaben, *anlegen* beilegen, *auffziehen* hinziehen, *angewinnen* abgewinnen, *aussiechen* dahinsiechen, *ausleuchten* heimleuchten, *beilegen* zurücklegen, *daherglentzen* um sich glänzen, desgl. *daherhewen, -leuchten, -speien, -wachsen, dahinfressen* hinwegfressen, *eindencken* nachdenken, *einhinfaren* dahinfahren, *nebeneinkommen* hinzukommen, *vberkleiden* umkleiden, *vnterkommen* dazwischenkommen, *heimstellen* anheimstellen.

Mit Suffix: besonders die Typen *befehlung, erdbebung, begirung* (§ 164); *hertigkeit, arglistigkeit* (§ 121 Ende); *fleissiglich, geitziglich, wirdiglich* (S. 203); *wunderbarlich, offenbarlich; ernsthafftig, lügenhafftig* (§ 136); ferner etwa *gehorde* Gehör, *kneufeln* zu *Knauf* u. ä.

Bei *wenigern* weniger werden, *verschuldigen, ehnlichen* ähneln usw. handelt es sich dagegen um verbalisierte Adjektiva mit Suffixen.

Ergänzungen zu den einzelnen Abschnitten

(Hinweis auf weitere neuere Abbhandlungen)

181. Allgemeines

Vorangestellt seien als programmatisch J. ERBEN, Dt. Wortbildung in synchronischer u. diachronischer Sicht, in Wirk. Wort 14 (1964), 83 ff.; L. WEISGERBER, Vierstufige Wortbildungslehre, in Muttersprache 74 (1964), 2 ff. Die neuere inhaltbezogene Sprachbetrachtung verfolgt das Ziel, den formalen Ausbau des Wortschatzes in die Kanäle seiner geistigen Bezüge zu lenken: einerseits die nach Bedeutung und Funktion gleichgerichteten Bildungsweisen zu bündeln zu sog. Wortständen, sie anderseits zu sondern in Wortnischen, d. s. Gruppen eines Bildungstypus mit ähnlicher Bezeichnungstendenz. Hierzu wie zu ferneren Aufgaben in dieser Richtung (Ermittlung der „muttersprachlichen Leistung" und ihrer „Wirksamkeit beim Worten der Welt") bildet die Wortbildungslehre die selbstverständliche Grundlage. Vgl. ferner ERBEN, Gramm. §§ 21. 102 ff. 146 ff. mit Lit.; L. MACKENSEN, Muttersprachl. Leistungen d. Technik, in Sprache – Schlüssel zur Welt (Festschr. f. L. Weisgerber), 1959, S. 293 ff. verschiedentlich (vgl. die folg. §§); W. Motsch, Zur Stellung d. „Wortbildung" in e. formalen Sprachmodell, Studia Grammatica I (1962), 31 ff. (Versuch, auf der Grundlage eines Gesamtmodells – definiert dadurch, daß seine Elemente in bestimmten Relationen zueinander stehen –, innerhalb dessen die Wortbildung einen Teil der Satzstrukturebene ausmacht [S. 33 f.], Fragen zum Verhältnis von Syntax und Semantik im Bereich der Wortbildung zu klären); sodann neu oben S. 35 und unten zu S. 28 ff. 36 ff. 169 ff.; Fr. Tschirch in Muttersprache 75 (1965), 161 ff.

S. 10. Zu Wesen u. Definition d. Wortes vgl. noch Erben, Gramm. S. 1 ff. und § 21 (das Wort als Leistungseinheit im Rahmen des Satzes); E. Sapir, Die Sprache, dt. Ausg. 1961, S. 37 ff. (betont die Schwierigkeit einer für alle Sprachen gültigen Begriffsbestimmung des Wortes, weil es weitgehend ein psychologischer Faktor, vom Genius einer Sprache abhängig sei, in eigentlichen Wortsprachen allg. wohl der minimalste Teil des Satzes, der für sich allein einen „Sinn" ergibt); W. Porzig, Die Einheit d. Wortes, in Sprache – Schlüssel z. Welt (s. o.), S. 158 ff. (entscheidend ist der Sinn. Daher seien *sich freuen* und *ich habe gesehen* je ein Wort); G. F. Meier, Zs. f. Phonetik 14 (1961), 294 ff. (knappe Revue der Kriterien, die im Hinblick auf eine Definition des Wortes, wenn sie für alle Sprachen der Welt gültig sein solle, ergänzend zusammenwirken müssen, „so daß man von einem kybernetischen Modell des Wortes sprechen kann, wobei die Rückkoppelungen verschiedenen Quellen entspringen" [S. 297]. Das Wort immerhin = die kleinste isolierbare – d. h. potentiell zwischen Pausen stehende – Einheit).

S. 15. Für *vorwiegen(d)* wird Kreuzung auch noch angenommen von Kluge-Mitzka. Dagegen R. Meissner in DWb. XII, 2, 1939 (weil *vorherrschen* im Mhd. Mnd. Mnl. ganz [oder fast ganz?] ausfällt neben *vorwegen*).

S. 21–25. Einfluß der literarischen Strömungen. Den Hinweisen auf die 1. Aufl. (1943) von Maurer-Stroh, Dt. Wortgesch. entsprechen in ²I (1959) für Weisweiler S. 95 ff., wozu im Nachtrag von W. Betz neu S. 116 ff. (bes. Notker), für Wiessner S. 151 ff., Kunisch S. 246 f. 261 ff., dazu neu E. Öhmann S. 269 ff. (d. roman. Einfluß), J. Erben S. 439 ff. (Luther), in ²II (1959) Flemming umgearbeitet S. 12 ff., Kainz revidiert S. 223 ff., dazu neu namentl. A. Langen S. 39 ff. (18. Jh.) und H. Moser, bes. S. 450 ff. (19./20. Jh.). – Vgl. sodann A. Langen in Stammlers Dt. Philol. i. Aufr. ²I (1957; s. § 34), Sp. 943. 995 ff. (Barockzeit; nach Birks Wort klingen die Epitheta „zweimal schön, wenn sie Composita sind"; 964), 1083 ff. (Irrationalismus-Pietismus), 1072 ff. (Klopstock), 1118 ff. 1160 ff. (Goethe), 1137 ff. (Lavater), 1140 ff. (Schiller), 1200 f. 1205 ff. (Romantik), 1272 (Heine), 1291 ff. (Nietzsche), 1361 f. (Liliencron), 1376 f. (Expressionismus), oder noch E. Schöfer, in Wirk. Wort 14 (1964), 219 ff. (Martin Heidegger); zur ahd. Nominalkomposition, bes. als Übersetzung aus d. Lat., ferner F. L. Woods, Nominal compounds of the Old Heigh German „Benedictine Rule", in JEGP 56 (1957), 42 ff.; zum Ganzen nun noch H. Moser, Sprache u. Religion, in Wirk. Wort, Beih. 7 (1964), passim.

S. 27. Zur Wortbildung der Mundarten: GERTRUDE MAYER, Die
Wortbildung i. d. Mundart d. oberen Ennstales. Diss. Masch. Graz
1954; K. MEYER, Die Adjektivableitung im Schweizerd. (= Beitr.
z. schweizerd. Mundartf. X), 1960; H. KUHN, Verbale *l*- und *r*-Bildun-
gen im Schweizerd. (ebd. XI), 1961; O. WERNER, Die Substantivsuf-
fixe *-es/-as* i. d. ostfränk. Mundarten, in ZfMaf. 30 (1964), 227 ff.;
D. HOFMANN, Die *k*-Diminutiva im Nordfries. (= Nd. Studien 7),
1961/2; auch HOGHE und DAHLBERG unten zu S. 169.

S. 28 ff. Der Begriff „Bedeutung" wird, weil mehrdeutig und -wer-
tig, jetzt oft gern umgangen zugunsten des funktionellen der „Bezeichnung", d. h. des Bezeichnens, so auch von der neuen sprachinhalt-
lichen Wortbildung. Vgl. zu dieser etwa noch L. WEISGERBER außer a.
oben und § 104 a. O. ²1 (1953) und ²2 (1954) passim vor allem DENS.,
Verschiebungen in d. sprachl. Einschätzung von Menschen u. Sachen,
1958, dazu W. HENZEN, PBB/Tüb. 81 (1959), 203 ff. mit Lit.; W. HEN-
ZEN, Inhaltbezogene Wortbildung, Herr. Arch. 194 (1957), 1 ff.; ferner
H. RÖSSING, Wortzusammensetzung u. Wortbedeutung, in Dt. Wortf.
in europ. Bezügen, hgg. v. L. E. SCHMITT, Bd. 1 (1958), [13] 523 ff.

182. Zusammensetzung

S. 36 f. Grundsätzliches s. H. BRINKMANN, Die Zusammensetzung
im Dt., Sprachforum 2 (1957), 222 ff., insbes. zum Unterschied von
nominaler und verbaler Zusammensetzung: Echte nominale Zusammensetzungen sind dem Sprechen, dem Satze und allen syntaktischen
Verbindungen vorgegebene Einheiten, ihre Glieder „in einer Weise verbunden, die grammatische Erklärung ausschließt", namentlich auch
dadurch, „daß in der Regel an der Verbindungsstelle (‚Fuge') die syntaktische Beziehung unkenntlich geworden ist", z. B. in *Glasfenster,
Bergbahn, Hühnerei*. Verbale Verbindungen „bleiben zeithaft und üben
jeweils in dem Bau des Satzes eine bestimmte Leistung aus" (S. 224.
226 f.). Ähnlich DERS., Die deutsche Sprache. Gestalt und Leistung
(= Sprache u. Gemeinschaft, Abt. Grundlegung, Bd. I), 1963, S. 468.

S. 40 ff. Kompositum und syntaktische Fügung. Vgl. BRINKMANN,
Die dt. Spr., S. 84 *(Stadtbewohner* gegen *Bewohner der, unserer Stadt)*,
S. 87 *(Kinderaugen* ein allgemeiner Begriff gegen *Augen des Kindes)*;
DENS. unten zu S. 92 (Fälle wie *radfahren, blindfliegen*); zu den „Mehrwortnamen" u. ä. RUTH KLAPPENBACH, PBB/Halle 82 (1961), Sonder-
band. Festschrift f. Elisabeth Karg-Gasterstädt, 443 ff., bes. 453; zu
den Distanzkomposita W. PORZIG (s. o. zu S. 10), bes. S. 164 f.

S. 51. Das Bedeutungsverhältnis der Glieder von nominalen Kompositen bei Notker versucht N. MORCINIEC, PBB/Halle 81 (1959),
263 ff., bes. 274 ff. zu klären.

S. 58 f. Zu *-s* und *-en* in der Fuge vgl. BRINKMANN, Zusammensetzung (s. o.), S. 227 (Beim Fugen-*s* und *-en* ist das Bewußtsein einer
Genetivfunktion geschwunden: *Arbeitslohn, Schiffsverkehr, Sonnen-
schein* usw. – Immerhin wohl nicht so sicher in *Waldesrand*!); ferner die

Aufstellung von D.Berger i. d. Duden-Grammatik, Ausg. 1959,
§§ 637ff.; H.Klemme, Die Wortfuge, in Muttersprache 74 (1964),
240ff. Regionale Tendenzen bei H.Moser (s. § 181), S. 522ff.

S. 62. Zur Vorliebe für Determinativzusammensetzung (wurzelhafte
Dingbezeichnung) im Dt. gegenüber Suffixbildung im Franz., z. B.
*Tintenfaß, Aschenbecher, Marmorbruch, Mäusefalle, Kaffee-, Gießkanne,
Schlafsaal, Kinderwagen, Schubkarre(n)*, dann *Bürstenbinder, Kohlen-
brenner, Eseltreiber* usw. gegen *encrier, cendrier, marbrière, souricière,
cafetière, arrosoir, dortoir, poussette, brouette, brossier, charbonnier* (vgl.
aber auch dt. *Köhler*), *ânier* vgl. etwa Bally (s. § 16) § 186; Weisgerber (s. § 104), 2 (1954), S. 213f.; Henzen, Inhaltbez. Wortb. (s. o.
zu S. 28), 4ff.; Fr. Kainz, Psychologie d. Sprache, 5. Bd. I (1965),
S. 287f. (Kainz spricht von „deutschem Spezialsehertum". „Beim
Esel-, Ochsen- und *Kameltreiber* sehen wir die Tätigkeit der Menschen
lebendiger vor uns als bei *ânier, bouvier, chamelier*") mit Hinweis auf
K.Bergmann, ZfDk. 47 (1933), 223.

S. 63. Zu *Mordskerl* (urspr. nicht zu *Mord-*) vgl. A.Wolf, Wörterb.
d. Rotwelschen, 1956, s. v. *Morsch*; Kramer (s. § 12), S. 410. – Zum
Typus *Maultier* vgl. die Umkehrung: das zu verdeutlichende (Fremd-)
Wort bildet das zweite Glied, z. B. *Waschlavoir, Fachressort, Berufs-
kollege* (Duden-Gramm. § 628).

S. 64–66. Das Adjektiv, die Wortart, die in besonderem Maße „unsere
Sprachwelt lockert, in feinste Einzelheiten zergliedert, um diese wieder
zu verschmelzen" (W. Schneider, Stilist. dt. Grammatik. 1959, S.84),
bildet neuerdings sehr beliebte Komposita, besonders mit Substantiv
als erstem Glied und insbesondere technische: *schrankfertig, maschen-
fest, knöchellang, fußgesund, hautsympathisch(e Oberhemden), verbands-
intern(e Angelegenheit), bildwirksam, werkimmanent, polizeifreundlich(e
Stadt)*, dann *rost-, riß-, kreuzungs-, säurefrei, gleis-, öl-, spanlos* (zu
-frei und *-los* vgl. noch § 138), *schlag-, wasser-, feuer-, zunderfest,
wärmebeständig, stoß-, korrosionssicher, raumstabil.* Das grammatische
Beziehungsverhältnis erscheint dabei als sehr verschiedenartig und
oft kompliziert. *polizeifreundliche Stadt* z. B. meint nicht „freundliche
Polizei" und nicht „freundliche Stadt"; das Verhältnis ist hier gleichsam dreidimensional-reziprok. Siehe Wolfg. u. Editha Müller,
Wortbildung – Ausdruck der Zeit, in Muttersprache 71 (1961), 65ff.;
ferner Mackensen, Muttersprachl. Leistungen d. Technik (s. § 181),
301 und Dens. in Muttersprache 72 (1962), 54. Mit Verbum als erstem
Glied etwa *störfrei, reißfest, rieselfähig.* – Als zweite Glieder sind heute
besonders wieder Partizipien sehr im Schwang (zu § 32). Part. Präs.:
*abendfüllend, schmerzlindernd, nervenzermürbend, schallschluckend,
lagebezeichnend,* mit Adjektiv *kaltleimend, -lötend, schnelltrocknend* u.ä.
Ein Adjektiv wie *nervenschwach* ist eine begriffliche nominale Einheit,
nervenzermürbend hat noch etwas vom verbalen Charakter der syntaktischen Fügung an sich, trotzdem es nun auch als Kompositum gefaßt
wird (W. u. E.Müller a.a.O.), Part. Prät.: *luftgekühlt, -getrocknet,
handgestickt, -gewebt, gasvergiftet, zielgesteuert, windgefrischt(er Stahl)*,

gummigefedert, chlorsulfoniert. Das Beziehungsverhältnis ist wieder ein anderes etwa bei *schulentwachsen, -entlassen (entwachsen* ist das Kind) und *armamputiert (amputiert* ist der Arm; vgl. ebd.). Die Ausbreitung dieser Typen entspricht einer allgemeineren, namentlich aber auch deutschen Ausdrucksverdichtungstendenz.

S. 73. Zur Bedeutungsgeschichte der ahd. *missa*-Bildungen nun GERLINDE RICHTER, PBB/Halle 85 (1963), 313ff. Über die Beziehungen von *miß-* zu ndl. *mis-,* frz. *mé-* sowie das Verhältnis zu anderen Partikeln (§ 58 Anm. 1) s. ÖHMANN a. S. 4 a. O.

S. 84f. Zu den Satznamen vgl. seither H. DITTMAIER, Urspr. u. Gesch. d. dt. Satznamen, in Rhein. Jb. f. Volksk. 7 (1956), 7ff. (Reichhaltiges Frühmaterial, bes. aus westmd. Quellen; Gliederung nach Arten und Häufigkeit [älteste und weitaus häufigste Art *Feg(e)beutel, Backbrot, Frissīsen* usw., seit ca. 1150; dann mit Artikel *Fegenbeutel, Schindengast, Beschlagengaul,* 13.–15.Jh., bes. süddt. entwickelt; ferner etwa Typen wie *Hablützel, Witwe Nimmich, Gibunslicht, Schleichenach, Haltdichfest, Traumirnicht* u. a., Umkehrungen: *Zugreif* neben *Greifzu, Eisenbeiß, Wohlleb, Nievergelt,* mit zwei Verben: *Lassleben, Schenkundtrink,* mit „imaginärem Verb": *Früh-, Wieder-, Hintenauf, Nimmerzubett*]; Ursprung im rhein. Raum, aus dem Franz., hier aus dem Vulgärlat., letztlich aus dem griech. Typus *Φίλιππος*?; Grenzen zwischen Imperativ und Erstpersonnamen oft fließend [vgl. *Habenichts*]); N. TÖRNQVIST, Zum Wortbildungstyp *Wagehals, Taugenichts,* in Neuphilol. Mitt. 60 (1959), 12ff. (roman. Muster, das Mnl. und Mengl. der Torweg).

S. 91. Verbalkomposita mit *vol-, volle-* und insbes. *vollen-.* Vgl. INGEBORG HENKE, PBB/Halle 79 (1957), Sonderbd., 461ff. (Aufarbeitung des frühmhd. Materials in seiner formalen Verteilung und Bedeutung).

S. 92f. Zum Typus *segelfliegen* gegen *Klavier spielen* vgl. BRINKMANN Sprachforum 2 (s. o. zu S. 36), 224ff. (Schwierigkeit einer Auffassung für die meist auf den Infinitiv beschränkten Bildungen wie *blindfliegen, türstehen, tauziehen*); DENS., Die dt. Spr. (s. ebd.), S. 468 *(radfahren < Radfahrer* = Subjektbegriff zu *er fährt Rad*); W. HODLER, in Sprachspiegel d. deutschschweiz. Sprachver. 15 (1959), 165ff. (in [*das*] *Klavierspielen* ist das Subst. „Scheinobjekt", nicht äußeres Objekt [Paul, Dt. Gramm. IV § 210, S. 239], in *blinde Kuh spielen* inneres Objekt); zur gleichen Erscheinung etwa im Schwed. (*maskinskriva* = *maschinenschreiben* usw.) TURE JOHANNISSON, Nysvenska Studier 34, 162ff.

183. Ableitung

S. 119. Zu Tiernamen: MARGRET SPERLBAUM, Tiernamen mit *k*-Suffix in diachronischer u. synchronischer Sicht (= Beitr. z. dt. Philol. 16), 1957 (bestimmt die Funktion des *k*-Suffixes als deiktisch [wie F. EWALD, Die Entwicklung des *k*-Suffixes i. d. idg. Sprachen, 1924, S. 31: das Suffix ursprünglich „ziemlich selbständige Partikel mit deiktischer Bedeutung"]). Beisp.: md. *sterke* weibl. Kalb, *ilk/ülk* Iltis, *pirek* Regenwurm, *gans(ch)k* Gänserich, *spatzk(a)* Sperling, preuß. *brunek* braunes Rind, *belica* weiße Kuh; MARIA PTATSCHEK, Lamm und Kalb. Bezeichnungen weibl. Jungtiere in dt. Wortgeogr. (ebd. 13), 1957. Zu beiden R. BRUCH, PBB/Tüb. 81 (1959), 125 ff.

S. 137 ff. Kollektivbildungen. Vgl. außer BALDINGER (s. § 10) J. ERBEN, Zur Gesch. d. dt. Kollektiva, in Sprache – Schlüssel zur Welt (s. § 181), S. 221 ff., über Bildungen mit *gi-/ge-* (bes. Vorgangsbezeichnungen), ahd. *-idi (juhhidi* Gespann), *-iski (hīwiski* Familie, Geschlecht), *-erei, -elei, -schaft,* dann *-wesen* u. ä. (s. unten zu S. 192 f.). Zu den Namen auf ahd. *-ahi* nun bes. ST. SONDEREGGER, Die Orts- u. Flurnamen d. Standes Appenzell I (Beitr. z. schweizerd. Mundartf. VIII), 1958, S. 466 ff. (§ 247).

S. 140 ff. Diminutiva. Nachzutragen A. SIEBERER, Das Wesen des Diminutivs, in Die Sprache 2 (1950), 85 ff.; neuer B. HASSELROT, Etudes de la formation diminutive dans les langues romanes (Upps. Univ. Årsskrift 11), 1957; MAJA FISCHER, Die Diminutiva im Dt. u. im Franz., Diss. Zürich 1962 (Versuch einer Einteilung in Bedeutungsgruppen. Schwierigkeiten der Übersetzung, um Einbuße von Wesentlichem zu vermeiden); DIES. in Muttersprache 73 (1963), 129 ff. (Ergebnisse d. Diss.); BRINKMANN, Die dt. Spr. (s. § 181), S. 18 f.; zu S. 147 HOFMANN, Die *k*-Diminutiva im Nordfries. (s. o. zu S. 28); zu Diminutivbildungen in Flur- und Ortsnamen W. FLEISCHER PBB/Halle 79 (1957), Sonderbd. 190 ff.; BACH, Namenk. II, 1 § 252; SONDEREGGER a. a. O. § 254 (Typus *Ädelswil, Adelines wilare* 909, zu e. Koseform *Adalīn,* von *Adal-; Engishalden,* zu **Engin, *Angīn,* u. ä.).

S. 155. B. v. LINDHEIM, Anglia 76 (1959), 479 ff. stimmt MEZGER zu für *-icge* (486; FRINGS' Herleitung begegne sachlichen und lautlichen Schwierigkeiten), weniger bestimmt für *-estre* ·(503). – Zu Ortsnamen auf urkundl. *-issa (Diez, Selters* u. a.) vgl. A. BACH, Beitr. z. Namenforschung 1955, 209 ff. mit weiteren Hinweisen.

S. 163. Zu § 102: Namen auf *-er* vgl. jetzt bes. noch die Ausführungen von SONDEREGGER a. a. O. § 249, woneben § 275.

S. 165. Zu den *ingen*-Namen vgl. DENS. § 260; B. BOESCH in Alem. Jb. 1958, 1 ff.; Lit. auch bei W. WILL in Dt. Wortgesch. ¹III, 243 f.

S. 166. Nicht mehr zugänglich war mir H. H. MUNSKE, Das Suffix *-inga -unga* i. d. germ. Sprachen (Marburger Beitr. z. Germanistik 6), 1964.

S. 169 f. Auf das Problem der Abstraktion bzw. die (unscharfen) Grenzen zwischen konkret und abstrakt ist in allgemeineren Werken öfters Bezug genommen. Für unseren besonderen Bedarf sei hier noch etwa verwiesen auf W. PORZIG, Die Leistung d. Abstrakta in d. Sprache, in Das Ringen um e. neue dt. Gramm. (1962), 255 ff.; TH. FRANCK, Die Leistung d. Abstrakta, in Muttersprache 72 (1962), 97 ff. 135 ff. (Abstrakta sind Wörter für Satzinhalte – dies ihre syntaktische Leistung –, „Endformen", die meist die inhaltlichen Merkmale nicht mehr besitzen); TSCHENTSCHER (s. zu S. 191: Zustimmung zu H. GLINZ, Die

innere Sprachform d. Dt. S. 307, wonach konkret und abstrakt reine
Denkkategorien, keine sprachlichen Kategorien darstellen; S. 152f.);
J. HOGHE, Die produktiven Abstraktsuffixe des Mnd. Diss. Straßb.
1912; T. DAHLBERG, Mnd. Suffixabstrakta (Göteb. Germ. Forsch.en
6), 1962. Vgl. auch PILTZ zu S. 191f.

S. 191f. CHRISTHILD TSCHENTSCHER, Gesch. d. german. Bildungs-
silbe *TUM*. Diss. Erlangen 1958 (Multiprint 1960) führt aus: Das
Subst. *TUM*, älter Mask. für Abstrakta, Neutr. für Konkreta, hat sich
länger frei erhalten als *-heit* und *-schaft* (S. 107f.), ist semantisch noch
nicht so verblaßt wie diese (S. 49. 180), dennoch „sprengt es jeden
ordnenden Rahmen; es konkurriert mit einer Vielzahl (!) anderer
Suffixe und bis in die jüngste Zeit – etwa die letzten anderthalb Jh.e
– läßt sich keine charakteristische *TUM*-Verbindung packen" (S.2.);
ergänzend DIES., Muttersprache 72 (1962), 1ff. 39ff. G. PILTZ, Die Bedeutungsentwicklung d. Substantiva auf *-heit, -schaft* und *-tum*. Diss.
Hamb. 1951 (Masch.) konnte ich nicht mehr einsehen.

S. 192f. Wie mit *-werk* und *-zeug* verhält es sich auch mit *-wesen*
(Verkehrs-, Armen-, Banditen-, Zeitungs-, Hochschulwesen), *-gut*
(Saat-, Erb-, Eil-, Wort-, Sagen-, Kultur-, Gedanken-, Ideengut), *-kram*
(abwertend: *Klein-, Gedächtnis-, Verwaltungskram)*. Vgl. ERBEN (zu
S. 137), 223ff. Diese Art Kollektivbildung tritt erst gegen Ende 17. Jh.
auf (ebd. 227).

S. 200. Zum Suffix in *deutsch* vgl. neuestens URSULA SCHULZE, PBB/
Tüb. 86 (1964), 301ff. bes. 317 (Die urkundl. Formen des Wortes erhärten die These Suffix *-isch* < *-isc* über Zwischenstufe *s–χ*).

S. 203. Zu ahd. *-līh*, mhd. *-līch* vgl. die verdienstliche Arbeit von
MARIANNE SCHRÖDER, Die frühmhd. *-lich*-Bildungen, PBB/Halle 83
(1961), 151ff. (zum Wuchersuffix *-iglich*, das seit dem Ahd. bes. mhd.
obd. um sich greift [und bis ins Mndl. gelangt ist], bes. 158ff.); W. WISS-
MANN, Die Bildungen auf *-lich* von Partizipien u. d. dt. Abrogans, i. d.
Festschr. f. U. Pretzel, 1963, S. 308ff.

S. 206f. Zu den Adjektiven auf *-bar* vgl. R. HOTZENKÖCHERLE, Ent-
wicklungsgesch. Grundzüge d. Nhd., Wirk. Wort 12 (1962), 325f.
(Während in den mhd. Adjektiven auf *-bære* viele Bedeutungen in
einer Form vereinigt sind, erfolgt im Nhd. „eine klare Funktionali-
sierung von *-bar* um die Achse passivisch-potentieller Bedeutung");
bes. nun R. FLURY, Struktur- u. Bedeutungsgesch. d. Adjektiv-Suf-
fixes *-bar*. Diss. Zürich 1964 (erschöpfend diachronisch-synchronische
Monographie der *bāri-/bar*-Bildungen von nominalem Ausgangstyp
ahd. *fluahbāri* „was Fluch, Schmähung bringt" zu neuerem deverbativ
trinkbar „was [gut] getrunken werden kann", ihrer syntaktischen Leistung mit Bezug auf verwandte Suffix-Adjektiva und mit Spezialit.).

S. 212f. Der alte Kausativtypus erscheint heute geschwächt infolge
funktioneller Verschiebung (*rennen* [s. S. 213], trans. *fahren* zum Teil =
führen), lautlichen Zusammenfalls (*schleifen* = mhd. *slīfen* und *sleifen*,
ebenso *schweigen*) oder Konvergenz sonst (intrans. und trans. *brennen*,
hängen); er ist daher unproduktiv geworden. Der Ausfall wird weit-

gehend wettgemacht und der Neubedarf gedeckt durch analytische Kausativ-Faktitiv-Bildung (z. B. *schweigen machen, zum Schweigen, zu Fall, in Schwang bringen, anbrennen, -zünden, in Brand setzen, stecken, verschwinden lassen* u. ä.). Vgl. hierzu anregend H. KOLB, Sprache d. Veranlassens, in Sprache im techn. Zeitalter 5 (1962), 372 ff.; WEISGERBER, Verschiebungen usw. (s. zu S. 28), S. 19 ff.; P. v. POLENZ, Funktionsverben im heutigen Dt., in Wirk. Wort, Beih. 5 (1963), S. 16 ff.; K. DANIELS, Substantivierungstendenzen i. d. heutigen Gegenwartssprache (= Sprache u. Gemeinschaft, Abt. Studien, Bd. III), 1963, S. 182 ff. (Kausativa- u. Faktitiva-Ersatz).

184. Besondere Arten von Wortbildung

S. 239 f. Zusammenrückungen und -bildungen (wobei oft problematisch bleibt bzw. gar nicht ins Bewußtsein tritt, ob zweigliedriges Kompositum oder Zusammenbildung vorliegt). Zwei in der heutigen Sprache der Technik – und darüber hinaus – zunehmende Arten skizziert MACKENSEN in Sprache – Schlüssel zur Welt (s. § 181), S. 303 ff.: mit Steigerungswert: *Ein-, Viel-, Mehrzweckvorrichtung, Großlochbohrung, Kleinkläranlage, Hochgeschwindigkeitsschlitten, Heißdampftemperatur, Feinsteuereinrichtung, Feinstkornaufbereitung* und mit fugenloser Additionskopplung: *Haus-Haus-Verkehr, Luft-Boden-Flugkörper, Delta-Alpha-Wandler, Hoch-Tief-Schaufelradbagger;* auch *Mähdrescher* u. ä. Hierzu Fälle wie *Magen-Darm-Katarrh, Rhein-Rhone-Kanal.*

Hier mag hingewiesen werden auf Zusammenbildungen und Ableitungen heterogenster Art im heutigen Sowjetzonendeutsch: neben *Zwei-, Fünfjahr(es)plan* (vgl. dazu S. 56) Fälle wie *Plan-, Eier-, Schweine-, Patienten-, Lernsoll, Zweier-Melk-Bewegung, Zwanziger-Abferkel-Bewegung, Kleinstversammlung, Forschungsaktiv, Kurortologie, Bestarbeiter, -student,* sodann *Westler, Traktorist, Diversant, Intervent, Kombinat, Exponat* usw. Beispiele aus MOSER in Dt. Wortgesch. ²II, S. 514 ff.

S. 243. Für weitere, besonders als Schweizerhochdeutsch geltende Fälle der Art von *Ein-, Verlad, Vorweis, Ausweich, Begleit, Vorkehr* F., mit Prät. vokal *Einschrieb, Hinschied* s. MOSER a. a. O. S. 526; W. HENZEN, ,,schweiz. *Unterbruch"*, in Sprachleben d. Schweiz (Festschr. f. R. Hotzenköcherle), 1963, S. 141 ff. mit Lit.

S. 263. Zu *Fritze-Fritsche* vgl. W. FLEISCHER, PBB/Halle 81 (1959), 303 ff. 309 (nicht slawisch beeinflußt, sondern leicht eintretende Lautvarianten bei der ,,geringen Artikulationsbasis" der *s*-Laute, die keinen größeren Spielraum vertragen. Man denkt an schweiz. *Mündzi-Müntschi*).

S. 264 f. Kurzwörter aller Art mehren sich natürlich täglich. Die Erscheinung ist weither verwandt mit der von LEISI (s. § 16) S. 43 ff. dargelegten, fürs Engl. charakteristischen subtraktiven oder ,,negativen" Wortbildung (daß das Engl. in großem Umfang abkürzt, wo das

Dt. durch Ableitung erweitert). Bedingt trifft eine Bemerkung von W. MEYER-EPPLER (zit. bei ERBEN, Gramm. § 106) zu, daß bei Wortkürzung „vielfach die Wortteile mit dem höchsten Informationswert übernommen" werden. Ferner wäre zu wiederholen (vgl. § 175, zum Typus *Ölzweig*), daß es sich meist nicht um eigentliche Kürzungen handelt: *Motel, Moped* sind wohl nicht erst nachträglich „entstanden, abgekürzt aus zwei Vollwörtern" wie *Motorfahrerhotel, motorisiertes Velociped* usw., sondern stehen von Anfang an für diese. An Lit. noch: ERBEN a. a. O.; MACKENSEN (s. § 181), S. 305; H. BERGSTRØM-NIELSEN, Die Kurzwörter im heutigen Dt., in Moderna Språk 46 (1952), 2 ff. (Beobachtungen bes. an Orthographie, Genus, Flexion u. Ableitung d. verschiedenen Typen m. Lit.), dazu etwa noch neuere Abkürzungslexika und die Übersicht i. d. Duden-Gramm. § 793 ff. – Als verkappte Kürzungen haben nach ERBEN, Wirk. Wort (s. § 181), 91 zu gelten *Fleischer* < *Fleisch(h)awer* und Luthers *Eselist* < *Eseljurist* für Canonist, Lehrer des Kirchenrechts (gegen oben S. 168 und etwa H.-FR. ROSEN-FELD, Dt. Wortgesch. ²I, 348 f. Vgl. ERBEN ebd. 466). Luther verwendet sowohl *Eseljurist* wie *Eselist*. Bei diesem dürfte jedenfalls das Vorbild beliebter Abwertungen der Reformationszeit wie *Geckist* (Rosenfeld), *Papist, Bullist* (vielleicht auch von Luther gebildet), *Lutherist, Theologist, Sophist, Haeretist* (und von weiter her *Realist, Nominalist, Thomist, Occamist* usw.) eingewirkt haben.

Literatur

a) abgekürzt zitierte Werke:

AASF = Annales Academiae Scientiarum Fennicae. Helsinki, Ser. B
AfdA. = Anzeiger für deutsches Altertum
Ahd. Wb. = Althochdeutsches Wörterbuch, bearb. u. hg. v. E. Karg-
Gasterstädt u. Th. Frings. (I) 1952 ff.
Bach, Gesch. = A. Bach, Geschichte d. deutschen Sprache. [6]1956
— Namenk. = Deutsche Namenkunde, Bd. I, 1 u. 2: Die dt. Personen-
namen. [2]1952/53; Bd. II, 1 u. 2: Die dt. Ortsnamen. 1953/54
v. Bahder = K. von Bahder, Die Verbalabstracta in den german. Spra-
chen. 1880
Behaghel = O. Behaghel, Geschichte d. deutschen Sprache. [5]1928
— Syntax = Behaghel, Deutsche Syntax, Bd. I–IV. 1923–32
Brugmann, Grundr. = Grundriß d. vergl. Grammatik d. idg. Spra-
chen, II. Band [1]1889. [2]1906
— KvglGr. = K. Brugmann, Kurze vergl. Grammatik d. idg. Spra-
chen. 1904
Carr = Charles T. Carr, Nominal compounds in Germanic. St. An-
drews Univ. Public. XLI. London 1939
D. = Der große Duden, Abt. Rechtschreibung. [14]1955 und [15]1961.
Darmesteter = A. Darmesteter, Traité de la formation des mots com-
posés usw. Paris [2]1894
DSA = Deutscher Sprachatlas
Dt. Wortgesch. = Deutsche Wortgeschichte, hg. v. Fr. Maurer u. Fr.
Stroh, 3 Bde. 1943. [2]1959 f. (= Grundr. d. germ. Philol., Bd. 17)
DWA = W. Mitzka, Deutscher Wortatlas. 1951 ff.
DWb. = Deutsches Wörterbuch von J. u. W. Grimm
Elsäss. Wb. = E. Martin u. H. Lienhart, Wörterb. d. elsäss. Mund-
arten, 2 Bde. 1899 u. 1907
Erben = J. Erben. Abriß d. deutschen Grammatik. [7]1964.
Franke = C. Franke, Grundzüge d. Schriftsprache Luthers, II. Teil:
Wortlehre. [2]1914
Glattes = L. Glattes, Wortbildung (durch Ableitung) im oberen Mark-
gräflerischen. Diss. Freiburg 1933 (= 'Vogel Greif', H. 5)
GRM = Germanisch-Romanische Monatsschrift
Gröger = O. Gröger, Die ahd. und as. Kompositionsfuge. Zürich 1911
Grunewald = G. Grunewald, Die mittelniederdt. Abstraktsuffixe.
Diss. Lund 1944
Herr. Arch. = (Herrigs) Archiv f. d. Studium d. neueren Sprachen
Hess.-Nass. Wb. = Hessen-Nassauisches Volkswörterbuch, bearbeitet
v. F. Wrede u. L. Berthold. 1926 ff.
Hirt = H. Hirt, Die Hauptprobleme d. idg. Sprachwissenschaft, hg. v.
H. Arntz. 1939
Hodler = W. Hodler, Beiträge z. Wortbildung u. Wortbedeutung im
Berndt. Bern 1915
IF = Indogermanische Forschungen
JEGP = The Journal of English and Germanic Philology
Jóhannesson, Komposita = A. Jóhannesson, Die Komposita im Islän-
dischen. Rit Vísindafélags Íslendinga IV. Reykjavík u. Halle 1929
— Suffixe = Die Suffixe im Isländischen. S.A. aus Árbók Háskóla
Islands. 1927

Kluge = Fr. Kluge, Nominale Stammbildungslehre d. altgerm. Dialekte. ³1926, bearb. v. L. Sütterlin u. E. Ochs
— Abriß = Abriß d. dt. Wortbildungslehre. 1913
Kluge-Götze = Kluges Etymol. Wörterb. ¹⁶1953, -Mitzka ¹⁹1963.
Koziol = H. Koziol, Handbuch d. englischen Wortbildungslehre. 1937
van Lessen = Jacoba H. van Lessen, Samengestelde Naamwoorden in het Nederlansch. Groningen 1928
Litbl. = Literaturblatt f. german. u. roman. Philologie
Meyer-Lübke, Frz. Gr. = W. Meyer-Lübke, Histor. Gramm. d. franz. Sprache, II. Teil: Wortbildungslehre. 1921
— Rom. Gr. = Gramm. d. roman. Sprachen, II. Formenlehre (II. Teil: Wortbildung). 1894
Mod. Philol. = Modern Philology. Chicago 1903/04 ff.
Müller = Alf. Frid. Müller, Die Pejoration von Personenbezeichnungen durch Suffixe im Nhd. Altdorf 1953
Nd. Jb. = Jahrbuch d. Vereins f. niederdt. Sprachforschung, ab Bd. 31 (1905) unter dem Obertitel Niederdeutsches Jahrbuch
Neuphilol. Mitt. = Neuphilologische Mitteilungen. Helsinki 1899 ff.
Nyrop = Kr. Nyrop, Gramm. histor. de la langue française III: Formation des mots. Kopenh. ²1936
Obersächs.-erzgeb. Wb. = Wörterbuch d. obersächs. u. erzgebirg. Mundarten, hg. v. K. Müller-Fraureuth. 1911—14
Osthoff = H. Osthoff, Das Verbum in d. Nominalcomposition usw. 1878
Paul = H. Paul, Deutsche Grammatik, Bd. V (Teil IV): Wortbildungslehre. 1920
— Dt. Gramm. = Paul, Deutsche Grammatik, Bd. I–IV. 1916 ff.
— MSB = Paul in Sitzungsberichte d. kgl. bayr. Akad. d. Wiss. München (Jg. 1894: Über die Aufgaben d. wissenschaftl. Lexikographie; Jg. 1896: Über die Aufgaben der Wortbildungslehre)
— Prinz. = Paul, Prinzipien d. Sprachgeschichte. ⁵1920
PBB = Beiträge z. Geschichte d. dt. Sprache u. Literatur
Preuß. Wb. = Preußisches Wörterbuch, hg. v. W. Ziesemer. 1935 ff.
Rhein. Wb. = Rheinisches Wörterbuch, hg. v. J. Müller u. K. Meisen.
SBer. = Sitzungsberichte   [1928 ff.
Schlesw.-Holst. Wb. = Schleswig-Holsteinisches Wörterbuch, hg. v. O. Mensing. 1925–35
Schmeller = J. A. Schmeller, Bayrisches Wörterbuch, Neuausg. v. G. K. Frommann. 1872–77 (u. O. Mausser 1940)
Schwäb. Wb. = Schwäbisches Wörterbuch, hg. v. H. Fischer u. W. Pfleiderer. 1904–36
Schweizerd. Wb. = Wörterbuch der schweizerdeutschen Sprache od. Schweizerisches Idiotikon, beg. v. F. Staub u. L. Tobler. 1881 ff.
Specht = F. Specht, Der Ursprung d. idg. Deklination. Neudr. 1948
Szadrowsky, Abstrakta = M. Szadrowsky, Abstrakta d. Schweizerdeutschen in ihrer Sinnentfaltung (= Beitr. z. Schweizerd. Gramm. XVIII) 1933
— Nomina ag. = Nomina agentis d. Schweizerd. in ihrer Bedeutungsentfaltung (ebenda XII) 1918
Teuth. = Teuthonista, Zeitschr. f. dt. Dialektforschung u. Sprachgeschichte, hg. v. H. Teuchert. 1924–34
Trübners Wb. = Trübners Deutsches Wörterbuch, hg. v. A. Götze, jetzt W. Mitzka. 1939–57
Walde-Pokorny = A. Walde, Vergl. Wörterbuch d. idg. Sprachen, hg. u. bearb. v. J. Pokorny, Bd. I 1930; Bd. II 1927
Wilmanns = W. Wilmanns, Deutsche Grammatik, Bd. II: Wortbildung. ²1899 (anast. Neudruck 1911)
— Dt. Gramm. = Wilmanns, Deutsche Grammatik, Bd. ³I. 1911; Bd. ¹,²III, 1. 1906; 2. 1909

ZfdA., ZfDk., ZfdPh., Zf(h)dMaa., ZfdWf., ZfMaf., ZfvglSprf. = Zeitschrift für deutsches Altertum, f. Deutschkunde, f. dt. Philologie, f. (hoch)dt. Mundarten, f. dt. Wortforschung, f. Mundartforschung, f. vergl. Sprachforschung; sonst

Zs. = Zeitschrift

Zeitschriften, deren Titel sich ohne weiteres ergeben (Anglia, Germania, Engl. Studien, Zs. f. d. dt. Unterr. u. ä.), sind in dieses Verzeichnis nicht aufgenommen, desgleichen die geläufigen Handbücher der germ. (idg.) Dialekte.

b) Die übrige Literatur (Autorenregister)

Die Zahlen hinter den Verfassernamen verweisen auf die Seiten, wo die vollen Titel der weiteren herangezogenen Literatur angegeben sind. Jede Seitenzahl meint eine neue Abhandlung; sie ist jedoch nur wiederholt, wenn auf verschiedene Stellen derselben Seite hingewiesen werden soll.

Meier, G. F. 269
Meillet, A. 11. (-Printz) 37. (-Vendryes) 37
Meißner, R. 75. 269
Menzerrath, P. 251
Meringer, R. 15
Messing, E. E. J. 191
Meyer, K. 270
Meyer, R. M. 30. 186. 247
Meyer-Lübke, W. 31
Mezger, F. 155. 170. 200
Michel, K. 214
Miedel, J. 261
Mikkola, E. 244
Mitterwieser, A. 83
Morciniec, N. 270
Moser, H. 232. 269. 275
Moser, V. 162. 189. 253. 265
Motsch, W. 269
Much, R. 81
Mulch, R. 13
Müller, C. 142. 167
Müller, G. 22. 123
Müller, J. 27. 27
Müller, K. 261
Müller, W. u. E. 271
Müller-Fraureuth, K. 67
Münster, L. 128
Munske, H. H. 273
Muret, E. 165

Nagel, L. 251
Neckel, G. 19. 79. 85
Nehring, A. 42
Nichtenhauser, D. 241
Nicklas, A. 25
Nicolai, O. 245
Nolte, A. 206
Nordin, P. G. 68
Noreen, A. (-Pollak) 10. 32. 56
Nörrenberg, E. 51. 140

Ochs, E. 161. 176. 261
Odermatt, E. 144
Öhmann, E. 4. 18. 24. 107. 139. 141. 161. 174. 176. 185. 186. 228. 236. 261. 269
Osthoff, H. 182
Otto, E. 10

Palmer, Ph. M. 257
Paul, H. 44. 180

Pénido, M. 13
Peperkorn, B. 146
Perl, E. 212
Persson, P. 118
Petersen, W. 85
Pfennig, H. 149
Phönix, W. 246
Piltz, G. 274
Platz, H. 256
Pniower, O. 76. 259
Pogatscher, A. 150
Polenz, P. v. 275
Pollak, H. W. 38
Polzin, A. 141
Porzezinski, V. 11
Porzig, W. 170. 183. 269. 273
Preusler, W. 56
Ptatschek, M. 273

Quint, J. 24

Raabe, P. 160
Ranke, F. 207
Raumer, R. v. 22
Reichardt, K. 49
Reichling, J. B. N. 10
Reiners, L. 4
Reis, H. 104
Révész, G. 7
Richter, G. 272
Richter, J. 226
Ries, J. 7. 11
Risch, E. 263
Roedder, E. C. 27
Rogge, Chr. 13. 35
Rolffs, F. W. 107
Rooth, E. 106
Rosen, H. 22
Rosenfeld, H. 49
Rosenkranz, H. 20
Rosenqvist, A. 24. 161. 228. 228
Rosetti, A. 11
Rössing, H. 270
Rother, K. 227
Rotzoll, E. 141
Rozwadowski, J. v. 29
Ruh, K. 24
Ruppel, H. 240

Sandfeld-Jensen, K. 249
Sänger, W. 49
Sapir, E. 269
Saussure, F. de (-Lommel) 9
Schatz, J. 141. 217
Scheidweiler, F. 11

Scherer, A. 82
Schiepek, J. 161
Schirmer, A. 10. 19. 265
Schlüter, W. 132
Schmeller, A. 104
Schmitt, L. E. 24. 198. 270
Schmoldt, B. 24
Schneider, W. 271
Schöfer, E. 269
Scholte, J. H. 154
Schönberger, W. 198
Schoof, W. 266
Schoppe, G. 166
Schreinert, K. 168
Schröbler, I. 22
Schröder, E. 50. 62. 81. 155. 158
Schröder, H. 253
Schröder, M. 274
Schroeder, L. v. 61
Schuchardt, H. 66
Schudt, H. 76
Schulte, W. 147
Schulz, W. 246
Schulze, C. 83
Schulze, U. 274
Schulze, W. 134
Schütte, G. 21
Schütte, O. 83. 167. 168
Schwarz, E. 57. 83
Schwarz, H. 203
Schwentner, E. 158. 177
Schwyzer, E. 20. 37. 122. 155
Seelmann, W. 148
Seibicke, W. 65
Seidenadel, E. 57
Seidler, H. 103
Seiler, F. 4. 24
Seppänen, L. V. 228
Sieberer, A. 273
Sievers, E. 121. 260
Singer, S. 4. 194. 266
Socin, A. 207
Sonderegger, St. 263. 273
Specht, F. 49. 122. 217
Sperber, H. 25. 25
Sperlbaum, M. 272
Spitzer, L. 17
Springer, O. 252
Staedele, A. 154. 247
Steche, Th. 29. 189
Steglich, W. 17
Steinbach, F. 165

Wortverzeichnis

Es konnte nur etwa ein Drittel aller im Text angeführten Bildungen in das Register aufgenommen werden. Übergangen ist jeweils das weniger Auffällige nach Gutdünken, sofern es innerhalb geschlossener Gruppen leicht aufzufinden und nicht irgendwie kommentiert ist. Unberücksichtigte Ableitungen wie *Besamung, Schlägerei, allenfallsig, mühselig, wöchentlich* suche man daher unter den Suffixen *-ung, -erei, -ig, -selig- -en(t)lich; Freifrau, spesenfrei, Tugendbold, allerhand* unter *Frei-, frei-, -bold, -hand; Velo, Lisa, Agfa, Schupo* unter den Wortkürzungen bzw. Initialwörtern; *Fluß, Grab, Schaufel, lösen, jagen, faulen, kalben, weiden, herbsten* usw. unter den entsprechenden flexionsbestimmten Gruppen; *genuin, dekrepit, dubios* u. ä. unter den fremden Suffixen.

Wenn ein Wort in verschiedenen dialektalen Formen erscheint, ist im allgemeinen der nhd. oder dann der ahd. der Vorzug gegeben.

Die Zahlen verweisen auf die **Seiten**.

bange 248
Bänkelsänger 146
bank(e)rott 247
bannig nd. 261
Bannung 180
-bar 29. 33. 71. 189.
  206f. 274
Bär 13. 31
Barbierer 160
Barbuz 255f.
barfbēnig 250
barfuß 79. 81. 250
barhoubet u. ä. 79. 81
Bärin 153f.
barlatschen 252
barm ahd. 119
barn 119. 122. 246
barnahs 139
barnolōs 50
Baronesse 155f.
Base 134. 152. 154
Bäseke 142
Baselemente 253
Baselstadt 38
baso ae. 122
Bä(t)zel 250
bauchet 200
Bäuchling, -lings 115
Bauer M. 81
Bauer N. 119
baur 126. 185
baurgja 133
bausbacket 200
Bausch 202
bausparen 92
Baustein 70
Bayrisches Bierhaus
  240
baz 231
bazzēn 217
be- 103. 105. 234ff. 267
beantlitzen 236
beben 259
Becher 163
Beck 18. 113. 133f. 158
Becken 143
bedankje 152
Bedauernis, -dingnis,
  -drängnis, -drohnis
  u. ä. 179
Bedeutche 142
Bedürfnis 179
Befall 126
befehligen 226
Befehlhaber 55
beflügeln u. ä. 34. 103.
  105. 234ff.
beförstern 236

befriedigen 114
Befugnis 178
Begabnis 179
begasen 236
beggaert 169
Begier(de) 174
Begräbnis 178f.
behaghel 195
behende 96. 248
behöllern nd. 196
Behörde 174
behutsam 206
Beichte 130. 184
beidjes 152
Beil 120
beinern 196
-beini 136
beinstörr 82
beiskr 123
Beispiel 74
Beißer 162
beitōn 216
beizen 212
bekanntmachen 40
Bekenntnis 178f.
beklingen 236
Beklotzung 181
bekühnen 236
Belieb 128
bemæren 236
beliebreichen 236
bendec 196
Bendel, M. 142. 156;
  N. 146
Beneke 142
bénir 261
bequämern nd. 196
bequem 193
beredsam 206
bergan u. ä. 97
-berger 169. 193
Bereitheit 191
bereits 231
berhaftigkeit 25
Berlinerart u. ä. 164
bernde 207
berse an. 119
beschallen 236
bescheften 226
bescheiden 122
bescheidenheit 25. 189
Beschuß 243
Beschwer(de) 174
beschwichtigen 226
Besenbinder s. -binder
besonders 96. 231
Bestreikung 181
besuchen, Besuch(ung)

127. 243
beta-, beto- 49f. 70
Betracht 243
betreffs 33
Betrübnis 178f.
bettiriso 132
bettiumbihang 47
beugen 112. 212
Bewandtnis 178
Bewegnis 179
bewerkstelligen 238
Bewetterung 181
Bewuchs 126
bezäler 162
Bezeichnis 179
bezuschussen 236
bhangen 28
biabrjan 214
Biber 259
bieder 193. 260
biereinen 225
bigrift 185
biheiz 193
bilde 25
Bild(n)er 160
billig 150. 198. 204
bim ahd. 250
Bimsstein 20. 63
-binder 61. 69. 161. 237
bindestersche 155
Binggis 169
binnen 95. 96
birig 197
biril 156
Birke 135
birkenn 195
Bischof 261
bißchen 150f.
Bissen 135
bitter 120. 122
bittersüß 39. 68. 76f.
bittertje 28. 152
bīwec u. ä. 101
blackbird, -forest u. ä.
  42f.
blakkr 129
Blamage 186
Blāres 27
Blas(e)balg 70f.
blasen 211
Blässe 171
Blässing 180
Blatter 120
blau 122
Blauauge 85, -äugig 33.
  237
blauig 197
blauweiß 76

Ezzilo, -elī(n) 144
ezzo 131. 158

Fabrik(l)er 160
-fach 81. 233
Faden 119
fadrein 244
fagar 120
fagnaðr 175
-fähig 210
faho 131
fahren trans. 213; Ableitungen 110
Fahri 144. 163
fahrläßig 197. 238
fährlich 261
Fahrnis 178
Fahrt 184
fair- 103. 106f.
fällen 213
falo, -wes 122
fälschen 226
falsehood 192
Falter 259. 263
-falt(ig) 81. 198
faltōn 216
Fangens 245
fangōn 216
fānn an. 119
far mhd. Subst. 129
-farb(ig) 81. 122. 197. 209
Farn 119
Farnkraut 63
Faselschwein 74
Fasstechet 176
fast, fest 230
Fastage 186
fasten 217. 219
faul 120
faul inen 225
faulenzen 227. 263
faulig 197
Fäuling 180
faur- 86. 103. 106f.
fauradauri, -filli 136
fauragagg(j)a 131. 133
faurhts 1. 121. 194
Feder 120
Federator 186
Fegefeuer 4
Fehde(s)brief 59
fehl 247
fehlgeboren 222. 241
fehlgehen, -greifen 92
Fehlgriff 238
fehta 129
Feigenbaum 59

Feile 120
feilhalten 92
feilschen 225
Feind 131. 167, *Feindin* 154
feind 247
Feinschmecker u. ä. 69
Feinsliebchen 43. 68
feizen 214
feiztēn 217
Feld(berg)see 262
Felleisen 257
Femgericht 63
femina 247
fēowerfēte 80
-fer lat. 207
ferahhabenti 66
feretrum, φέρ(ε)τρον 120
Ferge 18. 113. 132. 134
ferhirstal 60
Ferkel 146. 151
fern 194
Fernamt 262
Ferne 171
fernen 266
Fernschreiber 69
ferntrauen 222
-fertig 210
fesch 263
Feste 171
festemang 230
Feuchtheit, -igkeit 28. 190
feuerfest, -gefährlich 64
feuerflammen 92
Feuersgefahr 64
feuerzünd(ig)rot 65
Fibel 157, *Fibelist* 168
Fichte 135
fidurragini 136
fièrement 111
fijands 246
filulisteo 80
filuwaurdjan u. ä. 222
Findmichnicht 84
fingersbreit 65
fingerstabenackt 65
fingiri 135. 144, *vingerīde* 139
finstarī 18
finstarig 111
Finstering 180
Finsternis 18. 177f.
fiorscōz 79
firhios 132
firinari 159
firwuot 194

Fisematenten 258
fiskja 18. 133. 158
fix (und) fertig 76. 78
fjōs isl. 261
Fläche 171
Flachs 122
Flachsnera 163
flannēn 218
flavus 122
flechten 211
fledar(e)mustro 255
Flei(per)verkehr 264
fletschen 227
Flieder 120
fließen 211
Fliete 260
Flirt 127
flogar, -ōn, -azzen 224. 227
Floh 126f.
Florentiner 164
Floß 125f. 128
flößen 213
Flötz 136
Flucht 184f.
flügelhaft 208
flugs 33. 231. 244
foha ahd. 118. 134
folgalin 195
folleist 127
follēn 217
follon, -ūn 231
folo-fulī(n) 143
forahtal 195
forasago 134. 237, *-sagin* 153f.
Fördernis 178
Forelle 146
forgitol ae. 195
foringi isl. 261
forleges 155
forme mhd. 25
formhaft 208
forn an. 119
forsca 130. 219
forscal 195
forscalin 195
forschen 226
Forster — Förster 162
forswīð 194
fotubaurd 36. 49
fra- 103. 106f.
frabald 194. 240
Fracht 260
fragen 211. 218
fragifts 184
fralusnan 218
fralusts 184

19

Sachregister

Die Zahlen verweisen auf die Seiten. Nicht Berücksichtigtes dürfte sich mit Hilfe von Beispielen aus dem Wortverzeichnis ermitteln lassen. – Bei nicht allgemeingültigen Bezeichnungen, die in Anführungszeichen stehen müßten, sind diese der Einfachheit halber weggelassen.